I0273502

www.ingramcontent.com/pod-product-compliance
Lightning Source LLC
Chambersburg PA
CBHW070916180426
43192CB00037B/1158
9781942912262

فراتر از یک دختر

احد حمیدی

2017 © All Rights Reserved for the Author

کلیه حقوق مادی و معنوی این کتاب برای نویسنده محفوظ است.

عنوان: فراتر از یک دختر

نویسنده: احد حمیدی

شابک: ۹۷۸-۱۹۴۲۹۱۲۲۶۲

شماره کنترلی کتابخانه کنگره آمریکا: ۲۰۱۷۹۰۸۸۶۹

ناشر: هنر برتر (سوپریم آرت، آمریکا)

آماده برای نشر توسط آسان نشر
www.ASANASHR.com

Title: **Beyond a Girl (Persian Edition)**
Author: **Ahad Hamidi**
ISBN-13: **978-1942912262**
ISBN-10: **1942912269**
Library of Congress Control Number: **2017908869**
Publisher: **Supreme Art**, Reseda, CA

مقدّمه مؤلّف

دنیایی که در آن زندگی می کنیم خیلی بزرگ و در عین حال خیلی کوچک است. تقریباً ۱۹۶ کشور کوچک و بزرگ با فرهنگها و انسانهای متفاوت روی این کرۀ خاکی قرار دارد و انسانهایی با تواناییها، بینش، فرهنگ و از همه مهمتر احساسات مختلف که هریک در جهت و مسیر خاص خود در حال حرکت و پویایی میباشند، در این جوامع زندگی میکنند. این کشورها به سه ردۀ مختلف عقب مانده، درحال توسعه و توسعه یافته تقسیم می شوند و کشورهای جهان سوّم در زیر کشورهای در حال توسعه تقسیم بندی می شوند. در این نوع کشورها به دلیل محدودیتها و اختناق موجود در جامعه برخی از اقشار مردم به درستی قادر به ارائۀ تواناییها و احساسات خویش نمیباشند و در حقیقت این تواناییها اصلاً کشف نشده و تا پایان عمر قدرت بروز پیدا نمیکنند. متأسفانه ایران نیز یکی از همین کشورها میباشد که افراد به درستی کشف نشده و در مسیری غیر از راه مناسب و درست هدایت می شوند که در آینده به بن بست خورده و نابود می شوند. در بین این افراد جنس لطیف و مؤثرِ زنان و دختران، بیشترین آسیب ها را متحمّل شده و نمیتوانند ابراز وجود نمایند، زیرا برخی عقاید و قوانین غلط، که بصورت

آموزشهای اجباری از دوران کودکی و در مدارس به خوردشان داده می شود، بصورت فرهنگ در ذهن و فکر آنها جا خشک میکند و این فرهنگ غلط و تحمیل شده باعث عدم رشد فکری و سرکوب احساسات و استعدادهای نهفته در وجود آنها در دوران رشد جوانی میشود. حال آنکه در جوامع پیشرفته و متمدّن غربی هرکسی به مثابه استعداد و قدرتی که در درونش نهاده شده، ابراز وجود نموده و قشر جامعه نیز به حمایت از او می پردازد و در نهایت باعث پیشرفت فردی و اجتماعی می شود. در این جوامع، زنان عین مردان حقوق و آزادی های مساوی دارند و در بسیاری مواقع نیز بهتر و پویاتر از مردان عمل می کنند. در این رمان که در طول یک سال نوشته شده، به این موضوع مهم، در ژانر اجتماعی، عاشقانه و درام پرداخته ام. داستان بصورت راوی و از زبان یک دختر زیبای ایرانی نقل میشود. ابراز احساسات و عواطف لطیف و در عین حال مؤثر، یکی از خصیصه های اصلی این رمان می باشد. امید است مورد پسند خواننده عزیز واقع گردد.

با ابراز همدردی با قشر زنان و دختران ایرانی، این رمان را به روح از جان گذشتگانِ این راه تقدیم نموده و آرزوی آزادی بهتر و بیشتر برای ایرانیان عزیز دارم.

فصل اوّل

صبح یک روز خوش آب و هوای تابستانی بود که اسمم را در میان رتبه های دو رقمی کنکور مشاهده کردم، سراز پا نمی شناختم و می خواستم داد و فریاد کنم وبه همه خبر بدهم که آرزویم بر آورده شده ومی توانم با رتبه ۱۳، آن هم در رشته ای که دلم می خواهد وارد دانشگاه شوم و به ادامه تحصیل بپردازم وقتی مادرم که بعد از فوت پدرم در یک تصادف رانندگی هم برایم پدر بود و هم مادر، خبر هیجان آور قبولی ام را شنید گفت: « هیوا» دخترم امروز بهترین روز زندگی ام است و تو تمامی امید من بودی و هستی و خستگی چند سال تلاش و زحمت مرا با این خبرت از تنم به در کردی. مادرم را محکم در بغل گرفتم و تا می توانستم فشارش دادم. یکبار جای خودش و بار دیگر جای پدرم. انگار که هر دوشان را در بغل داشتم، ابتدا طرف راست صورت مادرم را غرق در بوسه نمودم و سپس طرف چپ صورتش را به جای صورت چین و چروک دار پدرم بوسه زدم. پدری که سالهای جوانی اش را به خاطر

مادرم و تنها فرزندش فدا نموده بود و ما را در این بحبوحه پر خطر زندگی تنها گذاشته و در بطن خاک خوابیده بود. مادرم از هیجان گریه می کرد. هر از چند گاهی شوری اشکهایش را هنگام بوسه زیر لبانم احساس می کردم هر طوری بود توانستیم از همدیگر جدا شویم و در چشمان همدیگر نگاه کنیم. نگاههای پر از حرف های مشترک که چند سالی بود بین مان رد و بدل نشده بود. با اینکه حرف نمی زدیم ولی چشمانمان داد می کشید که نیاز به چنین شادیهایی که مدتی بود از زندگیمان رخت بربسته بود، داریم. پدرم بازاریاب یکی از کارخانه های تولید لوازم برقی خانگی بود و با پشتکاری که داشت توانسته بود علاوه بر خانه ای که من و مادرم «سارا» در آن اقامت داشتیم، ملکی دیگر افزون بر این خانه بخرد و مثل این می نمود که چرخ نامرد روزگار دل رحم شده باشد و بعد از مرگ پدر پر تلاشم برای من و مادرم چیزی بر جای گذارد که بتوانیم با اجاره دادن آن خانه ی بی زرق و برق و پر از نقاشی های روی دیوار، گذران زندگی نماییم. به هر لحظه از زندگی پر از درد و رنج گذشته مان که فکر می کردم، اندوه آن سال ها طوری مثل یک فیلم سینمایی از جلوی پرده چشمانم می گذشت که احساس میکردم یک بار سنگین بردوشم افتاده که مرا مسئول حمل این بار کرده اند و فقط با تلاشی که برای قبولی در دانشگاه کرده بودم توانسته بودم کمی از این بار غم و اندوه کم کنم و بتوانم مادرم را کمی سرزنده کنم.

بعد از چند ساعتی که مشغول کنترل احساساتم بودم، بادامهایی را که با پولی که پس از خرید یک خودکار و یک روسری اضافه مانده بودخریده بودم، با لذت هر چه تمام زیردندانهایم له می کردم و چون می دانستم تا یک ماه دیگر نخواهم توانست دوباره بادام بخرم، بادامها را تک تک در دهانم می گذاشتم و هر یک را چند دقیقه ای می جویدم تا تمامی لذتش را در دهانم احساس کنم. روزهای انتخاب رشته فرا رسید و من با همکاری یکی از دوستانم که «نگار» نام داشت و محرم تمامی اسرارم بود، توانستم فرمهای انتخاب رشته را پست کنم و خیالم راحت شود. نگار به من طعنه می انداخت و می گفت چطور و با چه روش هایی توانسته ام صاحب یک چنین رتبه ای درکنکور شوم؟ نمی دانم که آیا حسودی می کردیاعواطف دوستی اش باعث پرسیدن چنین سؤالی شده بود. بالاخره با کمی تأمل توانستم یک جواب شسته رفته و صریح به او بدهم و بگویم که چیزی جز پشتکار و استعداد ذاتی نبود که مرا به موفقیت رسانده است.

چند ماهی گذشت و من توانستم در رشته مکانیک دانشگاه امیرکبیر قبولی بگیرم. همراه مادرم راهی تهران شدیم و از شهر خودمان ارومیه که در فاصلهٔ هشتصدکیلومتری پایتخت قرار داشت، با دلی آکنده از امیدواری به سمت پایتخت حرکت کردیم. دردانشگاه ثبت نام کردیم و به خانه مراجعت نمودیم. تحصیلاتم شروع می شد و من باید چند روز

بعد راهی تهران برای شروع تحصیلاتم در دانشگاه می شدم. جلوی آینه ایستادم و روسری را که چند ماه پیش برای رفتن به تهران خریده بودم روی موهای بلند و بلوندم کشیدم و چند نگاهی به قیافه ام انداختم. طوری به خودم نگاه می کردم که چند دقیقه ای حتی پلک هم نزدم. به چهره ای می نگرستیم که طی سالهای پر رنج قبل از دانشگاه و اتفاقاتی که برای من و مادرم رخ داده بود، افسرده شده بود. به نظر خودم زیبا بودم و هر پسری آرزوی داشتن مرا داشت ولی در این چند سال برخلاف میل باطنی ام به هیچ پسری رو نداده بودم. هی خودم را برانداز می کردم که مبادا کم و کسری داشته باشم که باعث سرخوردگی من در کلاس های دانشگاه شود. بالاخره توانستم خودم را در این موضوع قانع کنم و دست از سر آینه لعنتی بردارم. آینه ای که پدرم بعنوان کادوی تولدم خریده بود و من آنرا بعنوان یک دوست می پنداشتم و نمی خواستم چهره کسی بجز خودم را در آن ببینم. احساس میکردم اگر شخصی دیگر در آن آینه بنگرد، آینه عاشق او خواهد شد و دیگر مرا قشنگ و زیبا نشان نخواهد داد.

روز موعود فرا رسید و من باروبنه سفر به سوی پایتخت را بستم و تمامی اسباب و وسایلم را برداشتم و آخر سر همان آینه را برداشته و در چمدانم جا دادم. مادرم مرا تا ترمینال بدرقه نمود و وقتی سوار اتوبوس شدم نمی دانستم خوشحال باشم یا غمگین. خوشحال از اینکه وارد یکی

از بهترین دانشگاههای کشور با بهترین شرایط تحصیلی و رتبه می شدم و غمگین و ناراحت از اینکه مادر یکدانه ام را در میان همه مشکلات تنها می گذاشتم، مادری که تمام امید و آرزوهایم بود، آنقدر به او فکر می کردم که صدای شاگرد اتوبوس را که از من بلیط می خواست، نشنیدم.

- خانم لطفا بلیط، خانم حواستان کجاست؟

ناگهان از جا پریدم و بلیطم را که داخل دستم مچاله شده و خیس عرق بود به او دادم. عرقی که از فرط ناراحتی و اندوه سراغ من آمده بود. چنین اندوهی را می شناختم، چونکه در طول زندگی ام هزاران بار تجربه اش کرده بودم. مخصوصاً موقعی که خبر مرگ ناگهانی پدرم را از همکارش شنیدم، آنگاه بود که احساس کردم بزرگترین یار و یاور و پناه ام را از دست داده ام. پدری که نصف روز را پس از کار طاقت فرسایی که داشت، به خانه بر می گشت و با اینکه خستگی مفرط از چهره اش می بارید، به درس و مشق من می رسید و پس ازاتمام این مأموریتش، مراتوصیه به ورزش و بازی های سالم می کرد و هر از چندگاهی نیز با من مشغول بازی و ورزش می شد.

اتوبوس می خواست حرکت کند و من همچنان مشغول تماشای چهرۀ مادرم از پشت پنجرۀ اتوبوس بودم، انگار حرفهای زیادی برای گفتن داشت. قیافه ای امیدوار از خود نشان میداد، هر چه بود باعث افتخار و

سربلندی اش بودم که توانسته بودم در رشته و دانشگاه دلخواه قبول شده و مشغول ادامه تحصیل شوم. دستهایم را به نشانه اینکه به امیدواری اش جواب مثبت خواهم داد و به راهی خواهم رفت که انتظارش را دارد، تکان میدادم. از اینکه چرا هنگام سوار شدن به اتوبوس هیچ مکالمه ای به جز یک خداحافظی نصف و نیمه بین ما رد و بدل نشد، خیلی ناراحت بودم، آیا مادرم حرفی برای گفتن نداشت یا اصلاً مخالف جدایی من از خانه و شهر مان بود. هر چه بود نتوانستم تشخیص دهم که سکوت بین ما حاصل چه معنا و مفهومی بود. ولی باید می رفتم و خودم را برای همه ثابت می کردم، چونکه خیلی تلاش کرده بودم که چنین روزی را ببینم. با چشمانی پر از اشک از عزیزترین فرد زندگی ام یواش یواش دور می شدم، اتوبوس هر قدر که شتاب می گرفت غده های اشکی چشمانم بیشتر می باریدند، انگار پدال گاز زیر پای راننده اتوبوس مستقیماً به این غدّه ها فرمان می داد. هر طوری بود بابی اعتنایی به برخی احساسات و عواطف درونی ام، سرجایم میخکوب شدم و دسته های صندلی ام را برای اینکه نتوانم از جایم برخیزم فشردم. به هر ترتیبی بود به تهران رسیدیم، چندین بار بین راه تصمیم برگشت گرفتم ولی پس از مدتی جنگ وجدال با خودم توانستم به راهم ادامه دهم.

هر روز تلفنی با مادرم حرف می زدم و از اوضاعش خبر می گرفتم و به او امید می دادم که دخترش باعث سرافرازی وی خواهد شد. او نیز آخر صحبتهای مان می گفت:

- هیوای من، من می دانم که خون من در رگهای توست و همانی خواهی شد که من می خواهم. عزیزم مواظب خودت باش، می بوسمت.

همکلاسی های خوبی داشتم، سال ۱۳۸۷ بود و من ترم اول دانشگاه را پشت سر می گذاشتم. با یکی از همکلاسی هایم خیلی صمیمی بودم، اسمش «لعیا» بود و بزرگ شده تهران. خیلی دوستم داشت و همراز من بود. به زیبایی من هم حسودی اش می شد و برخی اوقات به شوخی می گفت: «حتما جراحی زیبایی کرده ای که صاحب چنین چهرۀ نازی شده ای» نمی دانستم به زیبایی ام ببالم یا ناراحت باشم، چونکه برخی اوقات باعث دردسر می شد و پسرهای زیادی را به دنبالم می کشید. ولی من نمی خواستم خودم را با پسرهای دانشگاه مشغول کنم و در تحصیلات افت داشته باشم. عصر یک روز زمستان و اواخر اسفند ماه بود که از دانشگاه خارج شده و به طرف خوابگاهمان در حال حرکت و قدم زدن بودم که لعیا را دیدم.

- هیوا جان، خوشگلم کجا می روی؟

- خوابگاه، چطور؟

- اومدم دنبالت بریم خونه ما

حرف بی ربطی بود، چونکه لعیا دختری نبود که در خانه بنشیند. همیشه پول و اتومبیلهای رنگارنگ در اختیارش بود و دائماً مشغول گشت و گذار بود. حتی روزهای برفی زمستان هم با دوستانش چه پسر، چه دختر مشغول گردش و پول حیف و میل کردن بود. پدرش صاحب یکی از بزرگترین کارخانجات تولید لامپهای کم مصرف بود ولی به نظر من خودشان پر مصرف ترین خانواده تهران بودند. خندیدم و گفتم:

- خانه؟ تعجب می کنم لعیا، تو که خونه بنشین نیستی

- می خوام تو رو با کسی آشنا کنم

- کی لعیا جون؟ نمیشه که من بیام تو خونه شما و با کسی که نمی شناسمش صحبت کنم.

- بچه شهرستانی ها اینقدر خجالتی ان ها؟

- نه لعیا جان، این یه جور احتیاطه و شایدهم احترام به عقایدمون.

- حالا بیا سوار ماشین شو برات توضیح می دم.

هر طوری بود مرا سوار اتومبیلش که یک اتومبیل لوکس بود، کرد و بخاری هایش را گذاشت رودرجه آخر شبکه هاشو به طرف من چرخاند. لپ های یخ زده من که گرم شدند و یخشون باز شد، شروع کردم به صحبت با لعیا.

- لعیا جان این کیه که می خوای منو باهاش آشنا کنی؟

- زیاد عجله نکن می بینی. تو که رو حرف من حرف نمی زدی، چطور شد که حرف بهترین دوستت رو زمین میندازی؟

- آخه یکم مشکوک می زنی.

- تا حالا شده که من به ضرر تو قدمی بردارم؟

- لیعا جان، من و تو پنج ماه بیشتر نیست که همدیگه رو می شناسیم. ولی قبول دارم که خیلی به هم وابسته ایم. امیدوارم که باعث غم و اندوه همدیگه نشیم.

- نه مطمئن باش، بهت قول میدم که خوشحال می شی.

هر طوری بود مرا قانع کرد که با او به خانه شان بروم و کسی را که به گفته لعیا منتظر من بود، ملاقات نمایم. در راه خیلی باهم صحبت کردیم، حرفهایی می زدیم که مربوط می شد به گذشته لیعا انگار او هم در عین سرمایه داری مشکلات زیادی را مثل من تحمل کرده بود. از نامادری اش می گفت که پدرش بعداز طلاق دادن مادرش بعلت های نامعلوم و نامفهومی که برایم تعریف می کرد، زن دیگری گرفته بود که خیلی لارج و باکلاس بود. لعیا می گفت این زن نماد کامل یک زن باکلاس فرنگی است و چون تقریباً هشتاد درصد فامیلهایش در اروپا زندگی میکتند، خودش نیز خلق و خوی زندگی آنها را گرفته. لعیا

می گفت و من سراپا گوش بودم و در مغزم که پر بود از فرمولهای پیچیده فیزیک و ریاضی، مشکلات او را با مشکلات خودم مقایسه می کردم و هر چه قدر سعی می کردم نمی توانستم مشکلات یک خانواده سرمایه دار را با خانواده متوسطی مثل خانواده خودم، در یک کفه بگذارم. به خانه شان رسیدیم و از ماشین پیاده شدیم. خانه بزرگی بود در کوچه ای باریک و خلوت که شاخه های یخ زدهٔ مُو از دیوارهای حیاطش بیرون ریخته بودند.

انگار که به من سلام میدادند و سرشان را به نشانه اینکه جای درستی آمده ام تکان میدادند به خود لرزیدم و شالی را که چند سال پیش مادرم برایم خریده بود به دور دهانم پیچیدم و با لعیا وارد حیاط خانه شان شدیم. خدیا لعیا می خواست مرا با چه کسی آشنا کند؟ اصلاً منظور لعیا از این کارها چه بود؟ هر چه بود من در خانه شان بودم و چند دقیقه بعد همه چیز آشکار می شد. برایم معما شده بود و می خواستم هر چه زودتر جوابش را پیدا کنم. حرفهای پدرم یادم می افتاد وقتی که می گفت: «هیوا جان همیشه کنجکاو باش و سعی کن تمامی معماهایی را که به ذهنت می رسد، حل کنی اینگونه می شود که آدم موفقی خواهی شد.»

وارد که شدیم چند نفر به پیشوازمان آمدند و کیف و شالمان را از دستمان گرفتند. لعیا می گفت خواهرهایم هستند ولی اصلاً شبیه لعیا

نبودند. شاید هم از زن دوم پدرش بودند و با لعیا ناتنی بودند نمی دانم، هر کسی بودند خیلی مؤدب نشان میدادند. وارد سالن شدیم و نشستیم تابلوهایی روی دیوارها بود. منظرهٔ زنی که جلوی مردی خم شده بود و به او چیزی داخل یک سبد تعارف می کرد. یک لحظه یاد مادرم افتادم که وقتی پدرم از سر کارش به خانه برمی گشت با یک سینی و دو استکان چایی جلویش خم می شد و به پدر سختکوشم چایی تعارف می کرد. اما زنی که در آن تابلو بود لباسهایی به تن داشت که تقریباً نصف پوست گندمگونش بیرون زده بود و داد می زد که شراب تعارف می کند و مرد روبرویش هم شوهرش نیست. در محیطی بودم که سرشار از چیزهای جدید بود. در طرف دیگر و دیوار پشت سرم و درست بالای سر لعیا سر یک گوزن خشک شده ای بود که انگار می خواست از دیوار جدا شده و پرواز کند. اما حیف که یک موجودی بی جان بیشتر نبود و دست آدمیان روی این کره خاکی جانش را بدجوری گرفته بود. طرف راست من هم تصویر مردی روی دیوار آویزان بود که علم فیزیک دنیا مدیون او بود. «نیوتن» حداقل این تصویر برایم نامفهوم نبود و باعث دلگرمی ام می شد. زبان گشودم و گفتم: لعیا جان حتما به خاطر اینکه به فیزیک خیلی علاقه مندی این تابلو رو روی دیوار زدی

- نه هیوا جان، چون دایی ناتنی ام در کانادا و آمریکا تحصیلات عالیه در رشته های مختلف فیزیک دارند، مادرم این تصویر را بخاطر گرامیداشت برادرش خریده و آویخته است.

- حتما توهم بخاطر اینکه دایی جونت تحصیلات فیزیک دارند، این رشته را برای تحصیل انتخاب کردی

- نه عزیزم مادرم به زور من رو قانع به ادامه تحصیل تو این رشته کرده

- دروغ نگو، اگه زورکی بود اینقدر خوب جلو نمی رفتی و نمره های عالی نمی گرفتی

- عزیزم هنوز ترم اول رو داریم تموم می کنیم. درس های تخصصی هنوز مونده که

- انشالله تو اوناهم موفق می شی. ولی من عاشق این رشته ام و حتی اگه بشه می خوام تا دکترا (PHD) ادامه بدم

- قربون دوست نازنینم بشم که همه چی رو یه جا تو خودش داره

معنی این حرف لعیا رو نفهمیدم و پرسیدم: منظورت چیه؟

- هیوا می خواستم بگم که هم مغزت خوب کار می کنه و هم اینکه خیلی خوشگلی و هم اینکه می تونی تو هر چی که وارد می شی موفق بشی.

خیالم راحت شد که لعیا منظور بدی نداشت. خواهراش برامون قهوه و یک سری تنقلات و میوه جات با تشریفات عالیه آوردند که اگر ۲۰ نفر هم کنار ما بود، تمام نمی شد. دختر زرنگی بودم و این زرنگی تو خونم بود، چونکه وقتی به پیش دستی ها و کاردها نگاه می کردم، فهمیدم که چند نفر دیگه به من و لعیا ملحق خواهند شد. یواش یواش داشتم دلواپس می شدم. پرسیدم:

- لعیا جان این کسی که می گفتی کجاست پس؟

- چقدر عجله می کنی، بیرونه الان میرسه.

و بعد شروع کرد به مقدمه چینی که کسی که میخواد تورو ببینه دایی منه و یک جوان موفق و پرتلاشیه و چند روزیه که قضیهٔ تو را براش مطرح کردم. زود پریدم وسط حرفهاش:

- چه قضیه ای لعیا؟

- اینکه یک دوستی دارم که هم از نظر ظاهر و هم از لحاظ خلق و خو زیباترین دختریه که می شناسم. در ضمن وقتی بهش از رشته تحصیلی ات و نمره ها و رتبه ات گفتم، خیلی خوشحال شد، چون دایی ام خودش دکترای فیزیک داره و عاشق این رشته است. خیلی از خوبیهات براش تعریف کردم هیوا، خواهش میکنم منو پیش اون خراب نکن.

زود از جام پریدم و قصد رفتن کردم، چونکه نقشۀ لعیا برام اشکار شده بود و فهمیده بودم که قصد خوبی نداره. باهاش جر و بحث کردم و هی پشت سرهم محکومش کردم که چرا زود بهم نگفته که برای آمدن یانیامدن به خونشون تصمیم بگیرم. به چهرۀ لعیا نگریستم و پنداشتم که می خواهد از من معذرت خواهی کند، اما مهلت رو ازش گرفتم و سرش داد زدم:

- این آخرین باری باشد که کاری رو که مربوط به منه، بدون هماهنگی انجام بدی

- عزیزم، قربون عصبانیّتت بشم، حالا بشین و سرو صدا نکن و اجازه بده که چند جمله ای با همدیگه صحبت کنیم. قانعت می کنم که کار من کار اشتباهی نیست و به نفع توست.

به حرفهایش ارزش داده و آرام گرفته و نشستم و چون از شدت استرس و عصبانیت عرق کرده و گرمم شده بود، پیراهنم را درآوردم و با تی شرت قرمز رنگی که از بس شسته شده بود، رنگش پریده بود، نشستم. لعیا دوست من بود و خواهرهایش هم که هر چند دقیقه یکبار به ما سر می زدند تنها افرادی بودند که در کنار مان بودند و انگار که کسی جز ما در این خانه بزرگ اعیانی نبود. من هم خیلی راحت بودم که می توانستم براحتی حرفهایم رابزنم. چند ثانیه ای گذشت و متوجه لعیا شدم که داشت می خندید. خنده ای که علتش برای من نامفهوم

بود. تا دنبال دلیل گشتم و خواستم از لعیا بپرسم اشاره ای که سرشار از خنده های دوستانه بود به سینه هایم کرد و گفت. هیوا جان کاش یکم زودتر پیراهنت را در می آوردی که زود بخندیم و دعوای بین ما زودتر تموم بشه.

- مگه چی شده لعیا؟

- هیوا یکی از سینه هات افتاده عزیزم !

منظورش را نفهمیدم و دوباره به سینه های خودم نگاه کردم و متوجه شدم که در حین مشاجره بین من و لعیا یکی از بندهای پلاسیده ی سوتینم کنده شده و یک طرفش پایین افتاده. به لعیا نگاه کردم و من هم شروع کردم به خندیدن و تا خواستم پیراهنم را بپوشم، لعیا مانع شد و گفت:

- نپوش هیوا، پاشو بریم اتاق من و یکی از سوتین های منو بپوش.

- نه عزیزم، لباس زیر یه چیز شخصیه و نمی تونم این کار رو بکنم.

- پاشو دیگه، چقدر وسواس هستی تو.

با زور و پافشاری لعیا بالاخره من راضی شدم که این کار رو بکنم. وارد اتاق لعیا بهترین دوست دانشگاهی ام که تازه داشتم بهش عادت میکردم، شدیم. میز آرایش و آینه و تخت خوابی که لعیا صاحبشون بود، عین همون چیزهایی بود که من برخی اوقات توی فیلمهایی تلویزیونی

دیده بودم و هر لحظه آرزو میکردم یک روز صاحب همچنین اتاقی باشم. کمد طلایی رنگشو باز کرد و از داخل کمد یک سوتین طوسی رنگ ایتالیایی، با گلهای بنفش برداشت و جلوی من گرفت و گفت:

- هیوا جان زود باش عوض کن تا ببینم بهترین دوستم با سوتین من چه شکلی می شه.

تی شرت خودم را در آوردم و تازه می خواستم بعد از درآوردن سوتین لعنتی و بی شکل وشمایل خودم، سوتین لعیا را تنم کنم که در اتاق به آرامی به صدا در آمد و کسی پشت در با صدای آرام لعیا را صدا زد و بعد با صدای متین و آرامش گفت: لعیا جان می توانم داخل شوم؟

- نه دایی جان چند لحظه منتظر باشید بهتون میگم کی داخل شوید.

- لعیا جان منتظرم.

هُل شده بودم، تو چند ثانیه تمام لباسهایم را پوشیدم و به لعیا اشاره کردم که اجازه ندهد دایی اش، یعنی همان کسی که چند ساعتی بود منتظر دیدنش بودیم، اینطوری و در این موقعیت پراز استرس وارد اتاق شود. ولی لعیا هیچ توجهی به احساسات درونی من و افکاری که در ذهنم بود نکرده و بی اعتنا به من و بدون مقدمه به ورود دایی جانش به اتاق رخصت داد. در باز شد و من که اصلاً تعبیر خوشی از این طور آشنایی ها نداشتم، ناگهان با چهرهٔ گندمگون، بشاش و خندان روبرویم

ایستاد. از فرط اضطراب و استرسی شبیه ماری که به دور موش پیچیده باشد، به دور دوستم لعیا پیچیدم و اندام لاغر خودم را پشت لعیا پنهان نمودم. آشنایی عجیبی بود. بالاخره هر طوری بود خودم را جمع کردم و سر پا ایستادم و خواستم یکبار دیگر ولی بدون استرس و با آرامش کامل مردی را که روبرویم ایستاده بود احساس کنم ولی هر چه سعی نمودم نتوانستم بر اتفاقات پیش آمده غالب شوم. ناگهان چشمم به سوتین خودم افتاد که روی تختخواب لعیا جا مانده بود و داد میزد که ما در اتاق لعیا مشغول انجام چه کاری بودیم. دایی لعیا هم زیر چشمی به آن نگاهی انداخت و با خنده ای که شبیه تمسخر بود ادامه داد:

- لعیا جان نمی خواهی دوستت را معرفی کنی؟

- دایی یونس، این هیواست. همان دختری که تعریفش را برایتان کرده بودم.

- واقعاً همان دختری را که برایم تعریف و تمجیدش را کرده ای، بدون هماهنگی با من، اینطور و در این موقعیت می خواهی معرفی کنی؟ لعیا جان باید مرا در جریان قرار می دادی.

مرد خیلی با ادب و محجوبی بود. طوری که با اعتراض به لعیا توانست کمی مرا آرام نماید و استرس درونی مرا از بین ببرد. دستش را با متانت خاصی بالا گرفت و ما را به طرف سالن دعوت کرد. من هم پس از گرفتن تأیید از لعیا اتاق را به مقصد سالن ترک کردم. روی کاناپه

نشستم و چند لحظه ای سکوت همه جا را فراگرفت و پس از چند ثانیه مادر و پدر لیعا وارد شدند و من خودم را در میان یک جمع غریبه دیدم که فقط لعیا را می شناختم. ولی متوجه بودم که یونس، دایی لعیا، به من چشم دوخته و حتی یک لحظه هم چشم از من بر نمی دارد. صحنه عجیبی بود که هر لحظه می خواستم بلند شده و مجلس را ترک نمایم، دور از احترام و ادب می دیدم و بالاخره پس از مدتی کلنجار با خودم، تصمیم به نشستن گرفتم. مادر و پدر لعیا پس از احوالپرسی از من در کاناپه های روبروی من نشسته بودند و به لعیا اشاره میکردند که موضوع چیست؟ ناگهان یونس سر صحبت را گشود و گفت:

- لعیا خواهرزاده عزیزمن می خواست در مورد دوستش هیوا خانوم صحبت کنه که شما وارد شدید

لعیا هم با قیافه ای بُهت زده جواب داد:

- دایی جان، من حوصله شاخ و برگ دادن به موضوع را ندارم، این دوستم هیواست و تنها کسی است که من برای شما مناسب می دانم

چنین مجلسی برای من طبیعی نبود، چون صحبت لعیا پیش پدر و مادرش در مورد چنین موضوعی را خارج از ادب می دیدم ولی از طرف دیگر هم می دیدم که یونس خان نگاه پراحساسی به من دارد. این را احساسات لطیف دخترانه ام به من می گفت. به خودم ناسزا می گفتم، زیرا در یک لحظه خودم را در مجلس خواستگاری می دیدم که به جای

پدر مرحوم و مادرم سارا افراد غریبه در آن حضور داشتند، هیچکسی صحبت نمی کرد به جز لعیا و یونس، انگار با هم قبلاً تمرین کرده بودند و الان در حال دیکته کردن حرفهای از قبل تعیین شده شان بودند. یونس ادامه داد:

- لعیا جان من فعلا هیچ حرفی برای گفتن ندارم چون واقعا تمام چیزهایی را که برایم تعریفش را کرده ای در هیوا خانم می بینم.

بعد رو به من کرده و ادامه داد:

- هیوا خانم آیا شما مایلید تا چند دقیقه ای با هم بصورت خصوصی صحبت کنیم؟

خودشان می بریدند و خودشان می دوختند. اصلاً توجهی به نظر من نداشتند. انگار من جواب مثبت را داده بودم. من حس خوبی نسبت به یونس خان داشتم ولی یاد گرفته بودم که عجولانه تصمیم نگیرم. هر طوری بود لعیا مرا به زور اشاراتش راضی کرد که چند دقیه ای در اتاقش با هم صحبت کنیم. اما آیا روا بود که دست به چنین کاری بزنم و وارد صحبت با کسی بشوم که تا بحال ندیده ام و هیچ شناختی از او ندارم؟ هر لحظه چهرۀ مادرم جلوی چشمانم نمایان می شد و با نگاه رنجور و عاجزانه ای می خواست چیزی در من القا کند، اما من نمی فهمیدم و سعی داشتم تا متوجه توصیه های مادرانه اش باشم که می گفت «هر جا باشی و با هر کی سخن به میان آوری و سر صحبت باز کنی، مراقب باش

تا از دختر بودنت سوء استفاده نشود و با کسانی مراوده و صحبت کن که به قصدش پی برده باشی» اینها همهٔ آن چیزهایی بود که مادرم هنگام نصیحت کردنش به من می گفت. فکرم از بابت اینکه یونس خان آدم خوبی است یا نه راحت بود، چون هر چه باشد تحصیلات عالیه ای داشت و برای خودش شخصیت قابل ملاحظه ای بدست آورده بود. ولی من یکه خورده بودم و اصلاً انتظار چنین رویارویی با کسی که لعیا برای اشنایی با من در نظر گرفته بود را نداشتم. مرد خوش سیما و خوش صحبتی بود و طوری خیره در قیافه من مانده بود که انگار گمشده ای را پس از سالهای پر رنج و دوری یافته باشد.

موهای خاکستری رنگ و چشمان قشنگی داشت که مردمکهای آبی رنگش را پلک های درازی احاطه کرده بود. پیشانی اش دو تا چین خفیفی داشت که او را آدم زحمتکش با گذشته پرکاری نشان میداد. هر چه بود نظر مرا جلب کرده بود و انگار یک نیروی ماوراء الطبیعه ای مرا برای صحبت با یونس خان وادار می کرد. با هزار زور و زحمت و البته ناز و اداهایی که لعیا عاشقشان بود، خودم را راضی کردم و با خنده شبیه به تبسم دخترانه و اغفال کننده ام به لعیا و پدر و مادرش فهماندم که آماده این رویارویی و مباحثه در اتاق لعیا هستم. لعیا بلند شد و دست دایی جانش را گرفت و از جایش کند و او را وادار کرد که سرپا ایستاده و منتظر برخاستن من باشد. به خود جرأت دادم و از صندلی که از

فشارهای پی در پی من روی نشیمنگاه و دسته اش به ستوه آمده بود بلند شدم و با یونس خان و لعیا راهی را که چند ساعتی قبل به مقصد سالن پیموده بودیم، دوباره برگشته و وارد اتاق شدیم. من تا وارد اتاق شدم چشمم به سوتین پلاسیده خودم که روی تخت خواب لعیا جا خشک کرده بود، افتاد و سراسیمه به طرفش دویده و رویش نشستم. یونس خان مات و مبهوت این حرکت بچگانه من مانده و لب به سخن گشوده و گفت: هیوا خانم روی سوتین خودتان نشسته اید و رو به لعیا کرده و گفت لعیا جان اون رو بردار و بزار توی کمد لباست تا هیوا جان اذیت نشوند. اولین باری بود که از یک مرد غریبه پسوند جان کنار اسم خودم می شنیدم و می دیدم که اینگونه راحت و بی مهابا در مورد لباس زیر زنانه با یک دختر تازه آشنا شده حرف می زند، جاخورده بودم ولی چون هنوز لعیا کنارم بود، خودم را جمع کردم.

لیعا پس از انجام فرمایشات دایی جانش اتاق را ترک کرد و در را به رویمان بست. حالا مردی غریبه در کنارم ایستاده بود که می خواستم با او لب به سخن گشوده و در مورد چیزهایی که خودم دقیق نمی دانستم حرف بزنم. یونس خان پیش دستی کرده و گفت:

- هیوا جان نمی خواهند تعارف نمایند که من هم بنشینم؟
- اختیار دارید بفرمایید بنشینید، من حواسم نبود. معذرت می خواهم.

- خواهش میکنم هیوا جان اجازه بدهید درست روبرویتان روی صندلی بنشینم چون می خواهم در مورد موضوع مهمی با شما صحبت نمایم.

صندلی جلوی میز آرایش لعیا را برداشته و زیرش گذاشت و درست روبرو و در یک قدمی من رویش نشست. من هم چون در همان نگاه اول مبهوت چهره و شخصیت یونس خان شده بودم، دل تو دلم نبود و می خواستم هر چه زودتر شروع به صحبت کند. بالاخره یونس خان با لبخندی که در ته دل من نفوذ می کرد لب به سخن گشوده و گفت.

- هیوا جان، لعیا می گفت از رتبه های تک رقمی کنکور هستی و مُخ مکانیک و کامپیوتر هستی. آیا این واقعیت دارد؟

- لعیا بهترین و صمیمی ترین دوست من است و نسبت به من لطف دارند. تک رقمی نه ولی رتبه ام در کنکور ۱۳ بود و اگر کمی بیشتر سعی میکردم حتی می توانستم تک رقمی هم باشم ولی چه کنم که خدا نصیبمان نکرد. البته من به این هم راضی ام و توانسته ام در بهترین رشته دلخواه ادامه تحصیل دهم، در مورد مُخ بودنم هم نمی توانم چیزی بگویم همانطور که عطار نیشابوری می گویند «مشک آن است که خود ببوید نه آنکه عطار بگوید ». اگر از خودم تعریف کنم نمی شود ولی تا این حد می توانم بگویم که در تست هوش یا همان «IQ» نمره ام ۱۶۰ شده بود و در کلاس های دانشگاه همیشه نمره های الف می گیرم و تمامی استادان دانشگاه عاشق درس خواندن من هستند.

همینطور داشتم به صحبت هایم روبروی مردی که در یک لحظه مبهوتش شده بودم ادامه می دادم و از خودم و کارهایم می گفتم و یونس خان دست زیر چانه اش خشکیده داشت به حرفهای من گوش میداد و خیره در چشمان من شده بود. انگار داشت حرفهای من را با حرفهای قبلی لعیا مقایسه میکرد و می خواست ببیند که آیا تناقضی هست یا نه. نمی دانم، هر چه بود و نبود و برایم در دانشگاه اتفاق افتاده بود را برایش تعریف کردم و گاهگاهی میان حرفهایم نفس می کشیدم و می خندیدم تا اینکه به جایی رسیدم که خواستم بگویم «البته ناگفته نماند که لعیا نسبت به من لطف دارند که باعث آشنایی من و شما شده اند» که یونس خان وسط حرفهایم پریده و سوالی از من پرسید.

- لعیا در مورد علت آشنایی من و شما و صحبتهایی که قرار بود با هم داشته باشیم چه گفته است؟

- هیچی آقا یونس، فقط گفته که می خواهم تو را با دایی ام آشنا کنم و من هم تا حالا نتوانسته ام علت این آشنایی را بفهمم.

یونس خان، انگشتان صاف و دستهای از پیراهن آستین کوتاه بیرون زده اش را در هوا چرخاند و به طرف پیشانی اش برد و شروع به خاراندن چروک های روی پیشانی اش کرده و پرسید:

- هیوا جان آیا تو متوجه هستی و می توانی درک کنی که چگونه دختری هستی و چه توانایی های خارق العاده ای در تو نهفته است؟

با خودم فکر میکردم که یونس خان می خواهد قضیه را طور دیگری مطرح نماید و جرأت این را ندارد که مستقیماً به من بگوید که از من خوشش آمده و نمی خواهد خودش را با آن تحصیلات عالیه اش جلوی دختر شهرستانی مثل من بشکند. به همین علت عزم خود را جزم کرده و تصمیم گرفتم بحث را به سمتی که خودم دلم می خواست، بکشانم. ولی یک لحظه چیزی به ذهنم خطور کرد و از خود پرسیدم که اگر یونس خان مرد خجالتی بود چطور هنگام ورود به اتاق به محض اینکه من روی سوتین خودم نشستم، فوری عکس العمل نشان داد و به لعیا دستورات لازم را صادر نمود؟ در دوراهی گیر کرده بودم و می خواستم از او در مورد علت رویارویی مان بپرسم که با صدای آرام با لرزش خاصی گفت:

- هیوا جان چرا جواب سؤالم را نمی دهی؟ حواست کجاست؟

- آقا یونس معذرت میخواهم فکرم جای دیگری بود. می توانم چیزی از شما بپرسم؟

- بله بفرمائید

- هدف شما از برقراری ارتباط و صحبت در یک اتاق خصوصی با من چیست؟

یونس خان با چهره ای مبهوت، چین های پیشانی اش را به هم فشرده و با لبهایی خندان از جایش بلند شد و جواب داد:

- منظورتان را نمی فهمم، انگار لعیا جان توضیحات کافی در مورد من به شما نداده اند. و با حالتی که معلوم بود منظور مرا از سؤال ام فهمیده باشد ادامه داد:

- هیوا جان شما دختر زیرک و با وقار و زیبایی هستی ولی هدف من از آشنایی با شما جذب شما در دانشگاهی است که هم اکنون در کاناداست و من رئیس دانشگده صنعتی این دانشگاه هستم و به نابغه ای همچون شما نیاز دارم، دانشگاه تورنتو.

شوکه شده بودم و نمی دانستم خوشحال باشم یا ناراحت. خوشحالی از اینکه مردی جلوی من ایستاده بود که رئیس یکی از دانشگاههای کانادا بود و مرا برای ادامه تحصیل به دانشگاه خودش دعوت میکرد و ناراحت از اینکه یونس خان نمی دانست در دلم نسبت به خودش چه احساسی پیدا کرده ام و هدف از آشنایی اش با من را فقط تحصیلی اعلام می نمود، خیس عرق شده بودم و نمی دانستم چه جوابی به یونس، دایی ارجمند لعیا، بدهم. تقصیر من نبود، چون هیچ اطلاعی از ماجرا نداشتم و همه چیز را گردن لعیا می انداختم که چرا بی خبر از من دست به تنظیم ملاقات من با دایی اش زده است؟ با حالتی عصبی روبه یونس خان کردم و ادامه دادم:

- از شما معذرت میخواهم، من باید بروم

- هیوا خانم، من حرف بدی زدم که اینگونه با این حالت عصبی ترک جلسه می نمایید؟

- نه خیر، عذر می خواهم، دیر وقت است و باید برگردم.

- حالا جواب مرا بدهید و بروید، من به شخصی مثل شما نیاز دارم.

- نیازتان را در افراد دیگر جستجو نمایید. من جوابم منفی است، از ملاقات با شما خوشحال شدم.

سرم را پایین انداختم و در حالیکه چشمانم از اشک پر شده بود ولی قطره های اشک را قورت میداد، از اتاق لعیا خارج شدم و با صدایی آمیخته با عصبانیت لعیا را صدا زدم و تا چشمم به چشمانش افتاد از او خواستم که مرا جهت برگشتن به خانه و خوابگاه خودم راهنمایی کند. هر چه از من می پرسید چه شده طفره می رفتم و اصرار می کردم که مرا راهنمایی کند دایی لعیا از اتاق بیرون آمده و روبه هر دوی ما کرد و گفت:

- من اصلا متوجه ماجرا نمی شوم. چه اتفاقی افتاد که هیوا جان در یک لحظه بهم خورد. اگر حرف بدی زدم عذرخواهی می کنم.

چهره مرا عبوس می دید و علتش را نمی دانست، شاید هم می دانست و به روی خودش نمی آورد. هر چه بود در یک لحظه عاشق او شده بودم و

این ضعف که نمی توانستم رُک و پوست کنده با او درد دل کنم، داشت عذابم می داد. نمی دانم این چه حسی بود که در من پدید آمده بود، آن هم در یک لحظه کوتاه، بیست سالم بود و تا بحال آدمهای زیادی پیشنهاد دوستی جهت ازدواج به من داده بودند ولی تابحال چنین حسی در من پیدا نشده بود. لعیا متوجه عصبانیت من شد و چون نسبت به من آشنایی کامل داشت، به حرفم بها داده و با عذرخواهی از دایی جانش مرا تا حیاط خانه شان مشایعت نمود و اصرار میکرد که با ماشین خودش مرا برساند. من هم قبول کردم و تا خواستم سوار شوم نگاهم به همان شاخه های از دیوار بیرون زده، افتاد ولی اینبار احساس کردم به جای خوشامدگویی به من می خندند و از اینکه نتوانسته ام حرف دلم را بازگو نمایم، مرا سرزنش میکنند. با هزار بدبختی و ایستادگی در مقابل حرص و جوشی که داشتم داخل ماشین با لعیا کنار آمدم و صبر کردم تا به خوابگاه برسم و خواستم هیچگونه مشاجره ای بین ما ایجاد نشود. خیلی محزون و ناراحت بودم نمی دانستم چه حسی بود که مرا به سوی خود می کشید ولی از این مطمئن بودم که پس از مرگ پدرم اولین باری بود که چنین حزن و اندوهی سراغ من می آمد. با خود سخن میگفتم و گوش به حرفهای دلم میدادم و آنقدر با این کار آرام می شدم که از بار غم و غصه هایم کاسته می شد. با خود گفتم: «خدایا این یونس از کجا پیدا شد و چرا به طرز عجیب و غریبی دقایق من در کنار او آنگونه

سپری شد؟» نمی دانستم چرا به هنگام دادن پیشنهاد توسط یونس، من عصبی شدم ولی از این اطمینان داشتم که حس من نسبت به این مرد، حس همکاری و تحصیلی نبود. با خودم کم کم کنار آمدم و چند روزی را در خانه و بدون جواب دادن به تلفن ها و پیشنهادات دوستانم سپری کردم. به دانشگاه و سرکلاس هایم می رفتم و پس از برگشت به خانه چند ساعتی مطالعه و فکر میکردم و سپس جلوی آینه می ایستادم و پس از کمی تماشای چهره خودم به تختخوابم می رفتم و می خوابیدم.

از یکی از کلاس های دانشگاه خارج می شدم که دیدم لعیا جلوی خروجی منتظر من ایستاده و با قیافه ای غمگین و درهم به من اشاره می کند. کنارش رفتم و از او به خاطر رفتار زشت آن روز عذرخواهی کردم.

- هیوا جان من باید از تو معذرت خواهی کنم عزیزم، نه تو

- لعیا رفتار اون روز من شایسته مهمونی و دعوت تو نبود ولی تو هم باید قبلا منو در جریان می ذاشتی که دایی جانت رئیس دانشگده صنعتی تورنتو در کاناداست و قصدش از ملاقات چیه

- عزیزم من از کجا میدونستم که تو دلت رو بطرف دایی یونس من پرواز می دی و عاشقش میشی؟

- کی گفته من عاشق دایی ات شده بودم. من فقط آمادگی حرفهایی رو که می خواست از من بپرسه نداشتم

- هیوا، عزیزم، لحظه ای که من تو رو به خوابگاه می رسوندم، چهره غمگین و آمیخته با عصبانیتت چیز دیگه ای به جز عشق نشون نمی داد.

- دست بردار لعیا من تو این گیرو دار دانشگاه و انبوهی کلاس و درس و مشق، حوصله ای برای عشق و عاشقی ندارم.

- هیوا جان، دایی یونس من آدم مهم و با شخصیتیه و چند روزی بیشتر اینجا نیست و فقط برای ملاقات خانواده اش به ایران اومده بود و در این مدت کوتاه من فرصت رو غنیمت شمرده و از نبوغ و زیرکی تو برایش تعریف کردم و ازش خواستم که تو رو برای ادامه موفقیت آمیز تحصیلات کمک بکنه و قصدم هم اصلاً به هم زدن اوقات خوش تو نبود. ولی حالا که می بینم بجز مسئله تحصیلات، موضوع مهمتری مثل دوست داشتن و عشق به میون اومده، خیلی خوشحالتر هستم و آرزو دارم که تو رو کنار دایی یونس ام ببینم.

- لعیا جان، لطف داری ولی من هیچ میلی به ادامه تحصیل خارج از کشور ندارم و هیچگونه جرقه ای هم میان من و دایی یونس تو برای عشق زده نشده، از تو خواهش میکنم به این مسئله خاتمه بدی. مادرم تو شهرستان تنهاست و من نمی تونم تو این وضعیت اون رو ول کنم برم خارج.

- هر طور تو می خوای ولی...

- ولی و اما و اگر نیار و بذار به کارای مهمترمون برسیم.

لعیا از طرز برخورد و حرفهای متناقض من خسته شده بود و این مسئله باعث شده بود که دوستی بین من و لعیا کمی رنگ ببازد و نتوانیم با هم راحت باشیم و مثل گذشته روزها و لحظه هایمان با خنده بگذرد. در حقیقت هر وقت چشمم به لعیا می افتاد داغ عشق من به دایی یونس اش تازه تر می شد و طوری مرا در ورطهٔ پر رمز و راز و لطیف دلدادگی می کشید که همه چیز را از یاد می بردم. دختر بودنم را می فهمیدم و به زیبایی و قدبلندم افتخار میکردم. طوری این موضوع رخنه در وجودم کرده بود که خواستم مسئله را با مادرم در میان بگذارم، اما خودم را قانع کردم که هنوز زود است و شاید هم چون جواب رد مادرم را از قبل می دانستم، از انجام چنین کاری منصرف شدم. چند روزی گذشت و بالاخره اتفاقی که می خواستم افتاد یونس خان خودش با من تماس گرفت و گفت: «هیوا جان من می خواستم در ادامهٔ صحبتهای آن روزمان با تو دوباره ملاقاتی داشته باشم.»

- یونس خان اگر می خواهید مرا برای تحصیل در دانشگاهتان دعوت بکنید، نیازی به ملاقات دوباره نیست، من جوابم را به شما داده ام.

خندهٔ کوتاهی کرد و گفت: «نه هیوا جان، موضوع این نیست. می خواستم در مورد چیزهای دیگری با شما صحبت کنم. اگر مایل

باشید همین امروز عصر دنبالتان بیایم و کمی با هم باشیم و حرف بزنیم»

- اشکالی نداره. امروز عصر ساعت ۵ منتظر تماستان هستم.

تلفن را قطع کردم. در پوست خود نمی گنجیدم. چونکه می دانستم دلیل ملاقات دوبارۀ من و یونس چیست. و او نیز همان چیزی را می خواهد به زبان بیاورد که من می خواهم، منتظر ماندم و کمی در آینه به خودم نگاه کردم و به سرو وضعم رسیدم و برای قرار ملاقات آماده شدم. خیلی وقت نداشتم و باید سریع آماده می شدم. لباسهایم را انتخاب کردم. تلفن دوباره زنگ خورد و یونس پایین منتظر من جلوی در بود با خوشحالی خودم را از خوابگاه بیرون انداختم و وقتی چشمم به چشم یونس افتاد حس عجیبی که تا بحال آنرا تجربه نکرده بودم سراغم آمد. در اتومبیل برای نشستن من باز شده بود و یونس مرا تعارف به نشستن می کرد. سلام دادم و در اتومبیل و صندلی جلو نشستم. ماشین مال پدر لعیا بود. یونس پشت فرمان نشست و گفت: «هیوا جان، من در ابتدا می خواهم در مورد رفتار آن روزم با تو عذرخواهی بکنم. تمام تقصیرات به گردن این دل لعنتی ام است. واقعیتش را بخواهی من هم حس عجیبی نسبت به تو پیدا کرده ام، ولی افسوس که مهلت زیادی برای با تو بودن و آشنایی بیشتر ندارم. چند روز دیگر باید در تورنتو باشم»

با هم به رستوران رفتیم، وقتی وارد شدیم یک میز از قبل برایمان رزرو شده بود. میزی که روی آن پرازگلهای زیبابود. عین فیلمهای درام و عاشقانه، یونس خان صندلی را برای نشستن من عقب کشید و مرا دعوت به نشستن کرد. منو را دست من داد و خواست که غذا سفارش دهم. از ادب و متانت یونس خیلی خوشم آمده بود. مردی بود که تا آن روز آشنایی مان تقریباً تمامی خصوصیات یک مرد ایده آل را داشت. وقتی غذا می خوردیم با خود گفتم، هیوا، خوب کاری کردی که تا حالا به همهٔ پسرهایی که تو دانشگاه در پی آشنایی باهات بودند، جواب سربالا دادی.

شانس به من رو کرده بود و مردی مثل یونس با تمام ادب و افتخاراتش روبرویم نشسته بود. هر روز با هم بیرون می رفتیم و یونس از برنامه هایی که برای من تدارک دیده بود صحبت می کرد. دیگر پرده ای که مانع سخن گفتن باشد بین ما نبود و هر چیزی که در دل داشتم بیرون می انداختم و شاد و خوشحال بر حرفهای همدیگر مهر تأیید می زدیم. یک روز وقتی در کاخ سعدآباد با هم قدم می زدیم، یونس از خاطراتش تعریف می کرد و با تبسم عمیقی که همیشه روی لبانش بود، بر میزان تاثیرش روی من می افزود. شب بود و وقتی خواستم از اتومبیل پیاده شوم دستم را درون دستش فشرد و اجازهٔ پیاده شدن به من نداد و در حالیکه به مردمک چشمانم خیره شده بود این جمله را به آرامی زیر

زبانش گفت: «هیوا جان بابت همه چیز از تو متشکرم.» سپس صورتش را به آرامی جلو آورد و بوسهٔ ارامی روی گونه ام نواخت لحظهٔ عجیبی بود، اولین باری بود که به مردی غریبه اجازهٔ چنین کاری می دادم. دست خودم نبود. سرجایم میخکوب شده بودم و جرأت تکان خوردن نداشتم. ناخودآگاه لبخندی روی لبانم به نشانهٔ سرمستی ظاهر شد و پاهایم را به آرامی از روی رکاب در ماشین روی آسفالت گذاشتم، به سختی توانستم لرزش آنها را از چشم یونس پنهان کنم. دستش را به آرامی به نشانه خداحافظی تکان داد و گفت: « هیوا جان فردا آخرین روز دیدارمان است و من باید برگردم » فردای آنروز دوباره با هم ملاقات داشتیم. طوری پله های خوابگاه راپایین می دویدم که ازخوشحالی درپوست خود نمی گنجیدم. وقتی به خود آمدم جسم لاغرولطیفم رادر آغوش یونس دیدم. سواراتومبیل شدیم، یونس از کارهایش گفت و ادامه داد: «من به کانادا بر می گردم، آنجا کارهایی دارم و پس از اتمام کارهایم برای تو درخواست ویزا می کنم، منظورم ویزای ازدواج است. با این کار تو براحتی می توانی به کانادا بیایی و در حین اینکه با هم زندگی می کنیم، به تحصیل بپردازی.»

سپس صورتش با ریتم ترانهٔ عاشقانه ای که درحال نواختن بود، به سمت من نزدیک کرد و بی مقدمه لبانم درمیان لبانش گرفت. دلم

نمی خواست این لحظه به پایان برسد. کل بدنم می لرزید، با بوسه پراحساسی به این لحظه خاتمه داد.

روزبعد همگی در فرودگاه امام خمینی منتظر پرواز هواپیمایی که یونس را از من جدا می کرد، بودیم. لحظه عجیبی بود، بی اختیار درآغوش لعیا گریه می کردم. با رفتن یونس انگار دلم را در آن هواپیما با خودش بُرد.

فصل دوّم

بحبوحه انتخابات ریاست جمهوری و نزدیک به خرداد ماه سال ۱۳۸۸ بودیم و من همچنان به دوستی ام با لعیا ادامه می دادم. اصلاً دوست نداشتم از لعیا دور باشم، چون با بودن او در کنارم به رسیدن به اهداف خودم امیدوار می شدم و چون از او قول گرفته بودم که مرا به یونس برساند، می خواستم همیشه در کنارم باشد. لیعا دختر پر جنب و جوشی بود و عاشق شلوغی و البته خیلی مغرور. زیاد با اطرافیانش رابطه داشت و دائماً در حال توسعه دوستی هایش با افرادی که به قول خودش خواهان اصلاحات و آزادی های بیشتر در این مملکت هستند، بود من هم چون اصلاً علاقه ای به دوری از او نداشتم در تمام فعالیتهایش با او بودم ولی چندان دل خوشی نسبت به چنین تحرکاتی نداشتم. با افرادی آشنا می شدیم که به گفته لعیا از مهره های اصلی جنبش اصلاحات و طرفدار کاندیداهای حزب اصلاحات یا همان حزب میرحسین موسوی بودند. به ستادهای انتخابات میرفت و در بخشهای آنان مشارکت می نمود

و درکل عاشق چنین کارهایی بود و هر وقت از او علت شرکت در چنین کارهایی را می پرسیدم می گفت: آدم باید در اصلاح نظام سیاسی مملکتش سهیم باشد و اگر ما نتوانیم دست بدست هم داده و کارهای مفیدی برای کشورمان بکنیم، پس چه کسی می خواهد این مأموریت مهم را انجام دهد. می گفت: «هر یک از ما قطره ی از دریای بیکران و آرامی هستیم که هم اکنون صاف و بدون موج و خروش است و زمینه را برای عبور قایقها و کشتی های بزرگ فساد فراهم نموده است ما باید با ایجاد موج های سهمگین و بلند در این دریای صاف و بی تلاطم مانع عبور و مرور چنین کشتی هایی شویم » نمی دانم این حرفها را از کجا یاد گرفته بود. زاییدهٔ تفکرات خودش بود یا در جلساتی که بهمراه دوستاش درآنها شرکت میکرد یاد گرفته بود. هر چه بود هیچ علاقه ای به کناره گیری از دریای مواج جنبش سبز نداشت و طوری در آن غوطه ور شده بود که گاهی مرا نیز فراموش میکرد. من علاقه ای به چنین کارهایی نداشتم و فقط بخاطر لعیا به این ورطه کشیده شده بودم و یواش یواش داشتم در آن غرق می شدم.

چه روزهای عجیبی بود، چیزهایی را میدیدم که اصلاً انتظارش را نداشتم. اصلاً هدفم از ورود به دانشگاه این نبود و فقط بخاطر ادامه تحصیلات عالیه ام به تهران آمده بودم، برخی اوقات لعیا چند تا از دوستانش را کنارمن می آورد و مرا با انها آشنا می کرد. دوستانش

دخترانی بودند از طبقات متوسط به بالای اقتصادی و اجتماعی و عین خودش عضو گروهایی کوچک ولی پر جنب و جوشی بودند و عقایدشان هم مثل خودش بود. عقایدی متجدد و نوظهور که مرا نیز جذب خودش کرده بود. به خیابانها می رفتند و با شرکت در ازدحامهایی که بازور پلیس متوقف می شد شرکت میکردند. چند باری نیز من در میان این جمعیت ها بودم و پس از فشار پلیس مجبور به متفرق شدن شدیم. بالاخره روز انتخابات فرا رسید و همه با حضور در رأی گیری و حمایت از جنبش سبز میرحسین موسوی مطمئن بودیم که کسی را برای ریاست جمهوری کشورمان انتخاب کرده ایم که خواهان ایرانی آزادتر و آبادتر بود و یقین داشتیم که برنده این انتخابات اوست. از ابوهی جمعیتهایی که برای طرفداری و حمایت از او می آمدند می توانستیم تشخیص دهیم که رأی اصلی از آن کیست. درصندوق رأی منطقه فرمانیه حاضرشدیم، جمعیت زیادی برای رأی دادن آمده بودند. حال وهوای انتخابات این دوره بادوره های قبل تفاوت زیادی داشت ومعلوم بود که مردم این بار با اعتقاد به تغییر وارد عرصه انتخابات شده اند.

در منزل لیعا با چند تا از دوستهای نزدیک لعیا که اکنون با من نیز دوست و همدم شده بودند، جمع شده بودیم و منتظر اعلام نتایج بودیم، مادر ناتنی لعیا که لعیا او را مامان «طوبی» صدا می کرد، مسئول پذیرایی از جمع دوستانۀ ما بود و هر از چندگاهی با ورود به جمع و

شرکت در بحثهای ما و ارائه نظرش که موافق و همسو با دخترش بود، از ما پذیرایی می کرد و سپس در کنار پدر لعیا که در گوشهٔ دیگر سالن بزرگ پذیرایی شان نشسته بود، آرام میگرفت و طوری در کنارش به او تکیه می داد که انگار همین دیروز با هم ازدواج کرده و به همدیگر نیاز شدیدی دارند. البته لعیا متوجه نگاههای پر معنای من به این صحنه بود و روبه من کرد و گفت: هیوا جان چیز جدیدی نیست. این زن و شوهر عاشق هم هستند و یک لحظه بدون همدیگر نمی توانند نفس بکشند. لعیا با این حرفهایش داشت تیری به طرف قلبم شلیک می کرد که خودش متوجه نبود. چون در همین خانه بود که من معنا و طعم عشق و محبت واقعی را چشیده بودم، وقتی چشمم به اتاق لعیا افتاد، لحظه ای اشک در چشانم جمع شد و تا خواستم جلوی ریزش اشک را بگیرم، لعیا جعبه دستمال کاغذی را جلوی من گرفت و خواست که اشکهایم را پاک کنم. دوستان لعیا چنان گرم بحث و صحبت بودند که متوجه این لحظه ها نشدند.

در همین حال و هوا بودیم که تلفن همراه لعیا به صدا در آمد و پس ازچند دقیقه مکالمه گوشی تلفن از دستش همانند صابونی که لیز خورده باشد، افتاد. چهره لعیا به قدری ناراحت و عبوس نشان میداد که نمی توانستیم از او بپرسیم چه اتفاقی افتاده است. بالاخره با اصرار پدر لعیا و دوستانش و البته من، لب گشود و گفت که از ستاد انتخاباتی،

یکی از مهره های فعال ستاد بود که تماس گرفت و گفت که برنده اصلی انتخابات رقیب میرحسین موسوی، یعنی محمود احمدی نژاد شده است. همگی ناراحت و البته خشمگین بودند و من هم چون در میان آنها بودم چاره ای جز همرنگی و همدلی با جمع را نمی دیدم. حتی نمی شد با لعیا صحبت کرد. گریه میکرد و هی زیر لب می گفت: امکان ندارد، حتماً اشتباه شده است. چشمان لعیا می خواست از حدقه بیرون بزند، آنقدر دلگیر و پر بود که دندانهای سیمی اش را به هم می فشرد و مادرش هم که اصلاً شبیه نامادری ها رفتار نمی کرد به لعیا تسکین می داد و سعی در آرام کردنش می نمود، اما چون خودش هم از این نتیجه دلخور بود، به جای آرام نمودن دخترش گاهگاهی بر زخم لعیا نمک می پاشید و می گفت «عزیزم می دانم این همان نتیجه ای نیست که مردم انتظارش را داشتند، اما چه می شود کرد چیزی که نباید می شد، الان اتفاق افتاده است، لعیا بر شدت عصبانیتش افزوده می شد و مادرش را بغل می کرد و به سینه اش می فشرد. بخاطر تسکین لعیا و پس از رفتن دوستانش، تصمیم گرفتم شب را کنار لعیا در منزلشان بمانم. شب خیلی پرماجرایی بود، لعیا در اتاقش که همان محل ملاقات و آشنایی من و یونس خان بود، به رختخواب رفتیم ولی لعیا از شدت ناراحتی و من از فرط عشق و خاطره ای که در آن اتاق داشتم، نتوانستیم بخوابیم. شب را به صبح رساندیم، صبح کمی آرام شده بودیم.

چند روزی پس از انتخابات بود که برخی مردم و حامیان جنبش سبز، برای اعتراض و فهماندن حرف دلشان به خیابانهای تهران ریخته و دست دردست همدیگر سعی دررساندن پیام خود به دولتمردان داشتند. من و لعیا هم در میان جمع انبوه مردم بودیم و هم صدا اعتراض می کردیم و شعار میدادیم که «رأی ما چه شد؟ ». در چند روز اول که تعداد افراد حضور یافته در اعتراضات کم بود، پلیس هیچ عکس العملی از خود نشان نمی داد، اما کم کم که به حامیان جنبش سبز افزوده می شد، پلیس و لباس شخصی ها عکس العمل های شدیدی نشان می دادند. لعیا اصلاً واهمه ای از چنین برخوردهایی نداشت ولی من خودم را در خطری می دیدم و هر از چندگاهی خود را کنار می کشیدم و لعیا را تنها می گذاشتم.

اوایل تیرماه یعنی بحبوحهٔ اعتراضات مردمی بود که مرا بهمراه لعیا در میان انبوه مردم که سطلهای زباله و چیزهای دیگر آتش می زدند، دستگیر کردند و وقتی چشمهایمان به دستبندی افتاد که دست چپ مرا به دست راست لعیا بسته بود. به زور ما را سوار ماشین کرده و چشمانمان را باچشمبندهایی بستند. نمی دانستم بیدار بودم و یا خواب می دیدم. دلم را به دل لعیا دوخته بودم ولی اصلاً انتظارش را نداشتم که دستهایمان را هم اینگونه و با دستبند پلیس های ویژه لباس شخصی بهم گره بزنند. کاری نکرده بودیم و جرمی مرتکب نشده بودیم، فقط

همصدا با مردمی که برای اعتراض آمده بودند، فریاد می زدیم که «رأی ما چه شد؟» خیلی ها را آن روز گرفتند و بردند تا به خود آمدیم خود را در میان میله های بازداشتگاه مخصوص دیدیم، لعیا اصلاً حرف نمی زد و فقط زیر لب زمزمه می کرد.

- روزی خواهد رسید که خدا انتقام ما را خواهد گرفت، ما که کاری نکرده ایم.

اصلاً نمی خواستم در این حالت عصبانیت آمیخته با ترس، چیزی بگویم که باعث تشدید عذاب لعیا شود، اما نتوانستم جلوی زبان خود را بگیرم و گفتم.

- لعیا، ما کجاییم و چه بلایی سر ما خواهد آمد؟

با صدای خشنی که پس از قورت دادن آب دهانش از حنجره اش بصورت ناموزونی بیرون می آمد جواب داد.

- هر چه باشد بخاطر آزادی و اصلاحات جنگیده ایم و ما تنها نیستیم، خیلی ها را گرفته اند. نترس و امیدوار باش، هنوز که اتفاقی نیفتاده است. پشت حرفهایمان می ایستیم و کرده هایمان را انکار می کنیم. دستهای مرا میان دستهای سردش فشرد و ادامه داد:

- هیوا جان قول میدی تو نیز مثل من مستحکم و استوار روی حرفهات بایستی و مقاومت کنی؟

اشکهایم مثل قطره های باران که از ابرهای سیاه و پر باران باریده باشند، با سرعت هر چه تمامتر از گوشه چشمانم پایین می ریختند و روی دستهای لعیا آرام می گرفتند، صدایم می لرزید و نمی دانستم چه جوابی در مقابل چنین پرسش دشواری بدهم، لعیا صمیمی ترین دوستم و مهمتر از آن علت آشنایی من و یونس یا بهتر است بگویم عشق گمشده دل مشکل پسند من بود و نمی توانستم او را در میان خطرات احتمالی تنها رها کنم و از طرفی دیگر عاشق تحصیلات و رشته ام بودم و نمی خواستم بلایی بر سر زحمات و تلاشهای قبلی ام بیاید. دستم را روی پلکهای خیس ام کشیدم و ادامه دادم:

- لعیا جان، اگر ادامه بدیم همه پلهای پشت سرمون روخراب می کنیم و راه برگشتی وجود نخواهد داشت. درس و مشقمان چی میشه؟ خیلی زحمت کشیدیم.

- هیوا، عزیز دل من، درس و مشق و تحصیلات وقتی مفیده که برای خدمت به مردم یا همون جامعه باشه، ما که همین الان هم داریم برای راحتی و آسایش نسل بعدیمون مبارزه می کنیم، به نظر تو این مهمتر از درس و تحصیلات نیست؟ تحصیلاتی که پس از تموم کردنش مجبور میشی جایی که اصلاً به درد جامعه و مردم نمیخوره ازش استفاده بکنی، به چه دردی می خوره؟ می فهمی که منظورم چیه وچی می خوام بگم؟

لعیا دختری بود که راهش را انتخاب کرده بود و می خواست مرا نیز سوار موجهای پرتلاطم افکارش بکند و به دنبال خودش بکشاند اما من هنوز تصمیمی نگرفته بودم و اصلا از عقاید او خوشم نمی آمد.

پشت میله های بازداشتگاه نشسته بودیم و هر یک به تنهایی غرق در افکار خودمان بودیم، من به مادرم و نگرانی هایش می اندیشیدم، به لحظه ای که سوار اتوبوس شدم و نگاههای غمگین مادرم و چشمهایش که می خواست چیزی به من بفهماند فکرمی کردم. الان می توانستم مفهوم نگاههای پر معنای مادر عزیزم را درک کنم. شاید او از این لحظات باخبر بود و می دانست که چه بر سر من خواهد آمد. لحظات دشواری بود که در حال غرق کردن من بود که قادر به نجات دادن خودم نبودم. به لعیا که نگاه میکردم، به یاد دایی یونس اش می افتادم و کمی آرام می شدم. حس میکردم پشت میله های بازداشتگاه ایستاده و به ما خیره شده است، در جواب لعیا گفتم:

- می فهمم چی میگی، اصلا اگه نمی فهمیدم مگه تو کارها و فعالیتهات باهات همراه می شدم؟ مطمئن باش همیشه کنارت هستم ولی باید کمی هم عاقلانه عمل کنیم عزیزم

- هیوا جان، تو وقتی چشمت به دایی یونس افتاد، تونستی عاقلانه تصمیم بگیری، عشق چیزیه که فهم و درک رو از آدم میگیره، یه چیز خارق العاده ایه، من هم عاشق کارهام هستم و می خوام با وجدان

راحتی از این دنیا برم. وقتی از این دنیا میرم که به عشق خودم رسیده باشم و طعم وصال رو چشیده باشم.

لعیا عاشق کارها و فعالیت هایش بود و من عاشق یونس. او داشت به عشقش می رسید، و من هنوز هیچ اقدامی برای دلم نکرده بودم. به لعیا گفتم:

- اگر من همانند تو در افکار و عقایدم پافشاری کنم، عشقم را هرگز نخواهم دید.

- منظورت چیه؟

- لعیا جون، دایی یونس ات، همون کسی که الان توی دلمه.

در همین حال و هوا بودیم که در مقابلمان کسی که با دیدن هیکلش ترس در وجودم چند برابر شد، پشت میله ها ایستاد و گفت:

- فکر می کردید که با غلطهایی که کردید، چه بلایی به سرتون میاد؟

سپس در را باز کرد و ادامه داد:

- الان باید با من بیایید تا تکلیفتون را روشن کنیم.

منظورش را نمی فهمیدم، زنی با چادر سیاه در کنارش ایستاده بود که اصلاً حالت خوشی در چهره نداشت، انگار می خواست به ما حمله کند و این کار را هم کرد و با چوب دستی که در دست داشت، ما را زیر کتک

انداخت و دستبند به دستهایمان بست. لعیا اصلاً کوتاه بیا نبود و پشت سر هم تکرار میکرد:

- نمی تونید با این کتک ها عقاید و افکار ما رو تغییر بدید، هر چه قدر می خواهید بزنید. جسم ما رو از بین می برید، ولی افکارمان درجامعه جریان خواهد داشت.

من هم مثل اینکه زبانم را قورت داده باشم، لب باز نمی کردم و چیزی نمی گفتم و هیچ مهر تأییدی بر حرفهای لعیا نمی زدم. ما را سوار اتومبیلی کردند و راهی بازداشتگاه دیگری کردند. با خود گفتم: خدایا اگر مادرم از این وضعیت خبردار شود، چه حالی می شود؟ تلفنهایمان را هنگام دستگیری از دستمان گرفته بودند و مسلماً خاموش کرده بودند. اگر مادرم تماس می گرفت و مرا نمی یافت، چه حالی می شد؟ در بد موقعیتی گیر کرده بودم. در این بازداشتگاه جدید من و لعیا را از همدیگر جدا کرده و تنها دوست و همدمم را از من گرفتند.

وقتی می خواستند لعیا را ببرند، او را در آغوش فشردم و مانع شدم که او را از من جدا کنند، مأموری که قصد جدا کردن لعیا را از من داشت متوجه دوستی و ارتباط پرمعنای بین ما شده بود و لحظه ای هر چند کوتاه ما را به حال خود رها نمود، در را بست و پشت در بازداشتگاه ایستاد و گفت: پنج دقیقه وقت دارید از هم خداحافظی کنید، یکی تان اینجا می مانید و دیگری را خواهم برد.

منظورش از یکی تان من بودم، نمی دانستم که چرا می خواستند ما را از هم جدا کنند، شاید بخاطر پافشاری های مصمم و شدید لعیا بود که به قول خودش نمی خواست دست از مبارزه و عقایدش بردارد. هر چه بود می خواستند لعیا را از من جدا کنند و من باید از او خداحافظی میکردم، نمی دانستم این خداحافظی چگونه باید باشد، لعیا را کجا می بردند و من چرا باید می ماندم؟ رو به مأمور کردم و گفتم: اونوهرجا می برید، منوهم ببرید، منو ازش جدا نکنید هر بلایی میخواهید سرش بیارید من باید بدونم

این ها را می گفتم و اشک ریزان سینه لعیا را در سینه ام می فشردم و های های داد می زدم، لعیا چیزی نمی گفت و فقط می لرزید، آنقدر صورتش را غرق بوسه کرده بودم که لپ هایش خیس تر از صورت اشک آلود من شده بود. داد می زدم:

- لعیا، عزیزم چیزی بگو، حرفی بزن.

ولی افسوس که گوش های لعیا بدهکار نبود و انگار اصلاً چیزی نمی شنید. بالاخره پنج دقیقه لعنتی تمام شد و لعیا را به زور از سینه ام جدا کردند. تنها چیزی که لعیا به هنگام کنده شدن از جسم نیمه جان من به زبان آورد این بود: «مواظب خودت باش و دنبال خواسته ات برو، یونس عاشق توست »

این چه حرفی بود که لعیا می زد، چه معنی و مفهومی می توانست داشته باشد؟ خیلی ساده بود اما پر معنا در جوابش چندین بار سرم را به نشانهٔ تأیید گفته هایش تکان دادم و ادامه دادم:

- نگران نباش لعیا جان، انشالله بزودی دوباره کنار هم خواهیم بود.

در میان این مکالمه کوتاه بودیم که سیلی محکمی که انگار از طرف یک مرد بود، صورتم را چند درجه ای چرخاند و تا خواستم چیزی بگویم و عکس العملی نشان دهم و سرم را بلند کنم، صدای زمختی که انگار از حنجره یک معتاد بیرون پریده باشد، گفت: عجب دختر سمجی هستی، ولش کن بره، وقتی می خواستید این غلطها رو بکنید به این جاهاش هم فکر می کردید، دختر خوشگلی مثل تو نباید اینجا باشه. تو باید.....

و خواست که حرکتی بکند و دستش را با هدف لمس صورتم جلو آورد ولی من مجال را از او گرفتم و پس از تف روی صورتش با قیافه ای عبوس و عصبی ادامه دادم:

- لعیا حق داشت که میگفت باید ایستادگی کرد

تا خواستم برگردم و به لعیا نگاهی بیندازم، دیگر در کنار من نبود او را برده بودند، مأمور مرد مرا هُل داد و پس از تقدیم چند تا فحش و بستن در بازداشتگاه مرا با تمامی غصه هایم رها کرد و رفت. دیگر لعیا پیشم نبود، نمی دانستم کجا و در چه حالی است؟ پدر و مادرش هم قطعاً تا

بفهمند که دستگیر شده و به خانه برنگشته است، از نگرانی دق خواهند کرد. بیچاره مادر من که کیلومترها دورتر و تنها منتظر تماس های من خواهد ماند و او نیز همانند مادر لعیا از غصه دق خواهد کرد. پشت میله ها دعا می کردم، هم برای خودم و هم برای لعیا، از خدا می خواستم هر دویمان را از این مخمصه ای که گرفتارش شده بودیم نجات دهد.

چند روزی را با شرایط بسیار دشوار و با کتکهای پی در پی در همانجا ماندم و سپس از من خواستند که چیزهایی را بر خلاف میلم بگویم. حرفهایی که ضبط می کردند و برای ارائه به جایی می بردند. ای کاش می دانستم چه سرنوشتی در انتظار من است. مصمم بودم که با هر طرح و کلکی باشد از آنجا خلاص شوم. فکر و مغزم را بکار انداختم و با دروغ هایی که سر هم می کردم و خودم را تبرعه می کردم، توانستم باز جویان را راضی و قانع کنم که من هیچ نقشی در صحنه های مردمی آن روز نداشتم و فقط بصورت اتفاقی آنجا بودم و هیچ کار خلافی را مرتکب نشده ام. چند هفته ای هم البته به سختی گذشت وپس از ضبط مصاحبه ازپیش تعیین شده بود، مرا وسط خیابان رها کردند. همه جای بدنم از شدت کتکهایی که خورده بودم کبود بود. سراسیمه به طرف منزل پدری لعیا رفتم و پس از چند ساعتی که در خیابانها گیج شده بودم به دم در خانه شان رسیدم. خواستم انگشتم را روی شستی زنگ

بفشارم که درد شدیدی مانع از بلند کردن دست راستم شد، مجبور شدم با دست چپم این کار را بکنم. در باز شد و من با عجله به سمت پله های ورودی دویدم و وارد خانه شدم و کنار درب ورودی سالن جمعیتی را دیدم که همگی به سمت من دویدند. پدر، مادر و خواهران لعیا و مرد دیگری که من او را خوب می شناختم، اما با دیدن او گیج شده بودم. دایی جان خودم سیاوش بود، او نیز مثل دیگران بطرف من دوید. اینجا چه می کرد و چگونه به رابطه من و لعیا پی برده بود. نمی توانستم زیاد فکر کنم، همه گریه می کردند، از روی خوشحالی بود یا ناراحتی، نمی دانم، همه را بغل کرده و ابراز ناراحتی شان را فهمیدم، به آخرین نفر یعنی دایی سیاوش خودم که رسیدم و او را در بغل گرفتم، متوجه نبودِ مادرم شدم. اگر دایی سیاوشم اینجا بود، باید مادرم هم اینجا باشد.

از دایی ام علت نبود مادرم را پرسیدم ولی همچنان می گریست و پشت سر هم زیر لب چیزی می گفت. با مشت های محکمی روی سینه اش کوبیدم و داد زدم:« مادرم سارا کجاست؟» با مشت آخری که خواستم بر سینه دایی ام بکوبم متوجه پیراهن مشکی رنگ او شدم و دیوانگی چنان بَرم داشت که از حال رفتم و تا چشم باز کردم خودم را روی تخت بیمارستان دیدم. دایی سیاوش و پدر و مادر لعیا کنارم ایستاده بودند و منتظر به هوش آمدن من بودند. دایی ام گریه می کرد و طوبی خانم مادر لعیا برای شوهرش آب در لیوان می ریخت. با صدایی که به زور از

حنجره ام بیرون می آمد دوباره همان سؤال تکراری ام را از دایی سیاوشم پرسیدم. او نیز هق هق کنان جواب داد:«هیوا جان، عزیزم با این حالت دوباره سراغ مادرت رو می گیری؟»

- دایی جان تو رو خدا چه بلایی سر مامان سارا اومده؟

- هیوا، خودت که می دونی، پس از مرگ پدرت، مامانت چه عذابی رو تحمل کرد و از مرگ شوهرش چقدر شکسته شد. دچار بیماری قلبی شد و چند بار هم سکته خفیف کرد.

- دایی جان، نمی خوای که بگی مامانم...

- آره عزیزم،پس از گم شدنت من و سارا اومدیم تهران، هر جا که سرزدیم و دنبالت گشتیم ازت خبری نشد. از دوستت لعیا هم خبری نبود. توی این تهران لعنتی جایی نموند که ما سر نزده باشیم. هر شب که به خانه بر می گشتیم مادرت افسرده تر و پیرتر و شکسته تر می شد و هی زیر لب می گفت: «ببین چطوری دختر دسته گلم رو تنها فرستادم تهران، مگر درس خوندن هم شد علت؟ » چند هفته بعد از گشتن و نیافتن تو و لعیا یک شب سر نماز شب از هوش رفته بود، تا خواستم دست روی صورتش بگذارم سردی صورتش چنان کل وجودم را گرفت که فریاد زدم. ولی دیر شده بود و سارا از دنیا رفته بود.

خودم روی تخت بیمارستان بودم و مادرم زیر خاک دفن شده بود. آنهم در شهری غریب. بجز دایی سیاوشم کسی را نداشتم و تنها همدم و بازماندۀ خانواده مادری ام بود. خانواده پدری ام هم پس از مرگ پدرم کمتر دلشان به حال ما می سوخت و در گرفتاری هایمان کنار، نبودند و هر از چندگاهی آن هم سالی یکی دوبار به ما سر می زدند. خدایا چه بلاهایی داشت سر من می آمد. چشمایم پر از اشک شده بود و دستهای دایی سیاوشم میان دستهایم بودند، گرمای دستهایش احساس دستهای مادرم رابه من می داد. انگار خواب بودم. طوبی مادر لعیا کنارم آمد و با من و دایی ام همدردی نمود و گفت: «هیوا جان نمی دونم داره چه اتفاقاتی میفته و چی باید کرد، فقط این را مطمئن هستم که مادرت الان تو بهشته و بخاطر داشتن دختر جسور و پر قدرتی مثل تو خیلی خوشحاله. سپس دستش را روی صورتم گذاشت و ادامه داد «ای کاش آن روز که با لعیا از خانه بیرون می رفتید، مانع رفتن شما می شدم، هیوا جان، عزیزم، می دونی لعیا کجاست وتو چه حالیه؟ یه خبری هم از اون بده، من وپدرش خیلی نگرانشیم، آخه اونم دختر ماست.».

خیلی آدم خونسردی بود و اصلاً از نبود لعیا بی تابی نمی کرد. فقط پدر لعیا بود که از فرط افسردگی و ناراحتی حتی نمی توانست حرف بزند، نمی دانم آیا از اوخبری داشت که اینطوری سکوت اختیارکرده بود؟ اشکهایم را پاک کردم و خواستم برای شرح اتفاقاتی که بر سرمان افتاده

بود، کمی بلند شده و بنشینم که از شدت درد کتکهایی که خورده بودم، آهی کشیدم و دوباره روی بالشتک خیس اشکهایم افتادم. یک طرفم دایی سیاوش و در طرف دیگرم طوبی خانوم ایستاده بودند و با افتادن من هر دو با هم مرا گرفتند و گفتند: «لازم نیست بلند بشی هیوا جون، می دونیم کتک خوردی و درد داری.» بعد طوبی خانم با قیافه ای شبیه کسی که می خواهد شروع به گریه کردن کند ادامه داد «وقتی لباس هات رو عوض می کردند، تمامی بدنت رو دیدم که کبود بود، هیوا جان لعیا رو هم می زدند نامردهـا؟» شروع کردم به تعریف کردن اتفاقات و همه چیز را از سیر تا پیاز برایشان توضیح دادم. پدر لعیا گوش میکرد و می گریست و طوبی خانم که فقط از چشم چپش اشک بیرون می آمد شوهرش را دعوت به آرامش میکرد و در خاتمه حرفهای من می گفت «آروم باش، لعیا هم عین هیوا پیداش می شه» و سپس رو به من کرد و پرسید:

- هیوا، چرا شما دو تا را از هم سوا کردند و تو رو ول کردند و لعیا رو نگه داشتند؟

در جوابش نمی خواستم دروغی سر هم نمایم و گفتم:

- من مُنکر همه چیز شدم و گفتم که بصورت اتفاقی میون معترضین بودم ولی لعیا کارها و کرده هاش رو تأیید می کرد و به مبارزه اش ادامه

می داد و به هیچ وجه نمی خواست کوتاه بیاد. بهمین علت ما رو از هم جدا کردند و الان هم نمی دونم اونو کجا بردند؟

آنقدر نگران لعیا بودم که مرگ مادرم برایم طبیعی جلوه می نمود، نمی دانم این جسارت و دوام را از کجا آموخته بودم، شاید مصاحبت مداوم با لعیا، مرا نیز همانند او کرده بود. خیلی سخت بود، مرگ سارا مادر یکدانه ام و وضعیت ناگواری که برای من و لعیا بوجود آمده بود، غیر قابل تحمل بود. به دایی سیاوشم اصرار کردم که مرا سر قبر مادرم ببرد ولی موضوع را عوض میکرد و می گفت بعداً می برمت، الان وضعیت خوبی نداری.

دکتر بالای سرم آمد و پس از معاینه من گفت که باید چند روزی برای بهبودی بهتر تحت نظر باشم و من اصرار کردم که باید مرخص شوم. دکتر با دیدن اصرار من اذعان نمود که اگر دایی ام رضایت دهد، امکانش هست و من هم رو به دایی سیاوشم کردم و با التماس از او خواستم رضایت دهد. او نیز خواهش مرا رد نکرد و تقبل نمود. لنگان لنگان مرا از روی تخت پایین کشیدند و پس از ترخیص راهی مزار مادرم شدیم. پدر و مادر لعیا پس از مرگ مادرم اصرار کرده بودند که او را در تهران کنار دایی و عموی بزرگ لعیا دفن کنند. دایی سیاوشم که آدم بی چیز و بدبختی بود و مال و منال درست و حسابی برای کفن و دفن مادرم در جیب نداشت از روی ناچاری پذیرفته بود. سر مزار مادرم که رسیدیم

غوغا بود، من خودم را نمی شناختم و آنقدر روی خاک مادرم گریستم که سرتا پا گِلی شده بودم. چندین بار همانجا تصمیم گرفتم وقتی به خانه برگشتم دراولین فرصت، اقدام به خودکشی نمایم. در این تصمیم مصمم و جدی بودم و منتظر برگشتن بودم. بالاخره پس از ۸ ساعت گریه و زاری مرا از خاک مادرم جدا کردند و به خانه برگشتیم. شب همه خوابیده بودند و من در آشپزخانه دنبال قرص می گشتم که خودکشی کنم، اما دایی سیاوشم خیلی مواظبم بود و هیچوقت مرا تنها نمی گذاشت. متوجه تصمیم من شده بود و مانع من شد. مرا نصیحت کرد و به من امیدواری داد و گفت:

- هیوا جان درست رو ادامه میدی و آدم بزرگی میشی. تو دختر نابغه ای هستی. دوباره دانشگاه میری و گذشته ها را از یاد میبری.

چه درسی و چه دانشگاهی؟ چند روز بعد که به دانشگاه سر زدم، حراست دانشگاه مرا خواست و حکم اخراج از دانشگاه را بخاطر فعالیت های سیاسی دست من گذاشت و گفت:«برو و پشت سرت رو هم نگاه نکن، ما نیاز به دانشجوی خائنی مثل تو نداریم، هر چند زرنگ و نابغه باشد »

پدر و مادر لعیا هم صبح ها برای یافتن لعیا سراغ آدرس هایی که من به آنها داده بودم، از خانه بیرون می رفتند و شب ها با دست خالی بر می گشتند. خدایا چه بلایی بر سر لعیا آمده بود، آیا زیر کتکها دوام

آورده بود و مثل من خیال داشت رها شود؟ هر شب از پدر و مادرش می پرسیدم ولی متأسفانه هیچ جوابی نمی گرفتم. شده بودم یک دانشجوی اخراجی، بدون سرپرست و بی پول و بدون امید به آینده. فقط نفس می کشیدم و با این تنفس که از آن هم متنفر شده بودم، به زندگی ام ادامه می دادم. هر روز سر قبر مادرم می رفتم و از او عذرخواهی می کردم. لحظه ای را که هنگام خداحافظی با او در ترمینال با چهره ای پر از حرف خیره مانده بود، مجسم می کردم و بر سر و صورتم می زدم. ولی چه فایده ای داشت؟ آیا سارا جانم زنده می شد؟ آیا اصلاً عذرخواهی های مرا می شنید و اگر میشنید، قبولشان میکرد؟ چند روزی بر همین منوال گذشت و پس از یک ماه دایی سیاوشم به من پیشنهاد داد که به ارومیه برگردیم و از آنجا پی گیر اوضاع لعیا باشیم و گفت که ماندن بیش از حد، در تهران و خانه پدری لعیا، بجز در دسر برای والدین لعیا هیچ سودی ندارد. راست هم می گفت و باید برمی گشتیم. ولی پدر و مادر لعیا مانع شدند و خواستند که با آنها زندگی کنیم، و چون از وضعیت نابسامان ما هم اطلاع یافته بودند، قصد حمایت از ما را داشتند ولی دایی سیاوشم خودش را نمی شکست و میگفت که باید برگردیم و یک زندگی جدید شروع کنیم. ولی من هم از طرفی برای دوری از مزار مادرم بی تابی می کردم و نمی خواستم او را تنها بگذارم و از طرفی هم شرمگین بودم که چرا به

هنگام زنده بودن مادرم، او را تنهاو دلواپس رها کرده بودم، ولی اکنون که زیر خاک سرد آرمیده بود قصد با هم بودن با او به سرم زده بود.

یک روز گرم اواخر تابستان بود که از نبود پدر و مادر لعیا، استفاده کردیم و تهران را به مقصد ارومیه ترک کردیم. عذاب وجدان داشتم، به خاطر چیزهایی که از دست داده بودم و بخاطر اینکه لعیا و پدر و مادرش را در این وضعیت تنها می گذاشتم، اما چه کاری از دستم بر می آمد و چه می توانستم بکنم؟ راهی را بر می گشتم که یک سال پیش با امیدواری برای ادامه تحصیل پیموده بودم ولی خبر نداشتم که روزی خواهد رسید که تمام امیدهایم نقش بر آب خواهد شد. هر لحظه آرزوی مرگ می کردم و می خواستم نفسی که می کشم فرو رفته و دیگر برنگردد. به شهرمان رسیدیم و مستقیم رفتیم سرقبر پدرم و چند ساعتی را در آنجا با پدر زیر خاک خوابیده ام صحبت کردم. شرمگین بودم، چون نتوانسته بودم به عهدهایی که باپدرم بسته بودم وفا کنم و باعث مرگ مادرم شده بودم وخود را یک قاتل می پنداشتم. پشت سر هم از او معذرت می خواستم و امیدوار بودم که مرا ببخشد. پدرم در ارومیه و مادرم در تهران زیر خاک دفن بودند و تنها فرزندشان نیز هیچ امیدی برای ادامه زندگی نداشت. با خود فکر میکردم که اگر روزی من هم چشم از جهان فروبندم، جسد بی جان مرا پیش کدامیک از آنها دفن خواهند کرد و اگر بعهده خودم بگذارند، کدامیک از آنها را انتخاب

می کنم؟ خدایا چه بر سرم آمده بود و در حال تجربه چه روزهای تلخی بودم، آیا می توانستم خودم را از منجلابی که در آن افتاده بودم بیرون بکشم؟ در حال تاوان پس دادن به کدامیک از گناهان خویش بودم؟ صبرم لبریز شده بود و متنفر از تمام چیزهایی بودم که دور و برم بودند. سرخاک آنقدر گریه کردم که دیگر اشکی در چشمانم نمانده بود که بیرون بریزد. از خدا می خواستم که یا به زندگی من پایان دهد یا به بلایایی که مدام برسرم می آمد. دایی سیاوش به زور بازوانش مرا از خاک پدرم کند و دلداری داد که همه چیز درست می شود، اما به جای دلداری دادن، چشمانش بهمراه چشمانم می گریست و مجال سخن گفتن به او نمی داد. حالا که از صحبت با پدرم تمام شده بودیم کجا باید می رفتیم؟ خانهٔ دایی سیاوش یا خانه پدری خودم؟ هر کجا باید عزم رفتن می کردیم، باید زود تصمیم می گرفتیم. چون زیر آفتاب گرم روزهای پایان تابستان پوستمان بُرنزه شده بود. بالاخره پس از دقایقی تصمیم گرفتیم به خانهٔ پدری ام سری زده و پس از آگاهی از وضعیت خانه، به منزل دایی سیاوشم مراجعت نماییم.

وارد خانه که شدیم پاهای به لرزش افتاده ام، دنبالم نمی آمدند و قصد یاری نداشتند. هنوز در و دیوارهای خانه ای که الان خالی از هیاهوی قبلی بود، رنگ و بوی مادرم را داشتند. بشقابی پر از سوپ جو روی میز آشپزخانه جا مانده بود و پس از چند ماه گندیده بود و خبر از این

می داد که مادرم سراسیمه از خانه خارج شده است. قرآن، جانماز و رکعت شمار مادرم نیز هنوز روی زمین بودند ولی خاک خورده بودند و نشان از دعاهای شبانه روزی مادرم داشتند. انگار خواب می دیدم و در رویا بودم، گهگاهی خودم را با سیلی هایی که بر صورت کبودم می زدم، از رویا می پراندم و دایی لاغر اندامم هم چمباتمه زده و به کارهای من می نگریست و مدام تکرار می کرد که سارا، خواهر عزیزم اگر اینقدر غصه هیوا را نمی خوردی، هنوز اینجا بودی و نفس می کشیدی، اشک می ریخت و چون کاری از دستش بر نمی آمد، هزیان می گفت. لحظات عجیب و گیج کننده ی بود، آنقدر عجیب که مرا به اغما برده و آزارم می داد. شش ماه پیش در همین جا نشسته بودم و منتظر تحویل سال در کنار مادرم چشم به تلویزیون دوخته بودم تا در بوسیدن صورتش پیشدستی کنم و اولین نفری باشم که سال نو را به او تبریک می گویم. کاش دلم را برویش باز کرده و از اتفاقات و لحظات سپری شده ام در تهران با او می گفتم و همه چیز را با او در میان می گذاشتم، تا شاید روزنه امیدی برای زنده ماندن او باز می شد. غمناک ترین و بدترین دقایق و لحظات عمرم بود که داشت سپری می شد. اما افسوس که بجز گریستن کاری دیگری نمی توانستم بکنم.

به خانۀ دایی سیاوش رسیدیم و من مجبور شدم با زن بداخلاق و بدذاتش روبرو شده و او را در آغوش بگیرم، زنی که سالیان سال بود که

مایهٔ عذاب و اذیت مادرم بود و با او دشمنی دیرینه ای داشت و انگار از مرگش هم چندان ناراحت و غمگین نبود. باید با او می ساختم، و چاره ای جز این نداشتم. چون قرار بود در منزل دایی ام ساکن شده و در آنجا به ادامهٔ حیات و نفس کشیدن بپردازم. اسمش «زهره» بود و همانند نامش در فضا سیر می کرد و دائماً مشغول پرداختن به رؤیاهای از دست دادهٔ خودش بود. مُدام با خودم می گفتم، خدایا در چه مصیبتی افتادم و آیا خواهم توانست با چنین وضعیتی پس از مرگ پدر و مادرم و بدون هیچگونه در آمدی به زندگی ام ادامه دهم؟

پس از مدتی به بااصرار دایی ام به امورات احضار ورثه مشغول شدیم و دایی سیاوش خانه پدری ام را پس از چند هفته تلاش شبانه روزی و البته با اجازه من فروخت و پولش را در حسابی که داشتم واریز نمود. به پول دست نمی زدم و به فکر اینده ام بودم و فقط از جیب دایی جانم می خوردم و زن دایی زهره ام نیز به خاطر مفت خوری های من دائماً با شوهرش در حال مشاجره بود. موضوع به جایی کشیده بود که از روی لجبازی شب ها را در بستر دایی سیاوشم نمی خوابید و ناخوشی دخترش را بهانه کرده و شبها را در کنار دخترش در اتاق او صبح می کرد. دیگر کاسهٔ صبرم لبریز شده بود و دایی ام را تحت فشار گذاشته بودم که خانه دیگرمان را که اجاره داده بودیم بفروشد و نصف پول فروش آن را بر دارد که شاید مرحمی باشد برای درد بی درمان

زنش و او قبول نمی کرد ولی پس از اصرارهای مکرر و پشت سرهم من این کار را کرد و سی میلیون تومان، یعنی نصف مبلغ فروش خانه را برای خودش برداشت. تا زنش از این موضوع خبردار شد دست از لجبازی های بچه گانه اش برداشت و پس از اشاره به این نکته که دخترش بهبود یافته و دیگر نیازی به پرستاری اش ندارد به اتاق خواب همیشگی اش بازگشت و خیال دایی ام راحت شد. ولی خیال من هنوز راحت نبود و دنبال راه چاره ای بودم که بتوانم خودم را از باتلاقی که در آن افتاده بودم بیرون بکشم.

به عشقم یونس می اندیشیدم و یک لحظه هم نمی توانستم لحظه ای را بدون فکر کردن به او سپری کنم. هیچ یادبودی هم از او در کنارم نبود که دلم را به آن خوش کنم. به لعیا می اندیشیدم و با خود می گفتم که خدا کند از دست مأمورین رها شده باشد. دو ماهی می شد که به شهر خودم و زادگاهم برگشته بودم ولی هیچ خبری از لعیا نداشتم و هیچ تلاشی هم برای یافتن او نکرده بودم و خودم را در این مورد سرزنش می کردم. شاید پدر و مادر لعیا هم بخاطر اینکه منزلشان را بدون هماهنگی ترک کرده بودیم، از دست مان دلخور بودند و به همین علت هیچ تماسی با من نگرفته بودند. تصمیم گرفتم به خانه شان زنگ بزنم و جویایی حال و روز تنها دوست صمیمی دوران دانشگاهم شوم. این کا را کردم و وقتی طوبی مادر لعیا گوشی را برداشت اینگونه جواب داد.

- الو، بفرمائید.

- سلام طوبی خانم، هیوا هستم، حالتون چطوره؟ می خواستم در مورد لعیا...

وسط حرفهایم پرید و گفت:

- هیوا چرا بدون هماهنگی ما رو ترک کردید؟ شماره تلفنت داخل گوشی ام بود ولی متأسفانه گوشی ام را گم کرده بودم و هیچ شمارۀ تماس دیگری از تو نداشتم و الا حتما تماس می گرفتم.

- طوبی خانم ما رو ببخشید، مجبور شدیم اینطوری و بدون اجازه ترکتون کنیم، چون خانواده دایی ام تنها بودند و باید بر می گشتیم. حالا از لعیا چه خبر؟ تونستید جایش را پیدا کنید؟

- آره عزیزم. لعیا تو بازداشگاه کهریزکه ولی اجازه نمی دن ملاقاتش کنیم و می گن پس از محاکمه اجازه دیدنشو دارید. مگه لعیا چی کار کرده که محاکمه اش کنند؟

- طوبی خانم نگران نباشید، انشاا.. همه چیز حل می شه و به این زودی می تونید لعیا رو ببینید

چند دقیقه ای با هم صحبت کردیم و قرار شد تماسمان قطع نشود و هر از چند گاهی به همدیگر زنگ بزنیم. ولی این کارها التیامی برای زخمهای عمیقی که به خانواده لعیا وارد شده بود، نبود و بدتر با تماس

های من بیشتر ناراحت شده و به یاد آن روزهای پر دردورنج می افتادند. از آنها و مخصوصاً از طوبی خانم خواهش کردم که بعضی اوقات سرخاک مادرم برود و نگذارد که روی سنگ قبرش که می گفت پدر لعیا زحمتش را کشیده است، گردوغبار بنشیند.

حادثه ها و روزها از پی هم می گذشتند و من هر روز افسرده تر می شدم، از طرفی دیگر دل به کسی بسته بودم که هزاران کیلومتر دورتر از من بود و دور از دسترس من. هیچ امیدی به آینده خودم نداشتم و فقط به امید یونس نفس می کشیدم. دیوانه وار عاشقش بودم و می خواستم در ازای چیزهای از دست رفته ام حداقل بتوانم به عشق خود برسم و در این مورد مصمم بودم و هر لحظه دنبال نقشه ای بودم که مرا به یونس برساند، ولی هیچ شماره تماسی از او نداشتم زیرا مدت آشنایی وملاقاتهای مان آنقدر کم بود که فرصت حرف زدن درمورد چنین چیزهایی نداشتیم وفقط خوش میگذراندیم. چند هفته ای بود که با خواهرش طوبی مکالمه ای نداشتم و می خواستم حداقل شماره تلفنی از یونس بگیرم تا بتوانم طی تماس حرف دلم را به او بزنم. بالاخره پس از مدتی مبارزه با تکبر و غرور درونی ام، خواستم به مادر لعیا زنگ زده و تمامی ماجرای عشقم را به او بگویم ولی بعد از تماس متوجه شدم که اتفاق ناگوار دیگری رخ داده که دوباره مرا از یونس دور می کرد.

لعیا زیر شکنجه ها مُدام بر کرده هایش پافشاری کرده و عقایدش را محکمتر و مصممتر تکرار کرده و کوتاه نیامده بود و بالاخره تحت فشارهای شدید عصبی و جسمی که بروی وارد شده بود در بازداشتگاه دست به خودکشی زده بود. مادر لعیا هم چون دیگر دلخوشی برای ادامه زندگی با پدر لعیا را بدلیل حواسپرتی و بیماری روانی که پس از مرگ دخترش دچار آن شده بود، از دست داده بود، شوهرش را ترک نموده و پیش برادرش، یعنی یونس رفته بود. پدر لعیا هم دیگر قادر به صحبت کردن نبود و من همه این اتفاقات را از زبان خدمتکار خانهٔ شان و خواهر کوچک لعیا شنیدم.

خدایا چه سرنوشتی را برای لعیا رقم زدی و آیا همه این اتفاقات باید می افتاد؟ آنقدر از شنیدن این ماجراها یکه خورده بودم که گوشی همراهم را محکم به دیوار کوبیدم و تکه های شکسته اش را زیر پا خورد کردم. من و لعیا تغاس چه چیزهای را پس می دادیم، او دیگر در این دنیا نبود ولی من هنوز نفس میکشیدم و نباید برای یافتن یونس ناامید می شدم. تصمیم خود را برای رسیدن به آرزوی خود که تنها امیدم بود گرفته بودم و زیر لب فقط یونس می گفتم و گوشهایم هنوز آثاری از صدای دلنواز او را در خود داشتند و گاهگاهی برایم پخش می کردند. پدرش مثل دیوانه ها شده بود و صبح تا شب روی یک صندلی خیره به نقطه ای می نشست و نامادری اش ایران را ترک کرده و به کانادا رفته

بود. همهٔ این اتفاقات سبب عدم دستیابی من به یونس می شد ولی من می خواستم با شرایط بوجود آمده مبارزه کنم و تا دیر نشده خودم را به او برسانم.

زمستان فرا رسیده بود و پشت بام ها و کوچه ها پر از برف و یخ بود. من دائماً در خانه دایی ام بودم و هیچگاه به خود جرأت نمی دادم زیاد بیرون از خانه باشم، چون می ترسیدم با دوستانم روبرو شوم و نتوانم آنها را قانع کنم که چرا در وسط زمستان دانشگاه را ترک کرده ام؟ مطمئن بودم که هیچیک از آنها هم از مرگ مادرم خبر نداشتند، چون در ارومیه دفن نشده بود و هیچ مراسمی هم جهت ترحیم او برگزار نشده بود. فقط در خانه بودم و مشغول مطالعه کتابهای دانشگاهی که مبادا از قافله عقب بیفتم. زمستان را به همین منوال با داغ ازدست دادن مادرم وعشقی که یونس بر دلم گذاشته بود و مرا ترک کرده بود، گذشت. همیشه با خود می گفتم که آیا روزی خواهد رسید که بتوانم دوباره او را رودروی خودم ببینم و ازنظاره اش لذت ببرم؟ یونس قرار بود بعد از اتمام کارهایش برایم ویزا بفرستد ولی خبری از او نبود، زیرا تقریباً یک سال از آن روزها گذشته بود وشاید چون از بازداشت شدنم خبردار شده بود، مأیوس شده بود. هر چه بود و نبود را با دایی سیاوشم در میان گذاشتم و از او خواستم مرا در طول این راه پر خطر کمک نماید، او نیز مرا سرزنش می کرد و می گفت « دختر، دیوانه شده ای، تو کجا و یک کشور غریب

کجا؟ تو تنها بازماندهٔ خواهرم هستی و اجازه نمی دهم این کار را بکنی » دایی ام آدم زیاد لجباز و یکدنده ای نبود و با کمی اصرار می توانستم او را راضی کنم، تصمیم گرفته بودم به تورنتو بروم و عشقم یونس را در بغل بگیرم و از بودن در کنارش لذت ببرم. این ها را به دایی جانم گفتم و مدام تکرار کردم که کمکم بکند. او نیز از اینکه می دید هدفی را برای رسیدن به آن، در پیش گرفته ام و از اصرار دست برنمیدارم تصمیم مرا پذیرفت و خواست کمکم کند. چون خودش هم در زندگی دوران مجردی اش عاشق دختری شده بود ولی از دستش داده بود و با اجبار با زهره ازدواج کرده بود، یک جوری موافق تصمیم من بود. ولی نمی دانست چگونه یارو یاروم باشد. من می توانستم تا کشور ترکیه براحتی و با پاسپورتی که داشتم بروم ولی از آنجا به آنطرف مهم بود که باید زحمت زیادی را متحمل می شدم. دختر زرنگی بودم و مثل مرد بار آمده بودم و اطمینان داشتم که می توانم. دایی سیاوش ام پس از مدتی تحقیق و بررسی به این نتیجه رسید که اگر سی چهل میلیون تومان بتوانم در خاک ترکیه به افرادی که مورد اطمینان دایی ام بودند بدهیم، آنها مرا تا خود تورنتو خواهند برد. حال از چه راهی و چه طریقی، این را دایی سیاوش پرس و جو کرده بود و حتماً مطمئن بود. ولی چون دختر بودم در دوراهی گیر کرده بود که آیا سپردن من دست کسی که حتی

دوست اش باشد کار درستی است یا نه؟ شاید چون دختر خوشگلی بودم کمی می ترسید.

خلاصه اینکه پول داشتم و می توانستم سفرم را شروع کنم. به نظرم آسان می نمود و شاید هم چون آخر این سفر به یونس می رسید، اینگونه آسان بنظر می رسید. تصمیمم را گرفته بودم و به هیچ وجه راضی به صرفنظر کردن نبودم. اواخر فروردین ۱۳۸۹ بود که پس از مراجعه به بانک و تبدیل کل مبلغ ماندۀ حسابم به دلاردرصرافی، با پنجاه هزار دلار به خانه برگشتم و تا دایی ام، دلارها را دست من دید، پرید و با دوستش در استانبول تماس گرفت و خبر آمدن من و شاید خودش را به او داد و از او جهت حتمی شدن موضوع تأیید گرفت و تاریخ ملاقات ما را با او تنظیم نمود. بار سفر بستیم و دوتایی برای سفر به استانبول بلیط تهیه کردیم و قرار شد دو روز بعد از فرودگاه تبریز عازم استانبول شویم. دایی ام خیلی نگران بود ولی همدست خوبی برای من بود و می گفت حیف است تو با این استعداد و توانایی بالقوه ای که داری در اینجا بمانی و بپوسی، عشقت نیز آنجا منتظرت است و خیالم راحت است که بی کس نخواهی بود.

روز موعود فرا رسید و من و دایی سیاوشم در فرودگاه تبریز بودیم و منتظر گرفتن کارت پرواز. ترک کردن خاک کشورم برایم طبیعی نبود، خیلی ناراحت بودم، اما چاره ای نداشتم چونکه در ایران دیگر کار من

تمام شده بود، نه می توانستم درس بخوانم و نه اینکه به کسی دلم را خوش کنم. دنبال عشق از دست رفته ام بودم و تنها خودم را در کنار یونس خوشبخت می دیدم. ساعت پرواز فرا رسید و به همراه دایی جانم سوار هواپیما شدیم و منتظر پرواز ماندیم سه ساعت بعد یعنی عصر همان روز در فرودگاه Sabiha Gokcen استانبول فرود آمدیم و پس از گذشتن از گیشه مخصوص کنترل پاسپورت وارد سالن اصلی فرودگاه شدیم. وارد دنیای دیگری شده بودم که کاملا با آن نا آشنا بودم.

هر قدر که به یونس نزدیک می شدم خوشحالتر و سرزنده تر می شدم. دایی سیاوش به دوستش که «علی» صدایش می زد زنگ زد و تا خواست صحبت نماید مردی با موهای بلند صاف به ما نزدیک شد و گوشی اش را که در دستش بود قطع کرد و با چهره ای گشاده به ما سلام کرد. این مرد همان علی آقا بود که به پیشوازمان آمده بود و مأموریتش رساندن من به مقصد بود. ما را به خانه اش برد. نمی دانستم دایی سیاوشم او را از کجا می شناخت و چه رابطه ای با او داشت، فقط می توانستم حدس بزنم مرد خوبی بود و تقریباً چهل ساله نشان میداد. ما را به منزل شخصی اش در محلهٔ Beylikduzu استانبول برد و با همسر و فرزندش آشنا نمود. دایی سیاوش با علی آقا خیلی راحت و صمیمی بود، حتی همسر علی آقا دایی سیاوش مرا می شناخت، برایم سؤال شده بود اما فضولی نمی کردم و خودم را قاطی صحبت هایشان

نمی کردم. شاید دوست کاری دایی ام بود، چون شغل دایی سیاوش فروش ابزار صنعتی بود و برخی اوقات از ترکیه هم وارد می کرد اما هی نِق می زد که سود خوبی در این کار نیست و مجبوری به این کار روی آورده است. بهرحال ما در استانبول بودیم و در خانهٔ علی آقا، باور نمی کردم که در ترکیه باشم و در حال عزیمت به نقطه ای دورتر، تصمیم خودم را گرفته و جدی بودم.

روز اول فقط به تعریف خاطرات و خندیدن و دلخوشی گذشت، انگار نه انگار که عزادار هستیم ولی من ادای خندیدن را در می آوردم و دایی ام را در این دلخوشی هایش همراهی می کردم. علی آقا ما را برای گردش بیرون می برد و جاهای تفریحی و دیدنی شهر را برایمان نشان می داد، مثل این که برای تفریح آمده بودیم. بالاخره پس از دو روز رفت سر اصل مطلب و خواست که از کل ماجرا مطلع شود. دایی سیاوش شروع کرد به تعریف اتفاقات و حوادثی که در ایران بر سرمان آمده بود و به جایی رسید که خواست از مرگ مادرم سخن به میان آورد که دوباره اشکم درآمد و شروع کردم به گریه کردن. علی آقا از شنیدن ماجراها و بلایایی که بر سر من آمده بود خیلی ناراحت شد. رو به من کرد و گفت: «امیدوارم هیوا خانم صبور باشند و مشکلات بوجود آمده را مدیریت کنند.» حرف قشنگی بود که بر اعتماد من نسبت به علی آقا افزود و او را در چشم من مردی فهمیده نشان داد. همسرش نیز سری تکان داد و در

تأیید گفته های شوهرش گفت: «هیوا جان خیلی متأسفم که فقط بدلیل اعتراض آن هم در خیابان، چه بلاهایی که بر سرت نیامده» این طور همدردی ها مرحمی بود بر زخمهای کهنه ام و مستقیماً به دلم می نشست. خانواده خوبی بودند، مخصوصاً همسر علی آقا، یعنی افسانه خانم که اهل بندر انزلی خودمان و از آن شمالی های خوش ذوق و سلیقه که زود با من صمیمی شده بود. راحت بود و اصلاً فرهنگ ایرانی نداشت و چون سالیان زیادی بود که ساکن استانبول بودند، کاملاً آزاد و بدون حجاب خاص ایرانی روبروی دایی ام می نشست و قاطی بحث هایمان می شد و من هم گهگاهی به شوخی در گوشی به دایی سیاوش می گفتم: «دور از چشم زندایی، اگه این جا بود الان کلی حرف بارت کرده بود.»

علی آقا از دوستش به اسم «سردار» سخن می گفت که قرار بود همراه من در سفر باشد، ولی دختر بودن مرا بهانه می کرد و می گفت: «هیوا خانم باید خیلی مواظب باشید، هر چی باشه شما دختر هستی و سیاوش با اعتماد به من می خواد شما را به من بسپاره. امیدوارم که منظور منو فهمیده باشی.»

- البته که می فهمم، ولی مطمئن باشید که من مثل مرد هستم و می تونم مشکلات رو پشت سر بذارم، مثل مشکلاتی که تو ایران ازشون رد شدم، من باید برم و چاره ای جز این ندارم.

- من شما را پیش این مرد خواهم برد و وجه و هزینه سفر تان را طبق روالی که باهاش طی کرده ام پرداخت خواهیم کرد و پس از آشنایی منتظر تاریخ حرکت و دستور او خواهیم موند. سفر شما از راه دریا و با کشتی خواهد بود. امیدوارم موفق باشید.

علی آقا براحتی داشت در مورد سفر و خطرات احتمالی برایمان می گفت ولی خیلی نسبت به دوستش سردار مطمئن بود و او را تأیید می نمود.

هزینه بصورت نقدی به مقدار ۲۵ هزار دلار پرداخت شد و به گفته دایی سیاوش پیش یک صراف مورد اعتماد هردوطرف خوابانده شد و ما منتظر فرمان سردار ماندیم. دو هفته ای گذشت ولی هیچ خبری از سردار نرسید. دایی سیاوش هم که نگران زن و بچه اش بود مرا تنها به یکی از اتاقهای خانهٔ علی آقا کشاند و از من خواست که اگر اجازه بدهم، او به ایران برگردد تا مشکلی پیش نیاید. آدم زن ذلیلی بود که بعضی اخلاقهایش مرا آزار می داد ولی چاره ای نبود. من با اینکه نمی خواستم ولی جهت تایید گفته هایش به او رخصت برگشتن دادم. او نیز فرصت را غنیمت شمرده و سریعاً بلیط برگشت تهیه کرد و عازم فرودگاه شد و مرا در این گیرودار تنها گذاشت. از طرفی هم رفتن او به نفعم بود. چون دیر یا زود بالاخره تنها می شدم و باید به تنهایی عادت میکردم. هر چه زودتر عادت می کردم بهتر بود. او را بدرقه نمودیم و دوباره به منزل علی

آقا برگشتیم. صبحها با همسر علی آقا، افسانه بیرون می رفتیم و پس از چند ساعتی قدم زدن به خانه بر می گشتیم. او نیز مبهوت زیبایی من شده بود و می گفت: «هیوا جان تو بدون آرایش اینقدر زیبایی، اگر از این امکانات بهداشتی و آرایشی ترکیه استفاده کنی، حوری می شی دختر » به حرفهای این چنانی زیاد اهمیت نمی دادم، چون هدف من از افتادن در این راه فقط رسیدن به یونس بود و بس.

چند روزی هم به همین منوال گذشت و بالاخره پس از نصف ماهی روز شروع سفر که سه روز بعد بود به ما اعلام شد. خیلی سخت بود، داشتم لباس ها و چمدانم را آماده می کردم و در اتاقی که افسانه برایم در نظر گرفته بود، گریه می کردم و به یاد مادرم، پدرم و بلایایی که بر سرم آمده بود افتاده بودم. یونس را خیلی دوست داشتم و برای رسیدن به تنها آرزوی زندگی ام، خودم را در خطر انداخته بودم. تمام این خطرات به قیمت دستیابی به یونس بود، سه روز نیز تمام شد و من باید در شهر ازمیر ترکیه به سردار سپرده می شدم تا او مرا به افرادی که آنها هم قصد سفر غیرقانونی داشتند، ملحق کند. علی آقا و افسانه خانم تنها ایرانی هایی بودند که مرا تا ازمیر مشایعت نمودند و بالاخره ساعت ۹ عصر روز بیستم خرداد بود که من پس از خداحافظی از علی و افسانه سوار کشتی حامل مسافران به مقصد ایتالیا شدم.

قاره آسیا تمام شده بود و باید از این قاره که تمام کودکی هایم بهمراه پدر و مادرم در آنجا سپری شده بود خداحافظی می کردم. قاره ای که به جز بدبختی و روزهای پر از غم و اندوه چیز دیگری برایم نداشت. یواش یواش از آبهای متعلق به کشور ترکیه خارج می شدیم و این یعنی خداحافظ آسیا و وارد آبهای یونان می شدیم. این ها را متصدیان و کارگران «سردار» به ما می گفتند. خطرناک بود و اگر پلیس دریایی ترکیه یا یونان یا ایتالیا که در آبهای مختص خودشان مستقر بودند ما را می گرفتند خیلی بد می شد و دچار مشکلات زیادی می شدیم.

داخل کشتی با دختری بنام نسرین آشنا شدم که اهل شیراز بود و می توانستم با او درد دل کنم. او نیز مثل من درگیر مسائل سیاسی مملکت شده بود ولی از دست مأمورین در رفته بود و چون دنبالش بودند، عزم سفر به اروپا کرده بود. لیسانس مامائی داشت و عاشق سیاست. او مرا یاد دوست عزیزم لعیا می انداخت، عین لعیای زیر خاک خفته، حرف می زد و عقاید او را در ذهن می پروراند. به گریه افتاده بودم، چون که نتوانسته بودم در آخرین لحظات زندگی لعیا در کنارش باشم و او را تنها گذاشته بودم. نسرین قصد رسیدن به فرانسه را داشت و چون دختر عمویش در فرانسه پزشک شده بود و وضعیت خوبی داشت، تصمیم داشت پهلوی دختر عمویش به کار مامائی بپردازد و اقامت فرانسه را بگیرد. قرار بود مرا مردی به اسم «دانیل» که ساکن رُم در

ایتالیا بود تحویل بگیرد و از طریق پروازی از شهر پاریس در فرانسه به کانادا یا همان تورنتو بفرستد. برنامه توسط سردار معین شده بود و با دانیل هماهنگ شده بودند. تا اینجا همه چیز به خوبی پیش رفته بود و هیچ مشکلی نداشتم. پول داشتم و نگران هیچی نبودم. شصت هفت ساعت تمام را داخل کشتی در آبهای مدیترانه سپری کردیم و بالاخره عصر یک روز آرام و آفتابی، موقعی که خورشید تازه داشت غروب می کرد به خاک ایتالیا رسیدیم و با فرمان مساعد سردار همه مسافرین کشتی که تقریباً ۲۹ نفری بودند، از کشتی پیاده شده و در ساحل نشستند. خیلی ترسیدم. چون دیگر در خاک ترکیه نبودم و وارد اروپا شده بودم. اروپایی که هر روز در تلویزیون می دیدم و آرزوی زندگی در آن را داشتم. هر لحظه که می گذشت به یونس نزدیکتر و نزدیکتر می شدم و خیلی خوشحال بودم. در ساحل بودیم ولی نه شهری به چشم می خورد و نه روستایی و نه جاده ای. فقط درخت بود و گهگاهی صدای حیوانات از دور به گوش می رسید.

ولی چون سردار پیشم بود و من به او امیدوار، بر استرسم غلبه می کردم، اما پس از دقایقی سردار به من گفت که انگار یک مشکلی پیش آمده است، ترس تمام بدنم را در بر گرفت و وقتی پرسیدم چه مشکلی، ادامه داد: « هر چقدر با دانیل تماس می گیرم، تلفنش خاموش است و ما باید سریعاً برگردیم، چون اگر کشتی به این بزرگی را چند

ساعتی در این جا معطل کنیم، پلیس ایتالیا بو برده و سراغ ما خواهد آمد. تو با دوستت نسرین همراه شو و خودت را به جایی که او می رود برسان و به دانیل زنگ بزن و خودت را معرفی کن. انگلیسی حرف زدن که بلدی؟ ایرانی ها خوب انگلیسی صحبت می کنند. »

سردار به سادگی و براحتی حرفهایی می زد که انگار یکی می خواست مرا در ارومیه به آدرسی بفرستد. از او خواهش کردم که سعی کند با دانیل ارتباط برقرار کند ولی می گفت شاید در این نزدیکی ها باشد و چون کوه و جنگل است، گوشی اش را خاموش کرده ولی حرفهایش نامفهوم بود. سریعاً سراغ نسرین رفتم و از او پرسیدم که آیا کسی دنبالش خواهد آمد یا نه؟ جواب داد:

- هیوا جان نترس، دیدم داشتی با سردار بحث می کردی، چه اتفاقی افتاده؟

- نسرین جان، دوست عزیزم، کسی که قرار بود دنبالم بیاد، تلفنش خاموشه. می تونی تا جایی که می ری منو هم ببری؟

- کسی دنبال من نمیاد. باید خودمون را از توی این جنگل تا هوا تاریک نشده، رد کنیم و به جاده ای که پشت این درختهاست برسونیم و اونجا سوار یک اتومبیل بشیم. زبون که بلدیم. مدارک هم داریم مشکلی پیش نمیاد.

و پس از درهم فرو کردن ابروهایش از من پرسید:

- آیا تو پاسپورتی که نشان دهنده اروپایی بودنت باشه، همراه داری؟

دست توی کیفم کردم و با اینکه دستهایم بشدت می لرزیدند، پاسپورتی را که علی آقا از سردار گرفته و به من داده بود را به نسرین نشان دادم و گفتم: این تنها مدرکی است که دارم.

- خیلی عالیه، این پاسپورت نشون میده که آلمانی هستی. قیافت هم شبیه این وری هاست. نگران نباش همه چیز حله.

دختر جسور و با اراده ای به نظر میرسید. به من امید داد و دست مرا جهت دلگرمی فشرد و گفت: «راه بیفت بریم تا هوا تاریکتر نشده»

بین مسافران جوانانی بودند که ما را در آن جنگل و راه پر خطر یاری می کردند. مسافران کشتی پخش شده بودند و هر کدام از راهی متمایز در حال طی مسافت تا جاده بودند. نسرین می گفت ازدحام باعث دردسر است. داخل جنگلی بودیم که پر از درختان وحشی سر به فلک کشیده بود. پسری به اسم داوود که همراه ما بود بخاطر اینکه ما نترسیم، در مورد آنها حرف می زد و می گفت: « این ها درختان جنگلی وحشی هستند که شاید چند ماه دیگر اینجا نباشند و توسط انسانها قطع شوند، چون چوب خیلی خوبی دارند » رشته تحصیلی اش را مهندس کشاورزی حدس می زدم و وقتی از او پرسیدم حدسم درست از آب در آمد

همینطور صحبت کنان به راهمان ادامه دادیم و با اینکه ترس تمامی وجودم را برداشته بود قدمهایم را استوار بر می داشتم. پس از یک و نیم ساعت به جاده آسفالتی رسیدیم و منتظر عبور اتومبیلی درکنار جاده ایستادیم. کمی آرام شده بودم، زیرا با دیدن جاده آسفالت نشانه هایی از انسانها را می دیدم و به خود تلقین می کردم که به شهر نزدیک شده ایم. یک پسر بودیم و دو دختر و خسته از راهپیمایی یک و نیم ساعته. بالاخره پس از بیست دقیقه انتظار اتومبیلی در کنار ما ترمز نمود و ایستاد. داوود جلو پرید و با لهجه بریتانیایی که صحبت می کرد از راننده خواست ما را به نزدیکترین شهری که هتلهای خوبی داشته باشد، برساند. راننده با تقاضای داوود موافقت کرد، ولی درخواست ۱۵۰ دلار کرایه نمود. ما هم پذیرفته و سوار شدیم.

تازه داشتم نفس راحت می کشیدم که متوجه شدم شمارۀ تلفن دانیل که داخل دستم نوشته بودم کمرنگ شده و دو شمارۀ آخرش قابل خواندن نیست. آنقدر استرس داشتم که یادم رفته بود شماره را در دفتر یادداشتم کپی کنم. نسرین متوجه قضیه شده و دوباره به من دلداری داده و گفت:« نگران نباش من شماره تلفن سردار را دارم، اگر نیازی شد در اولین فرصت به او زنگ زده و از او می پرسیم.» خیالم آسوده شد که دانیل را از دست نداده ام، چون او بود که می بایست کارهای مرا جهت رسیدن به تورنتو فراهم می نمود. هیچ تلفنی همراهم نبود و بایستی

۸۴

پس از رسیدن به نزدیکترین شهر در ایتالیا سیمکارتی می خریدم و با آن به دایی سیاوشم که شاید الان داشت از نگرانی می مُرد زنگ بزنم و سپس با سردار تماس بگیرم و شماره تلفن دانیل را دوباره از او بگیرم. کیلومترها راه با تاکسی پیمودیم و بالاخره به شهر «Crotone» رسیدیم و راننده درست ما را جلوی یک هتل پیاده کرد و کرایه اش را با خوشحالی گرفت و رفت.

اسم هتل «Villa Aurora» بود که تابلویی قشنگ و دیوارهای نارنجی داشت. وارد هتل شدیم و درخواست یک اتاق کردیم ولی اتاقها حداکثر دو نفره بودند و ما سه نفر. تصمیم گرفتیم یک اتاق دونفره و یک اتاق تک نفره بگیریم و این کار را هم کردیم و پذیرش هتل که خانم ۴۰ ساله ای به نظر میرسید، پس از گرفتن پاسپورتهایمان و خوشامدگویی به زبان انگلیسی و گرفتن تایید از ما، مطمئن شد که همه چیز درست است و کارت ورودی اتاقها را به ما داده و به پیشخدمت هتل دستور داد که ما را بهمراه کیفهایمان تا اتاقها راهنمایی کند. طبقه چهارم اتاق شمارهٔ ۴۰۲ و ۴۰۸ به اسم ما ثبت شد.

گرسنه بودیم و دور یک میز در رستوران کنار هتل نشستیم و سه نفره شروع به خوردن شام شدیم. اولین غذایی بود که در خاک اروپا می خوردم. غذای خوشمزه ای بود که با ماهی درست کرده بودند و با سبزیجات تزیین شده بود. طوری غذا می خوردم که انگار چند روزیست

غذا نخورده ام. کمی خیالم راحت شده بود و از بابت اینکه توانسته بودم مرحلۀ اول کار را درست پیش بروم خوشحال بودم و به همین علت هم براحتی غذا می خوردم. با هم در مورد ایران صحبت می کردیم، و مشکلاتی که هر یک از ما در ایران داشتیم. هر یک علت ترک ایران را توضیح می داد و از دیگری سؤالهایی در مورد عقایدش می پرسید، البته این مکالمات کاملاً خصوصی و به آرامی رد و بدل می شد که مبادا صاحب رستوران به ایرانی بودن ما پی ببرد و برایمان مشکل ایجاد شود.

اگر یونس می دانست من کجا هستم و به خاطر رسیدن به او چه کارهایی می کنم، بیشتر عاشقم می شد. ای کاش همین الان در کنارم بود تا رسیدن به خودش را کوتاه میکرد تا من مجبور نباشم بیشتر از این عذاب بکشم. اما حیف که این آرزوها از محالات بود و دستیابی به یونس فقط با ادامه مسیر ممکن بود.

به هتل برگشتیم ولی نمی دانستیم چگونه بخوابیم، مسلماً در اتاق تک نفره باید داود می خوابید و در اتاق دو نفره، من و نسرین. داود پسر خوبی بود و تقریباً به او اطمینان داشتیم. قرار بود فردا راهش را از ما جدا کند. چون او عازم سوئیس بود و خیلی نزدیک به مقصد. تقریباً رسیده بود ولی من و نسرین راه زیادی داشتیم. ما باید تا رم می رفتیم. وارد اتاق که شدیم، نسرین لباس های راحتی و خواب خود را به تن کرد و من نیز به تبعیت از او خواستم همین کار را بکنم ولی فقط پیراهن

خود را در آوردم و با تی شرتی که از زیر پیراهن پوشیده بودم، خوابیدم. خیلی خسته بودم و به این خواب احتیاج شدیدی داشتم. صبح زود قرار بود از خواب بلند شده و برای خرید سیمکارت به بازار برویم. ساعت ۷/۳۰ صبح بود و وقتی خواستم چشمانم را باز کنم، از دیدن داود در اتاقمان شوکه شدم. روی صندلی نشسته بود و همین جور خیره در تماشای من مانده بود. لحاف نیز از روی من در رفته بود و داود داشت به پوست بدنم که بعلت آستین کوتاه بدون تی شرتم و بالا رفتن تنه آن بیرون زده بود نگاه می کرد. یهو از جا پریدم و لحاف را دور خودم پیچیدم و با قیافه پر از خشم رو به او کردم و گفتم: «مگر شما تو اتاق خودتان نخوابیده بودید؟ چطور وارد اتاق ما شدید؟ اصلاً چرا اینجوری به من خیره شدین؟ شما اصلاً اینجا چیکار می کنید؟»

ناگهان با صدای بلند من نسرین از خواب پرید و گفت: «من در رو باز کردم هیوا جان، نصف شب در زد، من هم باز کردم. چه اشکالی داره، اینجا اروپاست و اینطور مسائل عادیه. در ضمن اتفاقی نیفتاده که، بیچاره آمده و نشسته و منتظر از خواب بلند شدن ماست.»

نسرین این ها را می گفت ولی از خودش خبر نداشت که لباس های زیرش کف اتاق ولو شده و داد می زدند که چا اتفاقی رخ داده است. خودش هم متوجه شد و تا خواست فوری جمعشان کند داوود برگشت گفت: «هیوا جان اینجا ما راحتیم و با هم آزادانه هر کاری دلمان

خواست می تونیم بکنیم. مگه چه اشکالی داره که...» وسط حرفهایش پریدم و با چهره ای پر از عصبانیت گفتم: «دیگه نمی خوام ادامه بدید، لطف کنید اتاق ما رو ترک کنید و اجازه بدید لباسهامون رو بپوشیم.» داود سرش را پایین انداخت و بیرون رفت. سپس رو به نسرین کردم و گفتم « نسرین تو واقعاً خجالت نمی کشی که چنین عمل زشتی انجام میدی؟»

- هیوا جان به خدا هیچ کاری نکردم، فقط...

- ادامه نده خواهش میکنم. لباسهات را بپوش بریم دنبال بدبختی هامون. ما برای کیف کردن نیومدیم اینجا، اومدیم تا مشکلاتمون رو حل کنیم.

و چون به نسرین نیاز شدیدی داشتم، مجبور شدم هر طوری که شده با او در مورد کار زشتی که انجام داده کنار بیایم و مسئله را تمام کنم. لباس پوشیدیم و پس از خوردن صبحانه به سمت بازار حرکت کردیم و پس از چند دقیقه جستجو یک مغازه ارائه خدمات تلفن همراه پیدا کردیم. وارد شدیم و هر کدام یک سیمکارت خریده و خارج شدیم. گوشی هایمان را روشن کردیم و هر کدام مشغول مکالمه با فرد مورد نظر شدیم. اولین تماس من با دایی سیاوشم بود. وقتی صدای مرا شنید، شوکه شد و پس از چند ثانیه مکث که بعلت بغض بود، گفت: « هیوا جان، خواهرزاده عزیزم مدتی بود خبری ازت نداشتم، می دونی تو چه

حالی بودم؟» نمی دانستم حرفهایش از ته دل بود یا نه؟ چون که مرا در آن وضعیت بعلت زن و بچه اش در استانبول رها کرده و رفته بود ولی حالا حرف از نگرانی بیش از حدش می زد. هر چه بود یار و یاور من در این پروژه سختی بود که شروع کرده بودم و تمام آدم ها آشنای او بودند. پس از مکالمه با دایی جانم رو به نسرین کردم و از او خواستم تا شمارهٔ سردار را به من بدهد. شماره را گرفتم و به سردار زنگ زدم تا صدای مرا شنید از من خواست تا به شمارهٔ جدیدی که داده زنگ زده و با دانیل هماهنگ باشم و گفت که دانیل به رم برگشته و منتظر من است که به او ملحق شوم. خوشحال شدم و پس از تشکر از سردار تلفن را قطع کردم. انگار شانس با من بود و راه برای رسیدن به یونس هموار می شد. به دانیل زنگ زدم و پس از مکالمهٔ چند جملهٔ انگلیسی با وی، قرار شد دو روز بعد من در رم به آدرسی که بصورت پیام کوتاه برایم می فرستاد بروم. می گفت در آن آدرس منتظر من خواهد بود. از او تشکر کردم ولی ته دلم از او ناراضی بودم که چرا مرا در آن جنگل و بیشه تنها گذاشته بود.

به هتل برگشتیم. من اصلاً با داوود حرف نمی زدم. او نیز از کارش خجالت زده به نظر می رسید ولی دیگر نمی خواستم به او اعتماد کنم. اصلاً از آدمهای هوسران خوشم نمی آمد ولی به خاطر رسیدن به یونس مجبور بودم فعلاً تحملشان کنم. از پذیرش هتل صورتحساب خواستیم و

پس از تحویل اتاقها و تسویه حساب آنجا را ترک کردیم. سوار ترن شدیم و به سوی رم پایتخت ایتالیا حرکت کردیم. یک شب داخل کوپه ترن مجبور به خوابیدن شدیم. اما من از ترس داوود نخوابیدم و تا صبح بیدار بودم. خودش هم مُلتفت شده بود و از بس خجالت می کشید نمی توانست به چشمان من نگاه کند.

شاید آن شب در هتل هوس کرده بود به من هم دست بزند و از من خوشش آمده بود. من هم چون بخاطر نشان دادن اروپایی بودنم مجبور بودم بدون حجاب و لباس ایرانی باشم، می دانستم که زیباتر و فریبنده تر از قبل شده ام. برخی اوقات خودم هم از اندام و موهای خوش حالتی که بیرون گذاشته بودم خوشم می آمد. در قطار اصلاً حال خوبی نداشتم، به خطرات احتمالی که در پیش رو داشتم فکر میکردم، هنوز اول راه بودم و کلی مشکلات بر سر راهم قد علم کرده بودند و باید هر طوری که بود بر همه آنها فایق آمده و خودم را به یونس میرساندم. از پنجره قطار به بیرون و مناظرش زُل زده بودم و گاهی اوقات از فکر مشکلات بیرون می آمدم و به منظره های زیبای کشور ایتالیا خیره می ماندم. قطار سریع السیری بود و شاید با سرعت بیشتر از ۱۲۰ کیلومتر بر ساعت حرکت می کرد. اما می توانستم به مناظر دور دست نگاه کنم. تنها شده بودم و در دنیایی که هنوز در آن نفس میکشیدم، به جز یونس کسی را نداشتم، می دانستم و یقین داشتم با رسیدن به او و تعریف حوادث پیش

آمده و درد دلهای پر از عشقم، مرا خواهد پذیرفت. او به من نیاز داشت نیاز روحی و آکنده از عشق ولی نتوانسته بود پس از اتمام کارهایش در کانادا به من دسترسی پیدا کند.

از چندین شهر کوچک و بزرگ با قطار عبور کردیم. برخی اوقات مأمورین پلیس ایتالیا سوار قطار می شدند و با نظاره کردن قیافه ها وکنترل مدارک بعضی هاکه شایدبه آنها مشکوک شده بودند، ازقطارپیاده می شدند. این اتفاق بیشتر از دوبار رُخ نداد. به هیچ عنوان با داوود صحبت نمی کردم و فقط در طول مسیرمان تا شهر رُم چند جمله ای با نسرین صحبت کردم هیچ میلی به غذا خوردن نداشتم. آنها برای خوردن غذا مرا ترک کرده و به رستوران قطار می رفتند و وقتی بر می گشتند تغییراتی را در چهرۀ نسرین مشاهده می کردم که نشان از صمیمیت و نزدیکی بیش از حدشان به همدیگر بود، فکر می کرد که من نمی فهمم که چه اتفاقی افتاده است. دیگر به کارهای شان عادت کرده بودم و برایم مهم نبود. چند ساعتی در کنج کوپه قطار بعلت خستگی مفرط خوابم برده بود و وقتی بیدار شدم از بلندگو چیزی شنیدم که خبر از رسیدن و نزدیک شدن به شهر رم را می داد. به رم رسیدیم و پس از ایست کامل قطار از آن پیاده شدیم. در ایستگاه رم باید به دانیل زنگ می زدم ولی نسرین پشت سر هم اصرار میکرد که عجله نکنم و منتظر دختر عمویش باشیم تا به ما ملحق شود. چونکه او چند سالی بود که در اروپا زندگی

میکرد و بهتر می توانست زبان آدمهایی مثل دانیل را بفهمد، نسرین از من خواست که اجازه بدهم دختر عمویش با دانیل صحبت کند. اس ام اس آدرس برایم رسیده بود و من می توانستم مستقیماً به آن آدرس مراجعه کنم و منتظر هیچکس حتی دختر عموی نسرین نباشم، اما نسرین هم حرف بدی نمی زد و با اینکه دختر شلوغ و بی مهابایی بود، زرنگ هم بود و فکرش خوب کار میکرد. بالاخره تصمیم براین شد که منتظر دختر عموی نسرین باشیم. داود بی تابی می کرد و می خواست همانجا از ما جدا شده و به مسیر کوتاهی که مانده بود ادامه دهد تا به شهر «برن» سوئیس برسد. خوش به حالش که داشت می رسید و می توانست آسوده خاطر باشد. او نیز تصمیم گرفته بود پیش برادر بزرگتر از خودش در برن رفته و با او کارهای مربوط به اقامتش را انجام دهد. اصلاً نمی خواستم بیشتر از این همراه ما باشد و فوری جواب مثبت به بی تابی هایش داده و از او خواستم برادرش را بیشتر از این منتظر نگذارد. او نیز متوجه منظور من شده بود ولی از طرف دیگر هم در این دو سه روز وابستگی شدیدی به نسرین پیدا کرده بود، اما نسرین عین خیالش نبود که داود داشت ما را ترک میکرد، چون او نیز مثل من زیاد موافق ادامه مسیر با داود نبود و زود جلو رفته و پس از خداحافظی گرم و در آغوش فشردن داوود به نشانه دوستی هایشان، به او گفت: «داود از اینکه تا اینجای کار همراهمون بودی ازت تشکر میکنم، امیدوارم به

سلامت به خونه برادرت برسی، شمارهٔ تلفن مرا که داری، هر وقت خواستی می تونی تماس بگیری، من این تلفن را تا پاریس با خودم دارم. هیوا هم ازت بخاطر همراهیت تا اینجا تشکر میکنه.»

عجب دختری بود، جای من حرف می زد و از داوود تشکر میکرد. البته گذشته از کارهای ناپسندی که داود انجام میداد، آن روز در جنگل خیلی به من کمک کرد. کیف مرا حمل کرد و به من روحیه داد. هر کسی بود، پسر نترس و با دل و جرأتی بود. زبان گشودم و در ادامهٔ حرفهای نسرین گفتم: «داوود، تو پسر خوبی هستی، در مورد قضیهٔ اون شب هتل هم ناراحت نباش، من زیاد تندخویی کردم، ازت معذرت می خوام، ولی مواظب خوشگذرانی هات باش، این جا اروپاست، با ایران خیلی متفاوته. نکنه کار دست خودت بدی» بیشتر از این نمی خواستم رُک صحبت کنم. فقط می خواستم بفهمد که کارهای اشتباه زیادی دارد و اگر با این حال و هوا ادامه دهد به ضررش تمام خواهد شد. بالاخره پشت به ما کرد و آهسته با گامهای کوتاهی که بر می داشت، از ما دور شد. مثل این می نمود که اصلاً دلش نمی خواست از نسرین جدا شود ولی مجبور بود. یواش یواش از چشم ما ناپدید شد ولی نسرین تا آخرین لحظهٔ ناپدید شدنش به داوود می نگریست.

گوشی نسرین پس از نیم ساعت پیاده روی در محوطه سرسبز ایستگاه قطار شهری رُم به صدا در آمد. دختر عمویش بود که می گفت یک

ساعت بعد در ایستگاه خواهد بود و تازه هواپیمایش در فرودگاه رُم فرود آمده است. فکرم پیش دانیل بود که مبادا در طول این مدتی که منتظر دختر عموی نسرین هستیم تلفنش را خاموش کند یا اتفاق دیگری بیفتد، دلشوره خاصی داشتم و می خواستم هر چه زودتر صدای دانیل را بشنوم. پس از گذشت یک و نیم ساعت دیگر و نوشیدن یک فنجان قهوه در کافه ایستگاه بالاخره دوباره صدای گوشی نسرین را شنیدم، دخترعمویش محل دقیق مارا می پرسید. دختر زیبا و خوش قد و قواره ای بود. بیشتر به شوهر کرده ها شباهت داشت تا مجردها، ولی در اروپا زندگی می کرد و کارش به دنیا آوردن بچه های اروپایی. نمی شد دقیق تشخیص داد که مجرد است یا متأهل؟ نسرین او را بِنی (Bennie) صدا می زد. ایرانی بود و فارسی را قشنگ صحبت می کرد. نمی توانستم در این گیرودار علت خارجی بودن اسم دختر عمویش را جویا شوم. با هر دویمان روبوسی کرد و گفت: «خوش آمدید، زیاد معطلتان نکردم که؟ »

نسرین با چشمان بهت زده و قیافه ای متعجب و درهم جواب داد:

- نه «بنی» دختر عموی عزیزم. حالت چطوره؟ تو این چند سالی که ندیدمت خیلی عوض شدی.

- نسرین جان در مورد سالهای دوری بعداً صحبت می کنیم. از خودتون بگید از ترکیه تا اینجا زیاد اذیت نشدید؟

طوری داشت حرف می زد که انگار با هواپیما آمدیم. خوب معلوم بود که اذیت شده ایم. نسرین می گفت او هم از راه غیر قانونی به فرانسه رفته و بعداً توانسته اقامت بگیرد و مطب پزشکی زنان زایمان بزند. نسرین ادامه داد: «بنی زیاد اذیت شدیم، نپرس که داغونیم و احتیاج به کسی مثل تو داریم».

- چه کمکی از دستم بر میاد؟

- اول یه خواهش ازت دارم، می خوام به فردی که دوستم هیوا در موردش برات توضیح می ده زنگ بزنی و یه آدرس دقیق بگیری. هیوا می خواد به اون آدرس برای ملاقات اونن شخص بره.

- خوب شماره اش را بفرمائید هیوا جان

- ابتدا باید در موردش کمی توضیح بدم. البته اگه مایلید؟

در مورد دانیل و کاری که مقرر شده بود برایم انجام دهد، توضیحاتی به بنی دادم و او نیز با کمال میل گوش داد و در انتهای حرفهایم گوشی تلفنش را در آورد و شماره ای را که برایش دیکته کردم گرفت و شروع کرد به صحبت کردن با دانیل. انگلیسی حرف می زد و من صحبتهای بنی را می فهمیدم که در مورد من و اینکه اکنون در کنارش هستم توضیحاتی می داد. چند دقیقه ای مکالمه کردند و سپس آدرسی را که

دانیل گفت بنی روی کاغذی که از کیفش در آورده بود نوشت و پس از تشکر تلفن را قطع نمود. سپس رو به من کرد و گفت:

- هیوا جان باید تاکسی بگیرم و سریع به آدرسی که دانیل گفت بری. می گفت دو ساعت بعد اونجا نخواهد بود.

از بنی پرسیدم:

- آدرس متعلق به کیه؟ دانیل در این مورد حرفی نزد؟

- بله، گفت آدرس منزل شخصی خودشه و منتظر توهستش

با خود گفتم، پول چه ها که در این دنیا نمی کند؟ دانیل حتماً پول خوبی از سردار گرفته و یا خواهد گرفت. شاید هم به خاطر دوستی با سردار است که اینقدر مرا تحویل میگیرد و شاید هم اروپایی بودنش و فرهنگش باعث چنین وظیفه شناسی عمیقی شده است. هر چه بود من باید به آن آدرس می رفتم. خودم را تکاندم و به بنی گفتم: «تاکسی از کجا باید بگیریم؟»

- از اونطرف خیابون.

سریعاً تاکسی گرفته و سوار شدم. ولی متوجه شدم که نسرین و دختر عمویش بنی قصد سوار شدن ندارند و از من می خواهند به تنهایی سراغ آدرس مورد نظر بروم. از تاکسی پیاده شده و خواستم علت را جویا شوم که نسرین پیشدستی کرده و از بنی پرسید: «باید هیوا رو تنها بذاریم؟»

او نیز جواب داد. «آره نسرین جان، چون من هم قرار مهمی با یه نفر تو رُم دارم که باید برسم.»

نمی دانستم حرف راستی بود یا دروغ بود. بنی ساکن فرانسه بود و نمی توانست قرار ملاقاتی در رم داشته باشد. مجبور بودم به تنهایی سراغ آدرس بروم. ولی میدانستم چند دقیقه بعد در کنار دانیل خواهم بود و همین مرا دلگرم می کرد. با نسرین و بنی خداحافظی کردم و از نسرین بابت همراهی هایش و از بنی بخاطر زحماتش تشکر کردم و دوباره سوار تاکسی شدم. چشمهای نسرین پر از اشک شده بود. ولی من وابستگی چندانی به او پیدا نکرده بودم. چون هدفم فقط رسیدن به یونس بود ولی خودم را غمگین نشان دادم و به راننده دستور حرکت دادم. کاغذی را که بنی روی آن آدرس نوشته بود به راننده دادم و از او خواهش کردم مرا به آن ادرس برساند و کمی عجله کند. او نیز با کمی مکث گفت:

We will be there after 20 minutes, dear passenger.

یعنی ۲۰ دقیقه بعد آنجا خواهیم بود.

ساکت و آرام داخل تاکسی به مناظر زیبای شهر رم خیره شده بودم و هر لحظه که می گذشت، خودم را به یونس نزدیکتر احساس میکردم. تا اینجای مسیر را درست آمده بودم و به هدفم نزدیکتر می شدم. راننده جلوی یک ساختمان مجلل ۵ طبقه سفید رنگی ایستاد و پیاده شده و در عقب را به روی من باز کرده و گفت:

The address you had definded, is here.

یعنی آدرسی که معین کرده بودید، اینجاست.

روی کاغذ شمارۀ 9/114 را نشان میداد و پلاک روی ساختمان هم دقیقاً همان بود. باید وارد ساختمان می شدم و به طبقه چهارم می رفتم. وارد آسانسور شدم و راهی طبقه چهارم. خیلی دلهره داشتم و با خود می گفتم: این دانیل چطور آدمی است؟ پیر است یا جوان؟ تجربه این کار را دارد یا هنوز به آن مرحله نرسیده است؟

سؤالاتی توأم با استرس شدید سراغم آمده بود. در آسانسور باز شد و تا خواستم وارد سالن شوم، متوجه موسیقی عجیبی شدم که درست از همان واحد دانیل به گوش میرسید. خیلی دلنواز بود، صدای پیانوی مست کننده ای بود که حتی نمی خواستم با فشردن شستی زنگ در منزل دانیل بر هم بزنمش، پشت در ایستاده بودم و به این موسیقی دلفریب گوش میدادم. به یاد گذشته هایم افتاده بودم و طوری بی اختیار اشک از چشمانم سرازیر می شد که نمی توانستم روی شستی فشار دهم. در این موقعیت دلنواز بودم که ناگهان در باز شد و زنی با قامتی بلند و موهای قهوه ای رنگ باچهره ای فریبنده روبروی من ایستاد و با حرکات دستش مرا به داخل دعوت نمود. من نیز وارد شدم ولی یادم رفته بود که هنوز خط اشکهایم روی صورتم جت خشک کرده اند.

در این میان چشمم به مردی افتاد که پشت پیانوی مشکی رنگی نشسته و در حال نواختن آن است. ولی پشت به من بود و تا صدای قدمهای مرا شنید برگشته و ایستاد و به نشانه خوشامدگویی جلو آمد و تا مرا دید ناراحت شد و دستمالی را از جیب کتش در آورد و برای پاک کردن اشکهایم جلوتر آمد و شروع کرد به پاک کردن گونه های اشک آلود من. خیلی شوکه شده بودم. مردی خوش هیکل با ابروانی کشیده، قامتی راست و متوسط و لاغر اندام با موهایی به رنگ موهای خودم، روبروی من ایستاده بود که دانیل نام داشت و در حال پاک نمودن اشکهای من، لب به سخن گشوده و گفت: « خوش آمدید اگر اشتباه نکنم اسمتان هیواست نه؟ حالا چرا اینطوری و با این حال وارد شدید؟ اتفاقی افتاده است؟»

صدایم می لرزید با کلماتی جسته گریخته جملاتی سر هم کردم و گفتم: «سلام آقای دانیل از دیدار شما خوشحالم هیچ اتفاقی نیفتاده است، این اشک از روی خوشحالی است. از اینکه به سلامت به شما ملحق شده ام خیلی خوشحالم.»

- بفرمائید بنشینید و خستگی در کنید. حتماً از پیمودن راه طولانی از جنوب کشور به رُم خسته شده اید.

- بله، چشم، حتماً متشکرم.

آدم خیلی مؤدبی بود. تقریباً ۳۸ ساله نشان می داد. پس از نشستن من روی مبل به همان زن که در را به رویم بازکرده بود، دستور داد از من پذیرایی کند. من هم چون استرس داشتم، نمی توانستم درست و صحیح انگلیسی صحبت کنم ولی دانیل معنی حرفهایم را می فهمید و بدرستی جواب می داد. چند دقیقه ای را مشغول نوشیدن قهوه شدیم و هیچ مکالمه ای بجز بفرمائید و متشکرم بین ما رد و بدل نشد. پس از اتمام پذیرایی دانیل اشاره به قیافه من نمود و گفت: « شما دختر زیبایی هستید و به نظر من تا رسیدن به اینجا باید خیلی اذیت شده باشید.»

- بله، کمی اذیت شدم ولی چاره ای نداشتم. باید می آمدم، من باید به تورنتو بروم

- شما تصمیمتان کاملاً قطعی است؟ ایتالیا هم کشور خوبی است و من می توانم در این جا برایتان اقامت بگیرم.

- بله، تصمیمم جدی است و باید برم. ایتالیا واقعاً کشوری زیباست. البته فقط چند روزی بیشتر نیست که اینجا هستم. ولی می توانم حدس بزنم که ایتالیا کشور زیباییست.

- بسیار خوب آیا شما عکس مخصوص پاسپورت بهمراه دارید؟

- بله دارم. اگر مایلید تقدیم کنم.

- بله حتماً

کیفم را باز کردم و چند قطعه از عکسهایی را که چند هفته قبل استانبول گرفته بودم در آوردم و به دانیل دادم و از او پرسیدم:

- آیا کافی است یا بازهم می خواهید؟

- بله کافیست. شما در منزل من منتظر باشید، من باید برای ملاقات کسی که برای شما پاسپورت اصلی صادر می کند، بیرون بروم و عکستان را به او بدهم. اگر چیزی میل داشتید یا کاری داشتید به خدمتکارم بفرمائید.

این ها را گفت و رفت. آن زن هم خدمتکار دانیل بود و معلوم بود که دانیل مردی مجرد است و همسری ندارد. بلند شدم و پس از چند جمله ای گفتگو با همان زن خدمتکار پیراهنم را در آوردم و جلوی باد کولر نشستم. خدمتکار دوباره سری به من زد و گفت: «اگر مایلید حمام را برایتان آماده کنم تا دوش بگیرید.» فرصت خوبی بود که دوش بگیرم، چون دانیل در خانه نبود و خدمتکار زن هم در کنارم بود و می توانست کمکم کند. فوری اجابت کردم و خواستم مرا راهنمایی کند. او نیز با احترام در حمام را به من نشان داد و گفت:

- شما وارد شوید، من همه چیز برایتان می آورم.

من نیز وارد شدم و پس از چند ثانیه ای حوله، شامپوی نو و یک پمادکه شبیه پمادهای سوختگی ایران بود، برایم فراهم شد. لباسهایم را در

آورده و زیر دوش رفتم. چند دقیقه ای بیشتر طول نکشید و پس از پوشیدن حولۀ خوش عطری که خدمتکار آورده بود، از حمام خارج شدم و با راهنمایی خدمتکار وارد یکی از اتاقهای خانه شدم. کیفم قبل از من آنجا بود. از این پذیرایی با کلاس خدمتکار خیلی خوشم آمده بود. اتاقی که من در آن بودم اتاق دانیل بود و مشرف به ورودی اصلی منزل. تنم را خشک کردم و خواستم شروع کنم به پوشیدن لباسهایی که یک به یک از کیفم بیرون آورده بودم، که ناگهان صدایی را پشت سرم شنیدم که می گفت: «ببخشید، متوجه نشدم.» و تا خواستم برگردم رفته بود. صدای دانیل بود که سراسیمه وارد اتاقش شده بود ولی من متوجه ورودش نشده بودم و چون از نبود او در منزل مطمئن بودم، در اتاق را هم نبسته بودم. نمی دانستم او مرا در آن وضعیت لخت دیده بود یا اینکه فقط متوجه وجود من در اتاقش شده و اتاق را ترک کرده بود؟ نمی دانستم. چون پشت به در بودم ولی حدس می زدم که دیده است و پس از عذرخواهی اتاق را ترک کرده است.

با خود گفتم خدایا اگر او مرا در این حالت دیده باشد، اکنون چگونه می توانم به سالن بروم و با او در مورد کارمان صحبت بکنم؟ خودم را سرزنش کردم که چرا فوری پیشنهاد خدمتکار را جهت دوش گرفتن اجابت کردم؟ لباسهایم را سراسیمه پوشیدم و با موهای بلند خیسم همانطور وارد سالن شدم، اما خیلی خجالت می کشیدم. دانیل با مشاهده

من از جایش بلند شد و گفت: «دوباره از شما معذرت می خواهم هیوا خانم، قصد مزاحمت نداشتم.» با صدایی پر از لرزش گفتم:

Never mind, that was an accident

یعنی «مهم نیست، این یک تصادف بود»

سپس دانیل ادامه داد: «برای ملاقات با یکی از دوستانم که در این نزدیکی است، رفته بودم که متاسفانه موفق به دیدارش نشدم. شما چند روزی مهمان من هستید. بعد از چند روز کار شما را انجام خواهم داد.»

نمی خواستم در خانۀ دانیل، آن هم چند روز، بمانم. زیرا مردی مجرد بود و برایم دردسر ایجاد می شد و از او خواستم تا مرا در هتلی نزدیک خانه اش جا دهد تا روز موعود فرا برسد. ولی دانیل از این حرف من ناراحت شد و گفت:

- من چگونه می توانم مهمانم را وقتی در منزل من است، به هتل بسپارم؟ شوخی میکنید.

- نمی خواهم مزاحم آسایش شما باشم. اینطوری راحت ترم.

- اینجا می مانید و من از شما خواهش میکنم که راحت باشید.

جوان مرتب و خوبی به نظر می رسید. زیبا بود ولی تا حالا چرا ازدواج نکرده بود. برایم جای سؤال بود شاید احتیاجی به ازدواج نداشت و شاید هم از زن جماعت خوشش نمی آمد. آدم پُر احساسی بود. چون قشنگ

پیانو می زد و با موسیقی، نزدیکی عاشقانه ای داشت. روبروی من نشسته بود و با پافشاری های خود قصد اقامت من در خانه اش را به جای هتل، داشت. خدا را شکر می کردم که تا اینجای کار شانس آورده بودم و مشکل خاصی پیش نیامده بود و چنین انسانهای مؤدب و خوبی سر راهم در آمده بودند. ته دلم روشن بود و چون نمی خواستم زیاد از جیب خودم خرج کنم، به درخواست دانیل عمل کردم و گفتم: «من از محبتهای بی دریغ شما ممنون هستم و از اینکه به فکر راحتی و آسایش من هستید کمال تشکر را دارم، من همین جا می مانم، اما از شما خواهش می کنم که در مورد کار من و اینکه باید بزودی و سرعت هر چه تمام تر عازم مقصد شوم، کمی بیشتر لطف بفرمائید.» دانیل ادامه داد:

Dear Hiva , I promise you that I'll do your offairs quickly

« هیوای عزیز، من به شما قول میدهم که امورات و کارهای شما را سریع انجام خواهم داد.»

خیلی از دانیل راضی بودم ولی نگاههای عجیبی به من داشت و زیرچشمی برخی اوقات طوری مرانگاه می کرد که خجالت می کشیدم به چشمان قشنگش نگاه کنم. آدم پُر محتوا و درون داری به نظر می رسید و با لطف و محبت با من سخن می گفت. برایم بلند می شد و

می نشست و خیلی هوای مرا داشت. برخی اوقات پس از چند دقیقه صحبت کردن آنقدر به من نزدیک می شد و از زیبایی من حرف می زد و می گفت: «هیوا خانم، آیا همه دخترهای ایرانی به اندازه شما لطیف و زیبا هستند؟»

من هم که چنین حرفهایی برایم تازگی نداشت و همه در مورد زیبایی تسخیر کننده من صحبتهای زیادی می کردند، ادامه دادم:

- آقای دانیل، شما نسبت به من و دخترهای ایرانی لطف دارید، اما ایرانی ها از نژادهای خیلی متمدن و کم نظیری هستند و زیبایی در اکثر مردم ایران مشاهده می شود.

- می خواهید برای تان پیانو بزنم؟

- اگر مثل دفعه قبل که می زدید، بتوانید، حاضرم گوش دهم.

- منظورتان از دفعه قبل همان موقعی است که می خواستید به تازگی وارد خانه من شوید؟

- بله آقای دانیل، درست است.

- پس شما موسیقی مدرن و درام رو می پسندید.

- بله واقعاً قشنگ می نواختید.

- حالا شما چرا آنروز به گریه افتاده بودید؟

- آنقدر با احساس و پر معنا می نواختید که مرا به گذشته هایم بردید، به جایی که پدرم را از دست دادم، مادرم پس از جستجو و عدم دستیابی به من، در حسرت من، ماند و قلبش گرفت و از دنیا رفت، به دوستم لعیا که بدون اینکه کسی در کنارش باشد، از فرط افسردگی و دیوانه شدن زیر شکنجه، دست به خودکشی زد و به جهانی که خیلی بزرگ و در عین حال خیلی کوچک است، به آدمیانی که بر روی این کُره خاکی در حال زندگی هستند ولی خیلی با همدیگر متفاوتند، و در نهایت به تنها امیدم و سرچشمه عشقم که اکنون منتظر دیدار من است.

این جملات را می گفتم و گریه می کردم، دانیل هم چون فضا را روحانی یافته بود، بلند شده و پشت پیانو نشسته و شروع به نواختن آن کرده بود، همان آهنگی را می نواخت که قبلاً شنیده بودم. نمی دانم چرا نمی توانستم جلوی ریزش اشکهایم را بگیرم و چرا دانیل آن مرد مهربان اصلاً توجهی به اشکهایم نمی کرد و فقط می نواخت. کار به آنجایی رسید که بلند شدم و با لحنی پر از غم و اندوه پشت دانیل ایستادم و از او خواستم تمام کند. او نیز دست از نواختن کشید و تا خواست رو به من برگرداند، من متوجه اشکهای او شدم که همراه با من می گریست. اینطور ادامه داد:

Ms. Hiva, you are so emotional girl, that influence me, more than this music

- هیوا خانم، شما دختر خیلی با احساسی هستید که بیشتر از این آهنگ پیانو روی من تاثیر می گذارید.

- من نمی خواستم شما را بگریانم، فقط یک لحظه به حال و هوای اتفاقات گذشته رفتم و زبانم بی اختیار شروع به صحبت کرد.

- زبان شما بهتر از این پیانوی قدیمی می نوازد، این حرفها، حرفهای از دل برآمده ای بودند که مرا آشفته کردند.

- من از شما معذرت می خواهم که شما را به گریه انداختم.

- خیلی وقت بود از ته دل نگریسته بودم، شما روی من تأثیر عاطفی شدیدی گذاشتید.

آنقدر صمیمی و نزدیک به من حرف می زد و سخنان درونش را بیرون پرتاب میکرد که به جرأت می توانم بگویم، بی تأثیر بر روی من بود. انسان خیلی پُر احساس و عاشق موسیقی بود که سخنان زیبایی می گفت، ادامه داد:

- شما در انتهای سخنانتان صحبت ازعشقتان کردیدکه منتظردیدارشماست. اگر ناراحت نمی شوید، می توانم بپرسم از چه سخن می گفتید؟

- آقای دانیل، من بعد از دست دادن تمامی اعضای خانواده ام، به کسی که تنها امید من برای زنده ماندن است دل خوش کرده ام، به یونس که

دل مرا تسخیر کرده و اکنون در تورنتو زندگی می کند. من دارم پیش او می روم تا شاید بتوانم بقیه زندگی ام را با عشقی که از او به دل دارم، به آسودگی بگذرانم.

- این مرد شما را چقدر دوست دارد، آیا به اندازهٔ شما، او نیز در حال تحمل دوری عشق می باشد؟ من یقین دارم که هر مردی با دیدن و احساس کردن شما و لطافتهای ذاتی ای که در شما نهفته است، عاشق شما می شود. حتماً آقای یونس هم از دوری شما آزرده خاطر هستند. امیدوارم بزودی او را ملاقات کنید.

- حتماً اینطور است که شما می گویید.

چند روزی بود که ساکن منزل دانیل بودم. روزها بیرون می رفت و وقتی بر می گشت از کارهایی که جهت فرستادن من به تورنتو انجام داده بود، سخن می گفت ولی کارها تمامی نداشت و هر روز در مورد برنامه جدیدی حرف پیش می کشید. عصر که می شد سه نفری با هم، من و دانیل و خدمتکارش، سر میز شام می نشستیم و شروع به صرف شام می کردیم. دانیل آنقدر انسان پُر احساسی بود که اجازه نمی داد خدمتکارش جدا از ما غذا بخورد و همیشه کنار ما می نشست و می خورد. سر میز غذا همیشه مشروب بود و به من تعارف می کرد ولی من بعلت اینکه تا بحال لب به مشروبات الکلی نزده بودم از خوردن آن سرباز می زدم ولی دانیل و خدمتکارش می خوردند و پس از چند دقیقه

ای دوباره به من تعارف می کردند که چیز بدی نیست و هیچ حالت بدی در انسان ایجاد نمی کند. ولی من ابا می کردم و فقط به خوردن غذا اکتفا می کردم. شب که رسید دانیل در اتاق خودش در ورودی سالن خوابید و یک اتاق شیک و پر از اثاثیه درجه یک در طبقه بالا که بصورت دوبلکس کار شده بود، در اختیار من گذاشت که شبها بتوانم براحتی در آن بخوابم. خدمتکارش نیز در اتاقی دیگر که مخصوص او در نظر گرفته شده بود شب ها را صبح می کرد. خیلی راحت بودم ولی شبها وقتی به رختخواب می رفتم پنجره ای را که مشرف به خیابان پشتی بود باز می کردم و به ستاره ها خیره می ماندم و به یونس فکر میکردم. می اندیشیدم که الان کجاست و در چه حالیست و آیا خواهم توانست بالاخره خودم را در کنار او ببینم یا در این مسیر پر از دغدغه های پر خطر، رمق خود را از دست خواهم داد و ناکام خواهم ماند؟ خیلی امیدوارانه به این سؤالات پر احساس که از ذهنم پر می کشیدند جواب قانع کننده ای می دادم و خودم را به رختخواب می انداختم و پس از چند دقیقه ای گریه و زاری های شبانه که کار هر شبم شده بود، با چشمان پُر از اشک به خواب می رفتم. روزهای خیلی سختی بود، پُر از دلهره و اضطراب ولی دلم به این خوش بود که افرادی مثل سردار و دانیل در طی این راه پرخطر به من کمک می کردند. اصلاً نمی خواستم معطل باشم وتأخیری درسفرم بوجود آید، چون می خواستم خودم را به

یونس برسانم و حضوراً به پایش بیفتم و از او التماس کنم تا علت غیب شدن مرا بپذیرد و مرا در آغوش بگیرد و نفسی تازه برای ادامه زندگی ام باشد.

صبحها که از خواب با صدای آرام خدمتکار بلند می شدم، پس از جمع و جور کردن خودم سر میز صبحانه می رفتم و با دانیل و خدمتکارش مشغول صرف صبحانه می شدم. یک روز سر میز صبحانه دانیل که همیشه مستقیماً به مردمک چشمانم خیره می ماند، گفت:

- هیوا خانم، چرا هر روز صبح که از خواب بیدار می شوید، چشمانتان را باد کرده می بینم؟

من نیز که هیچ آمادگی قبلی نسبت به این سؤال نداشتم برای اینکه جوابی در ذهنم ساخته و بگویم، گفتم:

- معذرت می خواهم متوجه سؤالتان نشدم، می شود دوباره بپرسید؟

دانیل که درست روبروی من در آنطرف میز غذاخوری نشسته بود و نشنیدن مرا بی مورد می پنداشت دوباره و با لحنی دیگر سؤالش را تکرار کرد و من در جوابش گفتم:

- کم خوابی دارم و شبها دیر وقت می خوابم.

- اگر مایل باشید، چند کتاب به زبان انگلیسی در اختیارتان بگذارم که شبها مطالعه بکنید

- بله، چه بهتر، اگر داشته باشید که برای من هم بهتر است.

بعد رو به خدمتکارش کرد و گفت که حتماً چند کتاب مفید به زبان انگلیسی در اختیار من قرار دهد. صبحانه نیز تمام شده بود و دانیل در حال نوشیدن مشروب و تعارف کردن به من بود که پس از مشاهدهٔ بی میلی من، شیشه مشروب را روی میز مخصوصش گذاشت و دوباره مرا در خانه با خدمتکار تنها گذاشت و موقع ترک منزل جمله ای با مضمون اینکه فردا شاید به سمت فرانسه حرکت کنم گفت و رفت. هنگام رفتن از من خواست که با او بیرون بروم، ولی من خانه را ترجیح می دادم و هیچ رغبتی برای بیرون رفتن و تفریح کردن نداشتم. چون فقط به یونس می اندیشیدم و نمی توانستم شاد باشم.

ساعت ۸:۲۰َ عصر بود که من پس از استحام محتاطانه و توأم با دسترس، در سالن و پشت پیانو نشسته بودم که تلفن به صدا در آمد و خدمتکار پس از صحبت با تلفن رو به من کرد گفت:

- ببخشید، آقای دانیل تماس گرفتند و گفتند که باید بروم. خواهر آقای دانیل تنها زندگی می کند و شوهرش مرده است، دچار سرطان ریه هستند و من هر سه روز یکبار برای نظافت به خانه اش می روم. اگر با من کاری ندارید من شما را تنها می گذارم؟

بجز بله بفرمائید چه می توانستم بگویم؟ مگر دستور ماندن یا رفتن خدمتکار دست من بود که مانع رفتنش شوم؟

- خواهش می کنم، بفرمائید.

- دانیل پس از استقرار من در منزل خواهرش نزد شما خواهند برگشت.

این را گفت و سراسیمه منزل را ترک کرد. من هم که پشت پیانو نشسته بودم، پس از رفتن خدمتکار شروع کردم به فشردن دکمه های پیانو و به نُت هایی که بصدا در می آمدند گوش میدادم. در خانه تنها بودم و می ترسیدم. دو ساعتی گذشته بود و هنوز دانیل برنگشته بود، چند دقیقه نیز منتظر ماندم سپس گوشی تلفن را برای تماس با او برداشتم و به محض فشردن شماره ها، در باز شد و دانیل با صورتی آشفته وارد خانه شد و گفت.

- معذرت می خواهم از اینکه اینقدر شما را تنها گذاشتم. مجبور بودم. چون خواهرم پس از بیمارستان باید به منزلش بُرده می شد و من مأمور این کار بودم.

- خواهش میکنم، ولی چرا اینقدر آشفته هستید؟

- خواهرم مبتلا به سرطان وخیم ریه هستند و پس از اتمام عمل جراحی که روی او انجام شده، دکترش اظهار نا امیدی می کرد و در مورد بهبودی اش امیدوار نبود.

- ناراحت نباشید، همه چیز خوب پیش خواهد رفت.

- شما شام خورده اید یا منتظر من بودید؟

- نه خیر، نخورده ام.

سپس مرا به طرف میز غذاخوری راهنمایی کرد و صندلی ام را عقب کشید و پس از نشستن من گفت.

- امروز قرار بود کارتان را به اتمام برسانم ولی بعلت گرفتاری که پیش آمد، تحویل گرفتن پاسپورت ماند برای فردا. هر چه زودتر فردا سراغش خواهم رفت تا تحویل بگیرم. سپس می توانیم به پاریس برویم تا شما را راهی تورنتو کنم.

خوشحال بودم و سر از پا نمی شناختم. آسوده خاطر شدم و به دانیل جهت صرف شام تعارف کردم او نیز پس از کشیدن غذا در بشقاب من، بشقاب خودش را پر کرد و دوتایی شروع به صرف شام نمودیم. پس از شام از دانیل خواستم اجازه بدهد به جای خدمتکار، امشب من میز غذاخوری را جمع و جور کنم. چون خواهش کرده بودم، از لطافت دخترانه من خوشش آمده و سری جهت تأیید تکان داد. و من مثل زنان ایرانی شروع به جمع کردن ریخت و پاشهای روی میز شدم دانیل پشت پیانو نشسته و شروع کرد به نواختن آن و آهنگی را نواخت که تازه می شنیدم و تا بحال ننواخته بود. خیلی غم انگیز بود. مرا به یاد یونس می انداخت و مثل تیری که از کمانی رها شده باشد، مستقیماً بر قلب من نشانه رفته بود. آنقدر مسحور آهنگ شده بودم که ناگهان بشقابی از دستم افتاد و شکست، دانیل تا صدای شکستن بشقاب را شنید دست از

نواختن کشید و سراسیمه بسوی من دوید، در این حین من نیز مشغول جمع کردن خورده های بشقاب از روی زمین بودم و اشک مثل فواره ای از چشمانم سرازیر می شد.

خورده های بشقاب ناگهان دستم را برید و دانیل که تازه به من رسیده بود و خونی را که از دستم سرازیر می شد، دید، دست روی زخمم گذاشت و فشرد و چون مرا در حال گریستن دید دست دیگرش را که به چند قطره ای از خون آغشته شده بود، روی صورتم کشید تا اشکهایم را پاک کند، ولی بجای پاک کردن قطره های اشک، گونه هایم را خونی کرد. فوری دوید و از جعبه کمکهای اولیه ای که در ورودی نصب بود، چیزهایی برای پانسمان زخم دست من آورد و آنرا در عرض چند دقیقه بخوبی و با مهارت لازم پانسمان کرد و با دستمالی آغشته به آب مقطر خون مالیده شده بر گونه هایم را پاک نمود و ادامه داد.

- هیوا جان، معذرت می خواهم نمی خواستم ناراحتتان کنم.

- مهم نیست، من عادت دارم به گریه کردن، کار هر شب من است. من روز خوشی در زندگی ام نداشته ام و زندگی ام همیشه پر بوده از غمها و غصه هایی که کمرم را شکسته و جز قطره های اشک برایم نفعی نداشته است.

- زندگی شما سرشار از غصه بوده طوری که مرا نیز تحت تأثیر قرار داده است.

سپس به سمت شیشه مشروبی که سرجایش بود رفت و پس از گذاشتن دو گیلاس روی میز جلوی مبل نشست و هر دو لیوان را پر کرد و یکی را برداشت و به سمت من گرفت و گفت:

- از شما خواهش میکنم جرعه ای از این مشروب میل بفرمائید. غم و غصه هایتان امشب آشفته تان کرده است. مطمئن باشید اگر به نفعتان نبود تعارف نمی کردم.

فردا کارم تمام می شد و از این خانه می رفتم، دانیل هم در حق من زیاد خوبی کرده بود و همین که مرا تا این حد در منزل جا داده و باعث آرامش من شده بود، از او رضایت کامل داشتم و به همین دلیل هم نتوانستم درخواست او را مبنی بر آشامیدن مشروب رد کنم. گیلاس بلندی را که پُر از مشروب بود از دستش گرفتم و پس از لبخندی پُر معنا آنرا به یکباره تا ته خوردم. دانیل دوباره گیلاس مرا پُر نمود و پس از تماس دادن لیوان خود با لیوان من، دوباره دوتایی لیوان دوم را سرکشیدیم.

سپس دانیل بسوی پیانوی قدعلم کرده در وسط سالن رفت و شروع به نواختن آهنگی که من هنگام ورود به آنجا شنیده بودم کرد. چند دقیقه ای گذشت و من که اصلاً حال خوبی نداشتم روی مبل دراز کشیدم و به به صدای پیانو گوش کردم. مشروبی که خودم نه تنها شادم نکرده بود، بلکه غمگین تر و دل شکسته ترم کرده بود و اشکهای مرا دوباره سرازیر

نموده بود. دانیل با صدای پیانو شروع به خواندن قطعه ای آواز به زبان ایتالیایی کرده بود، با اینکه معنی اش را نمی فهمیدم ولی در دلم نفوذ کرده بود. دانیل روی برگردانده و مرا دوباره در حال گریستن دید و به طرفم آمد و دستهایم را در دستهایش گرفته و گفت:

Dear Hiva, are you akey?

- هیوا جان، حالت خوب است؟

- نه اصلاً خوب نیستم.

سپس مرا همانطور بصورت دراز کشیده از مبل بلند نمود و در بغل گرفت و به اتاقش برد پس از گذاشتن من روی تختخواب خود، دو لیوان دیگر مشروب ریخت و یکی را به خورد من داد. اصلاً حال و روز خوشی نداشتم.مست بودم، خودم نبودم و هر چه دانیل می گفت و از من می خواست، عمل می کردم. ناگهان دست روی من گذاشت و لبانم را در دهان گرفت و شروع کرد به در آوردن لباسهای من. مرا روی تختخواب نشاند و شروع به بازی با بدنم نمود. از آن به بعد دیگر نفهمیدم چه اتفاقی افتاد، زیرا از هوش رفته بودم و شاید خوابیده بودم. آنقدر مست بودم که متوجه هیچیک از حرکات دانیل نشدم.

صبح حدود ساعت ۵ بود که از خواب بلند شدم و خودم را لخت زیر لحافی دیدم که دانیل نیز زیر آن خوابیده بود. مستی ام از بین رفته بود و دیوانه شده بودم. تا لحاف را از روی خودم برداشتم، متوجه خونی شدم

که تشک را قرمزرنگ کرده بود. این خون زخم من نبود، خون دیگری بود که دانیل پس از تجاوز به من از من جاری شده بود. دیوانه شده بودم، به یاد یونس افتاده بودم و دیوانه وار به خودم سیلی می زدم و بر سرم می زدم. ناگهان با صدای من دانیل از خواب بیدار شد و تا خواست بطرف من بیاید، به او حمله کردم و با گلدان شیشه ای روی میزی که در کنارم قرار داشت، بر سرش کوبیدم و تا خواستم به خودم بیایم، دانیل افتاده بود و از جمجمه اش خون فوران می کرد. گلدان را به طرفی انداختم و انگشتم را که شدیداً روی رگ گردن دانیل فشردم، دانیل مُرده بود و دستان من به خون او آغشته شده بود. لباس هایم را پوشیدم و کیفم را برداشته و از منزل دانیل گریختم.

ساعت ۵:۴۰ صبح یکی از روزهای اواسط تابستان بود و هوا آکنده از مه رقیق صبحگاهی بود و من آواره و سرگردان در خیابانهای رم بودم. تلفن همراهم را ازجیب شلوارم بیرون آوردم وبا شدت بر زمین کوبیدم تا شاید پلیس نتواند رد مرا پیدا کند. کمی در خیابانها قدم زدم و به کرده های خود فکر کردم. دختری بودم که در کشور خودم حتی به جنس مخالف محل نگذاشته بودم و به هیچ کسی اعتنا نکرده بودم، الان در یک کشور اروپایی مرتکب کاری شده بودم که غیر قابل تصور بود. تبدیل به قاتلی شده بودم که راه رابرای خودم با کشتن کسی که مُنجی من بود، تنگ کرده بودم. نه راه پس داشتم نه راه پیش. چه باید می کردم. اگر پلیس

مرا در این وضعیت بحرانی می یافت دیگر باید خودکشی می کردم. قاتلی فراری بودم و بی کس که گیر افتادنم مساوی با مرگم بود.

به یونس می اندیشیدم و خودم را به خاطر رفتار آن روزم در کنار دانیل به هنگام مشروب خواری بیش از حد سرزنش می کردم که چه بلای دیگری در انتظار من نشسته وکمین کرده که مرا در خود غرق کند؟ از خانه دانیل گریخته بودم ولی نمی توانستم از دست دلم نیز فرار کنم. داشتم دیوانه می شدم و وسط خیابانهای رُم به هذیان گفتن افتاده بودم. باید ادامه مسیر را خودم به تنهایی انتخاب می کردم و دیگر مشاور و راهنمایی نداشتم. تصمیم گرفتم به هتلی مراجعه کنم و جهت تصمیم گیری های بعدی چند روزی در آن هتل اقامت کنم، اما می ترسیدم پلیس تصویر مرا از طریقی یافته و به تلویزیون و یا هتل ها بدهد ویا ازراه دیگری مرا پیداکنند. به همین علت ترجیح دادم سریعاً بطریقی از ایتالیا خارج شوم. طبق اطلاعاتی که از دانیل بدست آورده بودم، کشورهای اروپایی که عضو اتحادیه اروپا هستند، مرزشان بر روی همدیگر باز است و مردم این کشورها می توانند آزادانه مسافرت نمایند. تصمیم بر آن گرفتم با پاسپورت جعلی که در دست داشتم سوار وسیله ای شده و خودم را به یکی دیگر از این کشورها برسانم. پول کافی بهمراه داشتم و خیالم از بابت هزینه ها راحت بود. سراسیمه خودم را به یکی از آژانسهای ارائه خدمات مسافرتی رسانده و درخواست صدور بلیط قطار از

رُم به مقصد پاریس نمودم. از دانیل شنیده بودم که بایستی از طریق خاک کشور فرانسه یا کشورهای همجوارش به غیر از آلمان که پاسپورتم متعلق به این کشور می شد، به طرف تورنتو پرواز کنم. بلیط برای فردای آن روز صادر شد و من رو به متصدی کردم و گفتم:

- عذر می خواهم، برای امروز بلیط ندارید؟

- نه خیر خانم محترم، نزدیکترین زمان ممکن فرداست وصبح ساعت ۸ باید درایستگاه باشید. کارت بلیط ام را تحویل گرفتم و از آن آژانس خارج شدم. هنوز گیج بودم و باور نمی کردم که مرتکب قتل شده ام و یک فراری آشفته هستم که هر لحظه امکان دارد دستگیر شوم. کجا باید می خوابیدم. که خیالم راحت باشد؟ تا نزدیکی های شب در خیابانهای نزدیک ایستگاه قطار قدم می زدم و خودم را بخاطر کرده هایم سرزنش می کردم. کف پاهایم از شدت پیاده روی در خیابانهای رُم تاول زده بود. جاهای شلوغ شهر نمی رفتم. به کوچه های تنگ نزدیک ایستگاه بسنده کرده بودم و دور خودم می چرخیدم. تصمیم گرفتم روی صندلی انتظار کنار ایستگاه نشسته و شب را صبح کنم، نشسته و به فکر فرو رفتم. ناگهان با لمس شانه ام توسط مأمور پلیس ایستگاه از خواب پریدم و خواستم از دستش فرار کنم که دستم را گرفت و گفت:

- خانم محترم، شما چرا اینجا خوابیده اید؟ مشکلی پیش آمده است؟ کمکی از دستم بر می آید؟

صبح شده بود و من روی همان صندلی چوبی خوابم برده بود، جواب دادم:

IIIIIII Don’t have problem. Just I’m tired

- آآآآآآآی دونت هَو پرابلم، « من هیچ مشکلی ندارم، فقط خسته ام »

به ساعت که نگاه کردم یک ساعت مانده بود به هشت، یعنی ساعت حرکتم. نمی دانستم وقتی سوار قطار می شوم، آیا پلیس پاسپورتها را بصورت ماشینی کنترل می کند یا نه. فقط این را می دانستم که باید به هر نحوی شده از ایتالیا دور و دورتر شوم. سرجایم روی صندلی چوبی می لرزیدم. از سرمای صبحگاهی نبود، بلکه از ترس سوار شدن و گذشتن از مرز ایتالیا به سمت فرانسه بود. بالاخره ساعت حرکت فرا رسید و من با کارت بلیطی که گرفته بودم سوار شدم. روی صندلی خودم نشستم. پلیس ناگهان پس از اتمام سوار شدن تمام مسافرین، شروع به کنترل مدارک نمود. درردیف هفتم نشسته بودم وهمانطورکه می لرزیدم پاسپورت آلمانی خود را از کیف بیرون کشیدم و در دست راستم نگه داشتم. مأمور پلیس، خانم بود و تا به من رسید خندۀ مضحکی نمود و گفت:

- خانم، دکمه های پیراهنتان را اشتباه بسته اید

به خودم نگاهی انداختم و متوجه شدم دکمۀ اول را در جای دکمه سوم و همه را به توالی اشتباه بسته ام، به زور خنده ای به نشانۀ تأیید گفته هایش کردم و گفتم:

- از منزل سراسیمه خارج شده ام و بهمین دلیل مرتکب چنین اشتباهی شده ام.

پاسپورتم را از دستم گرفت و پس از کنترل آن و مطابقت تصویر روی آن با خودم، به خودم برگرداند و با همان خندۀ مضحک قبلی اش به ردیف هشتم مراجعه کرد. عجب شانسی آورده بودم که مأمور پلیس نتوانسته بود پاسپورت جعلی مرا تشخیص دهد. حماقت من در سوار شدن به قطار تبدیل به موفقیت شده بود و قطار ده دقیقه بعد شروع به حرکت می کرد. خیلی می ترسیدم از اینکه مأمور پلیس بتواند ایرانی بودن مرا تشخیص دهد و پس از دستگیری من نیز به جرم مهاجرت غیرقانونی، پی به قتل دانیل ببرد. قطار شروع به حرکت کرد و کمی باعث آسودگی خیالم شد.

نمی دانستم که آیا خدمتکار دانیل به منزل بازگشته بود یا نه، و آیا اینکه جسد بی جان دانیل همانطور در کف اتاقش مانده بود یا کسی متوجه مرگش شده بود وآیا الان دانیل زیر خاک بود؟ دانیل خیلی به من محبت کرده بود و طوری با من رابطۀ نزدیک و پر معنایی گذاشته بود که توانسته بود به من نفوذ کند و پس از پی بردن به تمامی اسرار

زندگی ام، مرا وادار به آشامیدن مشروب نماید. دانیل مرا دوست داشت و شاید هم عاشقم شده بود و نمی خواست مرا به آسانی از دست بدهد. ولی چرا به من دست زده و تجاوز نموده بود، علتش نامعلوم بود و مثل معمایی عجیب در ذهنم حک شده بود، ولی این را می دانستم که عشقبازی و روابط سکسی در اروپا کاملا عادیست.

دانیل قدرت خارق العاده ای در جذب احساسات و فوران نمودن عواطف خویش داشت و براحتی موفق به غلبه بر امتناع های پشت سرهم من شده بود. شاید هم آن همه لطف و مهربانی و دوست داشتن ها، نقشه ای بیش برای دستیابی به جسم و بدن من نبود، ولی چرا دانیل که ساکن شهر پر جمعیتی مثل رُم بود، از بین آن همه دختر و زنان ایتالیایی ساکن رُم، مرا انتخاب کرده بود؟ این ها سؤالات گیج کننده و بدون جوابی بودند که پاسخشان دست کسی بود که دیگر در این دنیا نبود و از سخن گفتن مغدور بود. هر چه بود من دانیل را کُشته بودم و باید از ایتالیا خارج می شدم.

در ترن مشغول تماشای مسافران بودم که ناگهان احساس کردم لعیا به همراه دایی اش یونس، به طرف من می آیند. از بین جمعیت نشسته در ترن کسی متوجه آنها نبود. یونس کنار من چمباتمه زد و دستش را دراز نمود و از من خواست دستم را در دستش بگذارم و از جایم برخیزم. لعیا

هم کنارش ایستاده بود و می گفت: «هیوا جان، دایی ام را همانطور که دستور داده و خواسته بودی، کنارت آوردم.»

دستانم را از فرط خوشحالی بطرف یونس دراز کردم و تا خواستم از جایم بلند شم کسی مچ دستم را گرفت و مرا که نیم خیز شده بودم، سرجایم نشاند و گفت:

- خانم شما مثل اینکه حالتان خوب نیست، چرا چشمانتان اینقدر سیاهی رفته است؟

همهٔ چیزهایی که می دیدم، از جلوی چشمانم محو شدند و من چون از کار بی موقع مسافر بغل دستی ام عصبانی شده بودم: گفتم:

- چرا نگذاشتید مرا با خود ببرد، او عشق من بود و برای بردن من اینجا آمده بود.

- خانم عزیز، مثل اینکه شما دیوانه شده اید، کسی روبروی شما نبود که شما را ببرد. شما فقط دچار توهم شده اید.

- نه اصلاً توهم نبود، او یونس بود که مثل یک فرشته لباس پوشیده و برای ابراز عشقش آمده بود.

- خانم محترم شما اهل کجا هستید و یونس کیست؟

متوجه شدم که همه چیز رؤیایی بیش نبود. مسافر زن بغل دستی من ادامه داد:

- خانم ناراحتی شما چیست و آیا کمکی می توانم بکنم؟ شما اهل کجائید؟

نباید اسم یونس را میان جملاتم می آوردم ولی حواسم پرت شده بود.

- من آلمانی هستم و یونس هم یکی از دوستان من است.

با قیافه ای بُهت زده به من نگاهی انداخت و گفت:

- مواظب خودتان باشید، اگر این طور ادامه دهید، حتما بلایی بر سرتان خواهد آمد. و دیگر چیزی نگفت و رویش را به طرف دیگر برگرداند.

در طول مسیر چند شهر بزرگ و کوچک دیدیم و در نهایت به لیون یکی از شهرهای زیبای فرانسه رسیدیم. در این ایستگاه قطار زمان بیشتری را نسبت به ایستگاهای دیگر توقف نمود. همان مسافری که کنارم نشسته بود و شاید به بعضی اسرار من پی برده بود، در لیون پیاده شد. خیالم از بابت او راحت شد. قطار سریع السیر بود و شهرهای فرانسه را یکی پس از دیگری پشت سر می گذاشت. هر کلیومتری که به پاریس نزدیک می شدیم، آرام تر می شدم، چونکه می دانستم دیگر گرفتار پلیس ایتالیا نخواهم شد. بالاخره پس از ساعتهای سختی که در قطار گذراندم به مقصدم در فرانسه یعنی شهر رؤیایی پاریس رسیدم. قطار توقف کرد و من فوری ترن را ترک کردم و پیاده شدم و قدم در خاک فرانسه گذاشتم. نه کسی قرار بود به پیشوازم بیاید و نه جایی را برای رفتن و

ماندن داشتم. فقط خودم را از جسد دانیل دور کرده بودم و جهت رفتن به تورنتو به پاریس آمده بودم. چگونه و چطورش را نمی دانستم، فقط باید فوری جایی را برای اقامت در نظر می گرفتم که شب مجبور نباشم آواره خیابانهای پاریس شوم. پس از کمی پرس وجو از مردم شهر که در حال رفت و آمد در خیابان بودند، بالاخره هتلی را برای اقامت پیدا کردم و سریع یک اتاق گرفتم و وارد اتاقم شده و روی تخت افتادم. طوری افتاده بودم که انگار مرا به تختخواب میخکوب کرده باشند. همانطور با لباس روی تخت، خوابم گرفت و وقتی بیدار شدم شب شده بود و ساعت روی دیوار ۳:۴۰ بامداد را نشان میداد. با خود حرف می زدم و به راهی که آمده و کشورم ایران را ترک کرده و به کجاها رسیده بودم، فکر می کردم. آنقدر فکرم آشفته بود که غذا خوردن را فراموش کرده بودم. شبها برایم قابل تحمل نبود و پر بود از رنج و سختی های فراوان و مثل خوره به جانم افتاده بود. ای کاش کسی پیشم بود و کمکم می کرد تا راه را درست و بدون اشتباه پیش بروم. رسیدن به یونس برایم خیلی مهم بود و باید به خواسته دلم عمل می کردم.

صبح شد و پس از صرف صبحانه برای یافتن کسی که بتوانم کمکم کند، بیرون رفتم. در خیابانهای پاریس به مغازه ها چشم دوخته بودم تا شاید بین آنها یک مغازه ایرانی پیدا کنم و از صاحب آن جهت رسیدن به هدفم کمک بگیرم. ولی می ترسیدم با مردها ارتباط برقرار کنم، چون

دیگر اعتماد به مردها برایم مشکل شده بود. ضربه ای که از دانیل خورده بودم باور کردنی نبود و حتی تصورش هم آزارم می داد. دختری بودم که حتی برخی اوقات از نگاه کردن به بدنم خجالت می کشیدم ولی حالا چه؟ خودم و بدنم را در اختیار دانیل گذاشته بودم و او نیز به این بدن دست زده و تا نقطه ای پیش رفته بود که فکر کردن به آن، آتش در وجودم می انداخت، آتشی که خاموش شدن آن محال بود و تا آخر عمرم مرا می سوزاند.

هرروزبیرون می رفتم تاشایدبتوانم خودم بتنهایی کسی راپیدا کنم که کمکم کندوشبانه به هتل برمی گشتم. خیلی سخت شده بود. هر روز صد دلار هزینه اتاقم بود و اگر قرار می شد که در هتل بمانم و به جستجو بپردازم، پولم تمام می شد و در این کشور غریب، بی پول می ماندم و تمام تلاش هایم تا این جا به هدر رفت و نمی توانستم به یونس برسم. بالاخره پس از دو هفته پرس و جو یک رستوران ایرانی پیدا کردم که صاحبش زن جوانی بود که می توانستم با او در دل کنم. وارد شدم و به انگلیسی سلام دادم و از او پرسیدم که آیا ایرانی هست و می توانم با او فارسی حرف بزنم؟ جواب داد:

- بله بفرمائید، من ایرانی هستم و اهل لاهیجان

- می تونم بشینم و کمی باهاتون صحبت کنم؟

دور یکی از میزهای رستوران نشسته و شروع به صحبت کردیم. من در مورد وضعیت و بلاهایی که بر سرم آمده توضیح دادم و از او خواستم که طرز رفتن به کانادا را از پاریس، به من یاد دهد اسمش لیلا بود، گفت:

- دختر زیبایی مثل تو نباید با مردها زیاد رودررو بشه تا بتونن ازت سوء استفاده بکنن

جریان تجاوز کردن دانیل را به او گفته بودم ولی در مورد قتلی که مرتکب شده بودم چیزی به لیلا نگفته بودم. پشت سرهم برایش از مشکلاتم می گفتم و به جایی رسیدم که دیگر نتوانستم ادامه دهم. لیلا دستهایم را در دستش فشرد و همزمان با گریستن من چند قطره اشک از چشمانش بیرون جهیده و گفت:

- هیوا خانوم شما الان کجا اقامت داری و شبها کجا می خوابی؟

- هتل

- اگه مایل باشی از هتل تسویه حساب کن و به منزل من بیا تا با هم فکری همدیگه بتونیم مشکلت رو حل کنیم. در طول مسیر و تا این جای کار خیلی اذیت شدی عزیزم.

شمالی ها آدمهای مهمان نوازی هستند و این خصلت هر جای دنیا که باشند، در خونشان است. از لیلا خداحافظی کردم و به او گفتم که بزودی جهت اقامت در منزلش، پیشش خواهم آمد. او نیز خیلی خوشحال شد و

گفت که حتماً منتظر است. به هتل برگشتم و پس از برداشتن کیفم و تسویه حساب نهایی هتل را ترک کرده و دوباره پیش لیلا برگشتم. در کمال احترام مرا پذیرفت و با اتومبیل شخصی اش که شباهت زیادی به اتومبیل لعیا داشت، مرا به خانه اش رساند. در طول مسیر از او پرسیدم:

- لیلا جان، تنها زندگی می کنی یا شوهر داری؟

آهی عمیق از ته دل کشید و گفت:

- هیوا جان، تنها زندگی میکنم و شوهرم منو ترک کرده و رفته.

- می تونم بپرسم علت ترک شوهرت چی بوده؟

- ول کن بابا، مهم نیست، مهم اینه که الان زندگی بهتری دارم.

- رستوران مال خودتونه؟

- بله، مال خودمه. البته قبلاً مال برادرم بود، ولی وقتی شهیاد رفت آمریکا، رستوران مال من شد. در آمد خوبی از رستوران دارم. طوری که پس از ریخت وپاش کردن های اضافی باز هم پول اضافی می یاد و می تونم مبلغی هم هر ماه پس انداز کنم.

- من نمی خوام زحمت زیادی بهت بدم، فقط منو راهنمایی کن تا بتونم به هدفم برسم.

- من و برادرم نه سال پیش بصورت غیرقانونی به فرانسه اومدیم و تونستیم اقامت بگیریم. زنگ می زنم و از برادرم می پرسم اون شخصی که ما رو غیرقانونی به فرانسه آورده الان در دسترسه یا نه؟

- دستتون درد نکنه.

خیلی خوشحال بودم. به خانه لیلا رسیدیم، آپارتمانی در طبقه دهم بود، پیاده شده و وارد خانه اش شدیم. خانهٔ سوت و کوری بود که خالی بود و بجز لیلا در آن کسی دیگر زندگی نمی کرد. لیلا اشاره به اتاقی ته راهرو کرد و گفت.

- اونن اتاق مال توئه، اونجا بهترین اتاق این خونه و مال خودمه و تا وقتی که اینجایی مال توئه.

- خیلی ممنون از اینکه به فکر منی.

مرا در خانه تنها گذاشت و رفت به کارهای رستوران برسد و شبانه برگردد. در را بست و رفت. در آن لحظه خیلی خوابم می آمد. یک گوشه گرفتم خوابیدم وقتی بلند شدم هنوز تنها بودم و کسی در خانه نبود. منتظر لیلا بودم که از این و آن بپرسد تا شاید روزنه امیدی پیدا شود. شاید برادرش چون او را ترک کرده بود و تنها مانده بود، از دستش دلخور بود که اصلاً هیچ عکسی یا نشانه ای از او در خانهٔ لیلا نمی دیدم، ولی به هر حال می گفت که چند سال پیش با برادرش غیرقانونی به

فرانسه آمده اند. ساعت ۱۱ شب بود ولی هیچ نشانه ای از آمدن لیلا نبود. نمی دانستم ساعت چند به خانه اش برخواهد گشت. سراغ آشپرخانه هم نمی رفتم و خیلی با احتیاط بودم که مبادا دوباره در چاهی بیفتم. در خانه دانیل آسیب روانی شدیدی به من وارد شده بود ناخواسته و غیر عمدی دانیل را کشته بودم. انگار که رؤیا بود و هر چقدر فکر می کردم که آیا ممکن است من مرتکب چنین کاری شده باشم، باورم نمی شد. یک گوشۀ خانۀ نه چندان دلچسب لیلا چمباتمه زده و به پدرم فکر می کردم. تنها کسی که می دانستم هر لحظه در حال تماشای کارهای من است و ثانیه ای مرا تنها نمی گذارد و نخواهد گذاشت. از او شرم داشتم و نمی دانستم اگر روزی بتواند با من سخن بگوید و چیزی از من بپرسد، در جوابش چه خواهم گفت. همیشه روی من یک حساب دیگری می کرد و هر وقت بین فامیل حرف از زیرکی و باهوشی می شد، مرا پیش می کشید و پُز می داد که هیوای من زرنگترین و باهوشترین دختر روی زمین است. همیشه دوست داشتم در راستای افکار پدرم که پیوسته مرا هدف قرار می داد، بسوی کمال و خوشبختی حرکت کنم و هر قدمی را که بر می دارم به خاطر پدرم برادرم و بتوانم یک محور روشنی باشم که پدرم دور آن می چرخد. هر وقت می ترسیدم و استرس داشتم مرا در بغل می گرفت و تا حدی می فشرد که صدایم در می آمد و در این چنین لحظاتی که سرشار از ناامیدی و ترس و اضطراب شدید

بود می گفت: « همین که امید به انجام کاری داشته باشی، ولو اینکه به هدفت هم نرسیده و لمسش نکرده باشی، پیروز هستی، زیرا که امیدواری بالاترین پیروزی هاست » حرفهای پدرم و کلماتی را که زیرکانه و فیلسوفانه بکار می برد در ذهنم ورق می زدم. تمامی خواسته های پدر نازنینم از من فقط هوشیاری و آگاهی در انجام کارها بود ولی هر چقدر می اندیشیدم، هیچ نقطه روشنی به جز قبولی در دانشگاه، همسو با افکار مثبت پدرم نمی یافتم. افسوس می خوردم ولی چاره ای جز ادامه دادن مسیری که در آن افتاده بودم نداشتم. تصمیم گرفته بودم که ایران را جهت دستیابی به اهداف درونی ام برای ادامه زندگی ترک کنم، ولی اکنون در منجلابی گرفتار شده بودم که رهایی از آن مشکل بود و فقط با دور شدن از محل حادثه می توانستم خودم را از آن بیرون بکشم و به مراد حقیقی خودم یعنی یونس دست یابم.

ساعت ۱:۱۵ بامداد را روی دیوار نشان می داد، ساعت خودم را با آن تنظیم می کردم که صدایی از راهرو به گوشم رسید و تا خواستم بلند شوم در باز شد و لیلا با دوستانش که ظاهراً یکی دختر و دیگری پسر بودند وارد خانه شدند و تا چشم لیلا به من افتاد با خنده ای که از روی شرم باشد لب به سخن گشود و گفت:

- هیوا جان، دوست عزیزم معذرت می خوام که دیر کردم، خودت که می دونی کار رستوران چقدر سخته، باید تا آخرشب اونجا باشم و به همه چی برسم.

- مهم نیست لیلا خانوم، من هم نشسته و منتظرتون بودم.

و سپس شروع به معرفی دوستانش کرد و یکی را که خیلی شبیه دخترهای جلف ایرانی بود. جلو آورد و گفت:

- هیوا، این دختر ایرونیه و بهترین دوست من تو پاریسه، اسمش «مریلا» ست و می تونم بگم همه چیز منه.

دستم را به نشانه خوشحالی برای دست دادن بلند کردم و گفتم:

- از آشنایی با شما خوشحالم. من هم هیوا هستم.

تمامی این مکالمات بین ما فارسی رد و بدل می شد من مطمئن بودم که دوست دیگر لیلا متوجه آنها نمی شود، زیرا اصلا شبیه ایرانی ها نبود. لیلا با جمله ای که به فرانسوی ادا می کرد او را پیش کشید و گفت:

- این هم دوست پسرم «Mike» است که اصالتاً انگلیسیه ولی این جا بدنیا اومده و فرانسوی شده. پدر و مادرش از انگلستان به اینجا مهاجرت کردن و موندگار شدن. پسر خوبیه، بهش خیلی وابستم.

پسر بود ولی بیشتر شبیه دخترها بود، با موهایی بلند و فردار و ابروان کشیده و برداشته شده و صورتی بدون چین و چروک که کم سن و سال

بودنش را نشان می داد. دستش را بسوی من دراز کرد، من هم به نشانهٔ احترام با او دست دادم. لیلا همه را دعوت به نشستن کرد و غذاهایی را که از رستوران خودش آورده بود روی میز گذاشت و با دسرهایی که از یخچال در می آورد، شروع به آماده کردن میز شام نمود، ساعت نزدیک ۱:۴۵ بامداد بود ولی لیلا هوس خوردن شام و دسر کرده بود. همه سر میز نشستیم و دور هم یک شام مفصل خوردیم. بعد از شام همگی خواستند شروع به نوشیدن مشروب کنند که من تا چشمم به شیشه مشروب که دست لیلا بود افتاد، لیوانی را که پر از آب کرده بودم، از دستم افتاد و شکست. چند قدمی عقب رفتم و خودم را به نزدیکترین دیوار پشتم چسباندم و دستهایم شروع به لرزیدن کرد. از مشروب خاطره خوبی نداشتم و با دیدن آن به یاد دانیل و آن قتل لعنتی افتادم و تمام بدنم لرزید. لیلا هم با مشاهدهٔ صحنهٔ عقب نشینی من و لرزش تمامی بدنم، شوکه شده بود و بهمین دلیل هم جلو آمد و پرسید:

- هیوا جان، چرا اینطوری شدی؟ اتفاقی افتاده که باعث لرزش و اضطرابت شده؟

از بس به لرزه افتاده بودم نمی توانستم زبانم را درست در دهانم بچرخانم، لیلا متوجه جدی بودن قضیه شده بو با کمک مریلا دوستش از دستهای من گرفته و کمک کردند که مرا روی تخت لیلا بخوابانند. هنوز

بدنم می لرزید ولی لیلا پیشم بود و داشت بدنم را ماساژ می داد. سریع از اتاق بیرون رفته با قرصی بهمراه یک لیوان آب برگشت و گفت:

- هیوا جان، این قرص رو بخور و بخواب، دیر وقته.

با هزار مصیبت توانستم بپرسم که چه قرصی است که به خورد من می دهد و در جواب گفت:

- قرص خوابه، نگران نباش ضرر نداره.

قرص را خوردم و پس از مدتی به خواب رفتم. نزدیک به صبح و ساعت ۶ بود که از خواب بلند شدم. دیدم که هوا روشن شده و در اتاقی که در اختیار من گذاشته شده بسته است. در را به آرامی باز کردم تا از حال و روز لیلا و دوستانش مطلع شوم. مریلا را دیدم که روی کاناپۀ وسط هال پذیرایی ولو شده و خوابیده است. آرام آرام جلو آمدم و ریخت و پاش های روی میز را دیدم که نشان از خوردن مشروب و استفاده از مواد مخدر بودند و چند چیز و وسیله دیگر که از آنها سر در نمی آوردم. در این حین بود که صدایی شنیدم که از دهان مریلا بیرون پرید:

- هیوا برو بخواب، اگه خوابت نمیاد بیا اینجا پیش من دراز بکش

و سپس ملحفه ای را که رویش انداخته بود کنار زد و گفت: «بیا دیگه معطل چه هستی؟» مریلا تقریباً نیمه لخت بود و فقط شورت و سوتین به تن داشت. در این حال هم مرا دعوت به خوابیدن در کنارش میکرد.

این ها همه آثار مشروب و افراط در مصرف مواد بودند که باعث هذیان گویی و رفتار نامناسب مریلا می شدند. دستم را به نشانه اینکه هیچ میلی به رفتن و خوابیدن در کنارش ندارم بلند کردم. از دیدن چنین صحنه ای آشفته شده بودم و برای آشامیدن یک لیوان آب به طرف آشپزخانه خیز برداشتم، مجبور شدم از جلوی اتاقی که لیلا به همراه مایک در آن خوابیده بودند، بگذرم. دراتاق نیمه باز بود وحدس می زدم چه اتفاقاتی در این اتاق رُخ داده است. ولی باز هم کنجکاو شدم که نیم نگاهی به داخل اتاق بیندازم، دیدم که هر دوی آنها، لخت کنار هم خوابیده اند. بدون آشامیدن آب، به اتاقم برگشتم و در حالیکه خیلی مضطرب بودم روی صندلی نشستم و با خود به فکر فرو رفتم. خدایا داشتم چه صحنه های می دیدم، صحنه هایی که اگر چند سال قبل در خواب می دیدم از خواب می پریدم و باورم نمی شد که در چنین مکانهایی حضور دارم. از خدا می خواستم یاریم کند تا بتوانم صحیح و سالم و بدون هیچ اشتباه دیگری به مقصد نهایی ام برسم. چند دقیقه ای را در اتاق منتظر بودم که لیلا با چشمانی باد کرده و چهره ای آشفته وموهای ژولیده وارد اتاق من شد و گفت: «هیوا،صبحت بخیر عزیزم، من می رم رستوران، وقتی برسم اونجا به داداشم زنگ می زنم و ازش در مورد اون یا رو که ما را آورده اینجا می پرسم، بعد باهات تماس می گیرم و تو را در جریان قرار می دم » در جوابش ادامه دادم:

- لیلا جان، من تلفن ندارم، البته سیمکارتم رو ایتالیا دور انداختم.

کشو جلو آینه را باز کرد و سیمکارتی را به من داد و گفت:

- فعلاً اینو روی گوشیت بنداز و استفاده کن. من به همین شماره زنگ می زنم. منتظرم باش

- باشه لیلا جان منتظرت هستم، ممنون ولی تو با این حالت می خوای......

اعتنایی به ادامه حرفم نکرد وپشت به من لباس خوابش را که سراسیمه پوشیده بود، همانجا جلوی چشم من در آورد و لخت شروع کرد به پوشیدن لباسهایش که در اتاق من بود. لیلا اصلاً ترسی از لختی نداشت و فقط یک عذرخواهی کوچولو از من کرد و پس از آماده شدن و آرایشی که چند دقیقه ای بیشتر طول نکشید، اتاق را ترک کرده و از من خداحافظی کرد. چیزهایی غیر عادی می دیدم که تا بحال در هیچ یک از سالهای زندگی ام ندیده بودم. لیلا رفت و من منتظر تماس او ماندم. یک ساعت بعد برای رفتن به توالت از اتاق خارج شدم که متوجه صحنه ای شدم و نتوانستم تحمل کنم و خانه لیلا را ترک کردم. دیدم که مایک دوست پسر لیلا که شب هم بستر لیلا بود، زیر ملحفۀ مریلا رفته و هردوشان خواب بودند. تحمل چنین لحظاتی برایم دشوار بود و چون مرا به یاد چند مدت قبل که باعث مرگ دانیل شده بودم می انداخت، نتوانستم در منزل لیلا بمانم و بیرون زدم و با خود گفتم تا دیر نشده

باید اینجا را ترک کنم و این کار را هم کردم. سیمکارت لیلا هنوز با من بود و مطمئن بودم که لیلا تماس خواهد گرفت.

از جلوی یک مؤسسهٔ آموزشی گذشتم و مبهوت تماشای دانشجویان آن شدم، جلوی همان موسسه نشستم و فقط به کتابهایی که برخی از دانشجویان زیر بغلشان گرفته بودند خیره ماندم و به یاد موقعی افتادم که من و لعیا شادمان و سرحال صبحها همین طور سرکلاس دانشگاه می رفتیم ومشغول علم آموزی می شدیم. اما متأسفانه درگیر مسائل انتخابات ریاست جمهوری شدیم و مارک سیاسی خوردیم و من از دانشگاه اخراج شدم و لعیا با هزاران و امید و آرزو و عقایدی که داشت دست به خودکشی زد. من هم که هیچ روزنه ای جهت ادامه مسیر زندگی در ایران نمی دیدم و تمامی پل های پشت سرم خراب شده بود و پدر و مادرو هیچ پشتیبانی نداشتم، مجبور شدم کشورم را به مقصد تورنتو برای رسیدن به تنها آرزوی قلبی ام، یونس ترک نمایم. حسرت خوردن نسبت به گذشته ای که تصور لحظات آن برایم دشوار و تلخ بود، دیگر فایده ای نداشت، باید از این حال و هوا بیرون می آمدم و راه چاره ای برای خودم که اکنون در خیابانهای پر جمعیت پاریس بودم، می یافتم. با خود گفتم چند ساعتی باید منتظر تماس لیلا بمانم و اگر تماس نگرفت خودم با او تماس بگیرم و نتیجه مکالمه با برادرش را از او جویا شوم.

چند ساعتی گذشت و بالاخره لیلا زنگ زد و گفت:

- هیوا جان سلام عزیزم کجایی که این همه سر و صدایت؟

- لیلا خانوم الان بیرونم، حوصله ام سررفته بود خواستم کمی قدم بزنم، با داداشت حرف زدی؟

- آره عزیزم، باهاش حرف زدم، خوشبختانه خبرهای خوبی داد و گفت که اون آدم هنوز تو پاریسه وخودش هم در مورد تو بهش زنگ میزنه و میسپره، شمارشو هم بهم داد

- ازت ممنونم که اینقدر به فکرم هستی، می تونی شماره رو به من بدی؟

- البته که می تونم، یادداشت کن ولی الان زنگ نزن، بذار شهیاد حرف بزنه باهاش بعد

شماره همان فرد را به من داد و گفت که مردی است اهل پاریس و اسمش «Ted» است.

از لیلا دوباره تشکر کرده و گوشی را قطع کردم. خواستم به Ted زنگ بزنم چند ساعتی درنگ کردم، فکر کردم که چه بگویم با خود گفتم اگر کمی صبر کنم حتماً برادر لیلا هم با Ted صحبت خواهد کرد و من بعد از او تماس بگیرم خیلی به نفعم است. چند ساعتی دیگر مشغول پیاده روی شدم و وقتم را با نگاه کردن به انسانها و مغازه های کوچک و بزرگ

سپری کردم. به مقدار پولی که تا بحال خرج کرده بودم فکر کردم و حساب بقیه مسیر را کردم و با خود گفتم: پولی که الان دارم کفاف بقیه مسیر را می کند هر چه بود پولی که در کیف داشتم، پول فروش خانهٔ پدری ام بود که به دلار تبدیلش کرده بودم. خانه ای که چندین سال به خوبی و خوشی با پدر و مادرم در آن زندگی کرده بودم و الان دیگر نبود. خانه ای که دوران کودکی ام با هزاران هزار خاطره خوب و بد در آن سپری شده بود ولی تمام آن خاطرات با آن خانه فروخته شده و الان همان دلارهای بودند که در دست داشتم. خیلی محکم کیفم را بغل کردم و با فشردن آن روی سینه ام به خاطرات گذشته ام ارج دادم. در این حین دوباره گوشی موبایلم به صدا در آمد. شماره ای که روی صفحه آن افتاده بود. شمارهٔ Ted بود که روی گوشی ذخیره کرده بودم. چرا قبل از تماس من، او با من تماس گرفته بود؟ شماره ام را لیلا به او داده بود که توانسته بود با من تماس بگیرد؟ خوشحال شدم و از مسئولیت پذیری لیلا و Ted خوشحال شدم و سراسیمه به تلفن جواب دادم:

Hello , This is Hivaa , are you Ted , who ...

- الو سلام من هیوا هستم، آیا شما ted هستید؟ همان شخصی که قرار شده بود مرا در جهت کارم کمک کنید؟

- سلام، بله من تد هستم. شما الان کجا هستید؟ می خواهم بهمین زودی با شما ملاقات کنم.

- من الان در یکی از خیابانهای نزدیک خانهٔ لیلا قدم می زنم.

- لطف کنید به منزل لیلا برگردید، من شما را آنجا خواهم دید. عصر ساعت ۵ آنجا خواهم بود.

- اشکالی ندارد من عصر آنجا خواهم بود.

بعد تلفن را قطع کرد، منتظر ماندم تا عصر شود و بتوانم ملاقاتش کنم. در این حین متوجه شدم که نیاز شدیدی به توالت دارم و هنگام برگشت به منزل لیلا در راه بدنبال توالت عمومی گشتم. ناگهان چشمم به یک توالت عمومی افتاد که در آنطرف خیابان بود، ولی راهی به آنطرف خیابان نبود و وسط خیابان نرده های آهنی بلندی بودند که مانع عبور من به آنطرف می شدند. متوجه پل عابر پیاده ای شدم که بصورت اتوماتیک عابرین را از این طرف خیابان به آنطرف می برد. مثل پله برقی های ما بود ولی با کمی تفاوت و بصورت مسطح و تسمه ای هدایت عابرین را بعهده داشت. چنین تکنولوژی را در ایران تا بدان روز ندیده بودم. سوار بر آن پله های برقی به آنطرف خیابان رفته و وارد توالت شدم، کیفم را که بصورت آویزان بر کتفم بود، بر روی سکوی کوچکی که بالای کابین توالت من بود گذاشتم. توالت های تر و تمیزی بودند و کلی با توالت های عمومی ما فرق می کردند. انگار که کسی هر ساعت به آنها می رسید و تمیزشان میکرد. بوی عطر خوشایندی هم از آنها به مشام می رسید. فردی دیگر که در سالن توالت در حال قدم زدن بود و من او

را هنگام ورود به سالن توالت دیده بودم، دست بالا برده و کیف مرا قاپید. من تا خودم را داخل توالت جمع و جور کنم و دنبالش بدوم او فرار کرده بود. در توالت را سراسیمه باز کردم وبا سرعت هر چه تمامتر پشت سرش دویدم، ولی او از من خیلی دور شده بود. این اتفاق ناگوار، کل آرزوهایم را با خود به سوی نابودی بُرد. سارق زن جوانی بود که قیافه غلط اندازی داشت و هنگام ورود من به توالت عمومی، زیر چشمی نگاهی به من انداخته بود ولی من از شدت آشفتگی فکر و خیال، متوجه خیالات شوم او نشده بودم.

تمام دارایی ام داخل آن کیف کوچکی بود که با خود داشتم وهیچوقت ازخودم دور نمی کردم. به جز چند دلاری که در جیب شلوارم بود، پول دیگری نداشتم و تمامی دلارها و لوازم مورد نیاز دیگرم در آن کیف لعنتی بودند. دنیا برسرم خراب شد، هر لحظه که می گذشت احساس میکردم آوارهای آن یک به یک برسرم افتاده و مرا له می کنند. چنان آشفته و دل شکسته شده بودم که دیگر رمق رفتن به خانه لیلا و ملاقات با «تِد» را نداشتم. اصلاً چرا باید می رفتم، تد برای انجام کاری که از او می خواستم پول می خواست، چه باید می کردم؟ یک گوشۀ خیابان نشسته و دیوانه وار گریستم. زن پیری که از آن نزدیکی می گذشت مرا در حال گریستن دید و به فرانسوی جملاتی سرهم کرد ولی چون من متوجه منظور او نمی شدم، سرم را به نشانه تشکر تکان دادم ولی او

راضی از این حال و روز من نبود و تا خواست چیز دیگری بگوید، وسط حرفهایش پریدم و هق هق کنان به انگلیسی از او خواستم که راحتم بگذارد. آهی کشید و دست از سرم برداشته و مرا در آن حال و روز رها کرده و رفت. به زحمت از جای خود برخاستم و لنگان لنگان به مسیر بازگشت به خانهٔ لیلا ادامه دادم. چون باید می رفتم، نه جایی برای ماندن داشتم،نه کسی برای صحبت کردن. ساعت ۳ بعداز ظهر را نشان میداد که به خانه لیلا رسیدم و زنگ در را فشردم. دوستش مریلا در را به رویم گشود و گفت:

- تا این موقع کجا بودی هیوا، نگرانت شدم.

- برای قدم زدن و کمی هواخوری بیرون رفته بودم.

- فکر کردم رفتی تا جاهای دیدنی پاریس رو ببینی، مثل برج ایفل.

- برای دیدن ایفل وقت زیاد داریم. رفته بودم تا هوایی بخورم و برگردم، ای کاش پام می شکست و نمی رفتم.

- چرا مگه چی شده که اینقدر آشفته ای؟

- مریلا تمام پولم رو زدند، تمام چیزی رو که بهمراه داشتم. تقریباً ۲۳ هزار دلاری می شد.

- چطور اتفاق افتاد؟

تمامی ماجرا را از سیر تا پیاز به مریلا گفتم و در بغلش پریدم و گفتم:

- مریلا تمام زندگیم نابود شد

- تو چرا باید بیرون می رفتی که این بلاها به سرت بیاد؟

در بغل کسی افتاده و در حال گریه کردن بودم که چند ساعت پیش هنگامیکه خانه لیلا را ترک می کردم، از دست او فرار کرده و متنفر از او شده بودم. چاره ای جز التماس به تنها دوستانم که تازه پیدایشان کرده بودم، نداشتم.

وقتی به پاریس رسیده بودم احساس می کردم، یک قدم دیگر به یونس نزدیک تر شده ام و خوشحال بودم. ولی حال با از دست دادن پولهایم که حاصل فروش تنها یادگاری پدرم در ایران بود، تمام چیزهایی را که در ذهن می پروراندم، نقش بر آب شده بودند. خدایا چه تقدیر و سرنوشتی را در دفتر زندگی ام برای من ورق زده ای؟ آیا می توانستم از باتلاقی که افتاده بودم، جان سالم بدر ببرم؟ با مریلا نشستیم و منتظر رسیدن تِد ماندم. کسی به جز مریلا در خانۀ لیلا نبود. مایک رفته بود ولی مریلا هنوز مست بود. آنقدر از مستی می ترسیدم که با به مشام رسیدن بوی مشروبی که مریلا تازه خورده بود، حالم بهم خورد. از جای خود بلند شدم و با خود گفتم لعنت به تو دانیل. مریلا با شنیدن اسم دانیل ناگهان مستی از سرش پریده و گفت:

- هیوا، دانیل دیگه کیه؟

- هیچی، همینطوری به زبونم اومد خواهش میکنم در بطری مشروب رو ببند تا بوش منو اذیت نکنه.

- یکم زودتر می گفتی نمی ذاشتم زیاد اذیت بشی عزیزم

درب بطری را بست و برای تهیه خورد و خوراک برای سیر کردن شکمش به آشپزخانه رفت. پس از مدتی تلفنم بصدا در آمد. تِد بود و وقتی با او صحبت کردم فهمیدم می خواهد از بودن من در خانهٔ لیلا مطمئن شود. دقایقی را با مریلا برای خوردن تنقلاتی که آورده بود، گذراندیم. به زور شکلاتهایی را که طعم عذاب و ناراحتی و سردرگمی می دادند را در دهان می گذاشتم تا شاید کمی رفع گرسنگی بکنند.

در بصدا در آمد و وقتی در را باز کردیم، تِد داخل شد. مردی مُسن با موهای خیلی کوتاه بود و وسط سرش هم کچل شده بود. تقریباً ۵۰ ساله نشان میداد. سلام کرده و پس از تعارفات مریلا و البته کمی هم من، وارد سالن اصلی شده و نشست. نمی توانستم در مورد خوب یا بد بودن شخصیت تِد تصمیم بگیرم، چون یکبار از اعتماد ضربه خورده بودم و الان یک قاتل فراری بودم که هر شب به هنگام خوابیدن کابوس میدیدم و از خواب می پریدم، کابوسهایی که پایان نداشت و مرا تسخیر کرده بود و در وجودم سایه انداخته بود. به هر حال باید همکاری می کردم تا به یونس برسم. اما پولی در بساط نداشتم که به او بدهم. اول از همه و بعد از سلام و احوالپرسی خشکی که بین ما ردو بدل شد، به تِد گفتم:

I want to say first, I don't have any money, thief stealed my money 3 hours ago in the public toilet.

«می خواهم اول از همه بگویم که من هیچ پولی ندارم، سارق پولهایم را ۳ ساعت پیش در توالت عمومی دزدید»

تِد با نگاه خاصی که سرشار از رحمدلی بود، به چشمانم خیره شد و آهی از ته دل کشید و ادامه داد:

- هیوا خانم، کاری که قرار بود من برایتان انجام دهم حداقل ۳۲ هزار دلار هزینه دارد. شما باید در مورد پرداخت این مبلغ تضمین بدهید.

- آقای تِد من راستش را به شما گفتم. من هیچ پولی در بساط ندارم و کل دارایی ام را که حدود ۲۵ هزار دلار بود، در داخل شهر و در توالت عمومی دزدیدند و بردند. هر چقدر دنبالش دویدم نتوانستم موفق شوم. آیا شما راه چارهٔ دیگری برای این مشکل من ندارید؟ من باید بروم و چاره ای جز ترک خاک اروپا ندارم. لطفاً کمکم کنید.

تِد با چرخش سرش به سمت مریلا و خیره شدن به او، دوباره سرش را بطرف من برگرداند و گفت:

- من مسئول انتقال شما از پاریس به کانادا هستم و این کار را بوسیلهٔ دوستانی که در کنسولگری کانادا در پاریس دارم انجام می دهم. آنها در حق من لطف می کنند و یک پاسپورت کاملاً اصلی به من تحویل می دهند و من هم با شبیه کردن قیافه شما به تصویر روی گذرنامه

اصلی و درست کردن مدارکی تحت عنوان علت سفر شما به کانادا از قبیل مدارک پزشکی و رزرو هتل در کانادا، شما را به کانادا می فرستم. تمامی این کارها هزینه زا هستند و می توانم تنها لطفی که در حق شما بکنم، تخفیف گرفتن از دوستانم و حذف ۲۰ درصد از این مبلغ است.

تِد چیزهایی را سرهم می کرد و می گفت و من هم سرتاپا گوش بودم تا منظور تِد را بفهمم. ولی او با من شوخی نداشت و جز تخفیف گرفتن از دوستانش کار دیگری از دستش بر نمی آمد. من هم کسی را نداشتم تا با او تماس بگیرم تا برایم پول بفرستد. تنها امیدم دایی سیاوش بود که او هم نمی توانست از عهدۀ چنین مبلغ بزرگی برآید. در چاهی افتاده بودم که در آمدن از آن خیلی دشوار و تقریباً محال بود، راه برگشتی هم نداشتم که برگردم، اگر بر می گشتم عشق و آرزویم یونس چه می شد؟ نمی توانستم فراموشش کنم. یونس بود که سبب شده بود اینهمه راه را تا پاریس بیایم و مرتکب قتل دانیل شوم. دانیلی که شاید عاشقم شده بود و می خواست با لمس بدنم مرا تا همیشه مال خود کند و من عجولانه و بدلیل عشقم یونس او را کشته بودم. به تِد گفتم:

- آقای تِد من عذر می خواهم که باعث شدم ابنجا بیاید و بدون نتیجه برگردید. ولی اجازه بدهید من فکر کنم تا شاید راه چاره ای برای حل این مشکل بزرگ پیدا کنم.

- شما دختر زیبا و زرنگی هستید و حتماً راهی به نظرتان خواهد رسید. منتظر تماستان خواهم بود. من هم به فکر راه چاره ای برایتان خواهم بود. امیدوارم موفق باشید.

باران شدیدی در حال باریدن بود و من پر از غصه و غمگین کناره پنجره اتاق لیلا نشسته بودم و در حال تماشای برج ایفل یودم که از میان ساختمانهای بلند و سر به فلک کشیده و از درون مه غلیظ قد علم کرده بود و با غرور خاصی که نشانگر تمدن پاریس و فرانسه بود خودنمایی می کرد. قطره های باران طوری به شیشه پنجره می کوبیدند که انگار می خواستند شیشه را شکسته و به من حمله ور شوند. شاید آنها هم می خواستند به زندگی من پایان دهند. زندگی که هر لحظه اش پر شده بود از دقایقی که عذابم می دادند و هر لحظه سدی بر سر راهم سبز می شد که طاقت و رمق ادامه راه را از من می گرفت. هر لحظه دوستانی تازه می یافتم و برای رسیدن به یونس امیدوار می شدم ولی یا خودم آنها را از سرراهم بر می داشتم، یا بدلایلی خودشان ترکم می کردند. چه سرنوشتی در انتظارم بود، نامعلوم بود ولی من دیگر طاقتم تمام شده بود و هیچ امیدی برای نفس کشیدن نداشتم. در کشور فرانسه هم قاچاق و غیر قانونی بودم و کسی نمی توانست کمکم کند و همهٔ این ها دست به دست هم داده بودند تا مرا به مرگ و چشیدن طعم آن نزدیک تر کنند.

در این فکرها بودم که لیلا وارد شد و چون تازه از سرکار آمده بود، لباسهایش را عوض کرده و پس از پوشیدن لباسهای راحتی اش، بطرف من آمد و گفت:

- هیوا، چرا اینقدر گرفته ای؟ مگه چی شده؟ نکنه تِد در مورد کارت حرفهایی گفته که باعث ناراحتی تو شده؟

- نه لیلا جان، دوست عزیزم، کل پولم را دزدیدند و بردند،الان هیچ پولی ندارم که بابت انجام کار به تِد بدم.

- چطور مگه، مگه می شه، کی دزدید؟

تمام اتفاقات رخ داده را برای لیلا بازگو کردم و گفتم:

- لیلا جان، الان تو بن بستی گیر کردم که راه برگشتی هم ندارم، به هر راهی هم فکر می کنم بی فایده است.

- حالا تِد برای انجام کارت چقدر می خواد؟

- ۳۲ هزار دلار

- پول کمی نیست. کسی رو نداری که برات پول حواله کنه؟ دوستی فامیلی، آشنایی تو ایران؟

- نه لیلا، فقط یه دایی دارم، از دار دنیا فقط این دایی برام مونده، همهٔ عزیزانم رو از دست دادم، داییم هم بی چیزه و سرمایه کمی داره که باهاش امرار معاش میکنه

- حالا تصمیم داری چیکار کنی؟

- لیلا جان، دستم به دامانت تو کمکم کن.

به پایش افتادم و هر دو جفت پایش را در بغل گرفتم و ادامه دادم:

- یعنی تو نداری به من قرض بدهی؟ قول می دم وقتی به تورنتو رسیدم برات بفرستم.

- هیوا جان، به خدا قسم اگه نقدی داشتم حتما کمکت می کردم. فقط یه رستوران دارم که می تونم با پس انداز کردن اضافه در آمدم طی سه ماه این مبلغ را بهت بدم. اینم که امکان نداره تو بتونی سه ماه صبر کنی

- پس چیکار کنم لیلا؟ من توی این شهر و کشور غریب به تو پناه آوردم

- به مایک، دوست پسرم زنگ میزنم و از او می خوام که کمکمون بکنه، مطمئن باش اگه امکان داشته باشه، حتما دریغ نمی کنه.

راست می گفت، چون مایک چنان با علاقه و عشق با لیلا صحبت می کرد که نمی توانست درخواست لیلا را رد کند. لیلا هم هر چه مایک می خواست در اختیارش قرار می داد، حتی بدنش را که خیلی دوستش داشت. با مایک تماس گرفت و بدون حاشیه پردازی مستقیم از او پول

خواست. این را از کلمهٔ دلار که در اول صحبت هایش به زبان آورد فهمیدم. به فرانسوی حرف می زدند و من چیزی نفهمیدم. پس از اتمام مکالمه ده دقیقه ای، تلفن را قطع کرده و رو به من کرد و گفت:

- هیوا، با مایک حرف زدم ولی متأسفانه او هم پولی تو بساط نداره و گفت تمامی حسابهای بانکیش هم خالیه

دیگر نمی دانستم چه راهی برای یافتن چنین مبلغی پیدا کنم. از لیلا پرسیدم:

- می تونم اینجا تو پاریس یه کار موقتی پیدا کنم؟

- عزیزم، تو مدارک درست و حسابی نداری و همشون تقلبی هستن، گیریم پیدا کردی و تونستی کار کنی، چقدر باید کار کنی که بتونی چنین پولی را پس انداز کنی؟

- کمی صبر کن، شاید تونستم راهی پیدا کنم

صبر برای من مثل زهری بود که هر لحظه مرا به مرگ نزدیکتر می کرد. آرزوی دیدن دوبارهٔ یونس برایم کم کم تبدیل به محال می شد. می دانستم اگر نتوانم به یونس و تورنتو برسم، باید مرگ را انتخاب کنم. این را وقتی از ایران خارج می شدم در ذهن می پروراندم «یا یونس یا مرگ»

روزها و هفته ها از پی هم سریع می گذشتند و من همچنان بدنبال چاره بودم. لیلا هر روز صبح سرکارش می رفت و عصرها بخاطر من زودتر از همیشه به خانه بر می گشت ولی دست خالی بود. می گفت با هر کدامیک از دوستانش که مشتری رستورانش هستند. صحبت کرده ولی به نتیجه ای نرسیده است. کابوس بی پولی برایم دردسر بزرگی شده بود که دیگر نمی توانستم دوام بیاورم. یک شب وقتی مطمئن شدم که لیلا و مایک خوابیده اند، به آشپزخانه رفتم و در یخچال را باز کردم و یک بسته از قرصهای خواب لیلا را که در قوطی بزرگ سفید رنگی بود، برداشتم. قصد خودکشی داشتم. دیگر از همه کس و همه چیز بریده بودم، قرص ها را کف دستم ریختم و همچنانکه اشکهایم به خاطر ترک یونس امان نمی دادند، لیوان آبی را پر کردم. ناگهان در این هنگام مایک دوست پسر لیلا مچ دستم را گرفت و فشرد و با تکانی که به دستم داد، تمامی قرص ها را درون ظرفشویی ریخت و با لحن عجیبی که نشان از ترس بود، با انگلیسی لهجه داری گفت:

- چیکار دارید می کنید؟ قصد کشتن خودتان را دارید؟

مرا به زور روی صندلی نشاند و با صدای بلند لیلا را که در اتاق خوابیده بود صدا زد و پس از چند ثانیه وقتی لیلا را آشفته جلوی چشم دیدم، به سویش دویدم و در آغوش او پریدم و گفتم:

- لیلا جان راه دیگری بجز این بخاطرم نرسید، برای شما هم مایهٔ دردسر شدم.

مثل اینکه عزرائیل قصد گرفتن جان مرا نداشت و خدا برایم هنوز برنامه ها و طرحهای دیگری داشت که مانع خودکشی من می شد. لیلا اشکهایم را پاک کرد ولی همزمان با آن خودش می گریست و مایک هم روی کاناپه نشسته و پریشان در حال تماشای ما بود. شاید تا بحال که با لیلا دوست بود، چنین صحنه ای را ندیده بود ولی هر چه بود مانع مرگ من شده بود. لیلا به من تسکین داد و با من حرف زد و گفت:

- هیوا، کار خیلی بدی کردی، صبر کن دختر، این کارا چیه، دلم روشنه که تو موفق میشی

نمی دانستم این حرفها را بر سر چه منطقی می زد ولی مرا تسکین می داد و باعث آرامش من می شد. گفتم:

- لیلا جان الان دو هفته ای است که من مهمون تو ام، هیچ چیزی هم به جز دردسر برات ندارم، خودم هم راه چاره ای برای مشکلم نتونستم پیدا کنم، تا کی صبر کنم و به چی امیدوار باشم؟

- تو صبر کن من دنبال کارت هستم. حتماً موفق می شیم، می دونم

مرا به آرامی روی تخت برد و خودش هم در کنارم دراز کشید و با نوازش موهای بلندم مرا به خواب برد. اولین باری بود که پس از مرگ

دانیل به آرامی و بدون کابوسهای شبانه می خوابیدم. لیلا واقعا برایم دوست خوبی بود. با اینکه به مصرف مواد و الکل می پرداخت، اما یک دوست ارزشمند و به درد بخور بود که هر لحظه به من امیدواری می داد.

سه روز از این ماجرا گذشت، من در رستورانش پس از آن شب خودکشی، مشغول کار شدم. به عنوان گارسون رستوران کار میکردم و چون خیلی زیبا بودم و با کمی آرایش به سبک و روش لیلا زیباتر هم شده بودم، مشتری های رستوران از پذیرایی و غذا سرو کردن من خوششان می آمد. روز بعد یعنی چهارمین روزکارم در رستوران لیلا بود که تلفنم زنگ خورد. به غیر از تِد کسی نمی توانست باشد، چون من مخاطب دیگری در تلفن نداشتم. از این خط به دایی ام هم زنگ نزده بودم وقتی به گوشی نگاه کردم و مطمئن شدم که خودش است، گوشی را به لیلا دادم تا او با تد صحبت کند، لیلا مشغول مکالمه با تد شد و و سط حرفهایش لبخندی زد و پس از خداحافظی گوشی را قطع کرد و گفت:

- هیوا جونِ من، نگفتم صبر کن، راه حلی برای موفقیت تو پیدا می شه؟

یعنی چه اتفاقی افتاده بود، تد می خواست به من پول قرض بدهد؟ سریع پرسیدم:

- لیلا جان، آقای تد چی گفت که این حرف رو می زنی؟

- هیوا، بشین برات بگم. تد یکی از دوستان صمیمی برادرمه، وقتی میره آمریکا، همیشه با شهیاده، اون خیلی کارها برای تد کرده و اونو مدیون خودش کرده. تد هم برای تلافی خوبی های شهیاد و حل مشکل مالی تو با یکی از دوستانش که صاحب یک شرکت تبلیغاتی بزرگ بنام لورنس (Lorence) در پاریسه، صحبت کرده. اسم دوستش راسل (Rassel) هست. راسل قبول کرده که تو در یکی از برنامه های تبلیغاتی لوازم آرایشی شرکت کنی و تو یک بار بازی در فیلم سه دقیقه ای ۴۰ هزار دلار پورسانت بگیری. البته اگه از عهده این کار بربیای، تِد می گفت این کار را به خاطر زیبایی خیره کننده ای که داری انجام داده و مطمئنه که از تست اولیه موفق میشی.

خیلی خوشحال بودم و سرازپا نمیشناختم، ادامه دادم:

- لیلا یعنی ممکنه توی سه دقیقه من بتونم چنین درآمدی داشته باشم؟

- بله که ممکنه. اگه نبود تد هیچوقت نمی گفت.

عجب شانسی به سراغم آمده بود. با خود فکر میکردم که آیا خواهم توانست تست زیبایی شرکت تبلیغاتی راسل را پشت سر بگذارم؟ اگر برنده می شدم و پول را می گرفتم، می توانستم خودم را در کنار یونس ببینم. ولی هنوز صد درصد امیدوار نبودم که این کار عملی باشد و شرکت تبلیغاتی (Lorence) آن همه دختر فرانسوی خوشگل و خوش

اندام را رها کرده و مرا بعنوان بازیگر تبلیغاتی اش انتخاب کند. اما باید امتحان میکردم و به امتحانش می ارزید، هیچ چیزی از دست نمی دادم و فقط باید یک تست را پشت سر می گذاشتم. شاید شانس با من یار بود و می توانستم برندۀ تست این شرکت شوم. عصر آن روز خوشحال و شادمان با لیلا به خانه برگشتم و فقط در مورد کاری که قرار بود انجام دهم و اینکه آیا خواهم توانست نقش خود را در یک تیزر تبلیغاتی درست اجرا کنم، فکر میکردم و از لیلا در مورد آن می پرسیدم. به خانه رسیدیم و در طول مدت ورودم به اروپا از موقعی که سوار کشتی شده تا زمانی که در خانۀ لیلا بودم، برای اولین بار جلوی آینه ایستادم و به چهره ام خیره شدم. شانه ای را از داخل کشو میز آرایش لیلا برداشتم و با امیدواری هر چه تمامتر روی موهایم به آرامی لغزاندم، این کار را دوباره و دوباره تکرار کردم. در همین موقع بود که لیلا بسراغم آمد و گفت:

- هیوا جان، بشین رو صندلی می خوام کمی رو چهره ات کار کنم.

- لیلا، دوست عزیزم، یعنی می شه من از این هم که هست، زیباتر بشم؟

- تو بشین، کاری نداشته باش. این کار رو بعهده من بذار. نتیجه را می بینی.

روی صندلی بلندی با پایه های استیل نشستم و لیلا اجازه نداد که جلوی آینه بنشینم. می خواست نتیجه را آخر سر ببینم. جعبه آرایش را

باز کرد و لوازم آرایشی اش که هم با مارک فلورمار (Flormar) بود، شروع کرد به گریم چهره من. چهره ای که به نظر خیلی ها بدون گریم هم جذاب و دلنشین بود. ساعت یک بامداد را نشان میداد ولی لیلا با حوصله هر چه تمامتر روی من کار میکرد. کار لیلا بیست دقیقه ای طول کشید و هر چند دقیقه یکبار، نگاهی عمیق به کاری که روی چهره من انجام میداد می انداخت و دوباره شروع می کرد و به کارش ادامه می داد، پس از اتمام کار نفسی عمیق کشید و گفت:

- هیوا، تو زیباترین دوست منی و قسم می خورم که تا بحال چنین قیافهٔ ناز و تأثیرگذاری در تمام عمرم ندیده ام. به نظر خودم لیلا خیلی بزرگنمایی می کرد، چون عقیده داشتم زیباتر از من هم خیلی ها هستند که کشف نشده اند. از لیلا خواهش کردم که اگر کارش پایان یافته است، اجازه بدهد جلوی آینه، خودم نیز نتیجه کار را ببینم و گفتم:

- لیلا، اجازه می دی نتیجه کارت رو از نزدیک روی تابلو نقاشی ات که یک ساعتیه روش کار می کنی، ببینم؟

- هیوا، چشمات رو ببند و وقتی من گفتم باز کن

بعد دستم را گرفت و با چشمان بسته جلوی آینه برد و مرا روی صندلی مخصوص میز آرایش نشاند و گفت:

- حالا چشمات رو باز کن و ببین با کی طرفی

چشمانم را با وردهایی که زیر لب زمزمه میکردم گشودم و تا خواستم به آینده نگاه کنم، جیغی کشیدم و از فرط تعجب از جای خود پریدم و در آینه مات و مبهوت ماندم. چنان تغییر کرده بودم که خودم نیز از زیبایی خودم لذت می بردم. بطرف لیلا پریدم و او را در آغوش گرفتم وصورتش را غرق بوسه کردم و گفتم:

- لیلا جان، یعنی این دختری که من تو آینه می بینم، خودم هستم، این هیواست؟

- آره عزیزم، خودتی، همان دختری که «تِد» موفق به کشف زیبایی خیره کننده اش شده

با لیلا تا نزدیکی های صبح و ساعت ۴ بامداد صحبت کردیم و سپس هر دویمان با همان حال و روز و از شدت خستگی کار روزانه به خواب رفتیم.

چند روز بعد روز رویارویی من با «راسل» مدیر شرکت Lorence بود که باید آماده می شدم و بدون استرس وارد مرحله تست می شدم. روزها و شبهای طاقت فرسایی بود، ولی خیلی امیدوار بودم چون لیلا با همهٔ تمدن و با کلاسی اش، عاشق قیافه من شده بود و می گفت: اگر گریمورهای شرکت Lorence روی قیافه تو کار کنند، محشر خواهی

شد. چهار روز به سختی سپری شد و صبح روز بعد باید در آدرسی که «تِد» به لیلا داده بود حاضر می شدیم و با راسل مدیر شرکت Lorence ملاقات میکردیم. صبح شده بود و من و لیلا آماده رفتن بودیم، تد تماس گرفت و دوباره یادآوری کرد که حتما رأس ساعت ۹ صبح در دفتر راسل واقع در آدرس گفته شده باشیم. او با راسل هماهنگ کرده بود و می گفت که آنقدر از چهره و اندام من تعریف و تمجید کرده که راسل علاقه مند به ملاقات با من شده است. لیلا طبق روال قبلی پس از نیم ساعت گریم قیافه من و اطمینان از اینکه هیچ ایرادی در آرایش وجود ندارد، گفت:

- هیوا، کار تموم شد. باید بریم تا بتونیم سروقت اونجا باشیم. این لباس شیک منو بپوش، دیروز وقتی حمام بودی برات کنار گذاشتم، تا خوشگلتر و جذابتر به چشم بیایی.

لباس را از دستش گرفتم و پوشیدم. لباس خیلی سکسی بود، طوری که تمام اندامم از روی لباس آشکار بود و بالا تنه اش کاملاً باز بود و دامن کوتاهی داشت که به زور تا زانوهایم می رسید. مشکی رنگ بود که با کمر سفید رنگی احاطه شده بود. تا بحال چنین لباس تحریک کننده ای نپوشیده بودم و از لیلا خواستم تا لباسهای خودم را بپوشم و همان شلوار لی را بپوشم، ولی لیلا اصلاً نپذیرفت و اصرار کرد که باید سکسی باشم، می گفت که اگر به چشم نیایم شاید از تست بیفتم. بالاخره با اصرار لیلا

قبول کردم که لباسی را که پوشیده بودم، در نیاورم و با همان لباس جلوی چشم راسل و مسئولین شرکت Lorence ظاهر شوم. دیر شده بود و باید زود راه می افتادیم. از خانه خارج شدیم و در سالن جلوی آسانسورها لیلا شروع کرد به آموختن طرز راه رفتن به من و گفت:

- هیوا جان، دوست خوشگلم به من نگاه کن و ببین چطور راه میرم، تو نیز همینجوری باید راه بری

قدمهایش را روی یک خط می گذاشت و می گفت باید اینگونه راه بروی من نیز خنده ام گرفته بود و راه رفتن لیلا را تقلید می کردم. سوار اتومبیل لیلا شدیم و به سمت آدرس مورد نظر حرکت کردیم

جلوی ساختمان بلندی با حداقل ۳۰ طبقه رسیدیم که باید به طبقۀ ۱۸ می رفتیم. ساختمان بزرگ و مجللی بود و بصورت شیشه ای ساخته شده بود. میله های آلومینیومی ساختمان را احاطه کرده بودند. تابلوی شرکت «Lorence» از دور نمایان بود، وارد آسانسور شدیم و دکمه ۱۸ را فشردیم. از طرفی کمی استرس داشتم ولی از طرفی دیگر هر چقدر آسانسور بالاتر می رفت زیر لب می گفتم: «یونس من دارم می آیم»

موسیقی دلنوازی فضای داخل ساختمان را پُر کرده بود و چنان دلنشین می نواخت که تا گلبول های قرمز خونم نفوذ می کرد، شاید هم اصلا موسیقی خوبی نبود وچون من خیلی خوشحال بودم، اینگونه می نمود.

جایی قدم گذاشته بودم که خودم هم تصورش را نمی کردم که سکوی پرتاب من به سمت یونس دوست داشتنی ام باشد. در سالن به سمت در ورودی شرکت Lorence در حال حرکت بودیم، دیوارهای سالن پر شده بود از آینه های طویل و باریک که از کف سالن تا سقفش کشیده شده بودند وبه من خوشامد می گفتند. وقتی من گهگاهی از روبروی آنها رد می شدم، لحظه کوتاهی خودم را با آن تیپ و قیافه و لباسهای سکسی، توی آینه ها دیدم و زیر لب گفتم: خدایا، کسی که تو آینه می بینم واقعا خودمم؟»

به در ورودی شرکت Lorence رسیدیم و کلید زنگ را که به شکل یک دختر موبلند ساخته شده بود، با طمأنینه خاصی فشردیم. دختری با وقار و خوش خنده در را به رویمان گشود، و از ما خواست وارد شده وبنشینیم، سپس تقاضای معرفی کرد. ظاهراً منشی شرکت Lorence بود و پس از تماس با مدیر شرکت، آقای راسل، از ما خواست که پس از یک دقیقه وارد اتاق آقای راسل شویم. پس از یک دقیقه انتظار که برایم مثل یک ساعت بود، بلند شدیم و با طرز راه رفتنی که لیلا یادم داده بود وارد اتاق مدیر شرکت، آقای راسل شدیم.

راسل با دیدن من و لیلا از جای خود برخاست و از پشت میز کارش جلو آمد و دستش را به نشانه خوشامدگویی به طرف من دراز کرد و به زبان فرانسوی شروع به احوالپرسی کرد. من هم دستم را به نشانه احترام جلو

برده و با راسل دست دادم. پس از اشاره کوتاه لیلا به راسل در مورد اینکه من زبان فرانسوی نمی دانم، نشستم. راسل زیر چشمی و با مهارت خاصی به اندام و زیبایی چهره ام نگاه می کرد و پس از چند ثانیه مکث گفت:

- خانمها خوش آمدید. من به چه زبانی باید صحبت کنم؟

اینها را به زبان انگلیسی گفت که لیلا ادامه داد:

- متشکریم آقای راسل. لطف کنید و به زبان انگلیسی صحبت کنید. دوست من هیوا فرانسوی نمی داند و باید مکالمه مان انگلیسی باشد.

- بله حتما

و سپس شروع کرد به صحبت کردن با انگلیسی روان و رو به من کرد و گفت:

- هیوا خانم از دیدن شما خوشبختم وهمانطور که دوست عزیزم تد می گفت، واقعا زیبایی مبهوت کننده ای دارید.

خیلی خوشحال بودم که آقای راسل مبهوت چهره من شده بود و این جرقه ای بود برای ادامه کار با شرکت Lorence سپس ادامه داد:

- البته ناگفته نماند که اندام و لباستان هم لایق چهره تان است.

- متشکرم آقای راسل، از اینکه خودم را روبروی شما می بینم خیلی خوشحالم و امیدوارم همان کسی باشم که آقای تد برایتان تعریف کرده است.

راسل مرد رُک و بی رودرواسی بود و مستقیماً رفته بود سر اصل مطلب و انگار فرصت وقت تلف کردن نداشت و نمی خواست بی خود و بی جهت وقت گرانمایه اش را، تلف کند. از ما خواست که جهت شرکت در تست دوشنبه هفته بعد،همانجا در محل شرکت حاضر باشیم تا کارشناسان چهره و اندام از من تست بگیرند و می گفت که اگر بتوانم از آن تست ها با موفقیت بیرون بیایم، برای کار با شرکت دعوت خواهم شد.

از راسل تشکر وسپس خداحافظی کردیم.تا ورودی شرکت ما را بدرقه نمود. خیلی انسان شریف و با ادبی به نظر می رسید. خیلی شاد بودم ودوباره به سمت آینه های داخل سالن حرکت کردم و قد بلندم را درون یکی از آینه ها انداختم، انگار که آینه ها را بخاطر من طویل وبلند بریده و آنجا نصب کرده بودند و می دانستند که روزی دختری بلند مثل من روبرویشان خواهد ایستاد. غرور خاصی به سراغم آمده بود، وبا تصویری که در آینه روبرویم ایستاده بود صحبت می کردم:« هیوا جان، تو خیلی زیبا و مسحور کننده بودی که خودت هم ازش بی خبربودی، چرا تا به حال نتونسته بودی خودتو نشون بدی؟ چرا تا به حال متوجه نعمتی که داشتی نشدی؟ تو فرشته بودی و خودت خبر نداشتی » این جملات را

به خود می گفتم و اعتماد به نفسم بیشتر و بیشتر می شد. هنگام خداحافظی با آینه، تصویرم را بوسیدم و با خود گفتم: « عجب فرصتهایی داشتم که نمی توانستم در ایران از آنها استفاده کنم.»

تا دوشنبه هفته بعد کلی با لیلا تمرین کردیم و هر صبح زود حول و حوش ساعت ۵ از خواب بیدار می شدیم و به کارها و تمرین های راه رفتن و صحبت کردن می پرداختیم. لیلا چیزهایی را به من می آموخت که تا بحال فقط در فیلمها دیده بودم. من باید در این تست نمره قبولی می گرفتم، چون به پول احتیاج شدیدی داشتم. روز موعود فرا رسید و من دوباره با پیشنهاد لیلا لباسهای دیگری را که شیک تر ولی سکسی تر از آن قبلی ها بود، پوشیدم. آنقدر در ذهنم قبول شدن در تست شرکت Lorence را می پروراندم که هیچ توجهی به طرز پوشش و مسائل دیگر نداشتم. راهی شرکت آقای راسل شدیم و پس از احوالپرسی مجدد با خانم منشی در انتظار نشستیم. پس از هماهنگی با آقای راسل توسط منشی، اسم من توسط خود آقای راسل صدا زده شد، به تنهایی وارد سالن دیگری که بزرگتر از سالن یا همان اتاقی که آقای راسل نشسته بود، شدم و پس از مدتی انتظار روی صندلی چوبی گوشه سالن، صدای آقای راسل را شنیدم که چیزهایی به فرانسوی می گفت.

این ها را به خانم «لوسی» می گفت، بعدا فهمیدم که مسئول تست گیری از من است. خانمی با چهره ای گشاده که از دور بطرف من آمد،

خندان بود و شادمانی از چهره اش می بارید. خانم لوسی و آقای راسل به من نزدیک شدند، از جایم برخاستم و با هردویشان احوالپرسی مؤدبانه ای به زبان انگلیسی کردم، پیشدستی در احوالپرسی را از لیلا یاد گرفته بودم و در حقیقت یکی از نکته های دروس تدریس شده لیلا به من بود. لوسی با افاده ای عجیب که حاکی از رضایتمندی اش بود رو به راسل کرد و گفت:

- اوه، عجب دختر مؤدب و زیبایی

و سپس رو به من کرد و گفت:

- از دیدار شما خیلی خوشحالم، شما اهل کدام کشورید؟

- من نیز از دیدار شما خوشوقتم، من اصالتاً ایرانی هستم.

سرش را به نشانه تعجب تکان داد و بالا و پائین کرد و از راسل خواست تا ما را تنها بگذارد. او نیز پذیرفت. ولی به زبان فرانسوی چیزهایی گفت که من نفهمیدم. دست مرا گرفت و یک دوری مرا دور خودم چرخاند و سپس مرا بطرف اتاقی در گوشه سمت راست سالن راهنمایی کرد و گفت:

- بفرمائید بنشینید.

- متشکرم

- اگر حافظهٔ خوبی داشته باشم اسمتان باید هیوا باشد، درست حدس زدم؟

- بله، اسمم هیوا و فامیلیم «متین» است.

و سپس شروع کرد به برانداز کردن اندام من و به موهایم دست زد و گفت:

- شما واقعاً دختر بی نظیری از هر نظر هستید و تمامی مؤلفه های یک مانکن خوب در شما وجود دارد، می توانم خواهش کنم روی ترازو بایستید.

- بله حتما

با کفشهای پاشنه بلندی که از لیلا گرفته و به زور پایم کرده بودم، با ناز و ادای خاصی که تمرین کرده بودم، روی ترازویی که تناسب قد و وزن را می سنجیدند رفتم. لوسی چیزهایی را می نوشت و پشت سر هم چیزی را زیر لب زمزمه می کرد و می خندید. سپس رو به من کرد و ادامه داد:

- تا اینجا همه چیز خوب پیش رفته است و می توانم بگویم اگر مرحلهٔ بعدی را هم با موفقیت پشت سر بگذارید حتماً قبول خواهید شد.

- از شما متشکرم، می توانم بپرسم مرحلهٔ بعدی چیست؟

- باید لباسهایی را که به تن دارید در آورید و فقط با لباس زیر بایستید تا بتوانم اندامهایتان را که از روی لباستان پیدا نیست بسنجم. البته باید نمره بدهم. چون آقای راسل این نمرات نهایی را از من می خواهند.

تا اینجای کار به زور لیلا آمده بودم و لباسهایی را که به تن داشتم هم با اصرار لیلا پوشیده بودم. ولی حال لوسی، متصدی تست گیری، از من می خواست نیمه لخت جلوی چشمش راه بروم تا دقیقاً روی اندامهای بدنم زوم کند. دیگر نمی توانستم این کار را انجام دهم و به فکر فرو رفتم که ناگهان لوسی با لحنی که اصلاً خوب نبود گفت:

- هیوا خانم، منتظر چه هستید؟ در اتاق کوچک پشت سرتان لباسهایتان را در آورید و برگردید من واقعاً وقت کافی ندارم.

نمی دانستم واقعا باید این کار را انجام دهم یا نه، ولی به این هم می اندیشیدم که کسی که جلوی چشم من است و می خواهد مرا در آن وضعیت ببیند، مرد نیست و فقط چند لحظه ای می خواهد اندام هایم را ور انداز کند و نمره بدهد و من تا اینجا، مورد قبول لوسی بودم. بنابراین تصمیم گرفتم بخاطر اهدافم این کار را بکنم. به اتاق پشتی رفتم و یک به یک تمام لباسهایم، بجز شورت وسوتینم جدیدم که لیلا برایم خریده بود، در آوردم. مثل اینکه لیلا می دانست که کار به این جا خواهد کشید و لباس زیر برایم خریده بود. در آینه ای که در اتاق پشتی نصب شده بود به اندام وبرجستگی های بدتم نیم نگاهی انداختم و سپس بیرون

آمدم و درست جلوی چشمان لوسی ایستادم. لوسی از من خواست که پشت به او به طرف مقابل قدم بزنم و سپس دوباره برگردم و چندین بار این کار را تکرار کنم، چون می دانستم بالاخره این مرحله هم تمام خواهد شد، این کار را کردم و دوباره جلوی او ایستادم و گفتم:

- خانم لوسی می توانم بروم و لباسهایم را بپوشم؟

- یک لحظه صبر کنید

جلوتر آمد و سینه هایم را از زیر سوتینم لمس کرد وکمی فشرد. به باسنم دستی کشید وسپس به دورم چرخید، دورتر رفت وجلو آمد، خم شد وخواست که برجستگی آلتم را لمس کند که من دستم را روی آلتم گذاشتم و با صدایی که شدیدا می لرزید، گفتم:

- خواهش می کنم این کار را......

- مگر برای تست نیامده اید؟

چشمانم را بستم ودستم را کنارکشیدم. دست لوسی روی آلتم می لغزید و حس خوبی به من می داد. ناگهان با صدایی آمیخته با ترس گفتم:

- می توانم لباسهایم را بپوشم؟

- بله می توانید، بفرمایید

سراسیمه به اتاق پشتی برگشتم و لباسهایم را به تن کردم و نفس راحتی کشیدم. دوباره سراغ لوسی برگشتم و از او پرسیدم:

- می توانم نتیجه تست را از شما بپرسم؟

- خانم هیوا شما از هر لحاظ عالی و قابل قبول هستید ولی زبان فرانسه بلد نیستید و انگلیسی را هم بصورت عالی صحبت نمی کنید و باید در این مورد با آقای راسل مشورت بکنم.

- من که نمی خواهم فیلم بازی کنم، فقط چند دقیقه ای برای تبلیغات جلوی دوربین بازی می کنم و تمام. مگر غیر از این است؟

- بله درست می فرمائید، ولی چطور می خواهید منظور و اهداف کار کردن را بفهمید؟

- خوب می توانیم انگلیسی حرف بزنیم.

- بالاخره باید نتیجه را به آقای راسل منتقل کنم و می توانم این را بگویم که شما بغیر از موردی که گفتم، واقعاً بی نظیر هستید.

- از لطف شما متشکرم.

سپس مرا به سمت سالنی که لیلا در آن منتظر من نشسته بود راهنمایی کرد و گفت:

- فردا صبح با شما تماس خواهم گرفت و اگر آقای راسل موافق باشند به شرکت دعوتتان خواهم کرد

- واقعاً از شما ممنونم خانم لوسی

لوسی از من جدا شد و من تا کنار لیلا رسیدم در بغلش پریدم و گونه هایش را پر از بوسه کردم و گفتم:

- لیلا موفق شدیم. خانم لوسی گفت، از هر نظر عالی هستم و فقط باید در مورد خارجی بودنم و اینکه زبان بلد نیستم با راسل مشورت کند.

- خیلی خوشحالم هیوا جان من می دانستم که موفق می شوی تا بحال خوش اندامتر و زیباتر از تو دختر ندیده ام، دست همدیگر را گرفتیم و پس از تشکر از خانم منشی بطرف اتومبیل حرکت کردم و به خانه رسیدیم. لباسهای تنگ و بازی را که تنم بود، در آوردم و به گوشه ای انداختم و بار دیگر جلوی آینه لیلا به خودم نگاهی انداختم و با خود گفتم:« واقعاً من یک مانکن بودم و خودم نمی دانستم؟ هیوا تو چیکار کردی؟» لخت زیر لحاف رفتم و خواستم کمی استراحت کنم. چون لباسها آنقدر تنگ بودند که دیگر نمی خواستم لباس به تن داشته باشم و خواستم کمی راحت باشم.

چند ساعتی را خوابیدم. خواب راحتی بود و در خواب یونس را دیدم که سراغم می آید و از کارها و خطرهایی که به خاطرش کرده ام خیلی

ناراحت است و از من تشکر می کند. از خواب پریدم و خواستم دوباره بخوابم تا دوباره یونس را در خواب ببینم، ولی هر چقدر سعی کردم خوابم نبرد. عصر شده بود و آن روز سرکار نرفته بودم ولی لیلا پس از برگشتن از تست، سرکار رفته بود. من تک و تنها مشغول تفکرات و خیالات قشنگ خودم بودم. برایم روز قشنگی بود و برای شروع کارم با شرکت Lorence سراز پا نمی شناختم و می خواستم هر چه زودتر کارم شروع شود.

صبح روز بعد هنگامیکه در رستوران مشغول کار و تلاش بودم و برای مشتریان غذا سرو می کردم. لیلا سراسیمه سراغم آمد و گفت که آقای راسل تماس گرفت و از تو برای انعقاد قرار داد کار دعوت کرد. فوری دست و صورتم را شستم و بهمراه لیلا و پس از سپردن رستوران به گارسونهایی که کار می کردند، دوباره به سمت شرکت Lorence حرکت کردیم. Lorence در خیابان Friedland آن طرف رود سن قرار داشت. داخل ماشین ناگهان لیلا متوجه شد که من لباس خوبی به تن ندارم و سرو وضعم مناسب ملاقات با راسل نیست. نمی خواستیم بطرف خانه حرکت کنیم چون مسیر دور می شد و نمی توانستیم تا ظهر آنجا باشیم، بهمین دلیل لیلا تصمیم گرفت برایم لباس نو بخرد و خودش داخل ماشین به وضع چهره ام برسد. با عجله جلوی یک مغازهٔ مد و لباس ایستاد و گفت:

- هیوا، زود پیاده شو بریم یه دست لباس قشنگ برات بخریم

لیلا پول زیادی بابت چیزهایی که برایم می خرید می پرداخت و به همین علت زیاد راضی نبودم ولی اصرارش باعث شد که قبول کنم و گفت:

- تعارفات ایرونی رو بذار کنار تا راحت باشیم. تو دوست منی و توی این کشور غریب به من پناه آوردی و من هم طبق وظیفه اخلاقی ام می خوام در رسیدن به موفقیت بهت کمک کنم

فوری وارد مغازه شدیم و با عجله لباسی را انتخاب کرده و پس از پوشیدن از مغازه خارج شدیم. لیلا بابت کارهایی که برایم انجام می داد. فقط از من انتظار داشت که کاملاً به خودم مسلط باشم و بصورت جدی جلو بروم. به شرکت Lorence رسیده وارد شدیم. آقای راسل مثل روز قبل نبود و کلی تحویلمان گرفت و ما را به اتاقش دعوت کرد. با آب آناناس و کمی هم شراب از ما پذیرایی کرد، من با دیدن شیشه شراب دوباره به یاد دانیل لعنتی افتادم و از لیلا خواستم تا راسل را راضی کند که به من شراب تعارف نکند. آقای راسل هم پذیرفت و گفت:

- اشکالی ندارد و...، شاید خانم هیوا فعلا حوصله نوشیدن ندارند

طوری مرا تحویل گرفت که انگار از من دستوری گرفته باشد. می دانستم که همهٔ این ها بدلیل تست و امتحانی بود که داده بودم و خانم

لوسی پیش راسل از من خیلی تمجید کرده بود و نمرات عالی داده بود. انگار نونم تو روغن بود و شرکت تبلیغاتی بزرگ مثل Lorence حاضر شده بود از من در یک تیزر تبلیغاتی اش استفاده کند. راسل در مورد من و چیزهایی که لوسی برایش گفته، تعریف می کرد و در میان جملاتش چندین بار اشاره کرد که دختر زیبا و خوش اندامی مثل شما نباید بی پول و بدون کار باشد. شما می توانید براحتی از قدرتی که در وجودتان نهفته است، بهره گرفته و کسب درآمد بکنید. سپس فرمی را جلوی من گذاشت و گفت:

- خانم هیوا، این فرم را جهت شروع کار و انعقاد قرار داد برای شرکت در یک برنامهٔ تبلیغاتی، پر کنید، از همین فردا می توانید با مراجعه به شرکت و معرفی خودتان بعنوان یکی از برترین های چهره و اندام به کارگردان زبده ای که در قسمت مخصوص خودش کار می کند، شروع به کار کنید. البته من هم تماس گرفته و در مورد جذابیت خاصی که دارید و لوسی را مجذوب خود کرده اید، با آنها صحبت خواهم کرد و تاکید خواهم کرد که از شما در یکی از برنامه های تبلیغاتی خیلی مهم استفاده کنند.

- من از شما خیلی متشکرم که اینقدر به فکر من هستید. آیا من خواهم توانست رضایت شرکت شما را در جلب مشتریان جذب کنم یا نه،

نمی دانم، ولی در مورد این موضوع که تمام سعی خود را خواهم کرد، یقین کامل دارم.

سپس کارتی را که پر کرده و با امضای خودم تایید کرده بودم، از جلوی من برداشت و پس از بررسی آن گفت:

- شما همه چیز را به انگلیسی نوشته اید، آیا می خواهید در مورد آموزش زبان فرانسه هم کمکی به شما بکنم؟

- آقای راسل از شما ممنونم، ولی من در فرانسه نخواهم ماند و پس از گرفتن مبلغی از شرکت شما پس از اتمام کارم، فرانسه را به مقصد کانادا ترک خواهم کرد.

سرش را به نشانه تأسف پائین انداخته و ادامه داد:

- از دوستم تِد شنیده ام که شما هیچ مدرکی که نشانگر اسم و مشخصات و ملیت شما باشد، ندارید پس چگونه می خواهید به کانادا بروید؟

- آقای راسل از راههای غیر قانونی می خواهم بروم و...

لیلا وسط حرفهایم پرید و گفت:

- آقای راسل منظور هیوا این است که پول خواهد داد تا برایش اقامت فرانسه را جور کنند و سپس بصورت قانونی فرانسه را ترک خواهد کرد

راسل ادامه داد:

- اگر با شرکت ما همکاری صمیمانه و موفقی داشته باشید من قول میدهم اقامت شما را در مدت کمتر از یک ماه حل کنم. من دوستان قدرتمندی دارم که انجام دادن چنین کاری برایشان خیلی ساده است

خواستم در مورد اینکه من در فرانسه نخواهم ماند چیزی به راسل بگویم که لیلا با اشاره های چشم و ابرو به من فهماند که دیگر ادامه ندهم و من هم از آقای راسل تشکر کردم و از دفتر کارش خارج شدیم.

در شرکت لورنس بودم و با کارگردان پر تجربه ای که در طرف دیگر شرکت بزرگ Lorence در حال کار و فعالیت بود، دیدار کردم و چون قبلاً دیدار من توسط آقای راسل هماهنگ شده بود، آنها هم تحویل گرفتند و وقتی از جلوی چشمشان رد شدم طوری به من خیره ماندند که انگار تا این لحظه دختری مثل من ندیده بودند. پس از چند روز مکالمه و مصاحبه با اسپانسرها و کارگردان، بالاخره یک پیشنهاد از طرف یک کارگردان به من جهت بازی در یک تیزر تبلیغاتی چند دقیقه ای داده شد، من هم قبول کردم و قرار شد کارمان را از فردای آن روز شروع کنیم. آنقدر مصمم بودم که حتی یک لحظه هم نمی توانستم خودم را کنار بکشم و هر طوری شده بود باید مبلغ مورد نیازم را از این طریق بدست می آوردم.

مارکی را که من می خواستم در فیلم آگهی تبلیغی آن بازی کنم مربوط به شرکت لوازم آرایشی «Coreana» تولید کشور کرهٔ جنوبی بود که می خواست یکی از کرمها و رُژ های جدیدش را دراروپا تبلیغ کند و این کار را به موسسهٔ تبلیغاتی Lorence در فرانسه سپرده بود. کار باید خیلی سخت می بود ولی باید از عهده اش بر می آمدم. هر روز صبح لیلا مرا جلوی شرکت پیاده می کرد و خودش به رستورانش می رفت. کار طاقت فرسایی بود. با کارگردان به سختی به زبان انگلیسی حرف می زدم و آنها روی چهره، طرز راه رفتن، خندیدن، نگاه کردن، خیره شدن، چرخیدن سر و گردن و خیلی چیزهایی دیگر روی من کار می کردند. و پس از آموزش وقتی حرکات تعلیم داده شده را تکرار می کردم، راضی بودند و برایم دست می زدند.

آقای راسل هم برخی اوقات به ما سر می زد و پیگیر نتیجه کار بود و وقتی به فرانسوی با کارگردانان و مربیان شرکت به گفتگو می نشست، کاملاً خرسند و خوشحال ما را ترک می کرد. من هم می دانستم که خوب پیش می رویم. طوری گرم کار بودم که تشنگی و گرسنگی را فراموش کرده بودم، برخی اوقات تا عصر کار میکردیم. به خانه بر می گشتم و از طرز پیشرفت کار به لیلا چیزهایی می گفتم و خسته تر از او به رختخواب می رفتم و می خوابیدم، هنگام بیدار شدن به روزهای خوشی که با یونس پیش رو خواهم داشت فکر میکردم و با همین فکر و

خیال از خانه خارج می شدم. یاد گرفته بودم که با مترو سرکار بروم و با مترو هم برگردم. آقای راسل وسط کار و حدود یک هفته پس از شروع کار مدارکی را که من همراه داشتم از من خواست، مدارک ایرانی ام را همراه خود آورده بودم و به او دادم. نمی دانستم چه کاری با آنها دارد فقط می گفت می خواهد پیش او باشند تا اگر اتفاقی افتاد، بتواند جوابگوی پلیس پاریس برای استخدام یک ایرانی بدون اقامت باشد.

یک دختر کاملاً آزادی شده بودم و لباسهایی به تن می کردم و بیرون می رفتم که در ایران حتی در مراسم خاص نیز، شاید از پوشیدنشان خجالت می کشیدم. دیگر آن هیوای سابق نبودم و به وضعیت موجود عادت کرده بودم. هیچ مردی جرأت مزاحمت من را نداشت، چون شرکتی مثل لورنس و شخصی قدرتمند مثل راسل پشتیبان من بودند. اعتماد به نفس عجیبی داشتم و از فرانسه بودنم خیلی راضی و خشنود بودم. بعضی اوقات که تنها در شرکت مشغول صرف غذا بودم با خود می گفتم: « وقتی اینجا انقدر ارزش داشتم، چرا زودتر تصمیم به ترک ایران نگرفتم.»

بالاخره روز فیلمبرداری پس از یک ماه کار و تلاش طاقت فرسا فرارسید و من کاملاً آماده قرار شد پس از گریم و تمرین روی صفحه بروم. موضوع تیزر از این قرار بود که من باید هنگام بازی فوتبال تیم پرطرفدار «پاریسن ژرمن» فرانسه، درست پشت سر دروازه بان تیم حریف بنشینم،

بازیکن حملۀ این تیم بهمراه بازیکنان دیگر به طرف دروازۀ تیم حریف برای زدن گل حمله می کنند، وقتی به دروازه حریف که من پشت آن نشسته ام، می رسند و چشمشان به می افتد، توپ را رها کرده و از دیوارهای کوتاه پشت دروازه حریف بالا می پرند و می خواهند مرا تصاحب کنند. من نیز با دیدن حمله ورشدن بازیکنان به سمتم پا به فرار گذاشته و از استادیوم خارج شده و وارد شهر می شوم. آنها نیز یک به یک بدنبال من می دوند و برای اینکه صاحب دختر زیبایی مثل من شوند همدیگر را در طول مسیر با ترفندها و کلک هایی، حذف می کنند. کار به جایی می رسد که از بین همۀ بازیکنان، فقط دو نفر باقی می ماند، من که از دویدن خسته شده ام، می ایستم و آن دو نفر با سرعت به طرف من می دوند. ناگهان کاپیتان تیم پاریسن ژرمن با اتومبیل شخصی اش از راه رسیده و درست جلوی من با ترمز شدیدی که مرا می ترساند، توقف می کند، توپی را از اتومبیلش برداشته و شوت می کند، توپ با ضربه شدیدی با فاصله چند صدم ثانیه به دو بازیکنی که پشت سرم بودند، برخورد کرده و آنها را نقش بر زمین می کند. بازیکن کاپیتان به تنهایی صاحب من می شود، مرا در بغل می گیرد و از بودن در کنارم لذت می برد، من که از حملۀ بازیکنان به طرف خودم ترسیده و شوکه شده ام، از در آغوش بودن کاپیتان تیم خوشحال شده و

می خندم و از اینکه از برند لوازم آرایشی «Coreana» استفاده کرده ام لذت می برم.

همهٔ ماجرا کلاً چند دقیقه طول نمی کشد و شرکت Lorence می خواهد با این تیزر تبلیغاتی به مردم اروپا بفهماند که مارک «Coreana» یک مارک عالی و جذابیست که از کشور کره وارد اروپا می شود. البته این فیلم تبلیغاتی چند دقیقه ای، اول در تلویزیون کشور کره به نمایش درخواهد آمد و سپس در تلویزیون فرانسه. با همکاری تمامی دست اندرکاران تهیه و تولید، پس از سه روز کار طاقت فرسایی که در استادیوم ورزشی شهر پاریس باید فیلمبرداری می شد، بالاخره پروژه به پایان رسید. در طول این فیلمبرداری که خیلی هم راحت و ساده نبود، من با افراد و کاراکترهای زیادی از جمله بازیکنان فوتبال آشنا شدم و چون این فیلم چند دقیقه ای هیچ مکالمه ای نداشت و بدون دیالوگ بود، تمام سعی و تلاش و جذابیت دخترانه ام را در جهت خوب پیش رفتن کار به کار بردم. راسل نیز چند ساعتی در صحنه حضور داشت.

فردا صبح اتومبیل شرکت دنبالم آمد. آقای راسل خواسته بود که بروم و نتیجه فیلمبرداری را خودم هم ببینم. رفتم و نتیجه خام و کار نشده و تدوین نشده را از نزدیک، قبل از اینکه به تلویزیون کره داده شود، دیدم. باور نمی کردم که آن دختری که جلوتر از همه در حال دویدن است،

من باشم. راسل پس از اتمام تماشای فیلم کف مرتبی زد و جلو آمد، دست مرا گرفت و از جلوی تلویزیون بزرگی که روی دیوار اتاقش نصب شده بود، از روی کاناپه بلند کرد و گفت:

- واقعا که زیبایی شما و جست و خیزهایی که در این فیلم داشتید، عالی و بدون ایراد بود. به شما تبریک می گویم. من چون دیگر نمی خواستم بیشتر از این مسئله پیچیده تر شود، روبه راسل کردم و ادامه دادم:

- آقای راسل، من هم از شما متشکرم که اینقدر از نتیجه کار رضایت دارید. تمرین ها و تلاشهای کارمندان شرکت شما باعث شد که من اینقدر ورزیده و آماده شوم

- مهم این است که ما، یعنی شرکت و شما، چقدر از فروش این فیلم تبلیغی به شرکت Coreana درآمد کسب خواهیم کرد. این خیلی نشاط آور است. شما باعث شهرت و کار آمدی شرکت Lorence نزد کره ای ها خواهید شد

- آقای راسل آیا من به همین زودی دستمزد خود را خواهم گرفت؟

- دستمزد شما همین الان آماده است و من به جای مبلغ قرار داد، دو برابر آن را پرداخت خواهم کرد.

و سپس بطرف گاو صندوقش در پشت میز کارش رفت و پس از گشودن آن، مبلغ هشتاد هزار دلار را از آن بیرون آورده و با احترام خاصی روبروی من گذاشت و گفت:

- این هم دستمزد شما، خانم هیوا متین.

دستپاچه شده بودم و نمی دانستم که آیا وجه مورد نظر را قبول بکنم یا نه؟ بالاخره، پس از مدتی کوتاه و کلنجار با خودم پول را برداشته و پس از گذاشتن آن داخل کیفم از آقای راسل بخاطر الطاف فراوانش تشکر کردم و گفتم:

- آقای راسل، من نمی دانم چگونه از شما تشکر کنم. شما مرا نجات دادید و باعث شدید که من از باتلاقی که در آن گیر افتاده بودم، سالم بیرون بیایم. از ملاقات با شما خیلی مسرورم.

سپس به منشی اش گفت که راننده را احضار کند که مرا تا خانه ببرد. سوار اتومبیل شدم و در راه خانه خیلی خوشحال بودم و فقط به این می اندیشیدم که چند روز بعد پیش یونس خواهم بود؟ وقتی به خانه رسیدم استراحت کوتاهی کردم و به لیلا زنگ زدم و پرسیدم که چند ساعت بعد در خانه خواهد بود؟ آیا می تواند با تِد تماس بگیرد و به او بگوید که شب وقتی خودش به خانه بر می گردد، او نیز اینجا باشد؟ لیلا گفت:

- باشه عزیزم با تد صحبت می کنم. او را در جریان قرار می دهم. مگر پول گرفتی که اینقدر عجله می کنی؟

- بله لیلا جان، پول گرفتم، آنهم هشتاد هزار دلار. شب منتظرتم.

خیلی شادمان و خوشحال بودم و کار را تمام شده می دانستم. شب که شد لیلا بهمراه تد به خانه آمدند و پس از پذیرایی مختصری آنهم با آبمیوه، من لب به سخن گشودم و گفتم:

- آقای تد من از شما بابت همهٔ لطف ها و محبت هایی که در حق من کردید، ممنونم. من دستمزدم را از شرکت Lorence دریافت کردم و اکنون می توانم وجهی را که بابت کار از من می خواستید، بپردازم. حتی بیشتر هم می توانم بپردازم. آیا ممکن است بگویید کی و چه وقت حرکت خواهم کرد؟

- خانم هیوا، من هم از شما ممنونم که باعث سرافرازی من پیش دوستم راسل شدید، ولی آن آدمی که قرار بود برایمان مدارک درست کند تا من شمارا بفرستم، بخاطر رو شدن خلافهایش از کارش برکنار شده است. ولی نگران نباشید، حتماً کار شما را به هر نحو ممکن انجام خواهم داد. می دانید که شما برای پرواز به کانادا باید یک پاسپورت اصل اروپایی داشته باشید و این کار را همان دوستم که برکنار شده، قرار بود انجام دهد. تد براحتی این ها را گفت و پس از عذرخواهی از من و لیلا ما را ترک کرد و رفت. داغون بودم و نمی دانستم چه بکنم. زمانی که پولم را

دزدیده بودند به فکر راه چاره ای بودم که خودم را نجات دهم، اکنون که با هزار زحمت و در دسر و نمایش اندام ولخت شدن و کارهای عجیب و غریب دیگر توانسته بودم، پولی بدست بیاورم، تد همکاری نمی کرد. اصلاً حرفهایش را باور نکردم. چطور امکان داشت چند هفته پیش آنهم درست وقتی که من به دوست تد احتیاج داشتم او را اخراج کنند. برایم غیر قابل هضم بود. دوباره به لیلا پناه بردم و به او گفتم:

- لیلا جان تو یه کاری بکن. من که الان پول دارم و حاضرم دو برابر به تد پول بدم. با تد صحبت کن و ببین چرا از انجام کار طفره می ره؟

- باشه عزیزم خودت رو ناراحت نکن، حتماً فردا با تد حرف می زنم.

چند روزی با همین حال و هوا گذشت و لیلا از صحبت با تد هیچ نتیجه ای نگرفت. دوباره ساکن منزل لیلا شده بودم و مثل قبل برای کمک به او صبحها با هم به رستوران می رفتم و شبها خسته و کوفته به خانه بر می گشتم و می خوابیدم. لیلا چند بار تد را دعوت کرده بود که به خانه بیاید، او نیز آمده بود و مدام پشت سر هم تکرار کرده بود که فعلاً کاری از دستش ساخته نیست و باید صبر کنم. چقدر باید منتظر می شدم. دیگر طاقتم تمام شده بود و می خواستم هر چه زودتر فرانسه را ترک کنم و به جایی بروم که فقط یونس در آنجا باشد. عاشق بودم و سر از پا نمی شناختم و به هیچ موضوعی به غیر از یونس نمی اندیشیدم. از طرف دیگر هم چاره ای جز صبر نداشتم و باید به حرف آنهایی که مرا

ساپورت می کردند گوش می کردم. مجبور بودم خط مشی زندگی ام را دست آدمهایی بسپارم که هیچ شناخت قبلی از آنها نداشتم و نمی دانستم به نفع من قدم برمی دارد یا به ضرر من، بالاخره باید به تد و حرفهایی که می زد اعتماد می کردم و چاره ای بجز این نداشتم. در کشور فرانسه بودم و تنها پناهگاهم خانه لیلا و تنها آشنایانم لیلا و دوستانش بودند.

نزدیکیهای ظهر بود که لیلا سراسیمه به سراغم آمد و دست مرا گرفت و به زور به طرف تلویزیون رستوران کشاند و صدای تلویزیون را بالا برد و گفت:

- هیوا جان فقط نگاه کن ببین چیکار کردی؟

یکی از کانالهای تلویزیون فرانسه داشت تصویر مرا پخش می کرد که در حال دویدن بودم و چند نفری هم بدنبال من، همان فیلم تبلیغی برای شرکت تولیدات لوازم آرایشی Coreana بود که برای اولین بار داشت از تلویزیون فرانسه پخش می شد. اصلاً حال و حوصله مناسبی نداشتم و برایم مهم نبود که وارد تلویزیون فرانسه شده ام و اکنون و در همان نقطه ای که دارم برای مردم غذا سرو می کنم، مردم دارند تصویر و حرکات نمایشی مرا در تلویزیون می بینند و نسبت به من قضاوت می کنند. قضاوتی که ناشی از احساسات مردم بود و من هیچ توجهی به آنها نداشتم.

ناگهان پس از اتمام کلیپ تبلیغی در تلویزیون نگاه مردم به سوی من چرخید و برخی ها در گوشی پچ پچ کردند که آیا من همان هستم که اکنون داشت در تلویزیون نشان میداد. یک زن خیلی کنجکاو شده بود، جلو آمد و مستقیماً به زبان فرانسه چیزهایی از من پرسید ولی من از او خواستم به انگلیسی صحبت کند. پشت سرش را نگاهی انداخت و سرش را کمی جلو آورد و گفت:

- دختر خانم، اونی که تو تلویزیون نشان می داد، واقعاً تو بودی؟ خیلی شباهت عجیبی به شما داشت.

با چهره ای که نشان می داد از سؤالش چندان خوشم نیامده باشد، جواب دادم، بله خودم بودم.

بعد نگاهی به پشت سری هایش کرد و به آنها با حرکات سرش فهماند که درست حدس زده اند و دستهایش را کمی بالا برد و صدای کف مرتبی سالن را گرفت. همه داشتند به هنرنمایی من که کارگر یک رستوران ایرانی بودم دست می زدند. ایرانی هایی نیز در رستوران حضور داشتند و غذا می خوردند که بلند شده بودند و برایم کف می زدند. لیلا نیز بهمراه جمع کف می زد و از اینکه توانسته بودم نقشم را خوب بازی کنم، خوشحال بود و در آغوشم گرفته بود. دو هفته ای به همین طریق گذشت و در طی این دو هفته آرام و قرار نداشتم و مدام از طرف برخی روزنامه ها سراغ من می آمدند. که از من عکس و خبر تهیه کنند و در

روزنامه شان چاپ کنند. زیاد اهمیت نمی دادم، چون داشتم از رسیدن به یونس ناامید می شدم و تمامی تمرکزم روی ترک فرانسه و ادامه مسیر بطرف خوشبختی بود و به هیچ کسی توجهی نداشتم. به سؤال های آنها جواب می دادم و برای خلاص شدن از دست آنها برخی اوقات به لیلا متوسل می شدم و می گفتم وقتی آمدند و در زدند و مرا خواستند، بگو خانه نیست و محل زندگی اش را عوض کرده و از پیش من رفته است. از ترس مطبوعات که به مصاحبه با من علاقمند شده بودند، دیگر به رستوران نمی رفتم و همیشه در خانه بودم. راسل هم برخی وقتها تماس می گرفت و چند جمله ای از حال من خبردار میشد و می گفت:

- هیوا جان، می بینی چه غوغایی به پا کردی؟ من می دانستم با نمایش تو در تلویزیون، کارت خواهد گرفت

- من به دنبال کار نبودم و نمی خواستم کسی دنبال من باشد. هدفم از این کار هم مالی بود نه شهرت، و همینکه یکبار توانستم با موفقیت کارم را انجام دهم و پولی بگیرم، برایم کافی بود.

هر روز در مطبوعات و تلویزیون عکس خودم را می دیدم که با تیترهای جالبی مزین شده بود، شده بودم موضوع بحث بعضی رسانه ها و روزنامه ها.

تقریباً دو ماهی از رسیدن من به پاریس می گذشت ولی من هنوز در خانه لیلا بودم و امیدوار برای روزی که بخواهم و بتوانم از فرانسه بطرف کانادا حرکت کنم. یک روز در حال خواندن قسمت تبلیغات یکی از روزنامه هایی که لیلا بخاطر عکس من به خانه آورد، بودم که چشمم به یک آگهی در مورد دستمال بهداشتی جدیدی که برای حبس کردن بوی بد خون، برای بانوان طراحی شده بود، افتاد ناگهان از جا پریدم و روزنامه را به طرفی پرت کردم و با خود گفتم: «الان نزدیک دو ماه است که من پریود نشده ام.» در این مدت که مشغول و درگیر کار با شرکت Lorence بودم، کلاً فراموش کرده بودم که من هیچ پریودی نداشته ام.

یعنی چه اتفاقی داشت رخ می داد که من از آن بی خبر بودم و اگر پریود نشدن من دلیل بر حامله شدنم می بود، واقعاً دیوانه می شدم و باید هر چه زودتر به فکر چاره بر می آمدم. سریع و بدون اتلاف وقت به لیلا زنگ زدم و او را در جریان قرار دادم و از او خواستم که هنگام برگشت به خانه از داروخانه یک عدد تستر برایم بخرد. شب شد و من تا زمان رسیدن لیلا دیوانه وار دور خودم می پیچیدم و برخودم لعنت می فرستادم، بالاخره پس از چند ساعتی انتظار لیلا رسید و من فوری به پیشواز او رفتم و از او خواستم تا تستر را به من بدهد. او که از شنیدن موضوع گیج بود، به سرعت دست در کیفش کرد و قوطی تستر را به من داد و گفت:

- عزیزم زود تست کن و نتیجه رو به من بگو. منتظرم.

و همانطور با قیافه ای درهم ریخته و بدون اینکه به اتاق رفته و مثل هر شب لباسهایش را عوض کند، روی کاناپه لم داد و منتظر جواب من ماند، من نیز فوری به طرف توالت حرکت کردم و پس از آزمایش، وقتی نتیجه را روی نوار تست کننده دیدم، فریاد زدم و یک گوشه توالت بی حال و آشفته افتادم. لیلا که به فریادم آمده و از موضوع مطلع گشته بود، اشکهایم را که پشت سر هم و بدون توقف بر روی گونه هایم سرازیر می شدند و از هم سبقت می گرفتند، پاک کرد و گفت:

- هیوا، اینقدر خودت رو ناراحت نکن، راه حل داره عزیزم.

به صورت درهم ریخته و ابروان درهم فرو رفتۀ لیلا نگاهی انداختم و گفتم:

- لیلا جان، بعد از مرگ لعیا که بهترین و صمیمی ترین دوستم تو ایران بود، الان نزدیکترین دوستم تو هستی و من بجز تو کسی رو ندارم.

و بعد دستانش را در دستهایم گرفته و ادامه دادم:

- خواهش میکنم نذار بیشتر از این عذاب بکشم. بعد از خدا به تو پناه آوردم و تنها امیدم تو هستی.

- عزیزم، فردا صبح رستوران نمیرم و فقط دنبال حل مشکل تو خواهم بود تا شاید راهی برای رهایی از بچه ای که الان تو شکمته پیدا کنم.

سپس مرا از کف توالت بلند کرد و با تکیه دادن به خودش، به اتاق خوابم برد و روی تختخواب نشاند. پس از نوازش موهایم و دلداری دادنهای مکررش، کمی آرامم کرد و گفت:

- بهت قول می دم حتماً یه راهی برای رهایی از این مشکل پیدا کنم.

من که کمی آرام شده بودم، پرسیدم:

- لیلا، من که مدارک درست و حسابی ندارم، هیچ بیمارستانی حاضر به سقط جنین نمیشه. آیا اینجا میشه جایی رو پیدا کرد که غیرقانونی جنین رو سقط بکنه؟

- تو امشب رو بخواب، من هم همینجا پیش تو می خوابم، به اتاقم نمی رم. فردا صبح اول وقت برای پرس و جو بیرون می رم.

دوباره دستی به سرم کشید و دستش را روی سینه ام گذاشت و از فرط خستگی خوابش برد. خیلی دوستش داشتم، چون تنها کسی بود که برایم دلسوزی می کرد و همدم و همراه من در مشکلاتم بود. بعد از مدت کوتاهی، دستش را به آرامی از روی خودم برداشتم و جلوی پنجره به تماشای ستاره های آسمان نشستم، احساس می کردم که از آن بالا بالاها، پدر و مادرم با من حرف می زنند. آرزو می کردم زنده بودند و مرا در میان این همه مشکلات و دغدغه هایی که برایم ایجاد شده بود تنها نمی گذاشتند. نگاهی به طرف پایین و به شکمم انداختم و دستی روی

شکمم کشیدم و با خود گفتم: «خدایا باید بچه ای را در شکم من می نهادی که پدرش را با دستان خودم کشته باشم؟ چرا باید در راهی می افتادم که با دانیل آشنا می شدم و به این روز می افتادم؟ چرا باید دانیل چنین کاری با من می کرد و گذشته از همهٔ این ها، چرا باید من با اولین نزدیکی عمرم، حامله می شدم؟» از خدا شکایت می کردم و خودم را نفرین می کردم و می گریستم. به قدری گریه کرده بودم که دیگر چشمان غم قدرت تولید اشک را از دست داده بودند. صبح شده بود و هوا کمی روشن شده بود. لیلا که در کنارم خوابیده بود به آرامی از خواب بلند شد و با همان لباسهایی که خوابیده بود فوری به سمت من آمد و مرا بوسید و پس از اظهار همدردی دوباره با من به سمت آشپرخانه رفت و پس از خوردن مختصری صبحانه، آنهم بصورت سرپایی، صبحانه مرا روی میز گذاشت و گفت:

- هیوا، حتما صبحانه ات رو بخور، دیشب هم چیزی نخوردی، ضعف می کنی و خدای نکرده اتفاق بدتری می افته.

اینها را گفت و پس از خداحافظی بیرون رفت. می دانستم به سراغ مایک دوست پسرش می رود تا با همکاری او راه چاره ای پیدا کند. اما من هیچ مدرکی دال بر قانونی بودنم در فرانسه نداشتم تا از طریق آنها بتوانم براحتی بچه ای را که هر روز در شکمم، بزرگتر می شد، سقط کنم. هیچ میلی به خوردن غذا نداشتم و فقط به جنین داخل بدنم فکر

میکردم. بعضی وقتها وقتی به شکمم نگاه میکردم، چنان عطوفت مادرانه ای به من دست می داد و به جنینی که در شکم داشتم عشق می ورزیدم که یادم می رفت، پدر این جنین کسی نبود جز دانیل، که به من در حالت مستی تجاوز کرده و دیگر در این دنیا نبود. وقتی چنین چیزهایی به یادم می افتاد دوباره از جنین دو ماههٔ درون شکمم متنفر می شدم و به خودم و دانیل لعنت می فرستادم و به فکر راه چاره رهایی از دست آن می افتادم.

هر چند ساعت به لیلا زنگ می زدم و او پس از اعلام اینکه هنوز موفق به یافتن راهی نشده است، خداحافظی کرده و تلفن را قطع می کردم. عصر شد و لیلا دست خالی و بدون نتیجه به خانه بازگشت. البته تنها نبود و مایک نیز همراهش بود. لیلا بهمراه مایک چند لقمه ای شام خوردند و به اصرار مایک به اتاق خواب رفتند تا بخوابند. لیلا از من خواهش کرد که به اتاقم رفته و اخوابم. از اینکه نتوانسته مایک را راضی کند که تنهایش بگذارد از من عذر خواهی کرد و بهمراه مایک به اتاق رفتند. من که خواب از چشمانم رخت بسته بود، دوباره جلوی پنجره به تماشای ستاره ها نشستم. پس از یک ساعت، سروصدایی از اتاق لیلا بلند شد و من تا خواستم بجنبم و از موضوع آگاه شوم، مایک از اتاق لیلا با عجله با عصبانیت بیرون آمد و بدون اینکه متوجه نگاههای من شود،

در خروجی منزل را با خشم و عصبانیت شدید، کوبید و رفت. وقتی از لیلا موضوع را پرسیدم گفت:

- چیزی نشده، وقتی به رختخواب رفتیم مثل همیشه خواست باهاش سکس کنم که من اجازه ندادم. و وقتی علت رو پرسید، بهش گفتم که دیگه از این چیزها خبری نخواهد بود. او هم عصبی شد و بدون خداحافظی گذاشت و رفت.

لیلا تحت تأثیر سرنوشت من قرار گرفته بود و نمی خواست به حال و روز من دچار شود، و شاید به همین دلیل اجازهٔ نزدیکی به مایک نداده بود. در حالیکه دختر آگاه و زرنگی بود و هیچوقت اجازه نمی داد چنین اتفاقی بیفتد. ولی به هر حال، مایک قهر کرده و رفته بود. لیلا هم اصلاً از این موضوع ناراحت نبود. دست مرا گرفت و دوباره برای خواب پیش من آمد و پس از مدتی صحبت با هم، هر دو به خواب رفتیم ولی من چند دقیقه ای بعد از خواب پریدم و دوبارهٔ تا صبح چشم به آسمان دوختم. چند روزی گذشت و من ولیلا نتوانستیم راهی برای رهایی از این مشکل پیدا کنیم. عصر یکی از روزهای خنک و ابری پائیزی بود که تلفن من به صدا درآمد. وقتی دیدم راسل مدیر شرکت Lorence است، گوشی را به لیلا دادم تا او جواب دهد. برخی اوقات زنگ می زد و حال مرا جویا می شد و با احترام و ادب خاصی با من حرف می زد.

حوصلهٔ حرف زدن با راسل را نداشتم و نمی خواستم مستقیماً با او صحبت کنم. همیشه اصرار داشت که به همکاری ام با شرکتش ادامه بدهم و می گفت سود کلانی در این کار نهفته است. ولی چون هدف من رسیدن به یونس بود، هیچگاه با درخواست راسل موافقت نمی کردم. لیلا به فرانسوی غلیظ با راسل صحبت کرد و تلفن را قطع کرد و روبه من گفت:

- هیوا جان، موضوع حامله بودنت رو به راسل گفتم و ازش کمک خواستم. اونم با تمایل گفت که همین الان راه چاره ای برای مشکلت داره و می خواد که برای ملاقات تو به اینجا بیاد. من هم موافقت کردم و آدرس دادم. گفت که دو ساعت دیگه اینجا خواهد بود.

- لیلا، راسل می تونه تو سقط این جنین بهم کمک کنه؟ من باید تا آخر سه ماهگی این جنین رو سقط کنم. اگه موفق به این کار نشم و روح در کالبد جنین دمیده بشه، دیگه نمی تونم این کار رو بکنم، چونکه بعد از سه ماهگی قتل نفسه.

- راسل مطمئن بود و با جدیت کامل حرف می زد و گفت که راه حلش را حضوری و پس از رسیدن به اینجا میگه. راسل آدم مثبت اندیش و خوبیه، هیچ وقت حرفی رو همینطوری و بدون اساس نمی زنه.

- خدا کنه که اینطور باشه

منتظر راسل نشستم و پس از دقیقاً دو ساعت زنگ در بصدا درآمد. راسل پشت در ایستاده بود. لیلا در را باز کرد و با احترام خاصی که مخصوص خودش بود، راسل را به طرف سالن، همان جایی که من نشسته بودم، راهنمایی کرد. من پس از احوالپرسی و تکریم راسل، نشستم و زود رفتم سر اصل مطلب و گفتم:

- آقای راسل شما را قسم می دهم به هر چه که به آن اعتقاد دارید، اگر می توانید کمکم کنید، لطفاً همین الان راه حلش را بگوئید تا من خیالم راحت شده و کمی آرام شوم.

- خانم هیوا، همانطور که می دانید من شما را خیلی دوست دارم و به شما به خاطر کاری که برای شرکت من انجام دادید، خیلی ارزش می دهم و به نوعی مدیون شما هستم. من چند بار با شما تماس گرفتم و از شما خواستم تا به همکاری خود با Lorence ادامه بدهید. این، هم برای شرکت مفید بوده و هم اینکه آیندهٔ خوب و پر زرق و برقی را برایتان رقم می زند. یادتان هست وقتی می خواستیم با شما قرار داد همکاری ببندیم، من از شما مدارک شناسایی معتبری خواستم تا هویتان را مشخص کند و شما یک شناسنامهٔ ایرانی به من دادید؟

- بله

- این راهم یادتان می آید که من فرمهایی را جهت شروع همکاری به شما دادم و شما با دقت هر چه تمامتر آنها را پر کردید؟

- این راهم یادم می آید.

- هیوا خانم، من در همان لحظۀ اول که شما را دیدم، پی به زیبایی خارق العاده ای که خداوند در وجودشما نهاده است، بردم و چون تد گفته بود که شما قصد دارید با یک بار همکاری با Lorence، پولی را بدست بیاورید و با آن به کانادا سفر کنید، من هم در تلاش افتادم که بصورت غیرمستقیم مقدمات ماندن شمار را در Lorence و درحقیقت در فرانسه فراهم کنم.

اصلا از حرفهای راسل سر در نمی آوردم و به او گفتم:

- می شود کمی واضحتر توضیح دهید؟

- بله، هیوا جان، فرمهایی که شما پر کردید قبلاً توسط خودم طراحی شده بود و شامل تمامی اطلاعاتی بود که من برای گرفتن اقامت شما در فرانسه احتیاج داشتم و مدارکی را که از شما خواسته بودم و شما نیز فراهم کرده بودید و به من رسانده بودید، جهت گرفتن اقامت شما در فرانسه بود. چون من نمی خواستم دختر زیبایی مثل شما را از دست بدهم، مجبور شدم مخفیانه و بدون اطلاع شما، هنگامیکه داشتید برای تهیه فیلم تبلیغی شرکت Coreana کار می کردید، مقدمات اقامت شما را فراهم کنم. با دوستانم در ادارۀ مهاجرت فرانسه مذاکره کردم، آنها هم درخواست مرا با کمال میل پذیرفتند و اقامت شما را در عرض چند هفته تهیه و مدارکش را برایم فرستادند. وگرنه شما نمی توانستید

بدون مدارک با شرکت Lorence همکاری بکنید. اکنون نیز که به این مشکل دچار شده اید براحتی می توانید با در دست داشتن این مدارک به هر بیمارستانی که دلتان می خواهد مراجعه کنید و تحت درمان قرار گیرید.

مدارک اقامت مرا روی میز، جلوی چشم من گذاشته و ادامه داد:

- اگر افتخار بدهید، من خودم می توانم دستور بدهم، چند نفر در هنگام سقط جنین در کنار شما باشند و به شما کمک بکنند. من بیمارستانی را سراغ دارم دارم که رئیس آن بیمارستان آشنای من است و می تواند به شما در حل این مشکلتان کمک بکند.

ناخواسته مدارک را از روی میز برداشتم و راسل را که به هنگام اتمام سخنانش سرپا ایستاده بود، در آغوش گرفتم، او نیز دستی به پشتم زد و گفت:

- امیدوارم که برای ادامه همکاری با شرکت، به من زنگ بزنی و بزودی شما را در کنار در شرکت Lorence ببینم.

سپس کُتش را از روی آویز برداشت و پس از لبخندی معنی دار، خانه لیلا را ترک کرد و رفت. من و لیلا که مبهوت کارهای زیرکانهٔ راسل مانده بودیم، نتوانستیم درست و حسابی از او خداحافظی کنیم. من نیز پس از رفتن راسل متوجه شدم که در بغل او پریده و او را در آغوش

گرفته ام، ولی می دانستم این کار من از روی خوشحالی بیش از حد، آنهم بابت رهایی از جنین داخل شکمم بود. پس از رفتن راسل، لیلا که بر روی کاناپه میخکوب شده بود، به سختی و به اصرار من خودش را از جا کند و بلند شد و پس از گفتن جملهٔ «آفرین بر تو راسل» به طرف آشپزخانه رفت و شیشه مشروبی را آورد، کنار میز نشست و به خوردن مشروب مشغول شد. من نیز که قصد آشامیدن مشروب نداشتم و از آن متنفر بودم، بلند شدم و مدارکی را که راسل برایم تدارک دیده بود، روی سینه ام فشردم و در جای مطمئنی در اتاق مخصوص به خودم، پنهان کردم. برگشتم و روبه لیلا گفتم:

- لیلا جان نظرت چیه؟ فردا خودمون برای سقط جنین به بیمارستان مراجعه کنیم یا به راسل اطلاع بدیم که کارمون رو ردیف کنه؟

لیلا که سست بود و نمی دانست چه میگوید. گفت:

- هر طوری خودت می خوای، فقط بذار کمی تنها باشم و فکر کنم.

- به چی فکر کنی لیلا؟

- به اینکه تو چی تو خودت داری که راسل رو اینهمه شیفته خودت کردی؟ فقط زیبایی ات نیست که اونو مجذوب تو کرده، بلکه قدرت خارق العاده ای در تو نهفته است که تونسته مدیر شرکت بزرگی مثل

Lorence ر به خودش جذب کنه. می خوام به این نیروی ماوراء الطبیعه فکر کنم.

نمی دانم لیلا هذیان می گفت یا چیزهایی که بر زبان می آورد واقعیت داشت. ولی می خواستم بابت تشکر از راسل فردا صبح به خودش بگویم تا کارهای مربوط به سقط جنین را انجام دهد، همچنانکه خودش مشتاق بود.

صبح شد و من با اشتیاق هر چه تمامتر تلفن را برداشتم و با راسل تماس گرفتم و از او خواستم تا مرا تا پایان کار همراهی کند، او نیز با کمال میل پذیرفت. اتومبیل شرکت، بهمراه خود راسل که در اتومبیل نشسته بود، دم در منزل لیلا حاضر و آماده منتظر من بودند.

سوار شدم و پس از احوالپرسی به سبک وروش خودم، با راسل دست دادم و از لطف های بی دریغ وی و کارهای مهمی که برای من کرده بود، دوباره تشکر کردم. به سمت بیمارستان حرکت کردیم، ولی من از شدت درگیری ذهن و شاید خوشحالی یادم رفته بود که آیا این عمل سقط جنین برای من درد و رنجی بهمراه دارد یا نه و اگر دارد آیا من تحمل آن را خواهم داشت؟ چنین سؤالها در ذهن کنجکاوم مطرح میشد و کمی می ترسیدم. تا بحال چنین کاری نکرده بودم و بار اول بود که دست به سقط جنین می زدم ولی چون آدم متشخصی مثل راسل که دوستان مطرح و مهم زیادی در همه پاریس داشت، پیشم بود، عزم خود

را برای اتمام پروژه سقط، جزم کرده بودم و به هیچ وجه نمی خواستم از این راه برگردم. اصلاً بچه داخل رحم من، غیر قانونی بود و پدرش در قیدحیات نبود. البته در جوامع غرب و مخصوصاً کشور آزادی مثل فرانسه، این بچه غیرقانونی به حساب نمی آمد و می توانستم حتی زایمان کنم و بچه را بزرگ کنم. اما هدف من یونس بود و اصلاً قادر نبودم بچه را بزرگ کنم.

در بیمارستان بستری شدم و به دستور دوست راسل که پزشک متخصص مامایی بود، تحت عمل کورتاژ جنین قرار گرفتم. قبل از عمل لیلا بالای سرم بود، به من روحیه داد وگفت: هیوا جان تو دختر زیبایی هستی و بخاطر استفاده از این زیبایی و لطافت خودت، نباید فعلاً به بچه داری و این جور چیزها فکر کنی، بهترین راه را انتخاب کردی عزیزم.

پزشکی که مرا عمل کرده بود، مرد بود ولی وقتی چشمهایم را بعد از عمل در اتاق «Recovery» باز کردم، ناگهان کسی را بالای سرم دیدم که باورش کمی سخت بود. بنی دختر عموی نسرین، همان دختری که به هنگام پیاده شدن از ترن در رُم، به پیشواز من و نسرین آمده بود و می گفت در پاریس درس مامایی تمام کرده و مشغول کار است. او هم وقتی مرا دید شوکه شد و فوری جلو آمد و گفت:

- تو دوست نسرین نیستی؟ اسمتان یادم رفت.

بعد نگاهی به برگه های جراحی ام انداخت و اسمم را خواند و گفت:

- بله، هیوا خانم، عجب تصادفی از دیدن شما خوشحالم، ولی چرا عمل کورتاژ؟

- خانم بنی، من هم از دیدن شما خوشحالم، ولی این بلا را همان مردی بر سرم آورد که بدنبال آدرسش می گشتم.

- اگر اشتباه نکنم اسمش دانیل بود. ولی اون موقعی که من به سراغتون اومدم و من و نسرین ازتون جدا شدیم، مدتی رو تو رُم موندیم ولی از شما هیچ خبری نشد و هیچ تماسی با نسرین نگرفتین.

- من سرم خیلی درگیر کارهام بود و از اینکه نتونستم باهاتون تماس بگیرم معذرت می خوام. بهم بگید که کی از این جا مرخص میشم؟

- بذارید به این برگه ها یه نگاهی بندازم و بگم. بله شما دو سه روز بعد ترخیص میشی.

سه روز کامل را در بیمارستانی که بنی در آن کار میکرد، تحت نظر او ماندم. برخی اوقات به من سر می زد و بهمراه پرستاری که با او به بیماران سر می زد، به اتاق من می آمد و پس از مدتی صحبت، اتاق را ترک می کرد. آدم خشکی بود انگار که هیچ عطوفتی در قلبش نداشت و فقط کارش را انجام میداد. در این سه روز هم هیچ صحبتی از نسرین نکرد، من هم چون آشنایی دوباره با نسرین را صلاح نمی دیدم، در موردش هیچ بحثی به میان نیاوردم. بالاخره سه روز پردردسر تمام شد و

من پس از بهبودی نسبی از بیمارستان ترخیص شدم. هنگام ترخیص وقتی بنی دید که تمامی هزینه های جراحی و بیمارستان توسط شخصی بنام راسل پرداخت شده، نگاهی به چهره من انداخت و گفت:

- هیوا خانم، نکنه شما همان کسی هستی که روزنامه ها عکستان رو چاپ کرده بودن و زیرش چیزی با عنوان «دختری زیبا و جذاب از شرق» نوشته بودند؟ بله یادم آمد، «هیوا متین» شما هستید.

- مگه شما آقای راسل رو می شناسید؟

- نه نمی شناسم، ولی تو توضیحات چاپ شده روزنامه ها دربارهٔ موفقیت شما، اسم راسل را بین مطالب دیدم. واقعاً باور نکردنیه. ولی به هر حال بهتون تبریک می گم و امیدوارم موفق باشید.

برای اولین بار خنده ای آن هم بصورت تبسم روی صورت بنی نقش بست و این موضوع باعث شد تا کارش را رها کرده و مرا تا خروج کامل از بیمارستان و سوار شدن به اتومبیل شرکت همراهی کند. به طرف خانه در حال حرکت بودیم که تلفن رانندهٔ راسل بصدا درآمد و پس از مدتی کوتاه مکالمه بین راننده و راسل، راننده برگشته و با متانت خاصی رو به من کرد و با جملات انگلیسی که سر هم می کرد، گفت:

- آقای راسل از من خواستند تا شما را به منزل دیگری که متعلق به خود آقای راسل می باشند، ببرم. آنجا اشخاصی به شما کمک خواهند

کرد تا بصورت کامل بهبود یابید و بتوانید بزودی برای ادامه کار به شرکت برگردید.

نمی دانستم باید این درخواست را قبول میکردم یا رد. ولی قدرت آنرا نداشتم که رد کنم، چون که راسل تا اینجای کار به من خیلی کمک کرده بود، مخصوصاً در این مورد آخر خیلی به او زحمت داده بودم. بهمین علت هم سرم را به نشانهٔ رضایت تکان دادم و رانندهٔ راسل با لبخندی ملیح، فشاری به پدال گاز داد وسرعتش را مختصری زیاد کرد. به خانه مورد نظر رسیدیم، راننده جلوی در ایستاد و پس از زدن چند بوق، در حیاط بزرگ آن باز شد و ما وارد حیاط آن شدیم. جلوی ساختمان که رسیدیم، راننده طبق معمول پیاده شد و در اتومبیل را بروی من گشود و دست مرا جهت پیاده شدن گرفت و تا ورودی ساختمان همراهی کرد. خانه ای بود مجلل با خدمتکاران ویژه و آداب و رسوم با کلاس، خدمتکارها دست مرا گرفتند و چون راسل از قبل هماهنگ شده بود و اسمم را بلد بودند، با خوشامدگویی به زبان فرانسه، مرا به اتاقی بردند و روی تختخوابی با گلهای قرمز رنگ روی لحاف و بالش، خواباندند. در این حین گوشی ام زنگ زد، لیلا بود و می خواست ببیند من کجا ماندم و چرا پس از ترخیص به خانه برنگشته ام. وقتی به او گفتم که راسل مرا به منزل خودش آورده، فوری از من آدرس خواست. آدرس را از یکی از خدمتکاران گرفتم و به لیلا دادم. خیلی

خوشحال بودم که توانسته بودم براحتی و با کمک راسل از دست جنین راحت شوم.راسل می گفت: «زیبای ات با وجود آن بچه در شکمت کمرنگتر می شد.» حق داشت، زیبایی ام را از دست میدادم و به آن احتیاج داشتم. نمی خواستم تا وقتی به یونس می رسم آنرا از دست داده باشم. خانه راسل خیلی اشرافی و از آن خانه های پر محتوای دوران حکومت شاه خودمان بود و پُر بود از چیزهای عجیب و غریب و عتیقه هایی که روی میزها و سکوها چیده شده بود.

زرق و برق از در و دیوار خانه می بارید و هر کسی با کمترین تجربه ای می توانست با اولین مشاهده بفهمد که صاحب این خانه آدم معمولی و عادی نیست و باید صاحب یک سبک زندگی خاصی باشد. رفت و آمد در خانه زیاد نبود و سکوت عمیقی که حاوی معنی و مفهوم خاصی بود، فضای خانه را پر کرده بود. درست روبروی من و در اتاقی که دراز کشیده بودم، تابلویی روی دیوار نصب بود که تصویر پیکاسو را نشان میداد که بازوانش را روبروی زنی میانسال تا نزدیکی او جلو برده و از او چیزی می طلبید و لبخندی عمیق بر لبان آن زن جریان داشت، همهٔ این چیزها نشانگر این بود که راسل یک شخص پولدار عادی نیست و عقاید خاصی در افکارش جریان دارد. می توانستم سرپا بایستم و قدم بزنم، از پنجره که به حیاط نگاه کردم، پر بود از گلهای رنگارنگ و زیبایی که با وزش نسیم ملایم، سر تکان می دادند، شاید به ورود من خیر مقدم

می گفتند. نمی دانستم که چه کسانی در خانه حضور دارند، فقط گهگاهی یکی از خدمتکاران در اتاقم را می زد و پس از اذن ورود از طرف من، وارد شده و به من سر می زد و می گفت: «خانم، شما راحتید، آیا به چیزی احتیاج ندارید؟» من هم که از شدت گرسنگی، ضعف کرده بودم، غذایی طلبیدم و پس از خوردن غذا، متوجه ورود لیلا به حیاط شدم. لیلا وارد شد و خدمتکار جهت ورود لیلا به اتاق من، از من اجازه خواست، فوراً سرم را به نشانهٔ تأیید تکان دادم و پس از چند ثانیه بهترین و نزدیکترین دوستم را در اتاقم دیدم که دستانش را روی گونه هایم گذاشته بود و از من جهت تأخیر در آمدن به بیمارستان و انجام کارهای ترخیص عذر خواهی می کرد. دستهایش را پائین آورده و درون دستهایم فشردم و ادامه دادم:

- لیلا جان، تو عزیزترین کس من تو این کشور غریب هستی، اومدن من به خونه راسل هم دلیل بر فراموش کردن تو نیست، فقط می خواستم به خواسته راسل ارزش بدم و از این طریق از کارهای که برایم کرده، تشکر کنم.

- هیوا جان، من و تو تا ابد با هم دوستیم و هیچوقت همدیگه رو فراموش نمی کنیم. این رو بهت قول میدم. مدتی بود من تو فرانسه تنها شده بودم و دست به کارهایی می زدم که شاید بتونم از اون طریق به خوشی و خوشحالی برسم، ولی الان که تو را دارم و باهات حرف می زنم،

احساس خیلی خوبی دارم. تو هم قول بده خودت رو ازم دور نکنی و همیشه به این دوستی پایبند باشی و مرا تنها نذاری.

- لیلا، دوست عزیزم. من از تو ممنونم که نسبت به من اینقدر احساس خوبی داری، ولی خودت میدونی که قصد من موندن تو فرانسه نیست و روزی دیر یا زود از اینجا می رم. عشق حقیقی من این جا نیست، من باید خودم رو بهش برسونم و تا دیر نشده به مقصود نهایی ام برسم. حرفهای منو به دل نگیر ولی واقعیت همینه عزیزم.

لیلا داشت می گریست و مرا که براحتی و با بهانه ای کوچک می گریستم، به گریه وا داشته بود. هر دو روی تخت دراز کشیده و در حال نوازش دستان همدیگر گریه می کردیم. در این حین آقای راسل پس از گرفتن اجازه از من وارد اتاق شد و پس از اینکه صحنهٔ گریستن من و لیلا را دید گفت:

- من از هر دوی شما عذر می خواهم که وارد محفل دوستانه تان شدم. اگر مایلید خارج شوم و در وقت مناسبی پیش شما بیایم؟

- نه خیر، داشتیم به همدیگر دلداری داده و با هم حرف می زدیم. شما بمانید و به حرفهایتان ادامه دهید.

- به منزل من خوش آمدید. من از اینکه شما را در اینجا می بینم خیلی خوشحالم و هر کاری از دستم بر بیاید برایتان انجام می دهم. من در

حقیقت چند سالی بود که دنبال کاراکتری مثل شما بودم که خداوند لطف فرمودند و پس از دو سال شما را برای من فرستادند.

از حرفهای راسل معلوم بود که به خدا و تقدیرش اعتقاد دارد. هر وقت صحبت از خدا می کرد، بیشتر مطمئن می شدم که آدم خوبی است ولی چون نمی خواستم زود به آدمها اعتماد بکنم ادامه دادم:

- آقای راسل اگر اجازه بدهید، دوستم لیلا نیز بهمراه من در این خانه بمانند تا وقتی که از اینجا برویم.

در مورد ماندن دوستتان در این جا مانعی وجود ندارد، ولی مگر شما قصد ترک اینجا را دارید؟ تازه آمدید و کارهای مهمی با هم داریم.

- آقای راسل، من مشکلات زیادی پیش رو دارم و همانطور که میدانید باید فرانسه را به مقصد کانادا ترک کنم. من برای تشکر از شما و لطفهایی که در حق من کردید، اینجا آمدم و باید پس از مدتی از این کشور بروم. اکنون که اقامتم را در این کشور حل کرده اید، می توانم پاسپورت بگیرم و بدون دردسر به مقصدم، تورنتو، بروم.

راسل نزدیکتر آمد و درست یک متری من و رودر روی من به آرامی نشست و به چشمانم خیره شد و گفت:

- هیوا جان، من مایلم تمامی مشکلات شما را حل کنم ولی شما را از دست ندهم.

- منظورتان چیست که مرا از دست ندهید؟

- منظورم حفظ شما در شرکت و در واقعیت کار کردن با شماست. شما نمی دانید پس از بازی شما در آن فیلم سه دقیقه ای و شناساندن مارک Coreana در فرانسه و حتی در خود کره، چه تأثیری روی بیننده های تلویزیون گذاشته اید. من برای اینکه درک کنید باید بگویم، شرکت Lorence از آن فیلم کوتاه تبلیغی، درآمدی بالغ بر ۵۰۰ هزار دلار داشته و چند شرکت معتبر دیگر هم از شرکت درخواست کرده اند که از شما در تبلیغاتشان استفاده کنند. اگر شما اینجا در شرکت Lorence بمانید، به شما قول میدهم تمامی مشکلاتتان حل خواهد شد.

راسل واقعاً قصد داشت هر طوری شده مرا در پاریس حفظ کند و مانع رفتن من شود. حرفهایش صادقانه و بی ریا بود ولی من نمی توانستم یونس را فراموش کنم. واقعاً به او عشق می ورزیدم و وقتی به یادش می افتادم، بی اختیار اشک از چشمانم سرازیر می شد. این یک عشق ساده نبود، بلکه عشقی بود که تا اعماق دل من نفوذ داشت و اگر نصف راه می ایستادم و یونس را فراموش میکردم، به دلم پشت کرده بودم و ضربه روحی شدیدی می خوردم. کسی را نداشتم که بتوانم از ته دل دوستش داشته باشم و به او دل ببندم. در ادامه صحبتهای راسل گفتم:

- آقای راسل، من خیلی خوشحالم که توانسته ام به شرکت شما کمک کنم و به کارتان رونق ببخشم، اما من عشقی دارم که در تورنتو زندگی میکند و هر روز که میگذرد از دوری او رنجیده می شوم.

- این شخص که از او صحبت می کنید، در کجای تورنتو زندگی می کند و کارش چیست؟

- نمی دانم در کجای تورنتو زندگی می کند، ولی این را می دانم که رئیس یکی از دانشگاههای تورنتو بنام دانشگاه صنعتی تورنتو است.

- اگر من به شما قول دهم که ایشان را پیدا کرده و با او در مورد شما و اینکه در پاریس هستید و منتظرشان هستید، صحبت کنم، چطور؟ آنوقت قول میدهید شما نیز به کارتون در Lorence ادامه بدهید؟

- من با هر شماره ای که از اینترنت پیدا کرده بودم، تمای گرفته ام، ولی متأسفانه موفق به یافتن یونس عزیزم نشده ام. ولی مطمئنم اگر به تورنتو برسم او را خواهم یافت

- شما این کار را به من واگذار کنید

نمی دانستم چه جوابی به راسل بدهم. آیا واقعاً می توانست یونس را پیدا کند و با او صحبت کند و او را قانع کند که من در پاریس هستم؟ می خواستم مستقیماً روبرویش ایستاده و زانو بزنم و دوست داشتن

واقعی ام را اینگونه به او اثبات کنم. به همین علت هم از آقای راسل برای فکر کردن راجع به این موضوع فرصت خواستم و گفتم:

- اجازه بدهید تا زمانیکه در خانهٔ شما مستقر هستیم راجع به این موضوع فکر کنم.

در این حین لیلا وسط حرفهایم گفت:

- البته آقای راسل، هیوا دوست من، دختر عاقل و زرنگی است و من مطمئن هستم که پیشنهاد شما را رد نمی کند. به لیلا نگاه کردم و به فارسی به او گفتم:

- لیلا جان، نمی خوام حالا که می تونم براحتی خودم پیش یونس برم، اونو به زور اینجا بکشونم؟

راسل بلند شد و پس از قبول درخواست من، تشکر نمود و اتاق را ترک کرد و هنگام رفتن گفت:

- شما را تنها می گذارم تا کمی به تفریح بپردازید و فکر کنید.

راسل در حق من و برای حل مشکلاتم لطف بزرگی کرده بود. برایم پول فراهم کرده بود، گندی را که به هنگام نوشیدن مشروب با دانیل زده بودم، رفع کرده بود و حالا مرا در خانه اش با بهترین امکانات جای داده بود و به بهترین نحو از من پذیرایی می کرد. همهٔ این کارها را بخاطر شرکتش می کرد و نمی خواست مرا از دست بدهد. آنقدر به کارش

دلبسته بود که برای پابرجا نگه داشتن آن و پیشرفت، پول خرج می کرد. او عاشق زیبایی متحیر کنندۀ من بود و می خواست در جهت منافع Lorence از آن بهره ببرد. همۀ اینها را می دانستم و در حقیقت داشتم نان زیبایی چهره و اندام خود را می خوردم. در ایران که بودم اصلاً به این موضوع فکر نمی کردم و به زیبا بودنم هیچ اهمیتی نمی دادم. و فقط آنرا موهبت و لطف الهی می دانستم که خدا به من عطا کرده بود. بچه که بودم پدرم همیشه از زیبایی من سخن می گفت و بعضی وقتها رو به مادرم می گفت: « سارا، مواظب باش هیوا دارد بزرگ می شود، مبادا این زیبایی بیش از حدش باعث دردسرش شود. من همیشه سرکارم و سرم گرم نان در آوردن برای شماست، هیوا را می سپارم دست خدا، بعد دست تو.» اینها را آرام و مخفیانه به مادرم دیکته می کرد ولی هراز چندگاهی حرفهایی از این قبیل را وقتی از مدرسه و کلاسهای بعدازظهر به خانه برمی گشتم، می شنیدم.

لیلا داشت پشت سرهم به من القا می کرد که هیوا جان بمان و از این فرصت استفاده کن وگفت:

- هیوا جان، یکی یدونه من، یه فرصت کمیاب برات ایجاد شده و تو می خوای به همین راحتی اونو از دست بدی. شانس یه بار در خونه آدم ر می زنه، ببین تو بخاطر بدست آوردن کمی پول دست به این کار تو

شرکت راسل زدی، ولی راسل استعداد ذاتی و خدادادی تو را کشف کرده و تو نباید به بختت پشت پا بزنی.

- لیلا جان می ترسم اگر تلفنی با یونس حرف بزنم، هیچ تأثیری روش نداشته باشه و نتونیم اونو قانع کنیم که به اینجا برای دیدن من بیاد، من هم نتونم عشق خودمو بهش ثابت کنم.

- اگر در این مورد شک داری و مطمئن نیستی یونس از صمیم قلب دوستت داره، چرا این همه راه رو بخاطرش اومدی و این همه دردسر و مشکلات رو تحمل کردی؟

- عزیزم، من عاشق یونسم و می دونم که اونم منو دوست داره و با فهمیدن و درک این که بخاطرش و برای بدست آوردنش متحمل چه مشکلاتی شدم، حتماً منو می پذیره. اگه من خودم رو با پاسپورتی که از طریق راسل می گیرم، به تورنتو برسونم و رودرروی یونس بایستم و حرف دلم رو بی پروا بهش بزنم، یونس هم همین حس منو پیدا می کنه.

- تو دیوانه ای و با این همه فرصت و زیبایی خارق العاده ای که داری می تونی بهترین مردها را اسیر دلت بکنی. در ضمن بعد از یه مدتی کار تو شرکت راسل به پول زیادی می رسی، که اگه پول و زیبایی ات رو کنار هم بذاریم، زندگی محشری برات فراهم می شه که میتونی تا آخر عمرت خوشبخت باشی.

- لیلا، هدف من بدست آوردن کسی است که خودم عاشقشم و دوستش دارم. من نمی تونم زورکی کسی را اسیر خودم بکنم.

- تو که الان داری به زور عشق خودت را به یونس تحمیل می کنی.

- نه، یونس عاشق منه و من اینو می دونم و به عشق یونس یقین دارم.

لیلا سعی داشت مرا قانع کند که در پاریس بمانم و بدنبال پول باشم و یونس را به پاریس بکشانم. از طرفی هم من از ماندن در پاریس بدلیل کشتن دانیل واهمه داشتم و می ترسیدم روزی خبر کشته شدن دانیل به فرانسه برسد و من دیگر نتوانم خودم را به یونس برسانم و باید سالهای زیادی در زندان بپوسم. لیلا تا نزدیکی های شب با من حرف زد و در انتهای سخنانش وقتی عدم رضایت مرا فهمید، گفت:

- هیوا، من حرف آخرم رو می خوام بزنم. اون هم این که به خاطر من و به خاطر یونس اینجا بمون واجازه بده راسل تلفن تماسی از یونس پیدا کنه و صدای تو را از اینجا بهش برسونه. اگه یونس عاشق تو باشه، حتما تقاضای تو رو برای اومدن به پاریس رد نمیکنه.

من که لیلا را کمتر از لعیای بیچاره دوست نداشتم، با درخواست او برای ادامهٔ کار در شرکت Lorence و ماندن در پاریس به شرط اینکه بتوانم به همین زودی تلفنی با یونس صحبت کنم، پذیرفتم.

شب شده بود و وقت صرف شام. خدمتکار راسل با کمال احترام و ادب خاصی که در منزل راسل برقرار بود، غذا را بهمراه راسل به اتاقمان آورد و پس از چیدن میز غذاخوری داخل اتاق، ما را تنها گذاشت. راسل قصد داشت داخل اتاق شام را با ما میل کند، این را از تعداد بشقابهایی که خدمتکار روی میز چیده بود، فهمیدم. راسل ما را جهت صرف شام به سمت میز راهنمایی کرد و دقیقاً همان کاری را که دانیل به هنگام صرف غذا با عقب کشیدن صندلی و تعارف به نشستن کرده بود، انجام داد. در این لحظه ناگهان به فکر دانیل افتادم همان صحنه های صرف غذا و خوردن الکل با دانیل مثل فیلم از جلوی چشمانم گذشت و بی اختیار جیغی خفیف کشیدم و نتوانستم روی صندلی بنشینم. راسل که متوجه رفتار غیرعادی من شده بود شوکه شد و گفت:

- خانم هیوا، اتفاق خاصی افتاده ! مگر من کار ناسزایی انجام دادم؟
- نه خیر آقای راسل، من از شما معذرت می خواهم. فکرم جای دیگری بود.

لیلا زیر چشمی نگاهی به من انداخت و پس از ادای احترام توسط راسل روی صندلی عقب کشیده شده نشست و گفت:

- آقای راسل، هیوا، برخی اوقات شبها کابوس می بیند و همینطور جیغ کشان از خواب می پرد.

راسل با متانت خاصی ادامه داد:

- حتماً ایشان، خاطره بدی دارند که دائماً در ذهنشان جاری میشود.

سپس هر سه شروع به خوردن غذای خاصی که توسط خدمتکاران پخته شده بود و با دست خدمتکار خیلی جوان راسل داخل بشقابهای ما کشیده شده بود، کردیم. خدمتکار جوان راسل اصلا حرف نمی زد و فقط با اشارات راسل کار میکرد. بعداً متوجه شدم که کر و لال است و راسل بخاطر کار خیر او را به خدمتکاری پذیرفته و به او حقوقی می دهد. راسل با نگاه عمیقی به درون چشمانم گفت:

- من می خواهم از خانمهای جوان که با من در حال صرف غذا هستند بپرسم که پس از همفکری بالاخره به چه نتیجه ای رسیدند؟

سپس به قیافۀ لیلا زُل زد و ابروانش را درهم فرو کرد و لیوان آب پرتقالی را که جلویش بود نوشید و منتظر جواب ما ایستاد. بالاخره لیلا پیش دستی کرد و گفت:

- آقای راسل من که به شما گفتم هیوا دختر زرنگ و باهوشی است و هیچ وقت چنین فرصت استثنایی را از دست نمی دهد. ما به این نتیجه رسیدیم که هیوا در پاریس بماند و با شما به همکاری اش ادامه دهد ولی شرطی دارد که خیلی ساده و راحت و قابل اجراست

- چه شرطی؟ هر کاری از دست من در این مورد بر بیاید دریغ نمی کنم.

سپس قاشق را روی میز گذاشتم و دست از خوردن کشیدم و ادامه دادم:

- آقای راسل من می خواهم بزودی با یونس صحبت کنم و به او در مورد اقامتم در فرانسه توضیح بدهم. راسل که از تصمیم من خیلی خشنود شده بود و سر از پا نمی شناخت گفت:

- من به بانوی زیبایی که کنار من نشسته و درخواستی از من دارد، قول میدهم که حتماً به همین زودی ارتباطی بین او و عشقش برقرار کنم و آنها را به همدیگر برسانم.

- سپس کف مرتبی زد و گفت: Lorence برای پرواز آماده باش، چون بانوی زیبایی دست تو را گرفته و به آسمانها خواهد برد.

من که از اداهای راسل خوشم آمده بود گفتم:

- شما به من قول دادید

- بله من سر حرفم هستم و امیدوارم شما هم از هفته بعد که به بهبودی کامل رسیدید، به کارتان ادامه دهید

شام را با هم خوردیم و پس از پایان صرف غذا، راسل مرا بطرف سالن هدایت کرد و به صرف نوشیدنی خاص خودش که می گفت از شرابهای ناب پاریس است دعوت کرد ولی من که قسم خورده بودم دست به

شراب نزنم، نوشیدن آبمیوه را ترجیح دادم ولی لیلا با راسل می نوشید و مست می شد. سپس موزیک خوشایندی که نشانه خوشحالی راسل بود از بلندگوهای اطرافمان پخش شد و راسل و لیلا که سرمست بودند جلوی چشم من به دانس و رقص پرداختند. وقت خواب که فرا رسید به اتاق برگشتیم و پس از مشایعت راسل به رختخواب رفتیم.

زندگی راحت و مرفهی به سراغم آمده بود. هر روز صبح با اتومبیل که دم در منتظرم می ایستاد سرکار می رفتم و نزدیکی های ساعت ۴ عصر با همان راننده و اتومبیل به خانه بر می گشتم. راسل خانه جدیدی برایم تدارک دیده بود و کرایه اش را خودش می پرداخت. لیلا هم خانهٔ خودش را تحویل داده بود و با من زندگی می کرد. او نیز صبحها به رستوران می رفت و پس از من عصرها و برخی اوقات دیر وقت به خانه بر می گشت. بودن لیلا را در کنارم دوست داشتم، چون به او سپرده بودم اگر دچار اشتباهی شدم حتماً مرا آگاه کند. می ترسیدم مبادا دوباره در دام هوسبازی دیگر بیفتم و زندگی ام تباه شود. اسم و آدرس یونس را در تورنتو به راسل دادم. اتاق کار خاصی در اختیارم گذاشته شده بود، هر روز صبح که سرکار می رفتم و از آقای راسل پیگیر می شدم که آیا توانسته است ردّی از یونس پیدا کند، او نیز پاسخ می داد که فعلاً نتوانسته کاری بکند و با افرادی صحبت کرده تا یونس را برایم بیابند.

این ها را می شنیدم و افسرده و ناامید وارد اتاقم در شرکت می شدم. یک کار حرفه ای دیگر را با شرکت Lorence به پایان رساندم. این کار از تلویزیون فرانسه پخش شد و خودم نیز از نتیجه کارم راضی بودم. کارگردانان و تهیه کنندگان برنامه های تبلیغاتی طوری روی من کار می کردند که نتیجه کار واقعاً عالی از آب در می آمد. خبرنگاران و روزنامه نگاران برای مصاحبه با من از منشی شرکت وقت قبلی می گرفتند و من مجبور بودم چند کلمه ای با آنها صحبت کنم. چون راسل گفته بود، این مصاحبه ها برای آینده کاری ام خیلی مهم و حیاتی هستند. آدم مشهوری شده بودم و فقط با دو کار حرفه ای، روزنامه ها از من و کارم با شرکت Lorence می نوشتند. برخی تیترهای روزنامه ها از این قرار بود:

«بانوی زیبای شرقی، Lorence را متحول کرد»، «هیوا متین، کیلومترها مسافت پیموده تا مشهور شود» «فرانسه، میزبان زیبایان جهان و مهد پیشرفت مانکن های شرقی »، « Lorence، پدیدۀ تازه ای را شکار کرده و با آن پول به جیب می زند » و...

همۀ اینها را در سایت اینترنتی روزنامه ها به انگلیسی بر می گرداندم و می خواندم. از کار جدیدی که برای شرکت انجام داده بودم، مبلغ صد هزار دلار دریافت کردم. تمامی وجوه به حساب بانکی که راسل در بانک BNP پاریس برایم افتتاح کرده بود، ریخته می شد و رسیدش تحویل

خودم می شد. هر روز روی چهره، موها، چشمها، ابروها، بینی، لبها و اندامم کار می شد. شرکت، آرایشگران و گریموران حرفه ای داشت که برای کار روی من هزینهٔ زیادی به آنان می پرداخت. لباسهای شیک و متنوعی برایم تهیه می شد که به دستور مسئول لباس شرکت می پوشیدم. روی طرز راه رفتن و سخن گفتم کار می شد و کار به جایی رسیده بود که برایم کلاس خصوصی آموزش زبان فرانسه در محل کارم برگزار میشد، راسل اهمیت زیادی به این کلاس می داد و هر روز پیگیر روند پیشرفت من در زبان فرانسه بود و برخی اوقات مرا به اتاقش می خواند و چند جمله ای به زبان فرانسه با من سخن می گفت. دوماه از شروع به کار من با شرکت Lorence گذشته بود ولی هیچ خبری از یونس و قولی که راسل به من داده بود، نبود. من هم آنقدر گرم کار و تلاش برای شرکت و کسب درآمد شده بودم که فرصت نمی کردم زیاد پیگیر موضوع باشم. از طرف دیگر کار جدیدی از طرف شرکت Flormar یکی از معروفترین شرکتهای تولید لوازم آرایشی جهان در پاریس به من پیشنهاد شده بود که به گفته راسل در آمدی بالغ بر پانصد هزار دلار برای من در برداشت. پول وسوسه ام می کرد و به هر صورتی و با هر لباسی جلوی دوربین کارگردانان شرکت Lorence قرار می گرفتم و عاشق شهرت بوجود آمده از این کار شده بودم.

مشغول انجام پروژه جدید شرکت Flormar بودیم که راسل مرا به دفترش خواست و من با همان سرو وضع آرایش شده و با لباس های شیک و سکسی که به تن داشتم وارد اتاق راسل شدم. وقتی چشم راسل به وضعیت من افتاد سراسیمه جلو آمد و دست مرا گرفت و یک دوری به دور خودم چرخاند و گفت:

- بفرمائید بنشینید بانوی استثنایی Lorence

نشستم و منتظر حرفهای راسل ماندم. ادامه داد:

- شمارهٔ همراه یونس را از طریق دوستانم در تورنتو پیدا کرده ام و بنا به قولی که به تو داده ام این شماره را در اختیار تو قرار می دهم تا هر وقت دلت خواست با او تماس بگیری

خیلی خوشحال بودم و سر از پا نمی شناختم، به راسل گفتم:

- آقای راسل من می دانستم بالاخره شما خواهید توانست راهی برای ارتباط با یونس برایم پیدا کنید

- البته یونس، یا بهتر است بگویم «یونس فراست»، رئیس دانشگاه صنعتی تورنتو نیست. او مسئول تمامی دانشگاههای شهر تورنتو بوده و از طرف وزیر آموزش کانادا برای این سمت در تورنتو منسوب شده است. می توانید با او تماس بگیرید و حرف های دلتان را با او درمیان بگذارید.

بی اراده به سمت راسل خیز برداشتم و در آغوشش پریدم و صورتش را غرق در بوسه کردم. یک لحظه به خود آمدم و خودم را در میان بازوان گره خورده راسل دیدم. شل شدم و اندام لاغرم را از میان بازوان راسل بیرون کشیدم و چند متری دور شدم. از راسل بابت تلاشی که برای یافتن یونس نموده قدردانی کردم و اتاقش را ترک کردم. شمارهٔ تلفن را که روی یک کارت یادداشت نوشته شده بود زیر سوتین و روی سینه ام مخفی کردم تا مبادا آنرا گم کنم. چنان با حوصله و خوشحالی به ادامهٔ فیلمبرداری پرداختم که تهیه کننده و کارگردان برنامه، شور و شعف مرا پس از بازگشت از پیش راسل فهمیده بود و پشت سرهم می پرسید که چه خبر جدیدی شنیدم که اینقدر سرحال شده ام. بالاخره فیلمبرداری برای Flormar هم پایان یافت و قرار شد سه روز بعد در شبکه دوی فرانسه پخش شود. به خانه برگشتم و خودم را آماده صحبت با یونس نمودم. با عجله تلفن را برداشتم و شمارهٔ را از زیر سوتینم در آوردم و شماره گیری کردم ولی به سرعت قطع کردم، زیرا نمی دانستم چگونه و با چه جمله و لحنی شروع کنم و خودم را چگونه معرفی نمایم. صبر کردم تا بعد از ساعتی تفکر و سرهم کردن جملات از قبل تعیین شده، با او تماس بگیرم. مدتی سپری شد و بالاخره با از بین بردن استرسم دوباره شماره گیری کردم. لحظه پر مخاطره ای بود. چه باید می گفتم و چگونه شروع می کردم؟ بعد از این مدت که همدیگر را ندیده و صدای

همدیگر را نشنیده بودیم، با اولین مکالمه آنهم بصورت تلفنی، چگونه باید صحبت می کردم که بتوانم دلش را بدست بیاورم؟ صدای بوق انتظار داشت از گوشی تلفن پخش می شد. من منتظر جواب دادن یونس بودم که ناگهان صدایی از پشت گوشی جواب داد:

- الو، الو، الو، بفرمائید

این حرفها را به انگلیسی و بصورت شمرده شمرده تکرار می کرد ولی این صدا، صدای یک مرد نبود، صدای یک زن بود که از پشت گوشی به گوش می رسید. نمی دانستم چه بگویم و آیا مطمئناً شماره متعلق به یونس بود یا نه، گیج شده بودم و فوراً گوشی را قطع کردم و به راسل زنگ زدم و از او پرسیدم:

- آقای راسل شما مطمئن هستید که این شماره متعلق به یونس می باشد؟

- بله مطمئنم، چونکه شماره را دوستی که در تورنتو دارم پیدا کرده است و از دوستان و نزدیکان یونس گرفته است. دوستم در تورنتو شرکت تبلیغاتی دارد و مورد اعتماد من است

- متشکرم آقای راسل. فردا می بینمتان. خداحافظ

دوباره شماره گیری کردم و با آن زن که پشت گوشی با ناز و ادای عجیب و وصف ناپذیری صحبت می کرد، شروع به مکالمه کردم:

- من هیوا هستم و از فرانسه تماس میگیرم، می خواستم با آقای یونس فراست صحبت کنم. آیا امکان دارد؟

- من هم بریتنی هستم و آقای فراست منزل نمی باشند، بیرون رفته اند و تلفنشان را در خانهٔ جا گذاشته اند. اگر کار مهمی دارید لطفاً یک ساعت بعد دوباره تماس بگیرید

- بله می فهمم، می توانم بپرسم شما که هستید؟

- من که گفتم، بریتنی «Britney» هستم، همسر یونس فراست

تا کلمه همسر را از پشت گوشی شنیدم، گوشی از دستم افتاد و نتوانستم خودم را کنترل کنم، همانجا کف اتاقم از هوش رفتم. به خودم آمدم، لیلا بالای سرم بود و داشت مثل ابر پُر باران اشک می ریخت و وقتی متوجه به هوش آمدن من شد، از خوشحالی خندید و گفت:

- هیوا جان عزیزم، دوست عزیزتر از جانم، چه اتفاقی افتاده بود؟ چه خوب شد به هوش اومدی، داشتم از غصه دق می کردم. من هم تازه رسیدم و می خواستم به اورژانس و فوریتهای پزشکی زنگ بزنم که به هوش اومدی، خدارو شکر که سالمی، خوب شد امروز زودتر خونه اومدم دستهایم را گرفته بود و پشت سر هم بر آنها بوسه می زد. هنوز گیج بودم «انگار که در خواب بوده باشم و در حال دیدن رؤیاهای وحشتناک. نمی دانستم چه بگویم و چه کار بکنم. لیلا هم هی پشت سرهم

می گفت. چیزی بگو هیوا تا بفهمم و مطمئن شوم که سالمی » بالاخره پس از اینکه لیلا سرم را از کف اتاق بلند کرد و بالشتکی زیرش گذاشت و لیوان آبی را که آورده بود به زور به من خوراند، کمی سر حال آمدم و لب به سخن گشودم و گفتم:

- لیلا، بدبخت شدم، دیگه هیچ امیدی به زنده بودن ندارم. بعد از این چطور می تونم نفس بکشم؟

- چی شده مگه؟ چه اتفاقی افتاده؟ جون به لب شدم دختر، بگو دیگه

- راسل شمارۀ یونس رو پس از مدتها پیدا کرده و به من داد. در حین کار هیچ تماسی نگرفتم و به خونه که رسیدم، خیلی خوشحال بودم، خواستم با یونس صحبت کنم و بهش زنگ بزنم که...

گریه امان نمی داد و مجال صحبت را ازمن گرفته بود، هق هق کنان ادامه دادم:

- زنی به گوشی یونس پاسخ داد و ادعا کرد که همسر یونس است. اسمش Britney بود و من وقتی واقعیت رو شنیدم، دیگه نتونستم حرف بزنم و از هوش رفتم

- دوست و همدم عزیزم، واقعاً نمی دونم چی بگم و چگونه قضاوت کنم، ولی اینو می تونم بگم که یونس...

- یونس چی، بگو لیلا، یونس چی؟

- ول کن بعداً در این باره حرف زیاد می زنیم، فعلاً پاشو و آبی به دست و صورتت بزن و لباسهات رو عوض کن. بعد از شام، مفصل در مورد این موضوع با هم حرف می زنیم

- لیلا تنهام بذار، می خوام کمی تنها باشم و به درد خودم بسوزم

- باشه عزیزم کمی تنهات می ذارم، ولی خواهش میکنم زیاد به خودت فشار نیار، کاریست که شده

لیلا چنان با موضوع بسادگی برخورد می کرد که انگار نمی فهمید من چه حسی نسبت به یونس در دلم دارم و از عشق من به او آگاه نبود، اتاق را ترک کرد و رفت و هنگام رفتن گفت: « هیوا جان، ازت خواهش کردم ها » به خود می پیچیدم و دور خودم می چرخیدم. چنین چیزی را نمی توانستم باور کنم ولی شمارهٔ تلفن واقعاً متعلق به کانادا بود و کسی هم که با من حرف زد. واقعاً یک کانادایی و یک زن بود، و یونس را با فامیل می شناخت و حقیقت را به من گفته بود. خیلی دردناک بود و چنان مرا می آزرد که خواستم دست به خودکشی بزنم، اشکهایم قصد قطع شدن نداشتند. چنان فشاری بر روح و دلم وارد شده بود که چاره ای نمی دیدم بجز خودکشی. از پنجره اتاقم به آرامی بالا رفتم. خانهٔ جدیدم در طبقهٔ یازدهم بود و مطمئن بودم کسی که پائین می افتد، حتماً می میرد. پاهایم لرزیدند و به سختی توانستم تعادلم را حفظ کنم. کمی جلوتر رفتم و دل به دریا زدم و تصمیم گرفتم خودم را پائین

بیندازم. نفسم را در سینه حبس کردم، چشمانم را بر روی دنیایی که یونس در آن وجود ندارد، بستم و خودم را جلوتر راندم و تا خواستم جلوتر بروم لیلا از پشت سرم به سرعت به طرفم دوید. مرا به داخل کشید و به کف اتاق انداخت. سپس پنجره را بست و آنرا چفت کرد و دوباره مرا بغل کرد و گفت:

- دختر، تو دیوونه شدی که دست به این کار احمقانه می زنی؟ می دونی اگه پائین می افتادی چه اتفاقی می افتاد. خدا تو را دوست داشت که یه لحظه تصمیم گرفتم نرم و مواظبت باشم

زیر لب مادرم را صدا می زدم و فقط فکر کردن به او و پدرم بود که آرامم می کرد. مامان، مامان می گفتم و می گریستم. ای کاش سرخاک مادرم بودم و برای او گریه میکردم. نه برای سرنوشت افتزاحی که برایم رقم خورده بود. تمام آرزوهایم را که در کنار یونس می دیدم، بر باد رفته بود، در این دنیا تنها کسم را هم از دست رفته می دیدم. راسل چند باری تماس گرفت ولی اصلاً حوصله صحبت با او را نداشتم. به سختی از جایم بلند شدم و با کمک لیلا روی تختخواب دراز کشیدم. لیلا که خیلی از این حرکت من ترسیده بود، مرا تنها نگذاشت. به زور قرص خوابی به من داد و شروع کرد به صحبت با من که نباید زیاد ناراحت باشم و گفت:

- هیوا جان، تو بالاخره این مسیر دور و دراز رو تا پاریس اومدی و خودت را بخاطر یونس به خطر انداختی، تو عاشق یونس بودی، ولی اون چنین حسی رو نسبت به تو نداشت، باید حقیقت را قبول کنی و ازش فرار نکنی

- لیلا، من برای دیدن یونس خیلی زحمت کشیدم و خیلی رنج ها را تحمل کردم، می دونم که اون هم عاشق من بوده و هست و بخاطر من هر کاری می کنه. من یونس رو در جریان حس ام نسبت به خودش گذاشته بودم ولی چون فرصت موندن در ایران رو نداشت، مجبور شد منو تنها بذاره و بره کانادا. لیلا، تمام آرزوهام با ازدواج یونس نابود شد، من چه گناهی مرتکب شده بودم که باید تو این راه پر پیچ و خم می افتادم؟

- عزیزم درسته که خیلی سختی ها کشیدی تا خودت رو به اینجا برسونی ولی تا بحال نباخته ای و تونستی تو شرکت معتبری مثل Lorence مشغول به فعالیت بشی، اقامت فرانسه رو بگیری، پول دار بشی و مهمتر از همهٔ اینها مشهور بشی. تو دختر زرنگ و مقاومی هستی و می دانم و یقین دارم که می تونی آدمی بهتر از یونس برا خودت پیدا کنی، بیشتر از یونس هم اونو دوست داشته باشی و پله های ترقی رو سریع بالا بری

- نه من باید برگردم ایران، اینجا با این حال و روز نمی تونم ادامه بدم. من فقط بخاطر محبت هایی که راسل بهم کرده بود، حاضر به ادامۀ همکاری باهاش شدم و چون قرار بود یونس را پیدا کنه به حرفهاش گوش دادم.

- هیوا، دیوونه نشو. این همه موقعیت خوب تو پاریس برات فراهم شده، کار عالی، خونه و زندگی مجلّل و شهرت که یک فرد عادی با سالها کار و تلاش نمی تونه همۀ این چیزها را بدست بیاره. من چندین ساله که ساکن پاریسم و به اندازۀ تو موفق نبودم. تو با زیبایی خارق العاده ای که داری در مدت کمتر از دو ماه وارد بحث روزنامه ها و تلویزیون شدی. این یعنی شانس، دیوونه نباش و یونس رو رها کن. اون اگه مرد ایده آل تو بود، چرا باید زن می گرفت؟ چرا بایستی تو رو در ایران رها می کرد و به کانادا می رفت؟ چرا احساس دلش رو به تو نگفت و تو رو با داغ عشقی که به دلت داشتی، تنها گذاشت و رفت؟ به این چیزها و سؤالها کمی عمیق تر و منطقی تر فکر کن. یقین دارم که به نتیجه می رسی و تو فرانسه می مونی. به نظر من یونس وسیله ای شده بود که تو به پاریس برسی و اینقدر پیشرفت وشانس تو زندگیت داشته باشی....

حرفهای آخر لیلا را به زور متوجه شدم، قرص خواب اثر کرده بود و داشتم به خواب می رفتم.به زور گفتم: « صبح حرف می زنیم لیلا » پلی ساخته بودم به خیال خودم آهنی و مستحکم به سوی روزهای رؤیایی با

عشقم یونس و در این مسیر چه زحمتها و مسختیها که متعمل نشده بودم. خیال می کردم این پل آنقدر دوام دارد که هیچ سیلی و بلایی نمی تواند، به نابودی آن منجر شود. در خیالات خودم انتهای این پل به یونس و آن زندگی که در تصورات خودم، نقاشی کرده بودم، می رسید. به جایی که دست من در دست یونس بود و من در میان موجهای مواج و خروشان عاشقانه زندگی، پس از سالها رنج و تلاش بالاخره به سعادت و راحتی و کامیابی می رسیدم ؛ اما افسوس که انتهای پل را درست حدس نزده بودم و به جایی جز همین جا، یعنی پاریس و خیلی دورتر از یونس و دستهایش، نمی رسید و این جا آخر راهم بود. پشت سرم را می نگریستم، نمی توانستم راه برگشتی ببینم و همهٔ راهی را که آمده بودم پشت سرم خراب شده بود و باید چاره ای می اندیشیدم تا بتوانم خودم را نجات دهم.

در همین فکر و خیال ها سیر می کردم که ناگهان از خواب پریدم، در رؤیا بودم و چیزی بین خواب و بیداری. لیلا را دیدم که با چهره ای پر از خستگی کنارم خوابیده و آنقدر آشفته و پریشان است که بیداری مرا متوجه نشده و به سنگینی به خواب رفته است. زانوهایم را بغل کردم و نگاهی به ساعت انداختم، ساعتی که لحظه های پر آشوب زندگی ام را با من سپری می کرد و برخی اوقات چنان سریع جلو می رفت که از خستگی باز می ایستاد و به آرامی طی زمان می کرد و الان ۴ صبح را

نشان میداد. و به آسمان می نگریستم و دیگر نمی توانستم ستارهٔ رؤیایی خودم را پیدا کنم، او نیز رخت سفر بسته و مرا ترک کرده بود. انگار در این دنیای فانی، همه چیز دست در دست هم داده بودند، تا مرا نابود کنند. می گریستم و قطره های اشک جاری شده از چشمانم با من دمساز شده بودند و با من حرف از جدایی و تیره روزی می زدند. با صدای هق هق هایم لیلا به سرعت از جایش برخاست، نگاهی به دور و برش در گرگ و میش صبح زود انداخت و وقتی به سختی، مرا چمباتمه روی صندلی جلوی پنجره پیدا کرد، آه عمیقی کشید و سراسیمه به سراغم آمد و گفت: «هیوا، کی بیدار شدی؟»

- یه ساعتی می شه که بیدارم، تو بخواب و نگران من نباش

- می ترسم از اینکه دوباره کار احمقانه ای بکنی، من باید تا وقتی نتونستی فکر یونس رو از کله ات بیرون کنی پیشت باشم

- لیلا، چطور می تونم پاکترین حس درونی ام رو به کسی که برای رسیدن بهش اینقدر زحمت کشیدم، به راحتی بیرون بندازم؟

- عزیزم دنیا که به آخر نرسیده، چند ساعت بعد دوباره با همون شماره تماس بگیر و مفصّل با یونس اتمام حجت کن، شاید بتونه زنی رو که گرفته طلاق بده و پیش تو بیاد. اصلاً از کجا می دونی، شاید چون تو در این مدت نتونستی احساسات خودت را بهش منتقل کنی، مجبور به ازدواج شده؟

- نه من مطمئنم که اون منو دوست داشت، مثل خودم مسحور عشقمون شده بود. ولی چرا...

- هیوا جان، چرا و امّاها رو ول کن. حالا می خوای یونس رو در جریان عشقت و اینکه تو پاریس هستی قرار بدی؟

- نه دیگه چنین قصدی ندارم و اصلاً نمی خوام بدونه که براش چه کارهایی کردم، اون منو تو این دنیا تنها گذاشت و لیاقت عشق منو نداشت. همین بهتر که چیز بیشتری به اون زن نگفتم، اسمم رو هم به همسرش گفتم، اگه قرار بود با من تماس بگیره، تا حالا گرفته بود، پس یا اسمم از یاد همسرش رفته یا اینکه اصلاً قصد تماس با من رو نداره. پس بهتره که پیگیر موضوع نباشم. یونس خیلی عوض شده که دست به چنین کاری زده. من باید یکم عمیقتر فکر کنم، دو راه بیشتر هم ندارم، یا باید برگردم و یا اینکه اینجا پیش تو بمونم و به زندگی خودم همینجا ادامه بدم

- عزیزم فکر لازم نیست، تو همینجا می مونی و با هم به آینده ای که پیش رو داریم می رسیم و با نشاط و شادی پله های ترقّی رو بالا میریم. یونس تو رو تنها گذاشت، تو هم اون رو تنها میذاری

لیلا درست می گفت باید فکر یونس را هرجوری که بود، از سرم بیرون می کردم و به آیندۀ پیش رویم می اندیشیدم، به زندگی بدون یونس که

بتوانم در مسیری که افتاده بودم موفق باشم. لیلا را به گرمی در بغل گرفتم و فشردم و به او گفتم:

- لیلا جان، دوست عزیزم، تو بهم قول داده بودی تا آخر کنارم باشی، یادته خونه راسل که بودیم بهم از قولهات میگفتی؟

تبسّم پرمعنایی که فقط سمت راست لبانش را به حرکت درآورده بود، گفت:

- آره هیوا، یادمه، ولی تو گفتی که قول نمی دی پیشم بمونی و از اینجا میری، حالا که تصمیم گرفتی تو پاریس بمونی، تو هم قول میدی تا ابد کنارم بمونی؟

- قول میدم که هیچوقت تنهات نذارم. من به ادامۀ راهم تو شرکت Lorence فکر خواهم کرد

سینۀ لیلا روی سینه ام بود و گرمای بدنش آرامم می کرد. تنها کسی بود که داشتم و نمی خواستم مثل تمام کسانی که یکی یکی از دست داده بودم، او را نیز از دست بدهم. پدرم، مادرم و لعیا را از دست داده بودم و این بار قصد داشتم در حفظ لیلا در کنارم بکوشم، چون خیلی مرا دوست داشت و به خاطر ماندن در کنارم از خیلی چیزها گذشته بود. از مایک و از خانه و زندگی اش گذشته بود و می خواست در کنارم بماند

و برایم مثل یک همدم باشد. تصمیم خودم را جهت ماندن در پاریس قطعی گرفته بودم، لیلا را از سینه ام جدا کردم و گفتم:

- فقط باید کمکم کنی یونس رو فراموش کنم، کار راحتی نیست و مطمئنم به این راحتی نمیتونم به کلی از صحنهٔ زندگیم پاک کنم. من هم نسبت بهش حس بدی پیدا کردم، شاید وجود همین حس بد بتونه کمکم کنه

- حتماً همینطوره، بیا صبحونه مون رو کنار هم بخوریم و هر دو با جدّیت هر چه تمامتر سرکارهامون بریم. بعد دستم را گرفت و کشید و ادامه داد: «مردی که بخواد دل دختر زیبا و نازنینی مثل تو را بشکنه، سزایش همینه. چی می خوری برات آماده کنم؟ برو آبی به دست و صورتت بزن و سر میز بشین تا یه صبحانه مفصل، دوتایی بخوریم.»

اگر لیلا نبود و مرا دلداری نمی داد. واقعاً نمی دانستم چه بلایی برسرم می آمد. خدا او را برای نجات من فرستاده بود. در کنار هم صبحانه را خوردیم، من که ادای آدمهای شاد را در می آوردم و هراز چندگاهی به زور لیلا تبسمی روی لبهایم سبز می شد، چند لقمه ای خوردم و برای رفتن به سرکارم آماده شدم. رفتن به شرکت و کار کردن دیگر شور و شوق قبلی را نداشت و مثل قبلها که وقتی از خانه خارج می شدم با سرحالی و خوشحالی همراه نبود. به شرکت رفتم. وارد شرکت که شدم، راسل به محض ورود من به شرکت مرا احضار کرد، منشی تماس گرفت

و موضوع را اطلاع داد. با ورود به اتاق مدیریت شرکت، راسل از پشت میز نیم خیز شد و نتیجه را از من جویا شد. او می خواست بداند که آیا توانسته ام با یونس در مورد احساس درونی ام و اینکه به پاریس برای ملاقات با من بیاید. صحبت کنم یا نه. حوصله درست و حسابی برای جواب دادن به پرسش راسل نداشتم، راسل ادامه داد:

- آیا این افسردگی نشانهٔ همان چیزی است که من حدس می زنم؟ شما بایستی الان شاد باشید. مگر نتوانسته اید با معشوق خود سخن بگوئید؟ و یا اینکه...

وسط حرفهای راسل پریده و گفتم:

- آقای راسل من نتوانسته ام با یونس ارتباط برقرار کنم، شما درست حدس زدید و دیگر شخصی بنام یونس در زندگی من وجود ندارد و دیگر نمی خواهم در مورد او حرف بزنیم. معذرت می خواهم، من حال و روز مساعدی ندارم، اگر حرف دیگری ندارید، می خواهم به اتاقم برگردم.

- بله بفرمائید. ولی اگر امکان دارد سری به آقای ژاک بزنید. با شما کار مهمی دارند

اتاق راسل را ترک کردم و نتوانستم به او در مورد ازدواج یونس چیزی بگویم. بطرف اتاق آقای ژاک، کارگردان برنامه های تبلیغاتی حرکت کردم. او می خواست در مورد پیشنهاد کار جدید با من صحبت کند ولی

به او گفتم: «آقای ژاک، فعلاً برای انجام پروژه جدید مساعد نیستم. اگر امکان دارد به چند روز بعد محوّل کنید تا بتوانم خودم را آماده کنم.» او نیز پذیرفت و شروع به کار را یک هفته عقب انداخت. به خانه برگشتم و مستقیماً به اتاق رفته و خواستم به دایی سیاوشم زنگ بزنم و با او کمی صحبت کنم تا شاید عوض چند ماه دلهره و ناراحتی را در آورده باشم. تماس گرفتم، از لحن صحبتش معلوم بود که اصلاً در مورد من نگران نیست و سرش گرم کار خودش است. تصمیم گرفتم از آن به بعد با او تماس نگیرم

صبح روز بعد با شرکت تماس گرفتم و چند روزی مرخصی خواستم، راسل بلافاصله موافقت کرد. در خانه مشغول فکر به یونس و اینکه چرا باید این کار را بکند، بودم که تلفنم بصدا درآمد. پیامی مبنی بر واریز سیصدهزار دلار وجه به حسابم در بانک BNP پاریس، گوشی ام را لرزانید، پول از طرف راسل به حسابم واریز شده بود. هنوز ۴ ماهم در شرکت Lorence تکمیل نشده بود که در حسابم نزدیک به ۸۵۰ هزار دلار پول داشتم. راسل تمامی هزینه های مرا می پرداخت و می گفت که چون باعث در آمدزایی شرکتش شده ام، نخواهد گذاشت مشکل مالی و اقتصادی داشته باشم. برای من از طرف شرکتهای دیگر که در امر تبلیغات رسانه ای فعالیت داشتند، خیلی کارها پیشنهاد می شد ولی من چون از راسل خیلی راضی بودم و Lorence را باعث پیشرفتم

می دانستم و با Lorence شروع به کار کرده بودم، مبالغی را که از سوی سایر شرکتهای تبلیغاتی برایم پیشنهاد می شد، رد می کردم.

چند روزی را بهمراه لیلا در منزل استراحت کردم، به موزیک های ایرانی گوش می دادم و دائماً در تلاش بودم یونس را محکوم کنم و عشق پاک خودم را نسبت به او در دلم حفظ نکنم. زیرا عذابم می داد. در طی چند روز که در مرخصی بودم به سختی غذایی می خوردم و کارم به جایی رسیده بود که لیلا تصمیم گرفت با یک روانپزشک جهت درمان افسردگی من تماس بگیرد. پزشک به خانه می آمد و با تجویز داروها و راهکارهایی که با لیلا در موردشان صحبت می کرد، سعی در بهبود من داشت. راسل نیز در طی چند روز مرخصی ام، سه بار به من سر زده و پیگیر حالم شده بود.

روزها از پی هم می گذشتند و من هر روز بهتر از دیروز سرکارم می رفتم و چندین قرار داد مهم با شرکت Lorence امضا کردم، همه پروژه ها را همزمان با درایت و مدیریت ژاک و تهیه کنندگان و دست اندرکاران شرکت، انجام دادم. تهیه فیلمهای تبلیغی برای شرکتهایی نظیر lisse design (Cerita hair seram , Deborah)از جمله مهمترین آنها بودند. روزبه روز جلو می رفتم و حساب بانکی ام در بانک BNP پر می شد، هر روز مشهورتر، ورزیده تر و ماهرتر می شدم. بعد از اتمام فیلمبرداری ها در شرکت، روزنامه ها از من می نوشتند. زبان

۲۳۴

فرانسه را هم تقریباً آموخته بودم و صحبت می کردم، هیچ مشکلی نداشتم و با لیلا روزهایم را می گذراندم.

زمستان فرا رسیده بود و من روبروی شومینه در منزل نشسته و مشغول نوشیدن قهوه بودم. نوت بوکم را باز کردم و شروع به ورق زدن عکسهایی کردم که عکاس شرکت به هنگام اجرا از من گرفته بود. هر روز که می گذشت. زیباتر می شدم و به پرستیژم افزوده می شد ؛ این ها را عکسها می گفتند.

زنگ در بصدا در آمد، راسل بود که برای تبریک موفقیتم در آخرین پروژه ام به ملاقاتم آمده بود. هر موقع می آمد، لباسی را برایم هدیه می آورد که شرکتهای تولید لباس و مد برایم می فرستادند. راسل آمده بود که پس از تبریک و تقدیم هدیه، مرا به جایی ببرد ولی نمی گفت کجا، آماده شدم و به همراهش سوار اتومبیل شدیم و پس از دو ساعت، خواهش کرد چشمهایم را بسته و پیاده شوم، گفت:

- هیوا جان نباید چیزی ببینی، چون می خواهم غافلگیرت کنم

- باشه آقای راسل قول می دهم نگاه نکنم

دستم را گرفت و مرا به آرامی جلو برد و گفت

- همین جاست، می توانی چشمهایت را باز کنی.

چشمانم را گشودم و چمنزار بزرگی را روبرویم دیدم که اسبهایی به رنگهای مختلف در حال دویدن در چمنزار بودند. از راسل پرسیدم:

- اینجا کجاست؟ و چرا مرا به اینجا آوردی؟

- اینجا یک اصطبل با پیست اسب سواری است که تقریباً ۵۰ اسب دارد و ساختمان پشت سرمان هم محل آموزش اسب سواری است. اینجا از این به بعد مال توست

راسل فقط یکبار آنهم از دهان لیلا شنیده بود که من علاقه زیادی به اسب سواری دارم و این کار را فقط برای خشنودی من می کرد. نمی توانستم باور کنم که صاحب یک اصطبل و آموزشگاه اسب سواری هستم. راسل را در آغوش گرفتم و از او تشکر کردم. از آن روز به بعد هر روز یک ساعت کارم را زود تعطیل می کردم و مستقیماً به طرف اصطبل می رفتم و تحت نظر آموزشگران مشغول اسب سواری می شدم. خدا مرا دوست داشت که شخصی مثل راسل را برایم فرستاده بود که می خواست با شکست روحی که داشتم در تقویت روحیه ام بکوشد و پشت سرهم هدیه هایی گران قیمت به من می داد. اعتماد مرا نسبت به خودش بالا می برد. ولی هر کاری می کرد یونس جلوی چشمم بود و انگار که داشت تماشایم می کرد ولی من از او روی بر می گرداندم و اعتنا نمی کردم. چون عشقش را زیر پا له کرده بود. زمستان تمام شد و بهار با هزار طراوتش فرا رسید.کارهایم را یکی پس از دیگری به پایان

می رساندم و هر بار مبلغی بعنوان حق الزحمه به حسابم واریز می شد. آدم قبلی و هیوای سابق نبودم. به سختی با مردم سخن می گفتم. طرز راه رفتنم، حرف زدنم، لباس پوشیدنم، حتی نگاه کردنم هم با قبل خیلی تفاوت داشت. کار روی من خیلی تأثیر گذاشته بود. به جایی رسیده بودم که از طرف یک شرکت سینمایی پیشنهاد بازیگری در یک فیلم برایم فرستاده شد. کارگردان فیلم خیلی اصرار داشت که قبول کنم. ولی نمی خواستم بدون اجازۀ راسل دست به چنین کاری بزنم. با راسل در مورد کار بازیگری حرف زدم، او گفت:

- هیوا جان، بازیگری در یک فیلم حرفۀ خوبیست، به دو شرط، اول اینکه به کارت در شرکت لطمه ای نزند و دوم اینکه نقش خوبی را انتخاب کنی که لایق چهره و پرستیژ تو باشد

چند مدتی روی این تصمیم با راسل همفکری کردیم و قرار براین شد که فیلمنامه را بخوانم و اگر خوشمان آمده باشد، برای بازی در فیلم قرار داد ببندیم. راسل مصمّم تر از من فیلنامه را می خواند و به نظر می رسید که خیلی راجع به این موضوع حساس شده است. بالاخره پس از چند هفته اجازۀ بازی در فیلم از سوی راسل برایم صادر شد.

موضوع فیلم عاشقانه بود و در بیشتر صحنه ها نیاز به گریه و آشفتگی داشت، که من بدون نیاز به هیچ محرّکی می گریستم و اشک می ریختم. سه ماه طول کشید تا فیلمبرداری تمام شود و بالاخره پس از

مدتی تدوین و صداگذاری فیلم برای پخش در سینما آماده اکران شد. در آمدی که از فروش فیلم به جیب تهیه کننده رفته بود نزدیک یازده میلیون دلار بود.

راسل را خیلی دوست داشتم، چون برایم زندگی ساخته بود، آرامش فراهم کرده بود و مهمتر از همه به شهرت رسانده بود. هر روز در شرکت با راسل بودم و برخی اوقات عصرها پس از اتمام کار شرکت، باهم بیرون می رفتیم و خوش می گذراندیم.

صبح یک روز تابستان وارد شرکت شدم و در اتاقم مشغول مطالعه بودم که منشی با من تماس گرفت و گفت که مردی اینجا نشسته و می خواهد مرا ببیند. به منشی گفتم اجازه بدهید وارد اتاقم شود تا ببینم کیست و چه می خواهد. خیلی ها برای مصاحبه و ملاقاتم به شرکت می آمدند، عادت کرده بودم هر چند روز با یک نفر ملاقاتی داشته باشم. در اتاقم بصدا درآمد و پس از صدور دستور بفرمائید توسط من، در باز شد. سرم پائین بود و مشغول مطالعهٔ کتابی با موضوع علوم و فنون بازیگری حرفه ای که صدایی آرام گفت:

- سلام هیوا

صدا برایم آشنا بود و این صدا قبلاً جایی به گوشم خورده بود. فوراً سرم را بلند کردم و بادیدن کسی که روبرویم ایستاده بود، در جایم میخکوب

شدم، آن مرد «دانیل» بود، از ترس کمی عقب کشیدم و به دیوار تکیه دادم و گفتم:

- دانیل تو زنده ای؟ اینجا چیکار می کنی و مرا چطور پیدا کردی؟ خواهش میکنم جلو نیا و همانجا بایست.

- هیوا خانوم، من با شما کاری ندارم و قصد ندارم ضرری به شما برسانم، شما را از طریق اینترنت پیدا کردم. پیدا کردن آدمهای مشهوری مثل شما کار سختی نیست. دختری زیبا مثل شما را که کار بازیگری هم می کند، همه می توانند پیدا کنند

دانیل زنده بود و حرف می زد. جلو آمد و نشست و مرا با حرفهایش کمی آرام کرد. چون فکر می کردم برای انتقام آمده است، ترسیده بودم. لیوان آبی برایم پر کرد، روی صندلی ام نشستم و ادامه دادم:

- دانیل تو با آن ضربه ای که به سرت خورده بود چطور زنده ماندی؟

و شروع کرد به شرح حادثه های بعد از فرار من « خدمتکار بعد از چند ساعت با تلفن خانه و همراهم تماس میگیرد و چون نگرانم می شود به خانه بر می گردد، مرا در آن حال و روز خونین می بیند و با اورژانس بیمارستان تماس میگیرد، پس از دو ماه بستری و جراحی بالاخره بهبود می یابم و از بیمارستان مرخص می شوم » دانیل پشت سرهم حرف

می زد و از آن روزها می گفت که من نتوانستم دوام بیاورم و چون او را آرام دیدم، گفتم:

- دانیل بس است. زنده ماندی و اکنون روبرویم ایستاده ای. تو کاری با من کردی که تنفرم را نسبت به خودت بیدار کردی و باعث شدی آن ضربه مهلک را به سرت وارد کنم. تو با هیجانات و احساسات دخترانه من بازی کردی و این توهین بزرگی به من بود و من تو را هیچگاه نخواهم بخشید

از طرفی خوشحال بودم که دانیل نمرده و زنده مانده است و از طرفی دیگر خیلی ناراحت و عصبانی بودم که مرا یافته و اکنون درست جلوی چشمانم ایستاده و سخن می گوید. ایستاد و جلویم زانو زد و گفت:

- هیوا جان، من عاشق تو بودم و هستم و فقط بخاطر اینکه تو را در کنارم ابدی بکنم، دست به چنین کاری زدم. آنقدر روی من اثر گذاشته بودی و آنقدر مرا مسحور خود کرده بودی که نمی خواستم از پیشم بروی. من عاشقت هستم و از این عشق دست نخواهم کشید.

- از این جا برو و دیگر دنبال من نیا. من کاری با تو ندارم و عشق تو را نمی پذیرم

سپس به منشی گفتم فردی را بفرستد تا دانیل را به زور از اتاقم بیرون کند، دانیل تا این را شنید، سریع کنارم آمد و خواست به من نزدیک شود که کمی عقب کشیدم و گفتم:

- خواهش میکنم از تو که اینجا را ترک کنی و به کشور خودت ایتالیا برگردی و مشغول زندگی خودت باشی. دانیل من هیچ حسی نسبت به تو ندارم و نمی خواهم ببینمت

در این حین راسل وارد شد و بی تأمل و بدون مقدمه بطرف دانیل حمله کرد و خواست او را زیر کتک بیندازد که از او خواهش کردم بدون خشونت و به آرامی او را از اینجا دور کند. راسل، دانیل را از اتاق بیرون می کشید ولی زبان دانیل از گفتن جملهٔ «دوستت دارم و عشق خود را به تو ثابت خواهم کرد» باز نمی ایستاد. خیلی ترسیده بودم و از این رویارویی نابه هنگام شوکه شده بودم. راسل نیز که از دیدن چنین صحنه ای بسیار آزرده شده بود، پس از بیرون انداختن دانیل از شرکت دوباره به اتاقم برگشت و مرا در حال گریستن دید و گفت:

- هیوا جان، از اینکه نتوانستم از قبل جلوی چنین آدمهایی را بگیرم تا وارد شرکت نشوند، عذر می خواهم ولی قول میدهم دیگر اینجا برنگردد

نمی دانستم راسل به هنگام بیرون کردن دانیل با او چه کرده و چه گفته بود که اینقدر از برنگشتن دانیل مطمئن بود ولی به گفته های راسل

اطمینان داشتم و او را باور داشتم. روز عجیبی بود، آن روز راسل اجازهٔ کار کردن به من نداد، دستم را گرفت و از صندلی جدایم کرد و گفت:

- برای امروز بس است. گریه نکن. با هم به طرف خانه حرکت می کنیم و من تو را تا منزل مشایعت می کنم. اشکهایم را با دستمال مخصوصی که در جیب کتش داشت پاک کرد و بهمراه من سوار بر اتومبیلی که هر روز مرا به خانه می برد، شد و به راننده دستور حرکت داد، روبه راننده گفت:

- از این لحظه به بعد بیشتر مراقب خانم هیوا خواهی بود، اجازه نخواهی داد به تنهایی از اتومبیل جهت خرید یا هر کار دیگری پیاده شده و دچار دردسر شوند. هر موقع ایشان تصمیم بر پیاده شدن از اتومبیل را داشتند، شما نیز تا اتمام کارهای ایشان از اتومبیل پیاده شده و با ایشان خواهی بود تا هیچ آسیبی به ایشان نرسد.

اینها را به راننده می گفت تا خیالش از بابت من راحت شود. در این هنگام که داشتم از شرکت خارج می شدم ناگهان متوجه شدم که دانیل آنطرف خیابان ایستاده و منتظر بیرون آمدن من از شرکت است و دارد به اتومبیل ما که از شرکت خارج می شود نگاه می کند. با دیدن دانیل روبروی شرکت خیلی ترسیدم و بر اضطرابم افزوده شد. فکر میکردم با کاری که راسل به هنگام بیرون انداختن او انجام داده، دانیل رفته و دیگر پیدایش نخواهد شد. ولی آدم سمجی بود، وقتی او را دیدم به یاد موقعی

افتادم که به زور به من مشروب خوراند و به من تجاوز نمود. از او متنفر بودم و نمی خواستم جلوی چشمم باشد. راسل مرا تا ورودی خانه ام مشایعت نمود و هنگامی که پس از گشودن در، می خواستم وارد خانه شوم دستم را گرفت و مرا بسوی خودش چرخاند و گفت:

- هیوا جان من از تو خواهشی دارم و آن اینکه بیشتر مواظب خودت باشی چونکه تو دیگر یک دختر معمولی و عادی نیستی و هر کسی می خواهد صاحب دختری با زیبایی و شهرت تو باشد. این آدم همان مردی بود که باعث بچه دار شدن تو شده بود؟ با خجالت سرم را پائین انداختم و گفتم:

- آقای راسل درست حدس زدید همان آدم است ولی من اصلاً نسبت به او حس خوبی ندارم و نمی خواهم دوروبرم باشد. او با خوراندن مشروب و مست کردن من دست به چنین کاری زد. در حقیقت من خیال میکردم او مرده است، چون پس از سر حال شدن و بلند شدن از خواب بود که فهمیدم با من چه کاری کرده، با گلدانی که دم دستم بود بر سرش کوبیدم و او افتاد. خون از سرش بیرون جهید و من حتی رگ گردنش را هم لمس کردم و فکر کردم او مرده است و از خانه اش پا به فرار گذاشتم. ولی الان می فهمم که اشتباه کرده بودم و او نمرده است. آدرس مرا از طریق شرکت پیدا کرده بود و می گفت که از من دست نخواهد کشید.

این جملات را برای راسل می گفتم و دلم را برایش خالی می کردم و او نیز سراپا گوش به حرفهای من گوش میداد و پس از اتمام حرفهایم مرا در بغل گرفت و فشرد. من متوجه چشمهای راسل شدم که داشت اشک می ریخت و در این حال ادامه داد:

- هیوا جان، من اجازه نخواهم داد کسی که ممکن است به شما ضرری بزند، وارد زندگی تان شود. شما خیالتان راحت باشد. به دوستتان لیلا هم زنگ بزنید امروز را کمی زودتر به خانه بیاید

سپس پس از بوسه زدن بر دستم از من خداحافظی کرد و رفت. راسل واقعاً روی من و کارهایی که انجام می دادم و آدمهایی که با آنها ارتباط داشتم خیلی حسّاس بود. از کارهای راسل خیلی خوشم می آمد و از اینکه کسی مثل او دائماً مواظب من بود خیلی خوشحال بودم. وقتی راسل از من خداحافظی کرد و رفت چنان حسّ خوبی داشتم که قابل وصف نبود و دلم را قرص می کرد. راسل چنان محکم و استوار در مقابل مشکلات من ایستاده بود که محال بود مشکلی به سمت من حمله ور شده و مرا از پای در آورد. با آنکه تمام امیدم را برای ادامه زندگی پس از یونس، از دست داده بودم، ولی وجود راسل در کنارم قوّت قلبی بود تا بتوانم براحتی نفس بکشم و خودم را به او تکیه دهم. حقیقت را پذیرفته بودم و خودم را از یونس و فکر و ذکرش رها ساخته بودم و دو دستی به کارم و شرکتی که در آن مشغول فعالیت بودم، چسبیده بودم.

وارد خانه شدم و با لیلا تماس گرفتم و گفتم که امروز کمی زودتر کار را تعطیل کند و به خانه بیاید می خواهم دور هم باشیم و کمی بیشتر از لحظاتمان در کنار یکدیگر استفاده کنیم. او نیز به همراه دوستش مریلا پس از ساعتی به خانه آمدند. با آنکه بودن مریلا را نمی توانستم بپذیرم ولی چون از لیلا قول گرفته بودم که مواد را ترک کرده و با مریلا زیاد ارتباط نداشته باشد، آن روز را استثنائاً پذیرفتم. خیلی آرام بودم و از طرفی هم بعلت اینکه دانیل زنده مانده بود خوشحالتر، چون آن استرسی که باعث شده بود ماندن من در اروپا با مشکل مواجه شود، از بین رفته بود و می دانستم که دانیل هم آدمی نیست که بخاطر من و در کنار من بودن، دست به کارهای احمقانه بزند. شب را تا دم صبح با لیلا و مریلا نشستم و در مورد کارها و خودمان گفتیم و خندیدیم. صبح وقتی راننده دنبالم آمد تا سرکار بروم، متوجه شدم که تا دم در بالا آمده و حتی قصد تنها رها کردن من داخل راهرو و راه پله و آسانسور را هم ندارد. خیلی از این کارهای راسل خوشم می آمد، به شرکت رسیدیم و وقتی از اینکه خواستم وارد اتاق کارم شوم، راسل جلویم سبز شد و گفت:

- هیوا جان، صحبت بخیر، مشکلی که پیش نیامد وقتی در راه شرکت بودی؟

- نه خیر آقای راسل. صبح شما هم بخیر. از شما ممنونم که اینقدر مواظب من هستید ولی می خواهم در مورد موضوعی با شما حرف بزنم و آن هم اینکه علت این همه حساسیت شما نسبت به من چیست؟

- هیوا جان من هم می خواستم در همین مورد گفتگویی داشته باشم ولی نه اینجا. سپس منشی اش را صدا کرد و در مورد اینکه ما تا عصر در شرکت نخواهیم بود، با او صحبت کرد و در جریان گذاشت.

کت و شلوار مشکی رنگی با پیراهن سفید و پاپیون مشکی به تن داشت و بیشتر مرا به تردید وا داشت. راسل آدم عجیبی بود و تمام کارهایش برنامه ریزی خاصی داشت. این را در طول مدتی که با او کار کرده بودم، دستگیرم شده بود. اتومبیل شخصی خودش را سوار شدیم و بدون راننده با BMW مشکی رنگ راسل، راهی خیابانهای شهر پاریس شدیم. باران بصورت نم نم می بارید و شیشه های اتومبیل را خیس می کرد. راسل از من پرسید:

- تا بحال از وقتی پاریس آمده ای و اینقدر مشهور شده ای، کنار ایفل رفته ای؟

- منظورتان برج ایفل است؟

- بله عزیزم. برج ایفل

- بله رفته ام، چطور؟

- امروز می خواهم تو را بالای ایفل ببرم تا از آنجا پاریس را ببینی

- آقای راسل من عاشق بلندی ام و هیچ ترسی از بلندی ندارم، از این تفریح هم بسیار خوشحال می شوم.

خندید و مسیر ایفل را در پیش گرفت. به میدان شان دو مارس (Champ de mars) رسیدیم، ایفل پشت سرمان خود نمایی می کرد. اتومبیل را پارک کرده و به سمت بالابری که در ایفل کار گذاشته بودند، حرکت کردیم. مقصد راسل رستوران Le Jules Verne واقع در مرکز ایفل و مترها بالاتر بود. روی صندلی های قرمز رستوران نشستیم. در این هنگام متوجه شدم که دانیل از دور مشغول تماشای من و راسل است، او ما را تعقیب کرده بود. خواستم راسل را در جریان قرار دهم ولی چون نمی خواستم لحظات در کنار همدیگر بودنمان خراب شود و بر خوشحالیمان صدمه ای وارد نشود، از این کار امتناع کردم. منظرۀ زیبایی رود سِن از آن بالا خیلی عالی بود. ماشین هایی که از خیابان موازی رود سن، خیابان Quai Branly می گذشتند به اندازۀ یک گنجشک جلوه می کردند.

وقتی به من نگاه میکرد چشمهایش برق می زد. معلوم بود حرف مهمی در دل دارد که این رستوران را برای حرف زدن انتخاب کرده است. دانیل نیز کمی آنطرف تر و در شلوغی و ازدحام مردم ایستاده بود و ما را نظاره می کرد. حواسم به دانیل بود و به پائین و دور دستها خیره مانده بودم

که ناگهان متوجه شدم. راسل کنارم زانو زده و قاب انگشتری را که در دست دارد و انگشتر زیبایی درون آن برق می زند، به سویم دراز کرده و پس از متوجه شدن من و چرخیدنم به سمت او گفت:

- هیوا، با من ازدواج میکنی؟

حرف عجیبی بود و در جایم میخکوب شده بودم، نمی دانستم چه بگویم و چه پاسخی به این درخواست زود هنگام راسل بدهم. به چشمهایش نگاه کردم و چون عاشق کارها و حمایتهایش بودم جواب دادم: «آقای راسل نمی دانم چه بگویم.» باز دوباره همان جمله را تکرار کرد و به چهره ام خیره شد. یونس از کنارم پر کشیده بود و هیچ امیدی به او نداشتم. ازدواج کرده بود و من هم باید با کسی ازدواج می کردم و چه کسی بهتر از راسل مهربان و دوست داشتنی بود که می توانستم پیدا کنم. به صورت راسل نگاهی دیگر کردم و گفتم: «بله مایلم با شما ازدواج کنم» در این لحظه بود که راسل انگشتر را از قاب کشید و انگشتم کرد، مرا در بغل گرفت و غرق بوسه کرد و در گوشم گفت: «این تنها آرزویم بود و دیگر آرزویی ندارم.» من در بغل راسل بودم ولی دانیل را می دیدم که آنطرف تر روبروی من و پشت راسل ایستاده و شاهد خواستگاری راسل مهربان از من و قبولی از طرف من است.

می دانستم چه در دلش می گذرد، چون دیوانه وارعاشقم بود، چون آن روز در اتاقم با لحن عجیبی سخن میگفت، پس از حمله من بطرفش و

مجروح شدنش قصد بدی نداشت و آن همه راه را برای یافتن من آمده بود. راسل داشت متوجه می شد که من به کسی پشت سرش نگاه میکنم و وقتی خواست بچرخد، دانیل رفته بود. خندان و خوشحال بطرف اتومبیل رفته و به سمت خانه حرکت کردیم. در اتومبیل راسل که سراز پا نمی شناخت و پشت سرهم دستم را می بوسید، گفت:

- هیوا جان، خیلی وقت بود که می خواستم از تو خواستگاری کنم، ولی چون مطمئن نبودم که جوابت چیست، نمی توانستم قدم جلو بگذارم. من واقعاً عاشق تو هستم و قول میدهم بهترین شوهر و همدم برایت باشم. بودن همسر زیبا و خوش صحبتی مثل تو در کنارم، به من امید و خوشبختی می دهد. از تو متشکرم که مرا قبول کردی. راسل خیلی خوب بلد بود حرف بزند و توانسته بود دل مرا پس از فراموش کردن یونس بدست بیاورد. من هم او را دوست داشتم، ولی همیشه به این می اندیشیدم که چرا باید یونس مرتکب چنین اشتباهی شده باشد. هر چه بود من از آن موقع به بعد همسر راسل بودم و راسل داشت در اتومبیل در مورد تاریخ عروسی و یک مراسم مجلّل برنامه ریزی می کرد و گفت:

- عزیزم تصمیم داری کی این مراسم را برگزار کنیم؟ چگونه باشد بهتر است؟

- می توانم از این بعد «راسل» صدایتان کنم؟

- هیوا جان، تو واقعاً کسی هستی که من دنبالش بودم. بله البته که می توانی

- راسل، من هم به تو علاقه خاصی داشتم و دارم و هر تاریخی را خودت صلاح می دانی برای مراسم در نظر بگیر

خیلی عجله داشت تا همه کارها را یکجا و بسرعت به اتمام برساند. به سمت همان اصطبل اسبی که راسل قبلاً برایم خریده بود رفتیم. اسب قشنگ سفید رنگی را که «کارن» نام گذاشته بودیم، سوار شدم، راسل هم سوار بر یک اسب قهوه ای رنگ دیگر شد و شروع به اسب سواری کردیم. من می تاختم و او پشت سر من می آمد. کارن اسب قدرتمند و زیبایی بود که متعلق به خودم بود و هراز چندگاهی مرا به اوج لذت می برد. راسل پشت سرم داد می زد: «هیوا جان خیلی دوستت دارم و قول می دهم همیشه پشتیبانت باشم.» لحظه های پر احساسی را پشت سر می گذاشتم و راسل چنان رخنه در وجودم کرده بود که هیچ گاه در طول زندگی ام نظیر چنین لحظه هایی را هیچ کسی برایم فراهم نکرده بود. مردی ایده آل ومهربان بود که مرا به رؤیاهایم رسانده بود.

با راسل خوش می گذراندیم و می خندیدیم. دستور ایست به کارن دادم و از آن پیاده شدم راسل نیز به طبعیت از من پیاده شد و مرا در آغوش گرفت و بوسه عمیقی از من گرفت که نتوانستم بر احساس خود غلبه کنم و راسل را پس از مدتها بوسیدم و گفتم: «راسل عزیز، من از هم

اکنون همسر تو هستم و قول میدهم به تو وفادار بمانم.» مرا روی دو دست خود بلند کرد و با نگاهی پُر از عشق به چشمانم بر زمین نهاد و لبهایم را در دهان گرفت. هر لحظه که می گذشت بر تنفرم از یونس افزوده می شد، چونکه خود را در کنار راسل، عاشقتر احساس میکردم و با خود می گفتم که اگر یونس هم عاشق من بود چرا مثل راسل برایم وقت نگذاشت و چرا به دنبالم نیامد؟ من که آنقدر عشق پاک یونس را در دل می پروراندم، چه می شد که یک قدم هم او برایم جلو می گذاشت و با این سؤالات و جوابهایی که داشتم، خودم را به راسل نزدیکتر و از یونس دورتر و دورتر می کردم. آن روز را تا شب بیرون از خانه به عشقبازی های پر احساس با راسل گذراندیم و موقع شام غذای مفصلی خوردیم. وقتی خواستیم به خانه برگردیم، راسل از من پرسید: «هیوا جان، اگر موافق باشی من در نظر دارم از همین امشب تو را در منزل خودم اسکان دهم، مگر نه این است که تو همسر من هستی؟» به چهره راسل نگاهی انداختم و گفتم: « راسل جان، موافقم ولی اه شرطی که تا ازدواجمان ثبت نشده چیزی بینمان نباشد.» خندۀ پرمعنایی کرد و ادامه داد: «به تو قول میدهم که به خواسته ات عمل کنم. من فقط وجود تو را می خواهم که در خانه ام باشی تا از گزند دیگران در امان باشی و خانه ام را لبریز از عشق کنی» خیلی قشنگ و طوری حرفهای عاشقانه اش را بر زبان جاری می کرد که کمتر کسی می توانست در

مقابل او مقاومت کند. در حقیقت راسل مرا مجذوب و عاشق خودش کرده بود و من نیز از در کنار او بودن، لذت می بردم و هیچ کمبودی از هیچ نظر نداشتم و به خود می بالیدم.

تنها کسی بود که به او اطمینان داشتم و می توانستم حرفهایم را با او در میان بگذارم. راسل واقعاً یک انسان واقعی بود و مرا از هر نظر درک می کرد و آنچنان تابع حرفها و خواسته هایم بود که لحظه ای را بدون او نمی توانستم تحمل کنم. سخنانش روحم را نوازش می داد و قلبم را به تسخیر خود در می آورد.

خودم نیز مایل نبودم به منزل شخصی خودم بروم و پس از آن همه عشقبازی و دلدادگی روزهایم را تنها در آن خانه سپری کنم. به خانه راسل رسیدیم. سریع و بدون معطّلی از اتومبیل پیاده شد و در اتومبیل را جهت پیاده شدن من به سرعت گشود، دست مرا گرفت و از اتومبیل پیاده ام کرد و پس از بوسیدن دستم با تشریفات خاصّی که مخصوص راسل بود پشت سرم به راه افتاد. پس از اینکه وارد خانه شدیم، خدمتکار را صدا زد و با لحن خاصّی که نشان میداد از شوروشعف در حال پرواز کردن است روبه خدمتکارش کرد و گفت: « هر کاری در دست داری زمین بگذار و اتاق دوشیزه هیوا را سریع آماده کن، ایشان از این به بعد در این جا اقامت خواهند داشت » به صورتم نگاه میکرد و منتظر بود تا من حرفی بزنم و چیزی بگویم ولی چیزی نگفتم، از فرط خستگی آن

روز روی کاناپه ولو شدم و نتوانستم تا آماده شدن اتاق جلوی خستگی ام را بگیرم. خدمتکار دیگر راسل به سراغم آمده و گفت: « دوشیزه هیوا آیا میل دارید یک نوشیدنی گرم برایتان بیاورم تا اتاقتان آماده شود و در اتاقتان استراحت بفرمائید؟ »

- متشکرم، چیزی میل ندارم. فقط خیلی خسته ام. راسل نگاهی به خدمتکارش انداخته و با اشارهٔ چشم به اوفهماند که ما را تنها بگذارد، به کنارم آمده و نشست. پس از اینکه طرّهٔ موهایم را که روی پیشانی ام افتاده بود کنار زد، بوسه عمیقی از پیشانی ام کرد و گفت: «هیوا جان، من خیلی آدم خوش شانسی هستم که دختر شایسته ای مثل تو اکنون در کنارم است و با من دلدادگی می کند.

- راسل می خواهم سؤالی از تو بپرسم و انتظار دارم رک به من جواب بدهی

- حتماً این کار را خواهم کرد

- آیا تا به حال با دختری غیر از من توانسته ای این همه نزدیک باشی و به او پیشنهاد ازدواج بدهی؟

با طمأنینه جواب داد: « من موقعیت شغلی مناسبی دارم و وضع زندگی ام از نظر اقتصادی خوب است و تا بحال با چندین دختر رابطه داشتم، ولی حرفی از ازدواج بینمان پیش نیامده، زیرا من قصد ازدواج نداشتم.

تو نگران روابط قبلی من نباش. مهم این است که هم اکنون تو در کنارم هستی و به غیر از تو به کس دیگری فکر نمی کنم » راسل اگر می خواست در مورد چیزی صحبت کند و منظورش را برساند شروع به چیدن دلایل و مدارک در کنار هم و ساختن نتیجه می کرد و در آخر حتماً مرا قانع می کرد، این اخلاقش را خیلی دوست داشتم و چون در طول مدتی که با هم آشنا شده بودیم به خلق و خویش واقف بودم، زیاد نخواستم تا ته زندگی اش و نقاطی که به من مربوط نمی شد، رسیدگی کنم. چشمانم تاب باز ماندن نداشتند، راسل نیز به این موضوع پی برده بود، مرا به طرف اتاقم راهنمایی کرد و پس از اینکه روی تختخواب گرم و نرمی که با روتختی گرانقیمتی از جنس اعلاء پوشیده شده بود، دراز کشیدم دستی به صورتم کشید و گفت: « عزیزم، بخواب و استراحت کن که فردا خیلی کار داریم، گرسنه که نیستی؟» رمق جواب دادن به راسل را نداشتم و خوابیدم

صبح با نور آفتابی که از کنار پنجره به درون اتاقم می تابید، از خواب برخاستم و متوجه شدم بوی گلهای حیاط چنان در اتاقم پیچیده که آدم را مست میکند. چند عطسه ای کردم و بلند شدم، خدمتکار را صدا کردم تا به راسل اطلاع دهد که من بیدار شده ام. در اتاق را گشودم و صدای پیانو توجه مرا به خود جلب کرد. حتماً راسل بود که داشت پیانو می نواخت. چنان عالی می نواخت که انگار داشت با من سخن می گفت،

سخن از عشق. یک لحظه چشمانم را بستم و خودم را در کنار ساحل دریا دیدم که راسل به دنبالم می دود و مرا در آغوش می گیرد. بوی گلها از یک طرف و صدای دلنواز پیانو از طرف دیگر، روحم را به پرواز در می آورد. با خود گفتم، راسل خیلی دوستت دارم. خدمتکار متوجه بیدار شدن من شده و سراسیمه به طرفم آمده بود ولی من متوجه او نبودم، چشمانم بسته بودند و تا چشمانم را گشودم او را در مقابلم دیدم و پرسیدم: «سلام، صبح شما بخیر، ببخشید من باید شما را به چه اسمی صدا کنم؟» لبخندی زد و گفت: « اسم من اشلی(Ashley) است و اصالتاً اهل بریتانیا هستم.»

- اشلی، مرا تا کنار آقای راسل راهنمایی کن. به همراه اشلی به سالن وارد شدیم و در کنار راسل ایستادم، راسل تا متوجه وجود من شد، دست از نواختن کشید و گفت:« صبحتون بخیر، دوشیزه هیوا، شب را خوب خوابیدی؟ اشلی صبحانه مفصلی آماده کن تا اولین صبحانهٔ عشقمان را با هم بخوریم » راسل خیلی خوب حرف می زد و استاد چیدن کلمات کنار یکدیگر و درست کردن جملات پرمحتوا و پرمعنا بود و در این کار خبره بود. صبحانه را با تشریفات خاصی صرف کرده و با اتومبیل دیگر راسل که ساخت کارخانهٔ مرسدس بنز بود خانه را ترک کردیم. راسل به طرف شرکت حرکت می کرد. وارد شرکت که شدیم مرا به سمت اتاق دیگری راهنمایی کرد که دقیقاً مماس با اتاق کار خودش

بود و صبح زود دستور داده بود آنجا را برای ورود من آماده کنند. دسته گلی نیز روی میزکار من بود که روی آن کارتی با این مضمون بود: « هیواجان خیلی دوستت دارم.» تا آن دسته گل را دیدم فوراً آنرا برداشتم و شروع کردم به بوئیدن گلهای رنگارنگ آن. راسل که شاهد این صحنه بود، گلها را از دست من گرفت و کارت روی آنرا بدقت خواند و گفت « از طرف چه کسی می تواند باشد؟» من متحیر شده بودم و چون فکر میکردم گلها هم کار خود راسل می تواند باشد با خوشحالی آنها را برداشتم. گفتم: «مگر کار تو نیست؟»

- نه من سفارش گل نداده بودم.

منشی شرکت را صدا زده و پرسید: « چه کسی گلها را فرستاده است؟» منشی ابروانش را بالا گرفت و گفت.

- گلها را از گل فروشی که در خیابان Matignon واقع است، آوردند و تحویل دادند. گفتند برسد به دست دوشیزه هیوا و چون شما این اتاق را برای دوشیزه هیوا معین کرده بودید، من گلها را روی میزکار خانم هیوا گذاشتم.

- ندانستی و نگفت از طرف چه کسی است؟
- خیر رئیس. من هیچ اطلاعاتی در این مورد نتوانستم از آورندۀ دسته گل بگیرم. ببخشید تلفن زنگ می زند

می توانستم حدس بزنم گلها از طرف که بود. آنها را دانیل برایم فرستاده بود. موضوع را به راسل گفتم او نیز با من هم عقیده بود و گفت: « هیوا جان، باید فکری در مورد این آدم عوضی بکنم. آنقدر جسارت پیدا کرده که برای همسر من گل می فرستد » راسل به هیچ عنوان تحمل وجود دانیل را در پاریس نداشت و چون با هم قرار ازدواج گذاشته بودیم، بیشتر از قبل خشمگین شده بود. ادامه داد:

- این آدم حتماً دوباره سراغ تو خواهد آمد. می دانم با او چکار کنم، کمی گوش مالی اش دهند می فهمد دیگر نباید با تو شوخی هایی از این قبیل بکند.

- راسل جان، زیاد خودت را ناراحت و درگیر او نکن. مدتی را صرف این کارها می کند و پس از مدتی چون جوابی از من نمی بیند، دست از کارهایش برداشته و به ایتالیا بازخواهد گشت. اگر بداند که من و تو با هم ازدواج کرده ایم دست از کارهایش خواهد کشید.

- امیدوارم اینگونه باشد که تو می گویی و آدم سمجی نباشد.

راسل خیلی از بابت گلها ناراحت شده بود و پس از آنکه مطمئن شد من هیچ علاقه ای به دانیل ندارم به اتاقش رفت و مرا تنها گذاشت. روی میز کار من تابلوی کوچـــکی گذاشته شده بود که روی آن نوشته بود «معاون شرکت» راسل خانواده متشخّصی داشت که قرار بود مرا با آنها آشنا کند. پدرش مرده بود و مادرش در کنار برادرش در خانۀ بزرگی

زندگی می کردند، خواهرش نیز همسر یک تاجر معروف روغن های صنعتی بود و زندگی مرفّهی داشت. مرا به دیدن مادرش برد و چند ساعتی را به معرفی من و تعریف و تمجید از من در خانهٔ مادری اش سپری کردیم. پس از چند روز و انتخاب لباس و تشریفات عروسی، من و راسل بالاخره در کلیسا رسماً ازدواج کردیم و مراسم مفصّلی در کنار دوستان، آشنایان و فامیل راسل برگزار شد و تمامی رؤیاهای من در پیوستن به یونس، نابود و در بدست آوردن راسل، محقّق شد. یونس باعث چنین اتفاقاتی بود که داشت رخ می داد. یونس به دور از من زن گرفته بود و من نیز با راسل ازدواج کرده بودم.

مراسم تمام شد و من و راسل راهی خانه مان بودیم. خانه ای که چند روزی را در آن آرمیده بودم و با در و دیوارش آشنا بودم. زندگی من و راسل شروع شده بود و من هیچ مشکل و کمبودی نداشتم. وارد اتاق شدیم، راسل مرا در آغوش گرفت و چنان در آغوش خود فشرد که انگار تا بحال به هیچ زنی دست نزده بود. بوسه ای بر لبانم زد و شروع به لخت کردن من کرد. عشقبازی اصلی شروع شده بود. اوّلین رابطه سکسی من همراه با عشق، اکنون من و راسل رودر روی همدیگر بودیم و هیچ منع قانونی وجود نداشت تا مرا از هم بستر شدن منع نماید. بهترین لحظه زندگی ام بود.

راسل کمی سرخوش و مست بود ولی من حتی جرعه ای از شراب ننوشیده بودم. کاملاً آگاه بودم که در حال انجام چه کاری هستم و از وجود راسل در کنارم خیلی خوشحال یودم. عشقبازی من و راسل تا ساعت سه نصف شب طول کشید و پس از اتمام عشقبازی، راسل تصمیم گرفت دوش بگیرد. مرا نیز دعوت به دوش گرفتن کرد، چون خیلی طول کشیده بود تا ارضاء شویم، خیلی خسته بودم و به راسل گفتم که اجازه دهد زیر لحاف تا صبح استراحت کنم و فردا حتماً دوش خواهم گرفت و گفتم:

- راسل جان من همین طور لخت می خوابم، اگر پس از بیرون آمدن از حمام مرا در خواب دیدی ناراحت نشو

- عزیزم تو بهترین همسر روی زمین هستی و من بهترین لحظه زندگی ام را تجربه کردم، تو بخواب من دوش می گیرم، سریع برگشته و در کنار تو خواهم بود.

راسل به حمّامی که در راهرو و درست روبروی اتاق خواب قرار داشت رفته و در اتاق را پشت سرش بست. از فرط خستگی خیلی خواب آلود بودم ولی تصمیم گرفتم جلوی آینه ایستاده و نگاهی به خودم بیندازم. جلوی آینه تمام قد ایستادم و به خود گفتم: « هیوا همه چیز تمام شد و تو الان همسر راسل هستی و این بدن هم که خیلی ها آرزویش را داشتند، متعلّق به راسل است » دستی روی سینه هایم کشیدم و در

افکار خودم به آنها فهماندم که به راسل تعلّق دارند. زیر لحاف رفتم و در عرض یک دقیقه به خواب رفتم.

پشت به پنجره دراز کشیده بودم، احساس کردم دستی از پشت مرا نوازش می دهد. گفتم: «راسل جان برگشتی؟» هیچ جوابی نشنیدم و تا خواستم برگردم و راسل را در آغوش بگیرم، دانیل را رودرروی خودم دیدم که داشت دست روی بدنم می کشید. از شدت ترس جیغ بلندی کشیدم. دانیل دستش را روی دهانم فشرد و گفت: «هیوا داد نزن کاری با تو ندارم، فقط... » در این هنگام راسل که صدای فریاد مرا شنیده بود، با مایویی که به تن داشت، ناگهان وارد اتاق شد و تا چشمش به دانیل افتاد به طرفش حمله ور شد. دانیل و راسل به جان همدیگر افتاده بودند و من نیز لحاف را دور بدنم پیچیده بودم و در حال تماشای درگیری آنها بودم و نمی دانستم چه کاری باید انجام دهم. پنجره اتاق باز بود و دانیل از آن پنجره وارد اتاق شده بود و سروصدای درگیری راسل و دانیل در حیاط پیچیده بود.

همانطور با لحافی که دور خودم پیچانده بودم خواستم باغبان را برای کمک بطلبم که متوجه شلیک گلوله ای شدم. صدای گلوله چنان در وجودم رخنه کرد که جرأت برگشتن نداشتم و نمی توانستم حدس بزنم چه کسی گلوله را شلیک کرده و چه کسی تیر خورده است؟ پاهایم میخکوب شده بودند و لحاف از دستم افتاده بود و لخت کنار پنجره ای

که باز بود ایستاده بودم. سکوتی سرد فضای اتاق را فراگرفته بود، منتظر بودم تا نتیجه شلیک را کسی که تیر را رها کرده است اعلام کند. ناگهان صدای راسل را شنیدم که یکوت مطلق را شکسته و با صدای مضطربی گفت:

- عزیزم آسیبی که به تو نرسیده است؟

و مرا از پشت در آغوش گرفت. عرق سردی تمام بدنم را فرا گرفته بود، اشک از چشمانم چنان سرازیر بود که نمی توانستم چهرهٔ راسل را به خوبی ببینم. او نیز می گریست و بر صورتم بوسه می زد. راسل اسلحه را به هنگام درگیری با دانیل از کشوی میزی که در کنار تخت قرار داشت برداشته و به سمت دانیل لعنتی نشانه رفته بود.

دانیل باید کشته می شد و سرنوشت او مرگ بود. قبلاً هم در ایتالیا به دست من تا پای مرگ رفته بود ولی دست از سر من برنداشته بود. راسل تیر را درست بر سینه دانیل شلیک کرده بود و این بار دانیل نمی توانست جان سالم به در ببرد. حال با جسد دانیل چه باید می کردیم؟ راسل مرتکب قتل شده بود و باید بدون معطّلی فکری برای از بین بردن جسد دانیل میکردیم. دانیل محکوم به مرگ بود و جسد بی جانش کف اتاق خواب افتاده بود. هر لحظه امکان داشت کسی سر برسد و جسد را کف اتاق ببیند و آنوقت بود که کار خراب تر می شد. به سرعت لباس هایم را به تن کردم، در حالیکه تمامی بدنم می لرزید و

انگشتانم توان بستن دکمه های پیراهنم را نداشت، اسلحه در میان انگشتان راسل قفل شده بود و توان سخن گفتن را نداشت، به هر ترتیبی بود به خودم مسلّط شدم و پس از چند دقیقه به راسل گفتم: « راسل، نباید کار بدین جا می رسید، ولی حال که رسیده چاره ای باید اندیشید، نظرت چیست؟ » راسل اصلاً قادر به سخن گفتن نبود. با خود اندیشیدم این دانیل چند جان دارد و نکنه این دفعه هم نمره باشد و دوباره مثل دفعه قبل زنده شود؟ به طرف راسل رفتم و او را که با شرت روی تخت افتاده و در حال مرور ماجرای اتفاق افتاده بود، در آغوش گرفتم و به گرمای بدنم آشنا ساختم، اسلحه را از میان انگشتانش در آورده و در کشوی میز گذاشتم و ادامه دادم: « راسل جان با معطلی کاری از پیش نمی بریم بلند شو، لباسهایت را بپوش تا با همفکری، چاره ای بیندیشیم.» از جایش برخاست و گفت: «هیوا، من از بابت کشتن دانیل آنقدر سردرگم و ناراحت نیستم که از خراب شدن و نابود گشتن آرامش ساعتهای اولیه زندگیمان در عذاب هستم، به این فکر می کنم که این مرتیکه چرا باید الان درست هنگام عشقبازی ها و لحظات آرامش و شروع زندگی مشترک من و تو سر می رسید و باعث رنجش خاطرمان می شد؟ و اینکه اگر خدای ناکرده تا رسیدن من به اتاق آسیبی به تو می رساند، چطور باید خودم را می بخشیدم و تا آخر عمر این عذاب را به دوش خود می کشیدم؟ »

راسل واقعاً و بی پرده عاشق من بود و من را که به اندازه تمام زندگانی اش دوست می داشت، می پرستید. جسد بی جان دانیل را رها کرده و در اندیشه اذیت های تحمیل شده به من بود. این ها همگی نشان از این بود که عشق راسل به من، یک عشق جاودانه و بی مهابایی است که می توانست حتی به خاطر من، آدم بکشد و کشتن دانیل برایش طبیعی جلوه می کرد.

لباس هایش را به سرعت به تن کرد و جسد دانیل را به گوشه اتاق کشید، در حالیکه می خواست جسد را درون یک گونی بزرگ جای دهد روبه من کرده و با لرزش صدای خاصی گفت:

- هیوا جان، من برای از بین بردن جسد و آثارش، با اتومبیل بیرون روم و سعی خواهم کرد جسد را جایی خارج از شهر دفن کنم، تو در خانه بمان و آثار خون کف اتاق را از بین ببر، نمی خواهم خدمتکاران بویی از موضوع ببرند

اتاق خدمتکاران کمی با اتاق های داخل منزل و اتاقهای اصلی مخصوص صاحبخانه فاصله بیشتری داشت و صدای شلیک گلوله بعید بود که به گوش آنها رسیده باشد. هر چه بود تا آن لحظه که راسل جسد دانیل را به زحمت در گونی می گذاشت کسی به اتاق مراجعه نکرده بود. تنها افرادی که در آن خانه زندگی می کردند دو خدمتکار و یک باغبان بودند که راسل می توانست بدون اینکه هیچیک از آنها بویی از ماجرا

ببرد جسد را در صندوق عقب ماشین گذاشته و از خانۀ خارج شود. نمی توانستم تا لحظۀ برگشتن راسل در خانه تنها بمانم. بهمین دلیل بازوی راسل را چسبیده و گفتم:

- راسل، من نیز می خواهم با تو بیایم و کمکت کنم، جرأت تنها ماندن در این خانه را پس از مرگ دانیل ندارم، اجازه بده با تو بیایم

- نمی خواهم تو را درگیر قتل دانیل بکنم. تو در خانه بمان، به خدمتکارها می گویم مواظب تو باشند

- راسل مانع آمدن من نشو. من نمی توانم بمانم

- پس منتظر باش اتومبیل را روشن کرده و کمی عقب بکشم تا بتوانم جسد را براحتی در صندوق عقب جای دهیم

اتاق را ترک کرد و پس از بررسی وضعیت و عقب کشیدن اتومبیل برگشت و گفت: « سریع و بی سرو صدا برو سوار شو، من هم جسد را به سمت اتومبیل می کشم »

بوی خون در سراسر اتاق پیچیده بود، با خود گفتم در اتاق را تا موقع برگشتن به خانه قفل کنیم تا کسی متوجه خون ریخته شده نشود. پس از برگشتن، آثار جسد را پاک می کنیم. از شهر خارج شدیم و پس از چند دقیقه ای بررسی بالاخره جایی را برای دفن کردن جسد دانیل یافتیم. راسل مشغول کندن زمین و من نیز در اتومبیل نشسته و در

حالیکه کل اندامم می لرزید مشغول تماشای زمین کندن راسل شدم. هوا روشن شده بود و صبح فرا رسیده بود و باید عجله می کردیم.

زیرا ممکن بود کسی در آن اطراف باشد و متوجه دفن کردن جسد شود. بالاخره بعد از نیم ساعتی چاله آماده شد و من و راسل به کمک همدیگر جسد را از صندوق عقب پیاده کرده و درون چاله گذاشتیم، خاک ها را روی جسد دانیل لعنتی ریختیم. با خود گفتم: «دانیل تو سزاوار همین چاله بودی و باید از جایی با فاصله چند صد کیلومتر دورتر از شهر خودت و در پاریس، آن هم در میان این درختان تناور که تنها مونس تو و تنهایی هایت خواهند بود، دفن می شدی. نباید برای دیدن من و ابراز احساسات درونی ات به فرانسه می آمدی و خودت را به کشتن می دادی، سرنوشت تو همین بود » راسل اصلاً چیزی نمی گفت، به من نگاه نمی کرد و فقط زیر لب می گفت «لعنتی، می دانستم یک روز زیر دستم به قتل می رسی » به خانه مراجعت کرده و آثار جسد را از خانه زدودیم.

راسل چند روزی پس از به قتل رسیدن دانیل کمتر حرف می زد و در شرکت هم به ملاقات هایش با سایر کارمندان شرکت نمی رفت. به منشی سپرده بود که کمتر تلفن وصل کند و چند روزی هیچ قراری را قبول نکند. دانیل کیلومترها دورتر از خانه و در جایی نامعلوم دفن شده بود و خیالمان از بابت این راحت بود که کسی نمی تواند جسد را

براحتی پیدا کند. شب ها را نمی توانستم براحتی بخوابم و اگر هم می خوابیدم، کابوس می دیدم و از خواب می پریدم. راسل مرا در آغوش می گرفت و تسکین می داد. روزها و شبهای سختی بود و چند روزی طول کشید تا بتوانم به موضوع عادت کنم.

در شرکت پیشنهاد یک کار جدید برایم شده بود و مشغول آماده سازی آن بودم. راسل نیز کمی به حالت عادی برگشته بود. لیلا زنگ زده بود تا مرا دعوت به رستورانش کند تا چند ساعتی با هم باشیم. من نیز قبول کرده بودم و قرار بود عصر در کنار لیلا باشم. از موقعی که با راسل ازدواج کرده بودم، رابطه ام با لیلا کمرنگ تر شده بود، شرایط اینطور ایجاب می کرد و مجبور بودم. لیلا در همان خانه ای که با هم در آن مدتی زندگی می کردیم، می ماند و برخی اوقات تلفنی با هم گفتگو می کردیم. دختر سر به راهی شده بود و می دانستم که کارهای غلطش را ترک کرده و دیگر سراغ مواد روانگردان و مخدر نمی رود. کلاً سرگرم پول در آوردن در رستوران به جا مانده از برادرش بود. عصر با هم دیدار کردیم ولی زیاد نمی توانستم در چشمان لیلا مستقیم نگاه کنم. زیرا می ترسیدم با خیره ماندن درون چشمانم متوجه یک نگرانی مهم در من شده و جویای حقیقت شود. من هم نمی توانستم دروغ بگویم. لیلا دختر زرنگی بود و از همه چیز تقریباً سردر می آورد.

هر روز عادت داشتم روزنامه های مربوط به همانروز را مطالعه کنم و چون تقریباً به زبان فرانسه هم تسلّط پیدا کرده بودم و توان مکالمات روزمره و حتی تخصّصی را پیدا کرده بودم، دیگر با کسی به زبان انگلیسی صحبت نمی کردم. یک روز صبح بود که خانم منشی پس از گرفتن اجازهٔ ورود، وارد اتاقم شد و روزنامه های صبح روز دوشنبه را روی میز کارم گذاشت. با آقای ژاک در مورد اهداف آینده بخش تیزرها گفتگو می کردیم و انتظار داشتیم در چند ماه آینده با همکاری یکدیگر و بازیگری من در تعدادی تیزر بسیار مهم و مؤثر، درآمد خوبی عاید شرکت Lorence و خودمان بکنیم.

- خانم هیوا، من در نهایت آینده درخشان را در اواخر امسال هم برای شما و هم برای شرکت می بینم.

- ژاک اگر توانایی ها، ابتکارات و خلاقیت های تو نباشد، زیبایی و اثرگذاری من به درد شرکت نمی خورد.

- اگر مایل باشید و بودجه کافی در اختیارمان قرار دهید، می توانیم یک توسعه سخت افزاری در قسمت خودمان داشته باشیم و نیاز به دستگاههای جدید و بروز داریم که بتوانیم در منطقه خودمان درخشانتر عمل کنیم.

- پیشنهادات خود را بصورت مکتوب برایم بنویس، قول میدهم هر چقدر نیاز داشته باشی. از حساب شرکت برای خرید تجهیزات لازم برای قسمت فیلمبرداری و تدوین در اختیارت قرار دهم.

معاون شرکت بودم و اختیارات تام در مورد تخصیص بودجه به قسمتهای مختلف شرکت داشتم و راسل کاری کرده بود که تمام قسمتهای شرکت بدست من و به دستور مستقیم من اداره می شد. هر چه بود همسرش بودم و اعتماد کافی نسبت به من داشت. علاوه بر اینکه در بانک BNP پاریس که از مهمترین و بزرگترین موسسه های مالی و بانکی فرانسه بود، مبلغ خیلی هنگفتی نزدیک به یک میلیون یورو در حساب شخصی ام داشتم. حساب شرکت هر روز پرُتر و ذخیم تر می شد و گردش سالی یک ماهه مان در BNP به مبالغ نظیر پنج و شش میلیون یورو هم می رسید. با ژاک اتمام حجت کرده و تا دم در او را مشایعت کردم از ژاک خیلی خوشم می آمد، چون مردی تمام عیار و فعال در زمینهٔ کاری خودش بود و در جهت اهداف عالیه Lorence هر کاری از دستش بر می آمد، انجام می داد ولی به سر و وضع ظاهری خودش زیاد نمی رسید و همیشه ریش هایی بلند و کت و شلواری که سایزش یک شماره بزرگتر از خودش بود، به تن داشت. این کارها و رفتارهایش مرا می آزرد ولی تصمیم نداشتم با اشاره به این موضوعات تیری به طرف قلبش شلیک و او را نسبت به خودم برنجانم، با خودم می گفتم: « هنرمنداست و اکثر

هنرمندان ریش می گذارند» و با این توجیهات مهر سکوت بر دهانم می زدم.

سر جایم نشسته و مشغول مطالعه یکی از روزنامه های صبح دوشنبه شدم. به صفحه سوم که رسیدم در جایم میخکوب شدم. « جسد یک ایتالیایی در پاریس» سریع بقیه متن را خواندم که نوشته بود: « در حومه شهر پاریس جسد یک ایتالیایی در وسط یک منطقهٔ پر درخت، چال شده بود که بدست مأمورین منطقه کشف و راهی پزشکی قانونی محل شده است، تحقیقات نشان می دهد این مرد ایتالیایی الاصل بوده و با شلیک تیری از یک کُلت کمری کالیبر متوسط، به قتل رسیده و اسم مقتول از روی کارت شناسایی که در جیب کتش کشف شده (دانیل یوهانس) حدس زده می شود » پلیس و پزشکی قانونی پاریس به کل موضوع قتل دانیل پی برده و در حال تحقیقات برای یافتن قاتل بودند. عصر شنبه جسد کشف شده بود، یعنی دقیقاً دو روز پیش. بدون هماهنگی با منشی از اتاق خارج شده و وارد اتاق کار راسل شدم و در حالیکه روزنامه در دستم بود و می پنداشتم که نباید به این زودی جسد کشف می شد، روزنامه را روی میز راسل گذاشتم. لعنت به تو دانیل، راسل که از ورود غیر منتظره من شوکه شده بود پرسید: «عزیزم چه اتفاقی افتاده که اینقدر آشفته ای؟» روزنامه را به صفحه سوم بردم و انگشت روی تیتر گذاشتم

- راسل جسد دانیل پیدا شده

راسل مشغول خواندن متن شد و پس از چند ثانیه ای که مطلب به پایان رسید روزنامه را روی میز رها کرد و گفت:

- عزیزم نگران نباش، از کجا می خواهند قاتل را پیدا کنند. آنها که نشانی از ما ندارند

- راسل حتی کالیبر اسلحه ات را هم می دانند. اسم مقتول هم از روی کارت شناسایی درون جیبش پیدا شده

- عزیزم در این شهر بزرگ هزاران اسلحه با این کالیبر دست مردم وجود دارد

بلند شده دست مرا گرفت و خواست بطرف خودش کشیده و مرا در آغوش بگیرد، خودم را در اغوش راسل چپاندم و لرزش بدنش را احساس کردم که بدن مرا نیز می لرزاند. در همین حال به او گفتم: « راسل جان، اگر پلیس تحقیقات بیشتری بکند. یعنی امکان ندارد چیزی در مورد ماجرای قتل دانیل بفهمد؟ »

- تو خیالت راحت باشد و به کارهای روزانه ات برس، من پیگیر موضوع خواهم بود

در این حین منشی اجازه ورود خواست و وارد اتاق راسل شد و پس از اینکه فاکسی را روی میز کاری راسل گذاشت. گفت: «آقای راسل، از

طرف دوستتان آقای تد است » سپس نگاهی به قیافه درهم شکسته من کرده و پرسید: «خانم هیوا رنگ چهره تان پریده است، اتفاقی افتاده که غیر منتظره وارد اتاق آقای راسل شدید؟ » چون متوجه شدم که روزنامه روی میز راسل هنوز در صفحه ۳ هست و منشی در حال خواندن تیتر بزرگ قتل دانیل است. خودم را بین منشی و روزنامه کشاندم و جلوی دید او را گرفتم و گفتم: «چیز زیاد مهمی نیست، شما به کارتان برسید » منشی از من عذرخواهی کرده و اتاق را ترک کرد. تد، فاکس با این مضمون برای راسل ارسال کرده بود: « پیوندتان با دوشیزه هیوا متین را تبریک عرض نموده و برایتان خوشبختی آرزو میکنم، نیامدن مرا به مراسم را دال بر بی ادبی و ارزش ندادن من به خودتان نپندارید، زیرا به هنگام مراسم ازدواجتان من در اتاوا و در حال انجام مأموریت بودم. از طرف من به همسرتان خانم هیوا تبریک عرض نمائید. تد » راسل سراسیمه فاکس ارسالی از طرف تد را در کشوی میزش قرار داد و گفت:

« عجب دوست با شرافتی.» سپس رو به من کرد و گفت:« می خواهی به راننده بگویم آماده شده و تو را به منزل برساند. مثل اینکه با شنیدن خبر کشف جسد حال و حوصله مساعدی نداری. به خانه بر و استراحت کن.» تقاضای راسل معقولانه بود و من به خانه رفتم و مشغول استراحت در خانه شدم. عصر که راسل به خانه برگشت، بدون مقدمه سراغ من آمد و با بوسه های مکرّر و پی در پی شروع به عشقبازی با من کرد و به

هنگام هم بستر شدن گفت: « من اجازه نخواهم داد چیزی مانع خوشبختی ما شود، خیلی دوستت دارم هیوا » راسل عشقبازی ها و هم بستر شدن های هر روزش با دیروز متفاوت بود و در کل برایم یک زندگی پر از هیجان و خوشبختی فراهم کرده بود و هیچوقت اجازه نمی داد چیزی یا اتفاقی باعث ناراحتی من شود و می گفت « هیوا تمام وجود و دارایی من است و زیبایی هیوا خیره کننده است.» یکی از عکسهای مرا که ژاک در شرکت بصورت پوستر تبلیغاتی از من گرفته بود، تمام قد قاب کرده و درست وسط سالن پذیرایی خانه نصب کرده بود و برخی اوقات می دیدم که حتی با تصویر من هم احساس خوبی دارد و با او حرف می زند راسل یک مرد ایده ال بود. هر وقت هم صحبت از یونس می کردم، نزدیکم آمده و مرا می بوسید و می گفت: « عزیزم من برایت بهتر از یونس خواهم بود، این را قول میدهم » برخی اوقات که به گذشته ام می اندیشیدم، افکارم به ایران و روزی که با یونس آشنا شدم پر می کشیدند و حال و هوای یونس به سرم می زد. ولی چشمانم را باز می کردم و می دیدم که یونسی نیست و من اکنون همسر راسل هستم و در خانهٔ راسل زندگی می کنم. راسل عاشق من بود و قصد داشت با رفتار و کردارش و کارهایی که برایم انجام می دهد، مرا عاشق خود کند و از فکر کردن به یونس برهاند و تقریباً هم در این کار موفق شده بود.

صبح سه شنبه با منشی تماس گرفت و گفت که امروز چند ساعتی دیر به شرکت خواهیم آمد، من و خانم معاون تا نزدیکیهایی ظهر نیستیم، امورات مدیریت و معاونت تا ظهر امروز تعطیل می باشند. وقتی از راسل علت را جویا شدم گفت: « امروز قصد دارم با هم به اسب سواری بپردازیم و کمی از محیط پر دغدغه شرکت و کار دور شویم و به عشقمان بها دهیم.»

- راسل می دانی که اسب من مریض است

- بله، بهتر است سری به اصطبل بزنیم و جویای حال «کارن» شویم. با اسبهای دیگر اسب سواری می کنیم

وارد اصطبل که شدیم پسر جوانی که تازه مشغول به کار در اصطبل شده بود به سراغمان آمده و راسل از او پرسید: « سلام پسر، استاد کجاست؟» منظور راسل از استاد آقای (موریس) بود که مسئول رسیدگی به اسبها و آموزش اسب سواری به من بود.

- آقا، چند روزی است حال اسب دوشیزه هیوا مساعد نیست و آقای موریس جهت مداوای کارن او را به دکتر برده است

- مگر دکتر برای مداوای کارن هر روز به اینجا نمی آمد؟

- چرا می آمد، ولی چند روز پیش که کارن حالش بدتر شده بود، دکتر آمد و دستور داد که کارن را باید در قرنطینه دامپزشکی خودش مورد

معالجه قرار دهد. آقای موریس هم یکی دو روزیست که روزی دو ساعت اینجا می آید و از صبح اول وقت کنار کارن در دامپزشکی دکتر روز را شب می کند.

- آفرین بر موریس که اینقدر به فکر اسب هیواست

دست راسل را گرفته و فشردم و ادامه دادم:

- راسل، یعنی کارن برخواهد گشت یا حالش بهبود نخواهد یافت؟

- عزیزم نگران نباش، دکترِ کارن، دکتر سرشناسی است و حتماً در جهت مداوای کارن نهایت سعی خود را خواهد کرد

عکس کارن روی دیوار اتاق استراحت کارکنان اصطبل بود، نگاهی به کارن انداختم و گوشه چشمانم اشک آلود شد. خیلی دوستش داشتم. اسب سفید رؤیایی ام.

راسل دو اسب دیگر از اصطبل بیرون آورد و مرا سوار بر یکی کرده و خودش نیز سوار بر دیگری شد و گفت: « هیوا، تو همسر خوبی برایم هستی و به نظر من زیباترین و رؤیایی ترین زنی هستی که من در تمام عمرم به چشم دیده ام، برای بدست آوردن تو خیلی زحمت کشیده ام، نمی خواهم تو را آشفته و افسرده ببینم.»

- راسل جان، مرتکب قتل شده ای و باید تا تحقیقات پلیس به نتیجه نرسیده، فکری بکنی

- چه فکری؟ جسد دانیل پیدا شده و چون کارت شناسایی دانیل در جیبش بود، پلیس الان اسم مقتول را می داند، اگر کارت شناسایی لعنتی را از جیب دانیل بر می داشتیم، الان پلیس حتّی اسمش را هم نمی دانست. تو را به این جا آوردم که کمی از حال و هوای آن شب دور شوی و در مورد این موضوع افکارت را آشفته و پریشان نکنی

- راسل چگونه می توانم یک صحنه قتل را آن هم در اتاق خواب خودمان و سپس چال کردن مقتول از یاد ببرم؟

- هیوا جان، مگر نه این است که قبلاً خودت هم دانیل را به قصد کشت زده بودی؟ چرا اینقدر از ارتکاب قتل توسط من ناراحتی؟

- عزیزم، من نمی خواستم دانیل لعنتی بدست تو به قتل برسد و می خواستم مرور زمان این مشکل را حل کند

- چطور این زمان لعنتی می خواست این مسئله را حل کند، در حالیکه دانیل به خودش جرأت داده بود، شب هنگام از نرده های حیاط وارد باغ شده و پشت پنجرۀ اتاق خواب به تماشای ما بپردازد و وقتی تو تنها شدی از پنجرۀ نیمه باز اتاق وارد اتاق شده و به خود بیشتر جرأت دهد که دست به بدن لخت تو زیر لحاف بزند؟

راسل حق داشت ولی الان قاتل دانیل بود و امکان داشت پلیس موضوع را بفهمد ولی می گفت یقین دارم بویی از ماجرا نخواهد برد. تا ظهر

مشغول اسب سواری بودیم و ظهر به شرکت رفته و با خیال آسوده تر مشغول کار شدیم. عصر به همراه یکدیگر به خانه برگشتیم و چون به همدیگر قول داده بودیم، هیچ صحبتی از موضوعات مربوط به کشف شدن جسد نکردیم.

روزها به همان خوبی و خوشی و لذّتهای پرمحتوایی از پی هم می گذشتند و من نیز توانسته بودم در تیزر جدید که مربوط به رنگ موی جدید ساخت فرانسه بود، موفق شده و بر شهرت خود در پاریس و به طور کل در تلویزیون فرانسه بیفزایم. دیگر چیزی بنام اضطراب و استرس در وجودم نداشتم و کم کم داشتم به کلی مسئله دانیل را فراموش میکردم. هر روز روزنامه را با دقت می خواندم تا مبادا خبری چاپ شود و من از آن بی اطلاع باشم. روزهای یکشنبه را معمولاً با راسل به تفریح می پرداختیم و هر یکشنبه به اتفاق به مکانهای جدیدی می رفتیم و به خوشگذرانی های پر هزینه می پرداختیم. هر آرزویی داشتم، برایم تبدیل به واقعیت شده بود، هر نوع امکاناتی در اختیار داشتم. عصر یک روز دوشنبه ماه آگوست بود و من و راسل بهمراه همدیگر وارد یکی از بارهای معروف پاریس بنام «Zurrikh» شدیم. در کنار صحن اصلی بار و پشت میزی که همیشه به هنگام ورودِ راسل خالی می شد و مخصوص راسل بود، نشستیم. عادت کرده بودم که با راسل به بار برویم و چند ساعتی را کنار هم به خوشگذرانی بپردازیم،

مسئول سرو مشروب در عرض چند ثانیه کنار راسل و من ایستاده و با لحن مؤدبانه ای پرسید. « جناب آقای راسل چه چیزی میل دارند برای خودشان و سرکار خانم سرو شود؟» راسل پس از مالش چشمانش، به مسئول سرو شراب گفت: « برای من مشروب همیشگی ام و برای خانم یک گیلاس آبجو بهمراه آب لطف بفرمائید» هیچ گاه قبل از ازدواجمان لب به مشروبات الکلی نزده بودم ولی بعد از ازدواج، آن هم فقط به خاطر اینکه راسل از من می خواست، بهمراه او می نوشیدم و به راسل سپرده بودم که به هنگام سرخوشی من، هیچگاه مرا تنها نگذارد. آن روز عصر در بار مخصوص راسل به نوشیدن شراب مشغول شدیم و با همان حالت مستی تا نزدیکیهای صبح در بار به انواع رقص و دانس پرداختیم. راسل در کنار من و من در کنار راسل احساس خوشبختی و کامیابی می کردیم. صبح به خانه برگشته و پس از عشقبازی به همراه مستی، با تأخیر چند ساعته به شرکت رفتیم. شرکت Lorence متعلق به من و راسل بود و هر روز قدرتمندتر و مشهورتر می شد.

اواخر ما آگوست بود و من در شرکت مشغول ادارهٔ جلسه ای با حضور یک آرشیتکت خبره بهمراه همراهانش بودم. قرار بود تغییراتی در دکوراسیون داخلی شرکت بدهیم و راسل این کار مهم را به من سپرده بود و می خواست با سلیقهٔ من این کار انجام شود. جلسه در اتاق من در جریان بود که درِ اتاقم کوبیده شد. به منشی خاطر نشان کرده بودم که

به هنگام جلسات در مواقع غیر ضروری وارد اتاق نشود و کسی را قبول نکند. معلوم بود که کار مهمّی دارد. به او اجازهٔ ورود دادم، بفرمائید:

- خانم معاون ؛ عذر می خواهم

کمی نزدیکتر آمد و به حالت نجوا در گوشم گفت:

- دوستتان لیلا آمده و با شما کار بسیار مهمی دارد

لیلا چه کار ضروری با من می توانست داشته باشد؟

- به لیلا بگو چند دقیقه ای منتظر باشد تا جلسه ام تمام شود.

- خانم معاون، باید همین الان بیایید، چون لیلا تنها نیست و دو مرد که یکی لباس پلیس به تن دارد به همراه او هستند

پلیس تنها کلمه ای بود که از شنیدنش ترس در وجودم راه می یافت. با صدایی که بعلت استرس تون آن تغییر کرده بود رو به افراد حاضر در اتاقم کرده و گفتم: « آقایان ببخشید برای من کار مهمی پیش آمده که باید ادامه جلسه را به فردا موکول کنم» آنها هم پذیرفته و ترک جلسه کردند. با چهره ای خندان پشت میز کارم نشسته و به منشی اطلاع دادم که لیلا را به همراه همراهانش به اتاق من راهنمایی کند. پس از چند ثانیه سخت، لیلا و دو مرد وارد شدند و پس از احوالپرسی با من نشستند. لیلا چنان احوالپرسی سردی با من کرد که تا بحال سابقه نداشت، با گوشه چشم خواستم جویای موضوع از لیلا شوم، مردی که

خود را کارآگاه معرفی کرد، مانع ارتباط میان من و لیلا شد و گفت: « شما خانم هیوا متین هستید؟ » با تعجب جواب دادم. «بله چطور مگه؟ اتفاقی افتاده که یک کارآگاه چنین سؤالی از من می کنند؟ »

از صندلی اش بلند شد و گفت: « آیا شما این خانم را می شناسید؟» اشاره به لیلا داشت

- بله، ایشان یکی از دوستان صمیمی من هستند. من از وقتی وارد فرانسه شده ام با ایشان آشنا هستم.

- می دانید ایشان چه کاره می باشند؟

- بله، دوستم لیلا یک رستوران، آن هم به سبک ایرانی دارد. چرا شما این سؤالها را از من می پرسید؟

کارتی را از جیبش در آورده و روی میزم گذاشت و گفت: « آیا این کارت به همان رستوران مربوط میشود؟ »

- بله همینطور است، کارت تبلیغاتی رستوران لیلا است

کارآگاه سؤالات نامربوطی می پرسید که من از آنها چیزی سر در نمی آوردم. سپس پشت کارت را برگرداند و اشاره ای به شمارهٔ تلفن دستنویسِ پشت کارت که به اطراف مالیده شده بود کرد و پرسید: « این شمارهٔ تلفن، مربوط به کیست؟ » با دقت به پشت کارت خیره شدم و گفتم:

- مربوط به یکی از دوستانم بنام آقای تد است. سپس به ذهنم خطور کرد که من این کارت را در رستوران لیلا وقتی که شماره تلفن تد را از او خواسته بودم. از روی میز کار لیلا برداشته و با دست خط خودم تلفن تد را پشت کارت نوشته بودم. ولی کارت دست کارآگاه چه می کرد و منظور کارآگاه از ارائه کارت چه بود. من نمی فهمیدم. کارآگاه با لحن خاصی که نشان می داد به نتیجه رسیده است پرسید: « آیا این کارت متعلق به شماست و باید در جیب یا کیف شما میبود؟»

- بله، ولی خودم هم نمی دانم دست شما چه می کند؟ رو به لیلا کردم و پرسیدم « لیلا جان این ها چه معنی میده؟ چرا باید کارت رستوران تو که باید دست من باشه، اکنون دست این آقاست و چنین سؤالات مبهمی ازم میپرسه؟ لیلا رو به کارآگاه کرد و گفت: « اگر اجازه دهید، موضع را برای دوستم باز کنم؟»

- بله بفرمائید

سپس رو به من کرد و گفت:

- هیوا جان، جسد شخصی به نام دانیل یوهانس زیر خاک خارج شهر پیدا شده، پس از بررسی بیشتر در محل دفن جسد این کارت کشف شده. پلیس هیچ مدرکی به جز این کارت که نشانگر رستوران منه، پیدانکرده، به سراغ من اومده و علت وجود کارت تبلیغاتی رستوران من در محل دفن و ارتباط بین من و معقتول را میخواد بفهمه. من هم چون

هیچ شناختی از دانیل یوهانس یعنی مقتول نداشتم، با دیدن کارت و علی الخصوص پشت آن متوجه شدم که این کارت باید متعلق به تو باشه. خواستم بهت خبر بدم که پلیس مانع شد، میخواستن منو باخودشون ببرن. به همین علت پلیس منو به زور اینجا آورده تا از موضوع سر دربیاره

سپس کارآگاه ادامه داد: « ما روی این کارت دو اثر انگشت یافته ایم که یکی متعلق به لیلا و دیگری نامعلوم است. اگر اثر انگشت دوم متعلق به مقتول بود می توانستیم حدس بزنیم که کارت تبلیغاتی متعلق به رستوران بوده و مقتول پس از صرف غذا در رستوران، آنرا از لیلا گرفته است. ولی متأسفانه اینطور نیست و صاحب اثر انگشت دوم مجهول است و اگر اجازه بدهید من از شما اثر انگشتی بگیرم و پس از بررسی دوباره سراغتان خواهیم آمد » اینها را گفت و پس از گرفتن اثر انگشت از من بهمراه لیلا از اتاقم خارج شدند. عرق سردی تمام بدنم را فرا گرفته بود. سریع از منشی خواستم تا راسل را به اتاقم بخواند، نمی توانستم از روی صندلی ام بلند شوم. منشی از عدم حضور راسل در اتاق کارش خبر داد. کارت های تبلیغاتی رستوران لیلا از جنس پلاستیک بود و روکش خاصی داشت که گفته های کارآگاه را مبنی بر ماندن اثر انگشت روی کارت تأیید می کرد. کارت باید در جیب من یا کیف من بوده باشد.

سراسیمه به خانه رفتم تا ببینم آن شبی که با راسل برای چال کردن جسد دانیل رفته بودیم من کدام شلوارم را پوشیده بودم. همانطور که در ذهن داشتم کارت باید در جیب عقبی شلوار لی سرمه ای رنگم بوده باشد. شلوار را پیدا کردم ولی وقتی دست در جیب عقبی اش کردم متوجه شدم کارت به هنگام چال کردن جسد از جیبم درون چاله افتاده است. تلفن را برداشتم و به لیلا زنگ زدم. گوشی او خاموش بود. به رستوران زنگ زدم، یکی از کارگران رستوران گوشی را برداشته و گفت که لیلا را پلیس بازداشت کرده است. چون پلیس اثر انگشت لیلا را روی کارت پیدا کرده بود، علت خوبی برای نگه داشتن لیلا در بازداشتگاه پلیس بود.

آیا پلیس می توانست تنها با بسنده کردن به اثرهای انگشت روی کارت تبلیغاتی رستوران لیلا در مورد پروندۀ قتل مهمی نظیر این، اظهار نظر کرده و قضاوت نماید؟ نمی دانستم چقدر می توانیم با راسل هماهنگ عمل کنیم تا پلیس بویی از ما در قتل دانیل نبرد. دنبال راسل بودم تا موضوع مراجعه پلیس به دفتر شرکت و گرفتن اثر انگشت اجباری از من را به او بفهمانم. سراسیمه با راسل تماس گرفتم و به او گفتم که در خانه منتظر او هستم تا سریع و بدون معطّلی برای دیدن من به خانه بیاید. یک ساعت طول نکشید تا راسل به خانه رسید. با دیدن راسل بی اختیار در آغوش او پریدم و پس از نوازش عاشقانه، او را به طرف اتاق کشاندم و

شلوار سرمه ای ام را در دست گرفتم، با اضطراب خاصی روبه راسل کردم و گفتم: « راسل جان، امروز و دقیقاً دو ساعت پیش پلیس و کارآگاه خصوصی پروندۀ قتل دانیل به دفتر کاری ام مراجعه کرده بودند ولی متأسفانه تو در اتاق کارت نبودی تا تو را در جریان امر قرار دهم » راسل با درهم فرو کردن ابروانش گفت:

- خوب، چه شد و چه گفتند؟

- کارتی را در دست داشتند که قبلاً از روی آن دو فقره اثر انگشت یافته و ثبت کرده بودند که یکی متعلق به لیلا دوستم بود و دیگری نامعلوم، پشت کارت هم با خط خودم شمارۀ تلفن تد را نوشته بودم. من این کارت را در اوایل دوران آشنایی ام با لیلا از رستوران او برداشته و پشت آن شمارۀ تد را نوشته بودم. البته شمارۀ تد براثر گذر زمان کمرنگ و مخدوش شده بود. کارت تبلیغاتی متعلق به رستوران لیلا بود

راسل بازوان مرا در میان دستانش فشرد و گفت:

- کارت دست کارآگاه پرونده چکار می کرد؟

- کارت اساساً باید در جیب این شلوار سرمه ای میبوده، من این شلوار را پس از قتل دانیل، سراسیمه از کمد لباس برداشته و پوشیدم. به هنگام کمک کردن به تو در چال کردن دانیل، کارت در چاله افتاده و پلیس کارت را درون چاله یافته است.

- عزیزم چگونه اثر انگشت ها روی کارت پس از برخورد کارت با خاک مرطوب مانده است؟

- راسل جان کمی صبر کن تا یکی دیگر از کارتهای رستوران لیلا را بیاورم و برایت توضیح دهم

به سراغ کشو مخصوصم در دراور گوشه اتاق رفته و یکی دیگر از کارت های تبلیغاتی رستوران لیلا را که آنجا گذاشته بودم برداشته و به راسل دادم. راسل پس از گرفتن کارت از من و بررسی آن بی اختیار روی تخت ولو شد و ادامه داد:

- هیوا، ببین عزیزم، کارتهای رستوران لیلا طوری طراحی شده که درون یک لایهٔ پلاستیکی محافظ جلو و عقب می روند و می توانی کارت را از درون کاور پلاستیکی بیرون کشیده و پشت آن که برنگ آبی است چیزی بنویسی

راسل را که روی تخت سست شده و افتاده بود، نشسته و بوسیدم و گفتم:

- حالا به نظر تو پس از بررسی و مقایسهٔ اثر انگشت برجا مانده روی کارت و اثبات یکی بودن آنها، پلیس به سراغ من خواهد آمد؟

- حتما خواهد آمد ولی ما باید همین الان با وکیل خانوادگی مان صحبت کنیم تا راه فرار از این قتل را به ما بگوید. بی معطلی آماده شو تا به دفتر کارش برویم.

به دفتر کاری وکیل راسل مراجعه کردیم ولی متأسفانه او نیز در تعطیلات بود. منشی مخصوصش گفت که تا سه روز آینده برنخواهند گشت. راسل نیز چون آشفته شده بود و نمی دانست چه راهی را انتخاب کند، گفت:

- می خواهی اصلاً چند روزی را شرکت نیا و بهتر است من هم بهمراه تو چند روزی را از کار فاصله گرفته و به مسافرت برویم. بهتر نیست؟

- راسل جان فردا صبح حتماً کارآگاه خصوصی پرونده برای ملاقات من به شرکت خواهند آمد. از من خواسته اند که جای دوری نروم و در دسترس باشم. در ضمن نبود من و تو در شرکت مهر تأییدی بر دست داشتن ما در قتل دانیل در ذهن کارآگاه خواهد بود.

- پس در شرکت می مانیم و من فردا صبح اوّل وقت با آقای ژولین پترسون، که هم اکنون بصورت کارآگاه پرونده های قتل فعالیت می کند و دوست صمیمی من در اداره مرکزی پلیس است صحبت خواهم کرد. حتماً او راه حلی برای این مشکل خواهد یافت.

آن عصر لعنتی را که پر از استرس و فشارهای عصبی ناشی از اتفاقات آن روز بود، شب کردیم و به خیال اینکه شب را خواهیم خوابید، در آغوش یکدیگر روی تخت آرمیدیم. سؤالهای عجیب و غریبی هم به ذهن من و هم به ذهن راسل خطور می کرد که برای بعضی از آنها هیچ جوابی نداشتیم. راسل پس از چند ساعتی در آغوش گرفتن من، طوری که پشتم به او بود و مخفیانه اشک می ریختم گفت:

- عزیزم فردا اگر هم کارآگاه مراجعه کرده و وجود اثر انگشت تو را روی کارت اثبات کرد می گویی، جناب کارآگاه من کارت را به دانیل دادم، این درست است ولی وجود کارت من در چالۀ کنده شده دلیلی برای اثبات دست داشتن من در قتل نمی شود.

- راسل جان، لیلا هم اکنون در بازداشت بسر می برد. پلیس در درجه اول مشکوک شده که لیلا عامل قتل دانیل است.

- عزیزم مهم این است که تو را نجات دهم، هر کسی می خواهد باشد. تو اگر چند روزی در بازداشت بمانی، من خواهم مرد.

تا نزدیکی های صبح راجع به موضوع صحبت کردیم، و در انتها تصمیم گرفتیم، من از زیر تمام سوالات کارآگاه شانه خالی کنم و بگویم که همانطور که قبلاً گفتم کارت مال من است ولی من کارت را به دانیل ندادم و هیچ اطلاعی از علت وجود کارت من درون چاله پیدا شده، ندارم. آن شب از فرط استرس هیچ عشقبازی بین من و راسل اتفاقی نیفتاد و

به چند بوسهٔ عمیق اکتفا کردیم. چند ساعتی را تا ساعت ۶ صبح خوابیدیم، اما چند بار از خواب پریده و دوباره چند دقیقه ای از حرف زدیم.

صبح با خواب آلودگی پس از صرف صبحانه همراه با اضطراب در کنار همدیگر به طرف شرکت حرکت کردیم. راسل به هنگام ورود به شرکت به منشی سپرد که قبل از ورود اشخاص به اتاق من، به راسل خبر دهد. تقریباً پس از مطالعه روزنامه ها بود که منشی اطلاع داد، کارآگاه اجازه ورود می خواهد. گفتم به راسل نیز خبر بده که به اتاق من بیاید. خدایا چه اتفاقی داشت می افتاد که من از آن بی خبر بودم؟ در درون، خودم را سرزنش می کردم که چرا با دانیل آشنا شدم و چرا خودم را در خانهٔ او جای دادم و به هتل نرفتم تا سبب عدم وابستگی اش شوم؟

کارآگاه وارد شد و پس از تعارف من برای نشستن گفت: « خانم هیوا متین من یک کارآگاه هستم و وقت برای من خیلی حیاتی است، نشستن باعث اتلاف وقت می شود، ترجیح می دهم با شما ایستاده و رودررو صحبت نمایم »

در این حین بود که راسل وارد شد و خودش را معرفی کرده و پشت میز کاری من در کنار من ایستاد و گفت:

- جناب کارآگاه از شما عذر می خواهم که دیروز به شرکت مراجعه کرده و با همسرم در مورد موضوعی مهم صحبت کرده اید ولی من در شرکت نبودم تا به حضورتان برسم.

- استدعا دارم، شما لطف دارید. ولی من با همسرتان طرف حساب هستم نه با شما و فقط در صورتی اجازه می دهم هم اکنون در این جا بمانید که هیچ حرفی ما بین کلام ما رد و بدل نفرمائید

- بله شما بفرمائید. راسل تقریباً دستپاچه شده بود و کارآگاه با ادای این جملات راسل را شوکه کرده بود. کارآگاه برگۀ جواب استعلام مقایسۀ اثر انگشت را روی میزم گذاشته و گفت: « لطفاً مطالعه فرمائید» روی برگه چند خطی در مورد اینکه اثر انگشت روی کارت دقیقاً با اثر انگشت من مطابقت دارد نوشته شده بود. کارآگاه ادامه داد:

- خانم هیوا متین، من فقط بخاطر اینکه شرکت Lorence یک شرکت معتبر تبلیغاتی است حرمت اعتبار شرکت را نگه داشتم و شما را شخصاً به مقر پلیس فرا نخواندم و خودم حضوراً به خدمت رسیدم، اکنون چه توضیحی در مورد مطابقت اثر انگشتان دارید؟

راسل خواست وسط حرفهای کارآگاه بپرد که پلیس یونیفرم پوشیدۀ همراه کارآگاه قول راسل را به او یادآوری کرد و مانع حرف زدن راسل شد. من که چند جمله ای را از قبل تدارک دیده بودم گفتم:

- جناب کارآگاه، تمام فرضیات شما درست و کارت مال من است، دیروز هم به این نکته اشاره کردم، ولی این نمی تواند دلیل مظنون بودن من باشد

- روی کارت فقط دو اثر انگشت موجود است. شما نمی توانید بگوئید که کارت مال مقتول بوده و از جیب او افتاده است. زیرا اگر کارت متعلق به مقتول بود حتما اثر انگشت او نیز روی کارت موجود بود که تحقیقات خلاف این را ثابت می کند و به جز اثر انگشت شما و دوستتان لیلا هیچ اثر انگشت دیگری روی کارت یافت نشده است. در ضمن اگر کارت متعلق به مقتول بوده چرا باید ما بین جسد و خاک ریخته شده بر رویش کشف شود؟ منظورم این است که...

وسط حرفهایش پریده و ادامه دادم:

- شما می خواهید بگوئید من یا دوستم لیلا عامل قتل مقتول بوده ایم؟

کارآگاه در حالیکه از پنجرۀ اتاق بیرون را نگاه میکرد و پشت به من و راسل بود، پاسخ داد:

- دقیقاً منظورم همین است. ما از رستوران لیلا انگشت نگاری کردیم ولی هیچ اثر انگشتی از مقتول در رستوران آن خانم پیدا نکردیم، اگر اجازه بفرمائید از شرکت و خانه شما نیز انگشت نگاری خواهیم کرد.

کارآگاه به پلیس همراهش اشاره کرد و ادامه داد:

- لطف کنید آدرس منزل را به ایشان بدهید تا همین الان و بدون فوت وقت کارشان را انجام دهند

راسل کاغذی را از روی میز من برداشت، نشانی دقیق خانه مان را روی آن نوشته و به پلیس داد و گفت:

- من همین حالا با خدمتکارم در منزل تماس گرفته و با او هماهنگ می شوم و او را در جریان قرار می دهم

سپس سریع به طرف اتاق خودش رفته و از کارآگاه عذرخواهی کرد که ترک جلسه می نماید.

چند پلیس انگشت نگاری مشغول کار شدند و از میز و صندلی گرفته تا جاهای دیگر نظیر قفسه کتابها و حتی تلفن روی میزی ام نمونه برداری کردند. دانیل لعنتی به اتاقم آمده بود و می ترسیدم که اثر انگشتش روی اثاثیه اتاق کارم پیدا شود. راسل نیز به خدمتکارش زنگ زده و گفت که اسلحه اش را از اتاق خواب و از درون کشو برداشته و در باغ داخل حیاط چال کند و سپس با دستمال تر همه جای اتاق خوابمان را از میز و آینه گرفته تا داخل کمد و هر جایی که به نظرش میرسد، تمیز کند تا هیچ اثری که نشاندهنده موجودیت دانیل در خانه مان باشد، وجود نداشته باشد.

روز خیلی پر مخاطره ای بود و من قضیه را تمام شده می دانستم، چون یقین داشتم که اثر انگشت دانیل در شرکت و اتاق کارم پیدا خواهد شد. از تمام اتاقهای مربوط به بخش مدیریت و اداره شرکت و خانه مان نمونه برداری شد. آن روز پر مشغله بالاخره به پایان رسید و من و راسل دوباره به خانه رفته و به امید اینکه با زرنگی راسل و پیشدستی اش نسبت به پلیس در مورد تمیز کردن اتاق خواب توسط خدمتکار هیچ اثر انگشتی از دانیل لعنتی پیدا نخواهد شد، کمی مشروب نوشیدیم و به رختخواب رفتیم. فردای آن روز یکشنبه بود، قرار شد من و راسل به پیشنهاد من به اصطبل رفته و دوباره سری به کارن بزنیم و از حال او جویا شویم.

داشتم به یال های کارن دست کشیده و او را نوازش می کردم و با او صحبت می کردم که راسل وارد اصطبل مخصوص کارن شد و گفت: « عزیزم اینجایی، کی من و موریس را ترک کرده و داخل اصطبل آمدی؟ » علاقه شدیدی به کارن داشتم. خیلی زیبا و آراسته بود و از اینکه حالش خوب شده بود و دوباره به خانه خودش برگشته بود، خوشحال بودم به راسل گفتم: « حواست کجاست؟ چند دقیقه پیش اتاق موریس را ترک کرده و به تو گفتم که نمی توانم صبر کنم و برای دیدن کارن به اصطبل می روم.» سپس کارن را که روبرویم نشسته بود از زمین بلند کردم و به طرف محوطهٔ اسب سواری برده و سوارش شدم، راسل نیز پشت میله های کنار محوطه ایستاده و در حالیکه داشت برایم

کف می زد، مرا تماشا می کرد. کارن می دوید و مرا روی زین گراقیمتی که راسل بهمراه موریس از بهترین زین فروش شهر برای کارن خریده بود، بالا و پائین می انداخت. حس خوبی بود و خودم را در آسمانها احساس میکردم. با خود گفتم: « زندگی خوب، کار خوب، شوهر خوب، اسب خوب و سوارکاری خوب، به همه رسیده ام.»

از محوطه اسب سواری بیرون دیده می شد، جاده ای که از میان درختان سرسبز سر به فلک کشیده، رد شده و خودش را به اصطبل رسانده بود و نمی دانستم تا کجا ادامه داشت. خیره در جاده بودم و چون کارن به آرامی یورتمه می رفت می توانستم به خوبی تا انتهای جاده را ببینم. کارن را بطرف راسل هدایت کردم و چون حس عاشقانه ای در فضای رمانتیک اصطبل در میان درختان سرسبز پیدا کرده بودم برای اولین بار از راسل خواستم برایم مشروب بیاورد.

راسل گفت: « عزیزم منتظر باش همین الان یک گیلاس برایت ریخته و می آورم » بوسه ای بر دستم زد و به طرف اتاق مدیریت اصطبل که موریس در آن نشسته بود، حرکت کرد. من همچنان چشم به جاده دوخته بودم که ناگهان اتومبیل پلیس پاریس را دیدم که به سمت اصطبل می آید. اتومبیل ایستاد و چند پلیس از آن پیاده شده و به همراه کارآگاه به سمت من که سوار بر کارن بودم، آمدند. کارآگاه دستور داد تا مأموران مرا از اسب پیاده کنند. من به کمک آنها از اسب پائین

آمدم و پرسیدم: « جناب کارآگاه، شما اینجا چه میکنید و چه اتفاقی افتاده که با عجله به اینجا آمده اید؟»

- خانم هیوا متین، اثر انگشت مقتول روی پنجره اتاق خواب شما پیدا شده و آدرس اینجا را از خدمتکارتان گرفته و برای دستگیری شما آمدیم

سپس یکی از مأمورین از من خواست دستانم را جهت زدن دستبند جلو بیاورم. راسل که گیلاس در دست داشت از اتاق موریس با شور و شعف خاصّی خارج می شد، با دیدن پلیس و دستانم که جهت دستبند زدن آماده بودند، در جایش میخکوب شد، گیلاس مشروب از دستش لغزید و بر زمین فرود آمد. دستبند به دست به طرف اتومبیل پلیس هدایت می شدم که راسل به طرفمان دویده و دست کارآگاه را از پشت گرفته و او را نگه داشت و گفت: « جناب کارآگاه همسر من بی گناه است، او را کجا می برید؟ » کارآگاه با چهره ای درهم فرو رفته نگاهی عمیق به راسل کرد و همان چیزهای قبلی را تکرار کرد. طوری قیافه گرفته و حرف می زد که انگار او نیز خیلی ناراحت و غمگین است. راسل همانطور ایستاده و به اتومبیل پلیس که مرا به اداره پلیس می برد خیره مانده بود. اشک از چشمان من و راسل فوران می کرد. با خود گفتم: « راسل جان خیلی دوستت دارم »

وارد مقرّ پلیس پاریس که شدیم راسل نیز آنجا بود. بازداشتگاه کوچکی میان قسمت اداری و سالن ورودی ادارۀ پلیس پاریس بود که مرا در آن محبوس کرده بودند. به راسل اجازه دادند که چند دقیقه ای را با من حرف بزند. می دانستم که راسل این اجازه را می گرفت، چون چند افسر بلند مرتبۀ پلیس پاریس دوست نزدیک راسل بودند. چنان بغض سنگینی گلویم را می فشرد که حتی نمی توانستم گریه کنم. فقط به این می اندیشیدم که نباید چیزی در مورد آن شب لعنتی به پلیس بگویم. در میان فکر و خیالات خودم غرق شده و در یک گوشه بازداشتگاه نشسته بودم که راسل از پشت میله های زمخت بازداشتگاه به من خیره شد و گفت: « عزیزم نگران نباش، مشکل را حل خواهم کرد، همه چیز تقصیر من است، من او را کشتم و الان باید من اینجا در بازداشت باشم، نه تو » جلوتر رفته و دستان راسل را که دور میله ها حلقه شده بود گرفته و محکم در دستانم فشردم و گفتم: « راسل جان، من که یکبار قصد قتل را در ایتالیا داشتم و حتی او را تا حد مرگ رسانده بودم و با ضربه ای که به سرش وارد کرده بودم باعث نیم جان شدن او شده بودم، این بار را هم من زدم و شلیک گلوله از طرف من بود.» راسل بدون اینکه نگاهی و توجهی به دور و اطرافش بکند فریاد زد: « دانیل لعنتی را من کشتم.» سپس روی زمین و کف سالن روبروی

بازداشتگاه ولو شده و شروع به گریستن کرد و هی پشت سرهم زیر لب می گفت: « اونو من کشتم.»

من که تصمیم داشتم در ابتدا هیچ سخنی از شب قتل دانیل به میان نیاورده و به پلیس چیزی در این مورد نگویم، با حرفها و جملاتی که راسل برایم تکرار می کرد تصمیم گرفتم قتل دانیل را خودم به گردن بگیرم و قضیه را تمام کنم. این را به راسل نگفتم و فقط به او تأکید کردم که حقیقت را قبول کند که اثر انگشت دانیل روی پنجرۀ اتاق خوابمان پیدا شده و در ضمن اثر انگشت من نیز روی کارت پیدا شده درون چاله دفن شده دانیل کشف شده است و گریختن از قتل دانیل کار ساده ای نیست و تقریباً قضیه تمام شده است. مأمور مسئول بازداشتگاه سراغ راسل آمده و به زور او را از ملاقات بیشتر با من منع کرد. او را مجبور به ترک بازداشتگاه نمود. اکنون راسل رفته بود و من تنها میان میله های بازداشتگاه محبوس بودم. به لیلا می اندیشیدم که میگفتند در بازداشتگاه پلیس به سر می برد ولی خبری از او نبود اگر در بازداشتگاه بود اکنون باید اینجا و در کنار من بود. یکی از مأمورین را صدا زدم و جویای لیلا از او شدم، یکی از مأموران که نشان می داد لیلا را می شناسد جلو آمده و با لحن تحقیرآمیزی گفت: « خانم لیلا را دیروز عصر به بیمارستان منتقل کردند »

- مگر چه اتفاقی افتاده بود؟

- پشت سرهم استفراغ می کردند ولی چون دستور بازداشت ایشان از طرف رئیس پلیس صادر شده بود مجبور شدند تحت مراقبت امنیتی ایشان را به بیمارستان منتقل کنند.

- نفهمیدید چرا استفراغ می کرد؟

- بیشتر از این نمی توانم چیزی بگویم. بنشینید و زیاد سؤال نکنید

ته سیگار تمام شده ای را که زیر پایش انداخته و خاموش میکرد، برداشته ودر سطل زباله انداخت و ادامه داد:

- عجب آدمی هستید شما، یک نفر این وسط کشته شده و شما به فکر مریضی دوستتان هستید

یکی دیگر از مأمورین که مرا آشفته میدید وکمی دل رحمتر بود، از جایش برخاسته و جلوتر آمده و گفت: « خانم، فکر میکنم دوستتان بچه ای در شکم داشته باشد. من این را از یکی از افسرانی که دوستتان را به بیمارستان منتقل کرده بود شنیدم » گوشه بازداشتگاه افتاده و به فکر فرو رفتم و با خود گفتم: « لعنت به تو لیلا، حتما در نبود من دوباره با مایک ارتباط برقرار کردی و باهاش هم بستر شدی » به ایران می اندیشیدم. به لحظاتی که من و لعیا را پلیس بازداشت کرده و در بازداشتگاه کهریزک کنار همدیگر نشسته و چشم در چشم همدیگر می گریستیم. بی اختیار با فکر به آن لحظات دردناک و شوم کهریزک، اشک

از چشمانم جاری شد. از ایران گریخته و به اروپا آمده بودم تا دیگر در اختناق نباشم و براحتی با یونس لعنتی که اکنون ازدواج کرده و با همسرش خوش می گذراند، زندگی کنم، ولی میله های بازداشتگاه حتی در غربت هم دست از سرم برنمی داشت.

انگار که خدا نمی خواست و قصد نداشت راحتی و آسایش در زندگی من باشد. به پدرم می اندیشیدم که اکنون شاید مرا می دید و نظاره گر آوارگی و بدبختی من در کشور غریب بود و شاید روحش با دیدن این چنین صحنه هایی در آزار بود. به مادرم فکر می کردم که چگونه برای پیدا کردن من آوارۀ خیابان های تهران شده بود و در سوگ جدایی من، بر سر نماز شبش، جان خود را از دست داده بود و اکنون درتهران و به دور از پدرم در میان خاک سرد تهران آرمیده بود، به گذشته های دورتر می اندیشیدم که چگونه بی پدر و در کنار مادرم روزها را شب و شبها را روز کرده بودم و به خیال خام خودم روز بروز پله های ترقی را بالا می رفتم و به خوشبختی نزدیکتر میشدم. عجب سرنوشت شومی، زیر لب ترانه غمناکی زمزمه و خودم را آماده می کردم که همه چیز را به گردن بگیرم.

آن روز تا شب هیچ کس سراغم نیامد تا از من بازجویی بکند و سؤالاتی بپرسد. شب را در بازداشتگاه بودم و چشمانم خیال بسته شدن و خوابیدن نداشتند. افکار مغشوشی سراغم می آمد و نمی توانستم علت

این همه بدبختی را در زندگی ام پیدا کنم. به راسل فکر می کردم که اکنون و در این هنگام شب، کجاست و در حال فکر به چه خیالاتی است. می دانستم که عاشق من است و اکنون در عذاب است. من نیز متقابلاً عاشق او بودم و نمی خواستم به خاطر من تمام زندگی اش را که به سختی و با تلاش و مشقت فراوان در شرکت بدست آورده بود، براحتی از دست بدهد. به این می اندیشیدم که چگونه باعث برهم ریختن زندگی دو نفر شده بودم و یکی را به کام مرگ و دیگری را قاتل کرده بودم. همه این ماجراها تقصیر من بود، از نقطه ای دور دست به این جا آمده بودم و وجود من بود که داشت منجر به این اتفاقات ناگوار می شد. با خود گفتم « ای کاش این همه زیبا، خوش هیکل و جذاب نبودم » تمام گناهان را برخاسته از جذابیت خودم می دانستم. به هر نقطه ای قدم می گذاشتم کسی را دنبال خودم می کشاندم که با تمام وجود عاشقم می شد و حاضر بود برای بدست آوردنم هر کاری بکند. این جذابیت بود که داشت مرا در این همه بدبختی غرق می کرد.

تا صبح به گذشته و کارهایی که کرده بودم فکر می کردم و منتظر بودم رئیس پلیس جنایی پاریس سرکارش آمده و مرا جهت پرس و جو و انجام تحقیقات، بطلبد. برایم غذا آورده بودند ولی هیچ میلی به خوردن غذا نداشتم و روی تختی که در یک گوشه بازداشتگاه بود دراز کشیده بودم و در حال غرق شدن در میان انبوه فکرهایی بودم که هر لحظه به

سراغم می آمدند. دیگر چشمانم رمق گریستن نداشتند، انگار غدۀ اشکی چشمانم خشکیده بود. چند ساعتی را در همین فکر و خیالات گذراندم و وقتی به ساعت نگاه کردم، ۹ صبح را نشان می داد که یکی از مأمورین به سراغ در بازداشتگاه آمده و قفل آنرا گشود، صدای چرخش کلید درون قفل را می شناختم و با آن آشنابودم، صدای همان قفلی بود که مأمورین زن بازداشتگاه کهریزک، آن را باز کرده و برای جدا کردن لعیا از من آمده بودند، با صدای بلندی فریاد زدم: « نه شما را به خدا لعیا را از من نگیرید، او را از من جدا نکنید.» این جملات را به فارسی می گفتم و چون مأموری که برای بردن من آمده بود چیزی نمی فهمید زیر لب به آرامی و به فرانسوی غلیظ گفت: « جهان سومی های عقب مانده، این جا هم دست از سر ما بر نمی دارید » مأمور عوضی فکر می کرد که من فرانسوی نمی فهمم، شیفت عوض شده و این مأمور تازه مرا می دید. بی اختیار با شنیدن جملاتی که گفته بود به طرفش حمله کردم و او را زیر مشت و لگد انداختم، می دانستم او اجازۀ کتک زدن مرا ندارد، با خود گفتم: « خوب کاری کردم، عقب مانده خودتی » دستبند به دستم زدند و خواستند مرا جایی ببرند که خبر از آن نداشتم. در این هنگام بود که کارآگاه مخصوص پروندۀ قتل دانیل پیدا شد و دستور باز کردن دستبند از دستان مرا داد، به مردی طاس و قوی هیکل که با قیافۀ مهربانی پشت سرش ایستاده بود، گفت: « رئیس، اگر اجازه می دهید

موضوع را به ایشان بگویم » مأمور بازداشتگاه که می خواست لب به سخن گشوده و در مورد کتک خوردنش حرفی بزند کارآگاه حرفش را قطع کرده و روبه من گفت: « خانم هیوا لطف کنید دنبال من بیائید تا در اتاق من چند دقیقه ای حرف بزنیم.» پشت سر کارآگاه حرکت کردم و با خود گفتم: « این ها عجب برخوردی با یک مظنون به قتل دارند، بدون هیچگونه مراعات امنیتی مرا به اتاقش می خواند » وارد اتاق کارآگاه شدیم، دستور دو تا قهوه داد و پس از اینکه قهوه ها جلوی مان قرار گرفتند مطمئن شدم که چیزهای عجیب و غریبی در حال رخ دادن است. کارآگاه روبه من کرده و در حالیکه فنجان قهوه اش را سر می کشید، گفت: « من می دانستم که بالاخره قاتل اصلی دانیل یوهانس پیدا خواهد شد و این پرونده نیز مثل پرونده های قبلی با موفقیت بسته خواهد شد » کارآگاه با همان زبان دو پهلو و مبهمی که داشت سخن می گفت. ادامه داد:

- خانم هیوا متوجه منظورم که هستید؟

- بله آقای کارآگاه، بازجویی اصلاً لازم نیست. و شما توانستید قاتل اصلی دانیل را بیابید

- مگر شما می دانید قاتل اصلی کیست؟

سؤال مبهمی بود، جواب دادم:

- بله، من قاتل دانیل هستم و من او را با شلیک گلوله به قتل رسانده ام. حتی کالیبر اسلحه ام را هم می دانم

- کالیبر اسلحه تان چقدر است؟

- ۱۷، جناب کارآگاه. سپس از داخل جعبه ای که کنار میزش قرار داشت، اسلحه ای را که دقیقاً شبیه اسلحۀ راسل بود بیرون کشید و ادامه داد:

- آیا شما با این اسلحه به مقتول شلیک کرده اید؟

گیج شده بودم، اسلحه راسل باید زیر خاک در باغ حیاط خانه مان مدفون بوده باشد و دست کارآگاه چه می کند؟ با اضطراب شدیدی که ناشی از آشفتگی و سردرگمی مفرط بود با صدایی بریده جواب دادم:

- بله اسلحه همین است

کارآگاه خندۀ آرامی کرد و گفت:

- خانم هیوا متین، گلوله ای که از بدن مقتول پیدا شده مربوط به همین اسلحه است. در این هیچ شکّی نیست. ولی ماشۀ اسلحه توسط شوهرتان آقای راسل فشرده شده است

- نه امکان ندارد

- دیروز عصر بعد از بازداشت شما، شوهرتان پس از اینکه با شما ملاقات کوتاهی داشتند، سراغ من آمدند و به قتل دانیل یوهانس اعتراف کردند. من که باور نمی کردم و شواهد و مدارک قاتل بودن شما را نشان می داد، ایشان مرا در جریان همهٔ اتفاقاتی که رخ داده بود قرار دادند و تمام قضایا را برایم تعریف کردند و سپس به اتفاق همدیگر برای در آوردن اسلحه از زیر خاک باغ خانه تان، به آنجا مراجعه کردیم. البته من اثر انگشت روی ماشه اسلحه را به قسمت انگشت نگاری دادم و امروز صبح برایم ثابت شد که آقای راسل چیزی جز حقیقت نگفته است.

خیلی عجیب بود، راسل بدون معطلی و با عجله هر چه تمامتر به همه چیز اعتراف کرده بود. می دانستم که این کار را به خاطر عشقی که به من داشت، کرده بود. از کارآگاه پرسیدم: «الان راسل کجاست؟»

- در بازداشتگاه مردان و منتظر ملاقات با شما. شما اکنون آزاد هستید و می توانید پس از ملاقات با شوهرتان به منزل بروید

سپس در انتهای جملاتش به آرامی گفت: «عشق چه ها که نمی کند»

برای ملاقات راسل بیچاره اجازه داشتم. اما چه باید با او در میان میگذاشتم و چه باید می گفتم تا او را از آشفتگی که برای خودش با اعتراف به قتل دانیل بوجود آورده بود، برهانم. در این افکار بودم که کارآگاه به ملایمت گفت: «حالا می خواهید شوهر گرانقدرتان را

ببینید؟» کارآگاه طوری آسوده و با لحن توهین آمیزی سخن می گفت که به زحمت توانستم جلوی افسار گسیختگی خودم را بگیرم و کم کم داشتم دیوانه می شدم و حالت حمله به او را در خودم تقویت کردم ولی چون هنوز کارم گیر او بود آب سردی بر روی آتش خشم خود ریختم و برای ملاقات راسل از جایم بلند شدم و گفتم: « من آماده ام لطفاً بگوئید مرا برای دیدن او ببرند » با دست به مأمور جوانی که انگار از پشت در ایستادن و نگهبانی دادن جلوی ورودی اتاق کارآگاه اصلاً رضایت خاطر نداشت، اشاره کرد و از او خواست مرا به دیدار راسل ببرد.

بدون خداحافظی و تشکر از کارآگاه به مأمور ملحق شده و وارد سالن بزرگ بخش جنایی پلیس پاریس شدم. هرکسی اعم از مأمورین، کارمندان و حتی خدمات که مشغول کار در این بخش بودند، با دیدن من چیزهای به همدیگر نجوا کردند. حتی برخی از آنان با انگشت مرا به دیگری نشان می دادند. با خود گفتم: « ای کاش می دانستم چه میگویند.» در این حین مأمور جوانی که اسمش «آرتور» بود و مرا به سمت راسل هدایت می کرد، لب به سخن گشود و گفت: « شما دوشیزه هیوا متین، همان مُدل معروف ایرانی نیستید که در تلویزیون همه را انگشت به دهان می گذارد؟» حال علت پچ پچ کارمندان را فهمیده بودم.

- بله خودم هستم. چطور مگه؟

- شما بانوی معروفی در پاریس هستید و حتی چندی پیش در یکی از روزنامه ها در مورد شما مطلبی خواندم.

- چه نوشته بود؟

- نوشته بود: مُدل معروف ایرانی پس از مدتها بالاخره قاتل از آب در آمد.

در یک لحظه بر تنفرم از کارآگاه افزوده شد و با خودم گفتم:« کاراآگاه لعنتی، حتما او روزنامه را در جریان قرار داده است.» روبه آرتورکرده و ادامه دادم: « آیا تو این اراجیف را باور می کنی؟»

- خانم هیوا متین، بیشتر روزنامه های پاریس نژاد پرست هستند و برخی هم فئودالیست. شما کارخودتان را بکنید و بگذارید هر چه می خواهند بنویسند. آنها می خواهند به شما که از ایران آمده اید و می خواهید اینجا پیشرفت کنید، ضربه مهلکی زده و مانع پیمودن مسیر ترقی شما شوند، رسیدیم. این جا بازداشتگاه مردان است و آقای راسل داخل بازداشتگاه است. من وارد نمی شوم و شما را با شوهرتان تنها می گذارم.

سپس در ورودی سالن کوچک بازداشتگاه را گشود و گفت: بفرمائید وارد شوید. من پشت در می مانم تا هر وقت دلتان خواست می توانید بمانید، من منتظر شما خواهم ماند.

- آرتور، می توانی در اصلی بازداشتگاه را باز کنی تا بهتر با شوهرم رودرو شوم؟

- برایم مسئولیت دارد، اگر این کار را...

- از تو برای آخرین بار خواهش کردم. این کار را برایم بکن

- با اینکه مسئولیت سنگینی برایم دارد، اما به خاطر شهرتتان مانعی ندارد

سپس با من وارد کریدور بازداشتگاه شد. راسل که گوشه بازداشتگاه زانو بغل کرده و روی تخت نشسته بود، با دیدن من شوکه شد و به سرعت از جایش برخاست و به سویم آمد. با دیدن او بی اختیار چشمانم شروع به گریستن نمودند. آرتور که در بازداشتگاه را گشوده بود، با گوشه چشم به من برای ورود به بازداشتگاه اشاره کرد و پس از وارد شدن من، دوباره در آهنی را قفل زد و گفت: « من پشت در ورودی منتظر علامت خروج شما هستم.» من و راسل همدیگر را در آغوش گرفته و بدون هیچگونه سخنی، با دستهایمان همدیگر را فشردیم، با بوسه ای عمیق که چند دقیقه ای طول کشید عشق به همدیگر را تجدید کردیم، سپس اولین جمله ای که بر زبان آوردم، این بود: « همسر عزیزم، تو خودت را فدای ندانم کاری ها و سهل انگاری های من کردی » راسل خودش را از آغوش من جدا کرد و در چشمانم خیره شد و گفت: « هر کسی جای من بود، همین کار را می کرد.» چنان سنگین و پر معنا در چشمانم

خیره مانده بود که روی از او برگرداندم و نتوانستم محبت و عشق بی‌دریغ او را نسبت به خودم، بقبولانم، زیرا که احساس می کردم از وقتی وارد زندگی او شده ام، به جز دردسر برای او چیزی به ارمغان نیاورده ام و در حقیقت از راسل شرم داشتم. با جدّیت تمام گفتم: « راسل، تو نباید عجولانه آمده و به قتل دانیل اعتراف می کردی. باید کمی صبر می کردی تا شاید روزنه امیدی باز می شد و با انکارهای من، شاید من از این جا رهایی یافته و دوباره به زندگی شیرین مان ادامه می دادیم.»

- هیوا جان من وقتی با کارآگاه پرونده صحبت می کردم، متوجه شدم که رهایی تو از این جا تقریباً محال است. زیرا همه چیز بر علیه تو و تقریباً اثبات شده است و دادگاه قتل را توسط تو تشخیص خواهد داد، نمی خواستم حتی لحظه ای اندک تو را پشت میله های بازداشتگاه یا زندان ببینم. تو نگران من نباش من وکیل های زبده ای دارم که به من در گرفتن تخفیف مجازات کمک خواهند کرد.

- راسل، عزیزم، تو چرا باید مکافات گناهان من باشی؟ دانیل به خاطر من آمده بود. به خاطر من وارد خانه شده بود و به خاطر من با تو در افتاده بود.

- عزیزم، تو همسر من و قشنگترین احساس برای تکمیل احساسات من هستی. من و تو باز هم در کنار هم خواهیم بود و روزهای زیباتری پیش رویمان خواهد بود. به دانیل لعنتی هم حق می دهم که ایتالیا را برای

یافتن تو در پاریس ترک کرده و به سراغ تو آمده بود تو او را نیز مسحور خودت کرده بودی، ولی نباید این همه زیاده روی کرده و تا حریم خصوصی مان وارد می شد. مجازاتش مُردن بود و کمتر از این هم نمی توانست باشد

- عزیزم کارهای شرکت چه خواهد شد؟ بدون تو...

- تو را خوب می شناسم، همچنان که با زیبایی و احساسات لطیف خود مرا عاشق خود کرده ای، با درایت و کارآیی خودت نیز شرکت را پیش خواهی برد. یقین دارم که چنین است و مدیر خوبی برای Lorence خواهی بود تا وقتی من از زندان آزاد شوم

راسل چقدر دوستم داشت و تا چه حدی خودش را فدای من می کرد، معلوم و روشن بود. چنان راسخ سخن می گفت و حرف از زندان و مدیریت شرکت توسط من به میان آورد که نتوانستم براحساسات فوران یافته ام غالب شوم و بی اختیار راسل را در آغوش فشردم و سپس با بوسه ای عمیق بر لبانش، چند دقیقه ای را به عشقبازی با او گذراندم. آنچنان حرفهایش رخنه در قلبم کرده بود که زمان و مکان را از یاد بردم و تنها شعله ای که در ذهنم زبانه می کشید، آتش عشق راسل بود. وقتی خودم را از راسل جدا کردم، او نیز می گریست و اشکهای او صورت مرا خیس تر و بر شوری اشک زیر زبانم افزوده بود در این لحظه بودیم که آرتور به آرامی از پشت در زمزمه کرد. « خانم هیوا، تمام نشد؟» در

حالیکه به درون چشمان راسل خیره شده بودم، با صدای بلند گفتم: « همین الان می توانی در را باز کنی » راسل که راضی به رفتنم نبود و دستم را در میان انگشتان دستش می فشرد. گفت:« عزیزم، تنهایم نگذار و به دیدارم بیا به وکیلم هم خواهم گفت که تمامی سهام ومدیریت شرکت را بنام تو بکند. می دانم که از پسش بر خواهی آمد. »

- راسل، مهمترین مسئله رهایی توست. به این فکر کن. نه چیز دیگر خدانگهدارت باشد.

- به زودی دوباره تو را خواهم دید

در حالیکه آرتور پس از خروج من، کلید را به کمرش آویزان می کرد، راسل ادامه داد:

- مطمئن هستم همسر من عاشق کار و زندگی اش است

با اطمینان خاصی گفتم: « راسل عزیزم، به زودی به دیدارت خواهم آمد »

از آرتور خواستم تا به بازداشتگاه زنان سری زده و برایم خبری از لیلا بیاورد. زیرا همچنانکه باعث به دردسر افتادن راسل عزیزم شده بودم، آسیب روحی و جسمی شدیدی نیز به لیلا زده بودم و می خواستم او را نیز ببینم. آرتور پذیرفت و پس از برگشتن از قسمت زنان گفت: « رئیس پلیس جنایی، پس از اعتراف آقای راسل دستور آزادی شما و خانم لیلا

را با هم صادر کرده و مقرر شده که او را از بیمارستان که تحت الحفظ بستری بوده، آزاد کنند

- این یعنی اینکه، او را در بیمارستان به حال خود رها خواهند کرد؟
- دقیقاً هیمنطور است

از آرتور تشکر کردم و از مرکز پلیس پاریس بیرون آمدم و خواستم به سرعت به طرف بیمارستان حرکت کنم. در خروجی ساختمان پلیس پاریس، چند خبرنگار منتظر خروج من بودند، با مشاهده من با عجله به سمت من دویدند و خواستند از من فیلمبرداری کنند که با دست دوربین خبرنگار را به طرفی چرخاندم و گفتم که قصد مصاحبه ندارم. به سرعت سوار تاکسی شده و به ست بیمارستان حرکت کردم. درون تاکسی با خود گفتم: « حتماً این لعنتی ها را هم کارآگاه خبر کرده وگرنه چه کسی می دانست من چه ساعتی و کی از آن ساختمان لعنتی بیرون خواهم آمد.» در دلم کارآگاه را نفرین می کردم. به بیمارستان و مرکز اورژانس رسیدم و از قسمت اطلاعات سؤالی در مورد لیلا پرسیدم.

نگاهی به فایل ورود و خروج بیماران و کامپیوتر روبرویش انداخته و گفت: « ایشان امروز صبح مرخص شده اند.» آه عمیقی از ته دل کشیدم و با خود گفتم:« خدایا شکرت، مثل اینکه قضیه بارداری لیلا دروغ از آب در آمد » به همراهش زنگ زدم، خاموش بود، تصمیم گرفتم به رستوران بروم و کمی با لیلا حرف بزنم ولی منصرف شدم و پس از صحبت تلفنی

با رستوران فهمیدم به رستوران نیز نرفته است. نگرانتر شدم و تصمیم گرفتم به خانه ای که قبلاً با هم در آن روزگار می گذراندیم بروم. پس از رسیدن به خانه و فشردن شستی زنگ، صدای مردی که شبیه صدای مایک بود، اجازهٔ ورود مرا به خانه صادر کرد. در باز شد و من بدون معطّلی خودم را در کنار لیلا آن هم با صورتی که نشان از کتک خوردن شدیدش می داد، دیدم. خودش را بسرعت در بغلم چپاند و گفت: « هیوا، دوست عزیزم، منتظرت بودم » بوسه ای بر صورتم زد و ادامه داد: « بنشین تا کمی حرف بزنیم »

- لیلا جان، برای صحبت کردن نیامده ام. به بیمارستان رفته بودم تا تو را ملاقات کنم، گفتند مرخص شده ای برای همین به خانه آمدم. خواستم در مورد تمام اتفاقاتی که برایت افتاده و باعث و بانی اش من بودم، معذرت خواهی کنم. هر چه بوده و اتفاق افتاده، مقصّرش من بودم و تمام...

- هیوا، این حرف ها را ول کن، از راسل بگو، در چه حالیه. من همه چیز رو می دونم و می خوام در مورد اون صحبت کنی

- لیلا، راسل بیچاره مثل تو بخاطر من تو دردسر بزرگی افتاده و باید سعی کنم تا از اونجا نجاتش بدم

- اون به همه چیز اعتراف کرده، به رهایی اون فکر نکن، باید به این فکر کنی که چگونه کمترین مجازات را براش بگیری

لیلا طوری حرف می زد که انگار به مسائل حقوقی واقف بود. به صورت باد کردۀ او نظری انداختم و ادامه دادم:

- عزیزم، حتماً این ها هم دسته گل مایک است ها؟ سر چه موضوعی به جان هم افتادید؟

- هیوا جان، من و مایک مرتکب اشتباهی شده ایم و من می خوام...

- حتماً از مایک حامله ای؟

- بله، همینطوره. من و مایک ارتباطمون با همدیگر قطع نشده بود، چون نمی خواستم تو ناراحت بشی از ادامه ارتباطمون بهت چیزی نگفتم. امیدوارم که منو ببخشی. الان می خوام بچه را سقط کنم که مایک مخالفه و می گه، ما باید با هم ازدواج کنیم، من هم باید این بچه را به دنیا بیارم. سر همین موضوع بحثمان تبدیل به جنگ و جدال شده بود

نمی دانستم به راسل که در گوشه بازداشتگاه داشت مثل یخ آب می شد بیندیشم یا به لیلا که خود را با هوسرانی هایش با مایک به دردسر انداخته بود؟ مایک هم با دیدن من مثل یک مرد خوب و ایده آل و اهل با تمام احساسات و عواطف لطیف عاشقانه در گوشه ای از سالن ولو شده و مشغول خواندن روزنامه بود و اصلاً توجهی به من و لیلا نداشت. رو به لیلا کرده و گفتم: « عزیزم، من امروز اصلاً حال و حوصله مناسبی برای تصمیم گیری ندارم، میرم خونه. بعداً باهات تماس میگیرم تا چند

ساعتی رو در مورد موضوع ازدواجت با مایک حرف بزنیم » بدون اینکه هیچ حرکتی از طرف مایک صورت بگیرد، با مشایعت لیلا، خانه او را ترک کرده و به دست خانه به راه افتادم.

به خانه که رسیدم اشلی با بی تابی کنارم آمد و از خواست ماجرا اطلاع یابد، چهرۀ درهم رفته اش نشان از نگرانی و احساس مسئولیتش نسبت به موضوعات اتفاق افتاده بود که به سختی توانستم قسمتی از ماجرای رخ داده را برایش تشریح کنم. از او خواستم تا برایم یک قهوه داغ بیاورد. روی صندلی کنار شومینه ولو شده و منتظر قهوه ماندم. در این حین بود که تلفنم به صدا در آمد. مادر راسل بود که خبرهایی از طریق نشریات بدستش رسیده بود و از من می خواست تا بدون طفره رفتن و کتمان حقایق توضیح دهم. چه توضیحی باید می دادم که مادر راسل را ناراحت و سردرگم نکند و او را به پاریس نکشاند. مدتی بود ایشان بدلیل ملاقات خواهرش عازم شهر لیون در جنوب فرانسه شده بود. بی رودرواسی و بدون هیچگونه سانسور تمام ماجرا را از سیر تا پیاز برایشان شریح دادم. حتی از موقعی با او حرف زدم که دانیل لعنتی دست نحسش را جهت لمس بدن لخت من جلو آورده و توانسته بود این کار انجام دهد، از موقعی برای او حرف زدم که راسل سراسیمه از حمام جهت کشف علت داد و فریاد من بیرون آمده و با دیدن دانیل به او حمله ور شده و بالاخره اینکه او را به قتل رسانده بود. او نیز بدون هیچگونه سخنی میان

حرفهای من، تمام ماجرا را به خوبی گوش داد و در انتها گفت: « هیوا، عزیزم اکنون راسل کجاست؟ روزنامه ها نوشته بودند تو در بازداشت پلیس هستی ولی اکنون که به راحتی با تو دارم مکالمه می کنم، خبر از آزاد بودن تو می دهد. پسرم اکنون کجا و در چه حالیست؟» با شنیدن کلمه عزیزم از زبان مادر راسل کمی خیالم راحت شد که او مرا مسئول تمامی اتفاقات نمی داند ولی باید می گفتم که راسل در بازداشت بسر می برد و به همه چیز اعتراف کرده ست. بالاخره به خودم جرأت بیشتر داده و گفتم: « خانم مارگارت، راسل به تمامی کرده هایش اعتراف کرده است، بهمین علت مرا آزاد کرده و خودش را در مرکز پلیس پاریس بازداشت نمودند.» پس از چند ثانیه ای مکث که با سکوت کامل همراه بود، جواب داد: « هیوا، او را دیدی؟ حالش بهتر بود؟»

- بله، وضعیت خوبی داشت ولی بهتر است برای دیدنش هر چه زودتر اینجا بیایید

- حتماً با اولین پرواز، پاریس خواهم بود

مارگارت زنی خوش اخلاق بود ولی می ترسیدم که مرا مسئول به زندان افتادن راسل بداند و از طرف دیگر چون از عشق راسل نسبت به من اطلاع کامل داشت، هیچ لحن عبوسانه ای را در میان حرفهایش نگنجاند. از این بابت خیلی خوشحال بودم. دست که به فنجان قهوه ام زدم، سرد

شده بود، ولی نخواستم دوباره اشلی را به زحمت اندازم و همانطور آنرا سر کشیدم.

ساعت ۹ صبح بود و من در شرکت مشغول بررسی نحوهٔ افزایش حقوق کارمندان شرکت بودم تا بتوانم شاید از این طریق کمکی شایان توجه به آنها کرده باشم. پس از برگزاری دو جلسه دادگاه، راسل از بازداشتگاه مرکز پلیس به زندان اصلی پاریس منتقل شده بود و دو روز بعد آخرین جلسه دادگاه رسیدگی به پرونده برگزار می شد. مارگارت مادر راسل نزد من آمده و بهمراه من موفق به ملاقات راسل شده بودیم ولی زمان ملاقات را کافی ندانسته و با مأمورین جرو بحث کرده بود. اکنون در منزل شخصی خودش در حال گذراندن روزهای پر استرس آخر زندگی اش بود. راسل وکیل اش را جهت انتقال کل سهام شرکت Lorence به نام من به شرکت فرستاده بود و وکیل تمام اوراق انتقال سهام را به امضای من رسانده بود و اکنون کل سهام Lorence بنام من بود. در آن لحظه با خود گفته بودم: « راسل من امانتدار مطمئنی برای تو خواهم بود و از صمیم قلب متعهد می شوم که شرکت را در مسیری درست بسوی ترقّی هدایت کنم.» از پس همه کارها برآمده بودم به جز روزنامه های لعنتی که یکی پس از دیگری مطالب مبهم و دروغی در مورد راسل، من، شرکت و جریانات اتفاق افتاده می نوشتند. اصلاً پذیرای هیچ خبرنگاری نمی شدم و خودم را به دور از آنها حفظ کرده بودم. به

منشی ام سپرده بودم که هیچ وقت ملاقاتی را با آنها هماهنگ نکند و تا حد امکان به سؤالاتشان پاسخ ندهد.

اوراق مخصوص افزایش حقوق کارمندان مستمری بگیر شرکت را امضا کردم و منشی را جهت دریافت آنها و رساندن اوراق امضا شده به قسمت حسابداری صدا زدم. منشی به هنگام تحویل اوراق روبه من کرده و گفت: « خانم هیوا، آقای تد تماس گرفته و گفتند برای دیدن شما امروز عصر به شرکت خواهد آمد » آن روز عصر قرار بود با آقای « Samuel Patricia» وکیل راسل ملاقات داشته باشم تا در مورد چگونگی دفاعیاتش از راسل عزیز، که در آخرین جلسه دادگاهش برگزار می شد و حکم نهایی برایش صادر می شد، صحبت نماییم. این مذاکره در محل شرکت و در اتاق من که اکنون اتاق مدیر شرکت بودم، برگزار می شد. آقای ساموئل پاتریسیا ساعت ۴:۳۰ با من قرار ملاقات داشت. به منشی متذکر شدم که با تد تماس گرفته و به او بگوید که من از ساعت ۴:۳۰ تا ساعت ۷ عصر مشغول خواهم بود و اگر قصد ملاقات مرا دارد قبل از ساعت ۴ اینجا باشد.

هر چه در توان داشتم به کار می گرفتم تا شرکت Lorence را هر روز بهتر از دیروز جلو ببرم. از موقعی که راسل به قتل دانیل اعتراف کرده بود، حدود ۳ ماهی می گذشت و من آنقدر خود را درگیر کارهای شرکت و پرونده راسل کرده بودم که وقت بیکاری نداشتم. مدام این طرف و

آنطرف می رفتم تا مبادا ضربه ای ناخواسته به من و Lorence وارد شود. مشکل بزرگ دیگری که داشتم و گاهی اوقات از فرط شدت فعالیتم در شرکت و بیرون از شرکت، فراموش می کردم، شکمم بود که هر روز بعلت باردار بودنم جلوتر می آمد. و به همین علت هم نمی توانستم در تیزرهای تلویزیونی شرکت نقش ایفا کنم. چند بار ژاک به دیدارم آمده و گفته بود: « خانم رئیس، اگر مایل باشید حتماً در تلویزیون ظاهر شوید، می توانم ترتیبش دهم تا در برنامه های مخصوص تبلیغاتی که برای خانمهای باردار است ابراز وجود نمائید.» علاقه ای نداشتم و درخواست ژاک را رد کرده بودم. Lorence تنها شرکتی بود که مدیر عاملش قبلاً بعنوان مدل ظاهر شده بود و هم اکنون نیز بصورت مدل گاهی اوقات نقشهایی را هر چند اندک بعهده می گرفت. چند باری جهت تعیین جنسیت بچه ای که در شکمم روز بروز بزرگتر می شد مراجعه کرده بودم تا مطمئن شوم، سونوگرافی بچه را دختر تشخیص داده بود. به دیدار راسل رفته و او را در جریان تمامی امور محوّله به من قرار می دادم و وقتی به او گفتم که صاحب دختری خواهد شد، واقعاً نتوانستم تشخیص دهم که از شنیدن این خبر خوشحال شده و یا ناراحت است؟ در آن هنگام که شکمم برآمده شده بود، وقتی به ملاقات راسل می رفتم دستش دائماً روی شکمم بود و بی اختیار می گریست و مرا نیز بهمراه خودش می گریاند. برخی اوقات نشسته و گوشش را روی

شکمم می چسباند و با جنین داخل رحم حرف می زد. من نیز در سکوت نشسته به کارهای که هنگام ملاقات انجام می داد خیره می ماندم و هیچ قضاوتی نمی کردم.

ساعت ۴ عصر را نشان می داد و خبری از تد نبود. نیم ساعت مانده به آمدن ساموئل روبروی پنجره بزرگی که روبروی ایفل ایستادم و به تماشای آن که مثل یک انسان استوار قد علم کرده بود مشغول شدم. خودم را به ایفل تشبیه می کردم و با خود گفتم: « هیوا، عجب دختری هستی، کشورت ایران را برای یافتن معشوقت یونس، ترک کردی و سختی های راه را هموار ساختی و به پاریس، شهر ناهنجاری ها رسیدی و در این شهر، انسانی دیگر شدی و بدلیل محبتهای بیش از حدی که راسل به تو کرده بود دوستش داشتی و با او زندگی مشترکی را آغاز کردی، به امید اینکه از مشکلات روزگار که دائماً دامنگیرت بودند، برهی. اما نه تنها نتوانستی خودت را از منجلاب مشکلات بیرون بکشی، بلکه او را نیز در باتلاقی فرو بردی که در آمدنش سالها طول خواهد کشید. نه پدری داری و نا مادری و نه حتی خویشاوندی که بتواند تکیه گاهت باشد تا با توسل به خدا و با تکیه بر آنها بتوانی در مسیر پر طلاطم پیش رویت به مقصد برسی. اکنون نیز صاحب جنینی در شکم هستی که دیگر قصد سقط آنرا نداری و دومین روحی است که در کالبدت شکل می گیرد. روح اول را نابود کردی چون از کسی بود که دوستش نداشتی

و به زور در رحمت گنجانده شده بود، اما روح دوم از راسل بیچاره ایست که هم اکنون در زندان پاریس به سر می برد و امیدوار است روزی از آنجا بیرون آمده و به همراه همسر و دخترش زندگی را از سر بگیرد. هیوا، آیا کودکی هایت یادت هست که پدرت لحظه ای تو را تنها رها نمی کرد و همواره پشت و پناهت در افتادنها و زمین خوردنهایت بود؟ مادری که تربیت تو را پس از فوت پدرت بعهده داشت و تمام دقایقش را نثار تو می کرد؟ اکنون به اینجا و قلب اروپا رسیده ای و صاحب خانواده ای هستی که دوستش داری. به همسرت قولهایی داده ای و صاحب شرکتی هستی که هر کسی آرزویش را دارد. استوار باش و مثل ایفل که اکنون مقابل چشمانت قد برافراشته مقاوم باش. مطمئن باش که اگر توانسته ای تا بدین جا بایستی، از این به بعد نیز محکم خواهی ایستاد و با مشکلات خواهی جنگید تا روزی برسد که دیگر هیچ مشکلی در زندگی ات نداشته باشی »

تلفنم روی میز کارم بصدا درآمد و منشی از ورود آقای ساموئل پاتریسیا خبرداد. او را در اتاقم پذیرفته و جهت ادای احترام تا در اتاق به پیشوازش رفتم.

- سلام آقای ساموئل. از دیدنتان خوشوقتم

- سلام خانم هیوا متین دیر که نکرده ام؟

- نه خیر، مگر می شود انسانهای حقوقدان، وقت شناس نباشند؟ بفرمائید بنشینید.

بحث من و ساموئل سر موضوع دادگاه دو روز بعد راسل بود و من از ساموئل گزارش کارهایی را که برای راسل انجام می داد، می گرفتم و یادداشت می کردم. ساموئل قول داده بود که طوری از راسل در جلسه نهایی دادگاهش دفاع کند که کمترین مجازات را برایش بگیرد. منظورش از کمترین مجازات، سه سال حبس بود. من از او خواستم تا دفاعیاتش را که قرار بود دور روز دیگر در دادگاه برزبان بیاورد، برایم تشریح کند. به همین علت پس از نشستن رودرروی ساموئل دور میزی که برای جلسات با اعضای شرکت تعبیه شده بود، گفتم. « آقای ساموئل پس فردا قرار است چگونه از همسرم دفاع کنید؟»

- خانم هیوا، طبق گزارشی که برای دادگاه پس فردا آماده کرده ام، و طبق قوانین حقوقی فرانسه، راسل برای دفاع از حریم خصوصی خود، دست به قتل دانیل زده است. یعنی اینکه اگر مقتول به خود جرأت داده که به حریم خصوصی اتاق خواب مشترکتان با آقای راسل وارد شده و به شما تعرّض نماید، راسل نیز به خودش اجازه داده تا با مقتول درگیر شده و در حین درگیری به قتل برسد.

- یعنی شما می فرمایید که قتل دانیل، امری عادی از نظر دادگاه تلقی خواهد شد؟

- هیچگاه، قتل امری عادی از نظر قوانین حقوقی فرانسه نیست و نخواهد بود ولی انگیزۀ قتل موضوعی است که در قانون گنجانده شده و به آن رسیدگی می شود. فقط شما باید پس فردا سوگند یاد کنید که مقتول وقتی وارد اتاق خصوصی خوابتان شد، شما کاملاً لخت بودید و بصورت لخت روی تخت مشغول استراحت بودید و مقتول پس از لمس بدن لخت شما قصد تجاوز به شما را در سر می پروراند.

- آقای ساموئل، دانیل که به من تجاوز نکرد، فقط بدنم را لمس کرد و پس از آن...

- خانم هیوا، برای دفاع از شوهرتان باید به حاشیه پردازی هایی که باعث تخفیف مجازات می شود، بپردازیم.

- آقای ساموئل همچنانکه می دانید، مجازات قتل در کشور ایران، اعدام است و بی قید و شرط و دلیل و برهان و یافتن انگیزه، قاتل را آن هم پس از مدتها آزار و اذیت در زندان به دار می آویزند. شما به من حق بدهید که در مورد راسل خیلی نگران باشم. البته اطلاع دارم که قوانین کشورهای غربی در مورد قتل صحیح و به دور از هر گونه پایمال کردن حقوق شهروندی است، اما واقعا نمی دانم، همسر عزیزم راسل چند سال در زندان خواهد ماند و این موضوع است که مرا آزاد می دهد و سردرگم می کند.

- شما نگران نباشید و همانطور رفتار کنید که من از شما انتظار دارم. طبق تجربیاتی که قبلاً دارم و پرونده هایی که قبلاً به آنها رسیدگی کرده ام. راسل بیشتر از سه سال در حبس نخواهد ماند.

با ساموئل بحثهای بیشتری در موضوع دادگاه پس فردا کردیم و پس از ساعتها گفتگو بالاخره ساموئل جلسه را خاتمه داده و گفت: « شما همسر زیبا و مهربانی برای راسل هستید و امیدوارم تلاشهایتان در مورد او به نتیجه برسد من و شما با همکاری و هماهنگی یکدیگر همسرتان را با کمترین مجازات روبرو خواهیم کرد.» این حرف ساموئل از آن حرفهایی بود که کمی آزارم داد. هر کسی در مورد زیبایی و جذابیت من سخن می گفت، احساس بدی به من دست می داد و احساس می کردم قصد بیشتر نزدیک شدن به من را دارد، به همین علت ابروهایم را درهم فرو بردم و با لحن متفاوت به ساموئل گفتم: « امیدوارم اینطور باشد که شما انتظارش را دارید. من پس فردا در ساعت مقرر شده در دادگاه خواهم بود. آنجا شما را می بینم. در ضمن به منشی شرکت می گویم که وجهی را به حسابتان واریز کنند » از او خداحافظی کردم و شرکت را به سمت خانه به همراه رانندۀ شرکت ترک کردم.

۲۴ سپتامبر یعنی روز دادگاه راسل بود و من صبح اول وقت خود را جهت شرکت درداد‌گاه آماده کردم. من به دادگاه دعوت شده بودم. هنگام خروج از خانه بازهم خبرنگاران منتظر خروج من بوده ودر اتومبیلهایشان

برای مصاحبه با من کمین کرده بودند. به طرفم دویدند، سوالشان این بود: خانم هیوا، به نظر شما دادگاه چه تصمیمی برای شوهرتان آقای راسل خواهد گرفت؟ شما که الان مدیر شرکت بزرگی مثل لورنس هستید، چه برنامه ای برای ادامه عمر شرکت دارید؟

در راهرو طبقه هفتم دادگاه عالیه پاریس، با ساموئل روبرو شدم. از کودکی از مسائل حقوقی وقضایی متنفر بودم و همه این کارها را فقط به خاطر راسل انجام می دادم. شروع جلسه اعلام شد وما با احضار قاضی وارد دادگاه شدیم. با دستور قاضی همه حضّار نشستند. راسل به همراه دو مامور در حالیکه صورتش پر از ریش بود وبه دستانش دستبند داشت، وارد جایگاه متهم شد. قاضی جریانات اتفاق افتاده را طبق نوشته ای که روی میزش داشت، بازگو کرد وسپس از راسل خواست ادامه دهد، راسل گفته های قاضی را تأیید کرد. سپس به ساموئل اجازۀ دفاع دادند. برای اثبات بی گناهی راسل، ساموئل دلایل و ادلّه هایی که قبلاً تقدیم دادگاه کرده بود، شروع کرد و از لحظه هایی سخن می گفت که دانیل مرا در ایتالیا در خانۀ خود محبوس نموده و قصد اذیت جنسی مرا، آن هم با زور داشت، ساموئل مدارک سقط جنین را از بیمارستان تهیه و به دادگاه تقدیم کرده بود. اینگونه ادامه داد:

- جناب آقای قاضی، خانم هیوا متین از ایران به قصد عزیمت به فرانسه وارد خاک ایتالیا شده و با دانیل یوهانس، برخورد می کند. او نیز بدلیل

اینکه بتواند بر تفکرات کثیف جنسی و شهوانی اش دست یابد، هیوا را به منزل شخصی خود می برد. چند روزی او را در خانه اش محبوس و سپس با مست نمودن خانم هیوا قصد آزار و اذیت جنسی او را در سر می پروراند و بالاخره موفق می شود با مست کردن به ایشان تجاوز نموده و به ایده های شومش دست یابد. خانم هیوا از آن خانه فرار کرده و موفق می شوند خود را به فرانسه برسانند، اما متأسفانه حامل جنینی در رحم خویش می شوند که ناخواسته و به زور وارد زندگی شان شده است. ایشان توسط آقای راسل و با کمک او، موفق به سقط جنین در یکی از بیمارستانهای پاریس می شوند که مدارکش تقدیم حضورتان شده است. ولی قضیه به همین جا ختم نمی شود، دانیل یوهانس یا همان مقتول، دوباره با استفاده از روزنامه ها و اینترنت موفق به یافتن دوبارۀ محل کار خانم هیوا متین شده و به آزار و اذیت خود ادامه می دهند و در پاریس سکنی می گزینند و اذعان میدارند که من عاشق خانم هیوا هستم. در ادامه اتفاقات بالاخره می توانند منزل ایشان را که به همراه آقای راسل زندگی مشترکشان به تازگی آغاز شده بود، بیابند. مقتول چند بار در حضور خانم هیوا، به داشتن قصدی مبنی بر کشتن آقای راسل اعتراف می کنند. در شب حادثه که جزئیاتش توسط جنابعالی قرائت شد، موفق به ورود غیرقانونی به منزل شخصی خانم هیوا وآقای راسل می شوند و با دیدن لختی خانم هیوا از فقدان آقای راسل

سوء استفاده کرده ودوباره قصد تجاوز با زور به ایشان را می کنند. البته مقتول برای به قتل رساندن آقای راسل وارد منزل شخصی ایشان شده بودند. در این هنگام با جیغ و فریاد خانم هیوا، آقای راسل وارد اتاق شده و با مقتول درگیر می شوند و در این درگیری مقتول با شلیک گلوله ای توسط آقای راسل که جهت دفاع از حریم خصوصی و جان خود بود، به قتل می رسد.

قاضی دادگاه مرا که در جای مخصوص خودم جهت شهادت دعوت کرده بود، امر به ایستادن نمود و پرسید: «خانم هیوا متین، آیا گفته های آقای ساموئل پاتریسیا را که در دفاع از آقای راسل و شما بود، قبول می نمائید.» چون قبلاً تمامی این حرفها را با ساموئل هماهنگ کرده بودیم. ایستاده و جواب دادم «آری، همه گفته های آقای وکیل درست و عین حقیقت است.» چندین سؤال دیگر مبنی بر قرائت حکم نهایی پرسید. در این هنگام توسط دستور شخصی دیگر همه حاضرین ایستادند. مارگارت، مادر راسل که گیج شده بود و در حال حلّاجی قضایای اتفاق افتاده ای بود که از آنها اطلاع کافی نداشت، دستور ایستادن را نشنید و دوباره توسط همان شخص به ایستادن دعوت شد. قاضی حکم نهایی راسل را اینگونه بیان نمود. «طبق شواهد و مدارک ارائه شده توسط وکیل مدافع متهم، و قراین موجود که نشاندهنده اذیت جنسی همسر متهم توسط مقتول است، دادگاه حکم را بدین صورت

قرائت می نماید: آقای راسل آدریاتوزی « به تحمّل دو سال حبس محکوم و خانم هیوا متین از اتهام همکاری با قاتل، تبرئه می شوند. دادگاه ختم جلسه را اعلام می نماید »

وقتی داشتند راسل را به زندان برمی گرداندند، خیره در چشمان همدیگر بودیم و با هم سخن از صبر و عشق می گفتیم. دادگاه تمام شده بود و من اکنون زن تنهایی بودم که باید دو سال بدون همسر و همدم با موانع روبرویم می جنگیدم و به تنهایی هم به زندگی ام می رسیدم و هم به کار و شرکت و به این یقین داشتم که می توانم.

وقتی از دادگاه به همراه مارگارت خارج می شدم، متوجه صدایی آشنا که مرا از پشت صدا می زد شدم. صدای تد بود من اصلاً متوجه حضور او در دادگاه نبودم. با لحنی مهربان می خواست اظهار همدردی کند، گفت: « سلام خانم هیوا، مرا نیز در مصیبت وارده به خانواده تان سهیم بدانید.» سپس روبه مارگارت نمود و از او طلب صبر و شکیبایی تا لحظۀ آزادی راسل کرد. پس از جملات زیبایی که برای همدردی بر زبان جاری ساخت، روبه من کرده و ادامه داد: « خانم هیوا اگر یادتان باشد، می خواستم با شما ملاقاتی داشته باشم.»

- آقای تد، کار مهمی داشتید؟

- ابتدا می خواستم از حال و روز و وضعیت دوستم راسل اطلاع یابم و از موضوع پروندۀ قتل که با شنیدنش مضطرب و ناراحت شده بودم

سردربیاورم، که با حضور در دادگاه توانستم به کل مسئله پی ببرم. سپس می خواستم از شما...

تد از گفتن بقیه حرفش صرفنظر کرد و انگار می ترسید یا خجالت می کشید که با واکنش من روبرو شد.

- آقای تد، چرا ادامه نمی دهید؟

- بماند بعداً و در فرصت مناسبی بگویم. اینجا و در این موقعیت و وضعیت روحی شما، جای مناسبی برای درخواست من نیست

- این چه حرفی است که به بعد موکول می کنید و مرا در فکر فرو می برید؟ خواهش می کنم بفرمائید شما از نزدیکترین دوستان راسل هستید

- می خواستم بگویم من برای انجام مأموریتی کاری به کانادا رفته بودم و چند وقتی است که برگشته ام و هیچ کاری ندارم. می خواستم از شما که اکنون مدیر عامل Lorence و همه کاره شرکت هستید بخواهم که کاری را در شرکت برایم ردیف کنید

- خیالم راحت شد. فردا به شرکت بیایید تا حتماً به طلبتان رسیدگی کنم. حتماً این کار را برایتان خواهم کرد. شما لطف بزرگی به من کرده اید، من هیچگاه محبتهای بی دریغ شما را هنگام ورود به فرانسه از یاد نمیبرم

- از شما سپاسگزارم. حتما خواهم آمد.

باید کاری را در Lorence برای تد جفت و جور می کردم و فکر کردن به این موضوع را به فردا موکول کردم. زیرا حال و حوصلهٔ درست و حسابی برای فکر به این مسئله نداشتم. بهمراه مارگارت با اتومبیل شرکت دادگاه را به سمت خانه ترک کردیم، باید استراحت می کردم. صبح آن روز پس از هماهنگی با قسمت حسابداری و مالی شرکت کاری را در همان قسمت برای تد جور کردم و از همان روز تد مشغول کار در شرکت شد. صبح ها به هنگام ورود به شرکت جهت ادای صبح بخیر به اتاقم سر می زد و عصرها به هنگام خروج از شرکت از من خداحافظی می کرد. کلاً آدم عجیبی بود. به رفتارهای غیر عادی او عادت کرده بودم. همیشه طوری برخورد می کرد که انگار حرفی برای گفتن دارد ولی برزبان نمی آورد و چون من زنی تنها شده بودم و راسل در زندان بود، از مصاحبت بیشتر با تد و کلاً با همکاران مرد شرکت دوری می جستم و نمی خواستم تفکرات منفی گرایانه نسبت به خودم ایجاد کنم.

زمستان با تمام سردی و مشقتش داشت به انتهای خود نزدیک می شد. ماهی دو و برخی اوقات سه بار به دیدار راسل می رفتم. و با او به گفتگو می نشستم. راسل اصلاً دوست نداشت از ناملایمات روزگار و از روزهای سختی که در زندان بسر می برد، سخن بگوید، فقط از گذشته ها و روزهای خوشی که با هم داشتیم حرف به میان می آورد و با دخترش

صحبت می کرد، انگار که صدای بغض آلودش را می شنود، صدایی که از فرط افسردگی و تأثیرات زندان، تغییر یافته و مبدل به صدای گوش خراشی شده بود که از حنجره ای خشن بیرون می آید. به هنگام ملاقات هیچگاه دستهایم را رها نمی کرد و همیشه بوسه های عمیقی بر پیشانی ام می زد و می گفت: « عزیزم، روزی خواهد رسید که از این جهنم خلاص خواهم شد و دوباره در کنار تو ودخترمان خواهم بود » این تنها تکیه کلام همیشگی اش بود که بر زبان می آورد. وقتی می خواستم از شرکت و امورات مربوط به آن سخن بگویم، زود وسط حرفهایم می پرید و می گفت: « می دانم که تو توانمند هستی و قادر به ادارهٔ شرکت، نیازی به توضیحات اضافی نیست. وقت محدودمان را برای مسائل کاری تلف نکن، بگذار دل سیر نگاهت کنم و از دوست داشتن بگویم » ولی من ادامه می دادم و توضیحاتی هر چند کم و اندک در مورد کار در شرکت و از اینکه توانسته ام Lorence را پیش ببرم، می دادم وقتی از استخدام دوستش تد در شرکت سخن به میان آوردم، لحظه ای مکث کرده و گفت: « چرا به او کار دادی؟»

- مگر نباید استخدامش می کردم؟

- نه، تد آدمی نیست که بتواند از امورات مربوط به تبلیغات سردر بیاورد

- نگران نباش، در قسمت مالی استخدامش کردم که اصلاً ربطی به تخصص شرکت ندارد

- عزیزم کمی از او دوری کن. من او را قشنگ می شناسم و می دانم که چطور آدمی است

- مگر دوست تو نبود و نیست؟ مگر همان دوستی نیست که آنقدر ارزش و احترام پیش تو داشت؟

- چرا، درست است، ولی...

- ولی چی؟ اگر موضوعی هست به من بگو تا بتوانم...

وسط حرفهایم پرید و گفت:

- چیز مهمی نیست، فقط از مراودات و ارتباطاتت با او کم کن

- فهمیدم، میترسی که بیشتر به من نزدیک شده و مرا به خطر اندازد؟

راسل چیزی نگفت و ملاقات پایان یافت و مأمورین زندان خبر از اتمام وقت ملاقات دادند

من تد را استخدام کرده بودم و هیچ راه برگشتی نبود تا بتوانم او را اخراج کنم، ولی طبق خواسته راسل از او دوری کردم و با لحن کاری، بیشتر با او ارتباط برقرار می کردم. ولی حرفها و درخواستهای راسل برایم عجیب جلوه می کرد، به هر حال تد دوست راسل بود و من از روابط صمیمی آنها مطلع بودم. حال چرا راسل چنین درخواستی از من کرده بود، برایم جای سؤال بود و تناقض شدیدی را در ذهنم ایجاد کرده بود.

با چندین شرکت تولیدی لوازم بهداشتی و آرایشی و مد قراردادهایی بسته بودم و برای آنها کار می کردم. سرم در شرکت خیلی شلوغ بود و تا حدی گرم کار بودم که گاهی اوقات فراموش میکردم که جنینی در رحمم در حال رشد است و کار مفرط برای او مضر است. خوب می خوردم و به توصیه های پزشکان و اشلی و مارگارت عمل می کردم. تقریباً داشت ۹ ماهگی ام به پایان می رسید و روزهای پایانی حاملگی ام را قصد داشتم در منزل و زیر نظر اشلی که خیلی در کارش وارد بود سپری کنم و به سرکار نروم. ولی برای دیدن راسل می رفتم. راسل اسم خوبی برای دخترمان برگزیده بود و می گفت چون می داند شبیه من خواهد بود و مثل من زیبا و دوست داشتنی خواهد بود، اسمش نیز باید شبیه من باشد و «Eva» را برای دخترش انتخاب کرده بود. اسم قشنگی بود و من از انتخاب راسل راضی بودم.

موقع زایمانم فرا رسید. راسل خواسته بود بصورت طبیعی زایمان کنم. ۱۴ ژانویه ۲۰۱۲ دخترمان « اِوا» به دنیا آمد و من که بدون راسل اوا را به دنیا آورده بودم، سریعاً و بدون هیچگونه تشریفاتی خواستم تا مرا ترخیص کنند. پس از دو روز بستری شدن در بیمارستان بالاخره به همراه اِوا به خانه منتقل شدم. هم اکنون صاحب بچه ای بودم که حاصل زندگی مشترک من و راسل بود و مرا به او جوش می داد. دو ماهی به شرکت نرفتم و کارهای شرکت را به ژاک سپردم، به غیر از او به فرد

دیگری اعتماد کافی نداشتم. فقط ژاک بود که طی کار با او، خلوص و مردانگی اش برایم اثبات شده بود و می توانستم به او اعتماد کنم. در خانه مشغول بزرگ کردن «اِوا» و به پایان رسانیدن دورهٔ نقاهت خودم بردم. البته مارگارت زن بسیار فهمیده ای بود و در تمامی کارها به من کمک می کرد و هیچگاه تنهایم نمی گذاشت. از این بابت خیلی خوش شانس بودم که مادر شوهرم علت به زندان افتادن پسرش را به گردن من نینداخته بود.

خیلی نگران شرکت و مسائل مربوط به آن بودم و هر چند روز یکبار تلفنی یا خصوصی در خانه، با ژاک ارتباط نزدیک برقرار می کردم و از او می خواستم مرا در جریان تمام امور و اتفاقات جدید Lorence قرار دهد. او نیز با کمال میل شروع به ارائه گزارش های مربوطه می کرد و در انتهای سخنانش می گفت:« خانم هیوا ای کاش شما را زودتر از این ها در اختیار داشتیم، به آقای راسل تبریک می گویم که صاحب همسر خوبی مثل شماست. نگران نباشید تا موقعی که جهت ادارهٔ امور به Lorence برگردید، امورات شرکت را ادارهٔ خواهم کرد و البته کارهای شرکت را کم کرده ایم و فقط به طرح ریزی های نوین می اندیشیم »

اواخر تابستان ۲۰۱۲ بود که به شرکت برگشته و مشغول ساماندهی کارهای عقب افتاده بودم. شرکت Lorence از وقتی راسل به زندان افتاده بود، یک درجه ارتقای درجه و رتبه یافته بود و اکنون بعنوان یک

شرکت رتبهٔ یک تبلیغاتی شهر داشت و فعالیت می کرد. به کنفرانسهای بین المللی Advertisment در چند کشور مهم از جمله آمریکا، کانادا، آلمان و روسیه دعوت شده بودیم. برنامه های مدوّنی را تهیه و تدارک دیده بودم که بهمراه کارشناسان خبره ای که راسل در شرکت استخدامشان کرده بود، قصد شرکت کردن در آن همایشها و کنفرانسها را داشتیم. اواسط ماه مارس اولین همایش بین المللی راه های تبلیغ و توسعه بین المللی در آمریکا برگزار شد و برای شناساندن بیشتر Lorence در جامعه بین المللی دعوتنامه شرکت در همایش برایمان ارسال می شد. به ملاقات راسل که می رفتم و می خواستم به چنین موضوعاتی بپردازم و از موقعیت شرکت و ورود آن به کنفرانسها حرف بزنم، راسل فوری حرف را عوض میکرد و می گفت: « هیوا جان، تو هم عین آدمهای تجاری و کاری شده ای و همه اش از کار و تجارت و موفقیت شرکت حرف می زنی. از خودت و دخترمان و حال و روز زندگی مان بگو. کارهای تجاری خودبخود پیش خواهند رفت.» در چنین لحظاتی با خود می گفتم. « راسل عزیزم چه بلایی به سرت آمده که Lorenceبیچاره را فراموش کرده ای؟ »

در کنفرانس آمریکا که در شهر بوستون برگزار می شد، شرکت کردیم. جمعی از شرکتهای مهم تبلیغاتی سراسر دنیا در آن حضور داشتند. از اکثر کشورهای دنیا حتی از آذربایجان شرکت کننده داشتیم. هر شرکتی

با نماینده ای که انتخاب کرده بود، پشت تریبون قرار می گرفت و به معرفی ایده های نوین تبلیغاتی روز می پرداخت. در انتها مقالاتی از طرف محققان دانشگاهی حاضر در سالن قرائت شد و کنفرانس به پایان رسید. وقتی می خواستیم سالن را ترک کنیم با خود گفتم: « چه می شد فرصتهایی این چنین در ایران نیز بود که شرکتهای ایرانی نیز می توانستند در آن شرکت کرده و خود را در معرض دید عموم دنیا قرار دهند؟» در ایران تبلیغات و صنعت advertisment صنعتی مرده به حساب می آمد که بدلیل مسائل دینی و عرف رایج نمی توانست جان بگیرد و جلوتر برود.

روزها هفته ها و ماهها بسرعت از پی هم می گذشتند و روزهای گرم جای خود را به روزهای سرد و روزهای سرد جایشان را به روزهای آفتابی و گرم تابستان دادند. دخترم اِوا هر روز بزرگ و بزرگتر می شد و زیر دستهای معجزه اسای «اشلی» به دختری مرتب و البته بازیگوش تبدیل شده بود. راسل اواخر سال ۲۰۱۳ از زندان آزاد میشد و من نیز مشغول ادامه تحصیلاتم بودم و در رشته مدیریت بازرگانی بین المللی در دانشگاه پاریس مشغول تحصیل بودم. این رشته را از وقتی وارد Lorence شده بودم و با راسل ازدواج کرده بودم، انتخاب کردم و البته به پیشنهاد راسل بود که وارد دانشگاه جهت ادامه تحصیلاتم شدم. همه چیز سرجای خود بود و اجازه نمی دادم تداخلی در امورات زندگی ام

ایجاد شود و تمامی کارها را به نحو احسن انجام دادم. به اِوا می رسیدم و به تربیتش اهمیت می دادم. به درس و تحصیلات خودم می رسیدم و در پیشبرد آنها از جانم مایه می گذاشتم و به راسل سر می زدم و از حال و روز او جویا می شدم و فقط موقع خواب بود که آرامش خیال داشتم و کمی فکر میکردم و شبها به رختخواب که می رفتم، تمامی روزهای سپری شده از موقعی که پدرم در سانحهٔ تصادف جانش را از دست داد، تا موقعی که صاحب و مدیر شرکتی مثل Lorence شدم، مثل یک فیلم سینمایی از جلو پردهٔ چشمانم می گذشتند. اکنون دیگر مادری بودم که فرزندش شبها در کنارش می خوابید و وقتی به چشمان اِوا نگاه می کردم آرزو می کردم، مادرم سارا این جا و در کنارم بود و حاصل زحمات و زندگی مشترکم را می دید. ولی افسوس که فایده ای نداشت و آرزویی محال و دست نیافتنی بیش نبود و سارا جانم زیر خاک در تهران بزرگ آرمیده بود « سارا جان مرا ببخش که باعث رنجش خاطرات شدم و تو را در کام مرگ فرو بروم. دوستت دارم.»

مارس ۲۰۱۳ بود و آخر ماه باید در کنفرانس کانادا شرکت می کردیم. از طرف مدیر همایش های بین المللی advertisement کانادا آقای «Pablo Goodheart» ایمیلی مبنی بر یادآوری برایم رسیده بود. متن ایمیل از این قرار بود « با سلام و احترام خدمت مدیریت محترم شرکت تبلیغاتی Lorence، سی ام مارس ۲۰۱۳ جهت شرکت در

کنفرانس بین المللی شهر اُتاوا یادآوری می شود. شرکت شما شرکت محترم باعث افتخار مدیریت همایش می باشد، با تقدیم احترام پابلو گودهارت »

اصلاً علاقه ای به شرکت در این همایش مثل همایشهای قبلی نشان نمی دادم. زیرا در کشور کانادا برگزار می شد و هیچ میلی به رفتن به کانادا نداشتم. کشوری که یونس با همسرش در آن زندگی می کرد و برایم بوی تعفّن می داد و نفس کشیدن در هوای آن برایم دشوار بود، ولی با دریافت ایمیل یادآوری از سوی مدیر همایش آقای گودهارت کمی به رغبتم جهت شرکت در آن همایش افزوده شده بود. از طرفی هم به پایان حبس راسل نزدیک می شدیم و می خواستیم برای آزادی او از زندان تدارک برنامه های شاد و حتی جشنی مفصل را ببینیم که باعث خوشحالی راسل شویم. و شرکت در چنین همایش های بین المللی را به نفع Lorence می دیدم و می خواستم نام شرکت در بین حاضرین در سالن بدرخشد.

اِوا دو ساله شده بود و در نظر اشلی شیرین ترین دختری بود که تا بحال به چشم می دید. نمی خواستم به هنگام شرکت در کنفرانس کانادا، اِوا را تنها بگذارم. به همین دلیل از اشلی خواهش کردم با من به اُتاوا آمده و اِوا را همراهی کند. او نیز پذیرفت و برای روز سی ام مارس آماده شد. من نیز در شرکت با هماهنگی با دو کارشناس خبرۀ تبلیغاتی که

فارغ التحصیل همین رشته و از دوستان صمیمی راسل و در این رشته تخصص داشتند در شرکت جلساتی می گذاشتم و در مورد طرح ها وبرنامه های نوین و بروز تبلیغاتی که قرار بود از طرف Lorence معرفی شوند و مقالاتی که توسط همین دو نفر قرائت می شد، بحث و تبادل نظر می کردم. امیدوار بودم که بتوانم همانند همایشی که در شهر بوستون آمریکا داشتیم خودی نشان داده و با طرحهای جدید دنیای تبلیغاتی بدرخشیم.

بالاخره روز موعود فرا رسید. من و اشلی بهمراه اِوا و لِسلی (Lesley) و آدام (Adam) عازم فرودگاه شدیم و قراربود ساعت ۷ عصر به وقت کانادا در فرودگاه اتاوا به زمین بنشینیم. در هتل (Darlington) بصورت رزرو شده از طرف برگزار کننده همایش، دو اتاق برایمان در نظر گرفته شده بود. اولین باری بود که به کانادا می آمدم. هوا کمی خنکتر بود و زبان ارتباطی دوباره همان انگلیسی به لهجه غلیظ خودشان بود. فردا باید تا ساعت ۸ صبح در محل برگزاری همایش در سالنی واقع در دانشگاه ایالتی اُتاوا باشیم. به همین دلیل بدون توجه به گریه های اِوا و نا آرامی هایش تصمیم به خوابیدن گرفتیم. من و اشلی و اِوا در یک اتاق و لسلی و آدام در اتاق بغلدستی ما بودند. وقتی به رختخواب رفتم با خود گفتم: « یونس، چند سال پیش قصد داشتم برای دیدن تو و بخاطر شیرینی وصال، پا به خاک کانادا بگذارم، ولی اکنون که بهانه آمدنم به

این کشور بزرگ چیز دیگری است، خیالم آسوده است. تو مرا به فراموشی سپردی و ضربه مهلکی به شدت ضربه ای که گردبادهای آمریکا به خانه های روستایی وارد می کنند، به من زدی ولی من حتی آزاری به تو به اندازهٔ گزش پشه ای کوچک، نرساندم. ای کاش که روزهایی را که بخاطر تو در خیابانها و هتل ها و شبها را به حال گریستن سپری می کردم می توانستی تداعی کنی و بدانی رنج و مشتقتی را که متحمل شدم همه و همه بخاطر تو بود و بس. اما اکنون صاحب خانواده ای شده ام و همسری دارم که تمام هست و نیستش را به پایم ریخته و عاشق بی چون و چرای من است. بگذار راحت بگویم: دیگر به تو نمی اندیشم و به زندگی ام با راسل و اِوا فکر میکنم ولی هیچگاه نخواهمت بخشید و تمام عمرم را به این خواهم اندیشید که چرا پشت پایی چنین عجیب و به دور از دنیای عاشقی به من زده. یونس ای کاش بودی و علت این کار را برایم روشن می ساختی » و چون خسته بودم به خوابی عمیق فرو رفتم و در خواب رؤیایی سراغم آمد که موضوع را عجیبتر و بُغرنجتر نمود. خواب دیدم یونس برای دیدن من آمده و در مقابلم زانو زده و در حال ادای جملاتی به این صورت است « هیوا جان، برای اینکه بتوانم تو را ملاقات کنم هزاران کیلومتر راه آمده ام، و خود می دانی که چقدر عاشق و دلباخته تو هستم، از تو تمنایی دارم و

می خواهم از صمیم قلبت بدان اندیشیده و پاسخ دهی. حاضری همسر من شوی و مرا به رؤیاهایم برسانی و در خوشبختی غوطه ور سازی؟»

سپس از جلوی دیدگانم محو شد و هر چه خواستم او را پیدا کنم و پاسخش را بدهم نتوانستم. از خواب پریدم. شدیداً عرق کرده بودم. اشلی لیوان آبی به دستم داد و گفت: « خانم، حالتان اصلاً خوب نیست، اگر مایلید از مدیریت هتل برایتان دکتری بطلبیم؟»

- نه اشلی جان، ممنونم خوابی عجیب دیدم و اثرات آن خواب است که اشفته ام کرده. تو برو بخواب و نگران من نباش.

تا صبح نتوانستم بخوابم و از پنجره اتاق هتل به آسمان پر ستارۀ کانادا خیره شدم با خود گفتم « خدایا یونس اکنون کجاست و در حال فکر کردن به چه موضوعی است؟ اِوا اکنون به من نزدیکتر است و شاید در همین چند صد متری من در خانه ای نشسته و به همراه همسرش در بستر گرم و نرمی خوابیده و او را در آغوش دارد »

لعنت به تو هیوا عجیب افکار رنج آوری ! در یک لحظه تمام نظرم برگشت و از آمدن به کانادا خیلی خوشحال و سرمست شدم. محل برگزاری همایش دقیقاً همان دانشگاهی بود که یونس ریاست آنرا بر عهده داشت و حتماً باید در جلسه همایش شرکت داشته باشد. فکر کردم و طرحی ریختم. وقتی نوبت شرکت Lorence برسد، جسورانه بعنوان مدیر شرکت پشت تریبون قرار خواهم گرفت و از خودم و

طرحهایی که قبلاً در موردشان با لسلی و آدام هماهنگ شده بودیم، حرف خواهم زد و در میان صحبتهایم به همسر عزیزم راسل اشاره خواهم کرد و خواهم گفت که مدیر قبلی شرکت بوده و موفقیت و پیشرفت Lorence را مدیون تلاشهای او هستم.

بالاخره صبح شد. صبحانه ای خوردیم، از اشلی خواستم تا مواظب اِوا باشد و اگر خواست می تواند بهمراه اِوا برای گشت و گذار بیرون رفته و چرخی در شهر بزند. به همراه آدام و لسلی هتل را به مقصد دانشگاه ایالتی اُتاوا ترک کردیم. وقتی روبروی ورودی دانشگاه پیاده شدیم و چشمم به سردر ورودی افتاد با خود گفتم و اندیشیدم: « یونس، بالاخره به جایی رسیدیم که قبلاً باید می آمدم. اینجا دقیقاً همان جای است که باید انتقام آتشین خود را از تو بگیرم. دارم پا جای پای تو میگذارم » و در حالیکه قدم زنان وارد محوطه می شدیم ادامه دادم: « چند بار کیف به دست و کت و شلوار و کراوات به تن با ابهت و مردانگی ات از این جایی که من در حال عبور از آن هستم، عبور کرده ای؟ هم اکنون باید این جا باشی و من آمده ام تا موفقیتم را آن هم در عرصه بین المللی به رُخ تو بکشم و به تو بفهمانم که صاحب خانواده ای هستم و به اندازه تمام دنیا دوستشان دارم.» وارد سالن که شدیم کارتهایی را به گردنمان آویختند که اسم شرکت و سپس اسم و فامیل خودمان روی آن نوشته شده بود: « شرکت رتبه یک Lorence – از کشور فرانسه – مدیر عامل

شرکت: خانم هیوا متین – همایش طرح و ایده های نوین صنعت تبلیغات – کانادا، اُتاوا.»

روی صندلی مخصوص به خودمان نشسته و منتظر ورود تک به تک شرکت کنندگان شدیم. لسلی روبه من کرد و گفت: « خانم هیوا، امیدوارم بتوانم با کارنامۀ درخشانی از این همایش خارج شویم. شرکتهای بزرگ و قدرتمندی حضور دارند و باید بتوانیم با ایده های Lorence در مقابل آنها عرض اندام کنیم.» لسلی دختری ۳۷ ساله بود که سوابق خوبی در ارائه راه های جدید برای پیشبرد اهداف تجاری شرکت ارائه کرده بود و از عوامل کلیدی Lorence به حساب می آمد. او را خیلی دوست داشتم.

در ابتدا چند شرکت بزرگ و پر سابقه ای از آمریکا، استرالیا، ژاپن و کانادا و سپس Lorence از فرانسه بود که باید پشت تریبون قرار می گرفت. این ها را آقای پابلو گودهارت بعنوان دبیر همایش در شروع همایش اعلام کرد. در انتهای سخنانش از ریاست دانشگاه ایالتی اتاوا خواست که پشت تریبون قرار گیرد و به مدعوین خیر مقدم عرض نماید. وقتی می خواست از او دعوت نماید به اسم دیگری اشاره کرد و اصولاً باید یونس فراست از بلندگوی سالن همایش به گوش می رسید. روبه آدام که سمت راست من نشسته بود کرده و گفتم: « آقای آدام، اسم ریاست دانشگاه را چه قرائت کرد؟» آدام که متوجه پریدگی رنگ صورتم

شده بود بجای تکرار نام خوانده شده گفت: « خانم هیوا، شما چرا رنگتان اینقدر سفید شده و بدین گونه سخن می گوئید و سؤال می پرسید؟» با لحن خشن تر و محکمتر سؤالم را تکرار کردم:

- آدام، به سؤالم جواب بده، چه اسمی را در منصب ریاست دانشگاه شنیدی؟

- خانم هیوا، به نظرم نام (Hanrey Middleton) هنری میدلتون به گوشم خورد

- یعنی تو اسم یونس فراست را نشنیدی؟

- نه چنین چیزی نشنیدم

آدام رو به لسلی کرده و پرسید:

- لسلی تو چنین اسمی شنیدی؟

- نه نشنیدم، چطور مگه؟ اتفاقی افتاده؟

با حالت متعجّب و ناگواری پاسخ دادم:

- نه چیزی نیست

آقای (Hanrey Middleton) در منصب ریاست دانشگاه ایالتی اُتاوا پشت تریبون قرار گرفت و به تمام مدعوین حاضر در سالن از طرف ایشان خیر مقدم عرض شد. مگر یونس رئیس این دانشگاه نبود؟ مگر

نباید اکنون بجای آقای میدلتون، یونس پشت تریبون خیر مقدم می گفت؟ گیج شده بودم و هر لحظه ای خواستم بلند شده و جلسه را ترک کنم. آنقدر مبهوت ماجرای اتفاق افتاده بودم که نمی دانستم چه عکس العملی از خودم نشان دهم. بطری آبی را که روبرویم گذاشته شده بود تا ته نوشیده و خودم را اینگونه قانع کردم که شاید در طول سالهایی که سپری شده، ریاست دانشگاه عوض شده و آقای میدلتون به جای یونس این سِمت را گرفته است و یونس اکنون در سِمت و قسمت دیگری بالاتر از این فعالیت می کند. عجب پاسخ قانع کننده ای برای سؤال ایجاد شده در ذهنم بود. کمی آرامتر شده و خودم را در صندلی کمی جلو و عقب کشیدم و به ادامهٔ همایش گوش فرادادم و با خود گفتم: « حتماً یونس در هر سِمتی باشد، در این همایش حضور دارد، بالاخره نوبت سخنرانی Lorence می رسد.»

Lorence در رده بندی نوبتها در تابلوی دیجیتال، شمارهٔ ۱۱ را اشغال کرده بود و اکنون که حدود پنج ساعت از آغاز همایش می گذشت دهمین شرکت در حال ارائه ایده هایش بود. ما آخرین شرکت بودیم که قبل از صرف ناهار باید سخنرانی می کردیم و نیم ساعت بیشتر زمان نداشتیم. خودم را آماده کردم و پس از قرائت نام شرکت، با قدمهای آهسته در جای مخصوص به سخنرانی به همراه آدام و لسلی قرار گرفتیم. در ابتدا من پشت میکروفن ایستادم، وقتی خواستم شروع به

سخنرانی کنم، با خود گفتم: « یونس الان در حال تماشای کسی است که در خیال خودش به او ضربه زده، اینگونه حرفهایم را آغاز کردم: « به تمامی عزیزان حاضر در همایش خیر مقدم عرض نموده و آرزوی بزرگترین پیروزی ها را دارم من هیوا متین مدیر شرکت تبلیغاتی Lorence مفتخر هستم که برای معرفی ایده های نوین تبلیغاتی به این همایش دعوت شده ام. Lorence در سال ۱۹۹۹ توسط آقای راسل آدریاتوزی در شهر پاریس تأسیس شد، همسرم آقای راسل پس از سالها تلاش مستمر توانست Lorence رابه شرکتی معروف و مهم در عرصه تبلیغاتی فرانسه بدل کند. و اکنون که من بعنوان مدیر جدید شرکت ۲ سال است که در حال فعالیت هستم، توانسته ایم شرکت را به رتبه اول برسانیم و در عرصه بین المللی دارای طرحها و قدمهای جدیدی هستیم که توسط همکارانم به اطلاعتان می رسد.» در نظر خودم خیل خوب، خلاصه و مفید سخنرانی را شروع کردم. آدام پشت تریبون قرار گرفت و شروع به سخنرانی در تخصص و حرفه خود شد و سپس لسلی دقیقه انتهایی را در زمینه مُد و راههای نوین تبلیغات در این عرصه Fashion سخنرانی مفیدی انجام داد. در انتهای زمان تعیین شده، پشت میکروفن ایستاده و از حاضرین تشکر کردم.

خیلی خوشحال بودم، هم از بابت اینکه توانسته بودم راسل را بعنوان همسرم در بین حرفهایم بگنجانم و تیری به سمت قلب سنگی یونس

شلیک کنم و هم از بابت اینکه سخنرانی آدام و لسلی را مورد تشویق حاضرین دیدم. همایش بدلیل صرف ناهار به مدت ۱/۵ ساعت تعطیل اعلام شد و مقرر شد پس از صرف ناهار و استراحت کوتاه، دوباره از سر گرفته شود. تمام مدعوین و حاضرین در سالن همایش به طرف سالن غذاخوری با میزهای مجلل برای صرف ناهار دعوت شدند. تصمیم گرفتم برای یافتن جواب سؤالم که در ابتدای همایش در ذهنم ایجاد شده بود به آقای گودهارت مراجعه کنم و در مورد یونس سؤالاتی از او بپرسم. ناهار با تشریفات خاصی صرف شد. من بدنبال آقای گودهارت زودتر از جایم برخاستم و آدام و لسلی را در جریان کاری که می خواستم انجام دهم قرار دادم. بالاخره پس از چند ثانیه ای کند و کاو، آقای گودهارت را یافتم که در حال مکالمه تلفنی بود. منتظر ماندم تا مکالمه اش به پایان برسد. در این هنگام که منتظر ایستاده بودم، چشمانم را در بین حاضرین در سالن غذاخوری چرخاندم تا شاید بتوانم یونس را در میان جمع تقریباً چهار صد نفری حاضر در سالن پیدا کنم. ولی نتوانستم او را بیابم و از اینکه نتوانسته بودم خوشحال بودم، حتماً یونس با همسر گرانمایه اش حضور داشت و من اصلاً قصد نداشتم آن دو را در کنار یکدیگر و آن هم طوری که راسل همراهم نبود و در زندان به سر می برد، ببینم. آقای گودهارت پس از چند دقیقه ای مکالمه تلفنی از من عذرخواهی کردده و جلوتر آمد و گفت: « بفرمائید کاری داشتید؟ »

- سلام آقای گودهارت، من هیوا متین مدیر شرکت Lorence از فرانسه هستم. به خاطر می آورید؟

- مگر امکان دارد که من شما را فراموش کنم، بصورت مکاتبه ای و اینترنت با هم ارتباط داشته ایم. بفرمائید

- من می خواستم سؤال کوتاهی از شما بپرسم و نمی خواهم وقتتان را زیاد بگیرم

- بله در خدمتتان هستم

- آقای گودهارت شما در ابتدای همایش و در شروع صحبتهایتان از شخصی بنام آقای میدلتون دعوت کردید تا بعنوان ریاست دانشگاه ایالتی اُتاوا، سخنرانی کند

- بله چطور مگه؟

- می خواستم بدانم ایشان چند مدت است که ریاست این دانشگاه را بعهده دارند و قبل از ایشان چه کسی این سِمت را بعهده داشت؟

- اگر دقیقاً به عرضتان بتوانم برسانم، ایشان تقریباً چهار سال است که عهده دار این سمت هستند و قبل از ایشان آقای یونس فراست از هم وطنان شما این سمت را بعهده داشت. وقتی اسم یونس را از زبان گودهارت شنیدم، کمی آرام شدم. ادامه دادم:

- خوب آقای یونس فراست هم اکنون کجاست و صاحب چه منسبی است؟

- خانم هیوا همانطور که من اطلاع دارم آقای فراست چند سال پیش برای دیدن فامیل و اقوام و انجام کاری مهم به ایران سفری داشتند و پس از چند ماه دوباره به این جا برگشتند و درسمتشان باقی ماندند ولی دوباره پس از چند ماه کار در دانشگاه مرخصی گرفتند و به ایران برگشتند. وقتی علت برگشت دوباره به ایران از ایشان سؤال شده بود، علت را ازدواج عنوان کرده بودند.

- خوب اکنون کجا هستند؟

- از همان موقعی که به ایران عزیمت نمودند، دیگر به کانادا بازنگشتند و ما را نیز با نگرانی بیش از حد مواجه نمودند

- شما چه میگوئید؟ مطمئنید؟ مگر آقای فراست هم اکنون درکانادا صاحب همسر نیستند؟

- نه، نیستند و من در مورد گفته هایم یقین دارم

تمام سالن و افرادی که در آن حضور داشتند به یکباره دور سرم چرخیدند و تنها تکیه گاهی که دستم بدان رسید صندلی آقای گودهارت بود، روی زمین و کف سالن افتادم. وقتی چشمانم باز شد خودم را بین آقای گودهارت و لسلی و آدام، در اتاق پشتی سالن

کنفرانس، آن هم روی تخت بصورت دراز کشیده یافتم. دوباره فریاد زدم و یونس را پیش خودم خواندم، انگار که هذیان می گفتم ولی خودم متوجه آن نبودم، پزشکی را بالای سرم دیدم که در حال معاینه چشمانم و خیره در صورتم بود و دمای بدنم را اندازه می گرفت. هر لحظه که می گذشت دیوانه و آشفته تر میشدم ولی نمی دانستم چاره چیست. رو به آدام گفتم: « آدام سریع مقدمات برگشت مان به پاریس را فراهم کن، می خواهم فردا در پاریس باشم.»

- چشم خانم هیوا. ولی شما وضعیت عمومی تان مساعد سوار شدن به هواپیما نیست

- همین که گفتم. می خواهم فردا عصر در پاریس باشم

مرا توسط اتومبیل که برای مدعوین همایش در نظر گرفته شده بود به هتل دارلینگتون انتقال دادند. وقتی اشلی مرا در آن حال و روز دید از فرط اضطراب نمی دانست چه اقدامی بکند. پزشکی که معاینه ام کرده بود، مقداری دارو برایم تجویز کرده و آدام از داروخانه تهیه کرده بود. سراسیمه سراغ داروها رفتم و پس از خوردن دارو روی تختخواب هتل دراز کشیدم، در حال اندیشیدن به لحظه ای بودم که از پاریس با تلفن یونس تماس گرفتم و زنی گوشی یونس را جواب داد. آن زن که بود؟ آیا اصلاً شماره ای که توسط راسل به من تحویل داده شده بود واقعاً متعلق

به یونس بود؟ اگر متعلق به یونس نبود، چرا آن زن پشت گوشی خود را همسر یونس معرفی کرده بود؟

اینها سؤالاتی بود که یافتن پاسخ برایشان دشوار بود و افکارم را مغشوش تر می کرد. راسل و آن شماره لعنتی در دسترسم نبود، تصمیم گرفتم دوباره با آن شمارهٔ تلفن صحبت کنم ولی شماره در دفتر تلفن شرکت و در کشوی میز کارم قرار داشت. از تخت برخاستم تا با منشی شرکت تلفنی حرف زده و شمارهٔ یونس را از دفتر تلفنم واقع در شرکت از او بخواهم که دوباره اتاق هتل دور سرم چرخید و زمین خوردم. اشلی که از دیدن ماجراها شوکّه شده بود و نمی دانست چه کار بکند، از دستم گرفته و مرا از زمین بلند کرد و گفت: « خانم از شما خواهش میکنم مدتی را روی تخت دراز بکشید تا آرامتر شوید و حالتان به حالت اولیه برگردد » آدام برای تهیه بلیط هواپیما بیرون رفته بود و لسلی برای فراخواندن پزشک مخصوص هتل دارلینگتون پائین رفته بود. دوباره روی تخت دراز کشیدم و رمق تلفن زدن به پاریس را نداشتم. به همین دلیل از اشلی خواستم تا تلفن کرده و خواسته ام را به گوش منشی برساند.« ساعت ۹ شب را نشان میدهد و ساعت در پاریس باید حول و حوش ۵ عصر باشد » این را اشلی به هنگام فشردن دکمه های گوشی تلفن زیر زبان گفت و وقتی تلفن از پاریس و از شرکت پاسخ داده شد خیالم

راحت شد که شماره را خواهم یافت. ولی اشلی دستش را روی دهنی تلفن گذاشته و رو به من گفت: « آقای ژاک جواب دادند، از او بخواهم؟»

- بله به او بگو که داخل کشو میزکارم است و روبروی شماره نوشته ام «Y-F»

وقتی این جملات را برای اشلی تلفظ می کردم چشمانم اتوماتیک وار بسته می شد. به زور توانستم جلوی اثر قرص های آرام بخش را چند دقیقه ای بگیرم تا اشلی به شمارۀ تلفن دست یابد و به خواب عمیقی فرو رفتم. ساعت یک بامداد بود که لحظه ای از خواب برخاستم، دیدم که اِوا کنارم خوابیده و اشلی و لسلی بالای سرم یکی بصورت ایستاده و دیگری نشسته روی صندلی نگران حال و وضعیت من هستند. آدام نیز بلیط برای ساعت ۲ ظهر تهیه کرده و در اتاقش خوابیده بود. از اشلی پرسیدم. « اشلی، عزیزم توانستی شماره تلفن یونس را از ژاک بگیری؟»

- بله خانم گرفتم

- به من بده تا تماس بگیرم

- ولی خانم ساعت یک نصف شب است الان همه خوابند

- تو کاریت نباشد. شماره را بده و گوشی تلفن را روی تخت بگذار و یک لیوان آب خنک برایم تهیه کن. اشلی بیچاره که دلواپس وضعیت من

بود، سریع شماره را تحویلم داد و گفت « خانم شما را قسم می خورم به محبتی که به اِوا دارید، کمی ملایمتر و... »

- می دانم اشلی، می دانم نگران نباش

شماره تلفن را که مدتها پیش راسل به من بعنوان شمارۀ تلفن یونس داده بود، روی گوشی تلفن هتل دارلینگتون فشردم ولی پاسخی که از آنطرف گوشی شنیدم، این بود: « شماره مشترک مورد نظر بعلت نپرداختن آبونمان قطع می باشد » گوشی را به طرفی پرت کرده و سرم را روی بالش فشردم و به گریه افتادم. لسلی کنارم آمده و خواست دلداری ام دهد که با صدای بلند گفتم: « مدتی مرا به حال خود رها کنید و در اتاقم تنها بگذارید.» لسلی پاسخ داد:

- آخر خانم، شما وضعیت مناسبی برای تنها بودن ندارید

- گفتم تنهایم بگذارید

لسلی و اشلی از اتاق بیرون رفتند و گفتند: « خانم ما در اتاق بغلی هستیم و به شما سر خواهیم زد »

وقتی آن دو بیرون رفتند بر شدت گریستنم افزوده شد و در آن لحظه می خواستم زمین دهان باز کند و مرا به همراه اِوا ببلعد. به چشمان اِوا که بسته بود نگاه میکردم و خودم را در آتشی می دیدم که خاموش شدنش دشوار بود. دنیا را خراب شده می پنداشتم ولی اکنون دیگر تنها

نبودم و دخترم اِوا را داشتم و تنها کسی بود که در هتل بر من آرامش می داد. او را از خواب بلند کردم و تصمیم گرفتم کمی با او به بازی بپردازم، او را در بغل گرفتم، با گریه اِوا اشلی در اتاق را کوبید و وارد شد.

- خانم حالتان خوب است؟ اگر می خواهید اِوا را به من بدهید

- نه اشلی خودم بیدارش کردم. شما بخوابید می خواهم کمی با دخترم تنها باشم. اشلی دوباره در را بست و رفت، دوباره در افکارم غوطه ور شدم. چرا باید شماره تلفنی نادرست از طرف راسل به من داده می شد؟ یونس بعد از خروج من از ایران بازگشته بود و دلیل برگشتش را از ازدواج عنوان کرده بود ولی چرا به کانادا بازنگشته بود؟ او الان کجا و در چه موقعیتی باید باشد؟ یونس که در ایران کسی را ندارد، چرا باید در ایران بماند و دانشگاه و کار مهم و دوست داشتنی اش را رها کند؟ چه سؤالات گیج کننده ای، نمی دانستم به چه کسی لعنت بفرستم. به خودم، به راسل یا به یونس؟

برای یافتن جواب سؤالاتم خواستم صبح اول وقت برای یافتن آدرس مسکونی یونس دوباره با آقای گودهارت صحبت کنم. خوشبختانه در کانادا بودم و تصمیم گرفتم تا به آدرس یونس دسترسی پیدا کنم وکانادا را ترک نکنم. تا صبح اشلی و لسلی چندین بار به من سر زدند و وقتی با ترشرویی من مواجه شدند به اتاقشان برگشتند. صبح اول وقت از آدام کمک خواستم و به او گفتم: « آدام به دانشگاه و همان جایی که دیروز

در آن بودیم مراجعه کن و از آقای گودهارت بخواه تا آدرسی از یونس بدهد، در ضمن تلفن یونس را هم بگیر. هم تهران و هم همراهش را، تلفن خود آقای گودهارت را هم بگیر.» آدام سریع پس از صرف صبحانه در هتل عازم دانشگاه ایالتی اُتاوا شد. تا موقع بازگشت آدام خیلی آشفته بودم. وقتی آدام برگشت همه چیزهایی را که از او خواسته بودم تهیه کرده بود به جز تلفن تهران یونس، علت راهم گودهارت عنوان کرد و گفت:« گودهارت گفت تلفن ثابتی از یونس فراست نداریم ولی آدرس و تلفن همراهش موجودند.» به گودهارت زنگ زدم و از او بابت تهیه و تحویل چیزهایی که خواسته بودم تشکر کردم. ساعت دقیقاً ۱۱ صبح را نشان میداد. ادام از من خواست که برای رفتن به فرودگاه آماده شویم. اما وقتی با جواب من مواجه شد که باید به آدرس یونس مراجعه کنیم، گفت:« خانم هیوا، مگر خودتان دیروز نگفتید که باید سریع و بدون هیچگونه معطلی به پاریس برگردیم؟»

- بله گفتم، اما امروز نظرم عوض شده و می خواهم پس از مراجعه به آدرس یونس، برگردیم

- باشه، هر طور میلتان است، اما بلیطها می سوزند و ضرر مادی متحمل می شویم

- هیچ اشکالی ندارد. آنها را میان راه کنسل می کنیم

از هتل تاکسی خواسته و بطرف آدرس یونس حرکت کردیم. در راه با همراه یونس که از دانشگاه تحویل آدام شده بود تماس گرفتم. مطمئن بودم که خاموش است. زیرا گودهارت مطمئن بود که یونس به ایران رفته ودیگر برنگشته است. پس از یک ساعت راست و چپ پیچیدن در خیابانهای شلوغ اُتاوا بالاخره رانندهٔ تاکسی آدرس را آپارتمانی که به رنگ ارغوانی روبرویمان قد کشیده بود معرفی کرد. تنها کسی که همراه من آمده بودt آدام بود و لسلی و اشلی و اِوا در هتل مانده بودند. با اضطراب خاصی از تاکسی پیاده شدیم. به سمت ورودی آپارتمان به نام «Narsis» حرکت کردیم. طبقه ای که روی کاغذ نوشته شده بود، طبقه هفتم، واحد ۲۵ بود. من و آدام درست روبروی در ورودی واحد مورد نظر بودیم. آدام اشاره ای به من کرد و گفت: « خانم هیوا نمی خواهید شستی زنگ را بفشارید؟»

- آدام، یقین دارم که یونس اینجا نیست. من نسبت به گفته های گودهارت اطمینان دارم

با خود گفتم: « حتما آن موقع که یونس ایران رفته و برنگشته بود، از طرف دانشگاه به آدرس یونس مراجعه شده است تا شاید نشانه ای از او بیابند.» به سختی دستم را بالا برده و زنگ آپارتمان را فشردم. پس از چند ثانیه در به رویمان گشوده شد. کسی در را برایمان باز کرد که با دیدنش زبانم در دهان قفل شد و حتی نتوانستم سلام کنم، کسی نبود

جز طوبی مادر دوستم لعیا. با دیدن او بارقه ای از امید و نوری از آسودگی در وجودم دمیده شد. طوبی با دیدن من آنقدر شوکّه شد که دست روی دهانش گذاشته و خواست جلوی جیغ زدن خود را بگیرد، ولی با فشاری که روی لبهای خود می آورد، بازهم جیغ کوتاهی از لا به لای انگشتانش بیرون جهید، او نیز مثل من قادر به سخن گفتن نبود. فقط جثّه لاغرش را کنار کشید و با اشاره دست ما را به داخل دعوت نمود. با اینکه پاهایم می لرزیدند و از فرط تعجب در جایم میخکوب شده بودم، به سختی به بدنم دستور حرکت دادم و در حالیکه وارد شدم، با خودم «یونس یونس» می گفتم، بدون اینکه از طوبی اجازه ای بگیرم تمام خانه را در حالیکه یونس از زبانم زمین نمی افتاد، به دنبالش گشتم. طوبی با دیدن دستپاچگی من اشک از چشمانش سرازیر شده بود و آدام سرجایش میخکوب. وقتی از نبود یونس یقین حاصل کردم، سراغ طوبی آمدم و در حالیکه او روی مبلمان افتاده و از مشاهده من زبانش بند آمده بود و یکسر گریه می کرد، در آغوشش گرفتم و گفتم: « طوبی خانم خواهش میکنم حرف بزنید.» با آبی که آدام از آشپزخانه آورده بود، کمی او را سرحال آوردم و دوباره از او خواستم حرف بزند. آدام که زبان مکالمه فارسی را نمی فهمید گوشه ای نشسته و در حال تماشای ما بود. بالاخره پس از دقایقی که کاملاً در ابهام گذشت، طوبی لب به سخن گشود و گفت: « هیوا جان، عزیزم تو اینجا چیکار میکنی؟ تو الان باید

در ایران باشی. تو کجا و اینجا کجا؟ چطور این جا را پیدا کردی؟» بوسه ای بر صورت او انداختم و گفتم: « طوبی خانم، این ها را ول کن. از یونس بگو. اون کجاست؟»

- عزیزم، من سه سال بیشتره که ازش بی خبرم. یونس برای پیدا کردن تو به ایران رفت و دیگه برنگشت

- یعنی هیچ اطلاعی ازش نداری؟

- پس از چند ماه که یونس ایران بود و تلفنهاش رو جواب می داد، خیالم راحت بود، اما پس از سه ماه از رفتنش به ایران تلفنش خاموش شد. برای پیدا کردنش به ایران رفتم و هیچ نشونه ای ازش نیافتم، پس از ماهها جستجو و نا امیدی برگشتم کانادا و از آن موقع تا حالا هیچ خبری ازش ندارم و منتظر روزی نشستم تا شاید برگرده. الان هم به همراه دخترم مهیا با هم تو کانادا زندگی می کنیم و از همه چیز بی اطلاعیم

- چرا جستجوی یونس رو رها کردی؟

- من فکر می کردم که یونس پیدات کرده و چون عاشقانه تو را می پرستید، مطمئن شدم که هر جا باشه کنار توست و دوتایی با هم زندگی می کنید

طوبی حرفهایی می زد که نمی توانستم براحتی در افکارم حلّاجی کنم. وقتی یونس وارد ایران شده بود که من از آنجا خارج شدم و اکنون باید کجا باشد. این ۴ سال را کجا و در چه حالی مشغول نفس کشیدن است؟ و چرا به کانادا برنگشته است؟ وقتی مرا نیافته و موفق به رویارویی با من نشده است، چرا شغلش را در کانادا، شغلی که سالهای زیادی برای آن زحمت کشیده بود، رها کرده است؟ سرم را کمی پائین انداختم تا طوبی در چشمانم خیره نشود و عصبانیت او را نفهمم و ادامه دادم: « طوبی خانم من نیز دچار سردرگمی شدیدی شده بودم.» و تمامی ماجرا را از سیر تا پیاز، از موقعی که ایران را به مقصد کانادا ترک کردم برایش بازگو کردم و در انتها گفتم: « من هم اکنون دختری دارم به نام اِوا که الان در هتل دارلینگتون و در چند صدمتری اینجاست »

- عزیزم، یونس اصلاً ازدواج نکرده و قصد ازدواج با کسی به جز تو رو در سر نداشت و فقط و فقط به خاطر تو وعشقی که بهت داشت، به ایران رفت و برنگشت. کسی که به جای همسر یونس پشت گوشی تلفن باهات حرف زده، یه بازیگر بوده و از طرف کسی رهبری میشده

- یعنی می گی، این یه تراژدی ساختگی بوده؟

- آره، حتما اینطوره

و کسی دیگری بغیر از راسل نمی توانست مسئول کارگردانی این تراژدی ساختگی باشد. ابروانم را درهم فرو بردم و گفتم:

- آره، درسته.

من نیز همانند طوبی گیج شده بودم. آنقدر مبهوت اتفاقات رخ داده طی چهار سال اخیر شده بودم که بی اختیار گریستم.

چند ساعتی را با طوبی به بررسی اتفاقات و پاسخ یابی سؤالات پیش آمده پرداختیم و تقریباً برای تمامی سؤالات جوابی داشتیم. بجز این سؤال که یونس اکنون کجاست و چرا هیچ خبری در طی ۴ سال اخیر از او نشده است؟ به آدام گفتم به هتل برگشته و بهمراه اشلی، لسلی و اِوا به این جا باز گردد. آدام رفت و من و طوبی، خواهر یونس برای همدیگر از گذشته ها گفتیم. طوبی در طی چند سال دوری برادرش سیگاری شده بود و سیگار پشت سیگار روشن می کرد. در آپارتمان یونس به انتظار او سالیان متمادی نشسته و پیر شده بود. موهایش نصف سفید و نصف مشکی بود. با اینکه در کانادا زندگی می کرد، اصلاً سرو وضعش مناسب نبود. عکس یونس را که روی میز بود برداشتم و روی سینه ام فشردم، تمام نفرتی که بدلیل تراژدی ساختگی راسل در قلبم ایجاد شده بود، در یک لحظه جای خود را به عشق داد. عشقی که حتی از قبل شدیدتر بود. طوبی بلند شده و دفتری را آورد که در صفحه اول آن و زیر عکس خودم که طوبی می گفت لعیا به دایی اش داده بود، نوشته شده بود: « در حسرت دیدار تو آواره ترینم.» دفتری بود که یونس در آن از لحظاتی نوشته بود که باهم در تهران بودیم، از آینده رؤیایی اش با من

نوشته بود. در یکی از صفحات آن نوشته شده بود: « وقتی از ایران به کانادا آمدم تا کارهایم را در دانشگاه سروسامان دهم و مرخصی بلند مدتی بگیرم و به ایران برگردم تا به هیوا تنها ستاره آسمان آرزوهایم برسم، کمی کارم به درازا کشید. می خواستم با او تماس بگیرم و او را در جریان بوته های عشقی که در قلبم روئیدن گرفته، قرار دهم، متوجه شدم لعیا خواهرزاده یکدانه ام در زندان خودکشی کرده و هیوای عزیزم در بیمارستان بستری است. این اطلاعات را از خدمتکار منزل خواهرم طوبی دریافت کرده بودم. بهمین دلیل تصمیم گرفتم، پس از چند روز حضوراً و رودرروی هیوا قرار بگیرم و پس از بهبود اوضاع روحی و جسمی اش، از او غیر منتظره خواستگاری کنم. »

یونس نیز همانند من به کارهای غیر منتظره ای می اندیشید که او را پیش می برد. ولی اکنون کجا بود و من چگونه و از چه طریقی باید یونس را پیدا می کردم؟ با خود گفتم: «صاحب خانواده ای هستم و شوهرم راسل به من دروغی بزرگ گفته و اکنون بعلت قتل در زندان بسر می برد، صاحب شرکتی بزرگ هستم و ادارۀ آن بعهده من است » معمای عجیبی بود که حل آن برایم دشوار جلوه می کرد. آدام و لسلی و دخترم اِوا رسیده بودند و من مشغول خواندن دفتر خاطرات دکتر یونس فراست رئیس سابق دانشگاه ایالتی اُتاوا بودم، اغلب اسرار برایم آشکار شده و کمی وجدانم آرامش یافته بود، ولی در عوض مسئله پیچیده تری

روبرویم قرار گرفته بود باید که به حل آن می پرداختم. اصلاً باور نمی کردم که علاقه یونس به من اینقدر زیاد و در حدی باشد که برای جستجوی من به ایران برگردد. می پنداشتم، یونس مرا به اندازه خاطراتی که با هم داشتیم دوست دارد و آنها را در ایران جای گذاشته و رفته است و به شغل و منسبش بیشتر از دلدادگی هایش علاقه دارد. هر سطر و صفحه که از دفترش خواندم متوجه شدم که علاقه زیادی به من داشته و دارد و بر عشق و علاقه ام نسبت به او افزوده شد. در جایی دیگر نوشته بود: « تا بحال دخترهای زیادی دیدم، ولی چیزی به معنای واقعی یک دختر در آنها ندیده و هیچ فرکانس عاشقانه ای از آنها دریافت نکردم، هیچیک از آنها نتوانسته اند مستقیماً درون دلم راه یابند. هیوا تنها دختری بود که در یک آن توانسته بود به همه این اهداف دست یابد، او دختری عادی نبود و از انرژی فوق العاده ای برخوردار بود که می توانست همه را به خود جذب و عاشق خود نماید. طوری حرف می زد و رفتار می کرد، انگار که برنامهٔ رفتارها، حرفها، حرکات دستها و چشمها و در کل خودنمایی هایش از قبل توسط خبره ترین کارشناسان دنیا نوشته شده باشد. هر چه بود مرا که سالیان درازی منتظر دریافت موج عشق از یک جنس مخالف بودم، به تسخیر خود درآورده. آنقدر زیبا چهره بود که احساس می کردم زیبایی و جلال خدا در وجودش دمیده

شده، روحی داشت روحانی و آسمانی، آغشته به روح خدا که لطافتش را می توانستی از فاصله ها حس کنی. هیوا جان دوستت دارم »

یونس چنان از من نوشته بود که تا بدین سن و سال نتوانسته بودم به چنین چیزهایی در خودم پی ببرم، فقط در طول سفرم از ایران به سمت پاریس متوجه شده بودم که در مکان و موقعیتی که با مردان روبرو می شوم آنها را به سمت خود جذب می کنم و شاید این یک لطافت خدادادی بود که در من جلوه خود را به نمایش می گذاشت. ولی به نظر خودم یونس کمی آب و تاب آنرا پر رنگتر نوشته بود. تا صبح که در اتاق مخصوص یونس و بر روی تختخواب او دراز کشیده بودم و بوی او را حس می کردم، دفتر خاطراتش را به پایان رساندم و وقتی به انتهای آن رسیدم نوشته بود: « صفحات دفتر تمام شد ولی حکایت عاشقانه من و هیوا پایان یافتنی نیست، طوری که حتی پررنگ ترین دفاتر طبیعت کفاف دلدادگی هایم را نخواهد داد.»

دفتر را بستم و به اِوا که در کنارم خوابیده بود نگاهی انداختم و با خود گفتم: « همانطور که یونس عزیز درک کرده، شاید من یک دختر عادی نیستم، راسل هم چون نمی خواسته مرا از دست بدهد، دروغی چنین بزرگ برایم تدارک دیده بود. تِد در آن موقع که من با شمارۀ ساختگی یونس تماس گرفتم، برای مأموریتی کاری در کانادا بود. همۀ این نقشه ها باید زیر سر تد باشد » زمان بسرعت گذشته و مرا از راسل صاحب

دختری کرده بود که خیلی دوستش داشتم و در حقیقت عاشقش بودم. اِوا دختر عزیزم دیوانه وار دوستت دارم. او را بوسیدم و گرمای صورتش به هنگام بوسه چنان آرامش عمیقی در وجودم دمید که بی اختیار چند بوسه دیگر بر رخسارش انداختم. یک روز دیگر در کنار طوبی و در منزل یونس ماندیم و با طوبی به تجدید خاطرات گذشته مان پرداختیم. طوبی از نابرابری ها در گذشته می گفت و از برخی کرده هایش پشیمان بود و صریح اعتراف می کرد. او نیز همانند من یونس را دوست داشت، آنقدر که پس از مرگ لعیا تنها دلبستگی اش به این دنیا را یونس می دانست و تمام زندگانی اش را به خاطر یونس در ایران گذاشته و به اینجا آمده بود. از من قول گرفت که هر گاه یونس را دیدم، بی معطلی به او اطلاع دهم و به یونس بگویم که خواهرت منتظر دیدار توست. چند شماره تلفن تماس و ایمیل از خودش برایم نوشت و در کیفم گذاشت. من نیز متقابلاً همین کار را برایش کردم.

بالاخره روز برگشتمان به پاریس مشخص شد و به سمت فرودگاه اُتاوا حرکت کردیم. به پاریس رسیدیم مستقیماً به خانه رفتم و به هنگام خداحافظی از آدام و لسلی از آنها بابت سربلند نمودن نام Lorence در همایش اُتاوا تشکرات لازم را کردم. تصمیم گرفتم تا فردای آنروز در خانه استراحت کرده و به طرز روبرو شدنم با راسل در زندان و مطرح کردن اتفاقاتی که افتاده و اینکه دستش رو شده، فکر کنم. واقعاً از دستش

خیلی عصبانی بودم، تا حدی که از لحظه روبرو شدنمان می ترسیدم. یا باید تا لحظۀ آزادی اش از زندان که یک ماه دیگر بود صبر می کردم و یا به ملاقاتش رفته و آشکارا در مورد اشتباهاتش و اینکه چرا این کار را با من کرده حرف می زدم. نمی توانستم صبر کرده و به ملاقاتش نروم، زیرا هیچ بدی از او به غیر از تراژدی اش ندیده بودم و راسل در طول چند سال زندگی مشترکمان خیلی به من رسیده و محبت کرده بود. او نیز مثل یونس بیچاره عاشقانه و دیوانه وار دوستم داشت، و من هم او را دست داشتم. ولی از لحظه ای که به کارهای اشتباهاتش در حق من و یونس پی برده بودم، حالتی بین دوست داشتن و تنفر در من نسبت به راسل ایجاد شده بود، یونس تمام هستی و دنیای من بود و راسل در سایۀ آن قرار داشت. روز ششم سپتامبر از زندان ملاقات گرفته بودم. یعنی باید خودم را آماده رویارویی با راسل می کردم. روز موعود فرا رسید و من به همراه اِوا برای دیدن راسل راهی زندان پاریس شدیم. در سالن منتظر ورود راسل نشسته بودم و اِوا در آغوشم مشغول بازی با آدمک اسباب بازی بود که اشلی از اُتاوا برایش خریده بود. راسل با طمأنینه خاصی که داشت وارد شد و طبق روال همیشه بوسه ای بر دستم زده و نشست. همیشه بعد از نشاندن بوسه بر روی دستم، او را در آغوش می فشردم ولی این دفعه این کار را نکردم. راسل خود نیز متوجه عقب نشینی من شد. وقتی نشست انگار منتظر شروع صحبت از طرف

من بود و در حالیکه اِوا در آغوش او بود و از سینه اش بالا می رفت، مستقیماً به مردمک چشمانم خیره بود و چیزی نگفت: « من با لحن متفاوتی از ملاقاتهای قبلی ام شروع کردم: « راسل می دانی که در کانادا بودیم و برای شرکت در همایش از طرف برگزار کنندگان همایش دعوت شده بودیم.»

- بله عزیزم. گفته بودی، چطور مگه؟

- این را نگفته بودم که محل برگزاری همایش دانشگاه ایلتی اتاوا بود. درست است؟

چروکی بین ابروانش انداخت و گفت:

- نه نگفته بودی

راسل مستقیماً و بی حاشیه فقط جواب سؤالاتم را می داد.

- دانشگاه ایالتی اُتاوا همان دانشگاهی است که یونس در آن کار می کرده

راسل مثل این می ماند که بقیه حرفهایم را فهمیده باشد، بوسه ای نه چندان از ته دل به صورت اِوا انداخت و گفت: « هیوا زود برو سر اصل مطلب، چرا مرا سؤال پیچ میکنی؟»

- راسل، من وقتی در کانادا بودم، به تحقیق کاملی در مورد یونس پرداختم و...

در این هنگام از جایش برخاسته و گفت: « تو هنوز آن مرد را دوست داری و در حالیکه پی به ازدواجش برده ای باز هم به تحقیقات جامع در موردش ادامه می دهی. هیوا تو همسر من هستی به تو اجازه نمی دهم در مورد مرد دیگری که قبلاً عاشقش بودی و شاید هم هستی دست به جستجو و تحقیق بزنی

- راسل بنشین و گوش بده. یونس هیچ ازدواجی نداشته و من با همکارش صحبت کردم و با مراجعه به آدرسش با خواهرش که سالها قبل در ایران او را می شناختم، صحبت کردم...

- حتما خود یونس را هم دیدی و شاید مدتی را هم به تنهایی و در آرامش و بدون من و به دور از هر گونه مزاحم گذراندید

- راسل میان حرفهایم، حاشیه پردازی نکن. کسی که باید با تو وارد دعوا شود من هستم. یونس در کانادا نبود و تو آن شماره ای را که به من داده بودی کلاً ساختگی بود، این کارها فیلمی بوده از طرف تو با طرحی که بتوانی مرا از رفتن به کانادا منع کنی. حالا اینجا هستم تا از زبان تو علت کارهایت را بشنوم. تو به من کلک زده ای و مرا که کیلومترها بخاطر معشوقم یونس راه پیموده بودم، رنجاندی و مانع رسیدن من به او شدی. اکنون چه توضیحی داری که بدهی؟

راسل اشک در چشمانش جمع شده و بغض سنگینی گلویش را گرفته بود. می خواست سخن بگوید، اما نمی توانست. بالاخره پس از چند ثانیه

ای سکوت که با گریه های اِوا همراه بود، لب به سخن گشود و گفت: «هیوا جان، خودت که می دانی و گذشته هایمان را از یاد نبرده ای. وقتی تو وارد شرکت شدی و بهمراه دوستت لیلا در اتاقم و رودرروی من ایستادی، ناخودآگاه زیبایی ات مرا متوجه خود ساخت و پس از اینکه در اولین تیزر شرکت نقش ایفا کردی، از طرف کارخانه های سازنده لوازم آرایشی و بهداشتی، پیشنهادهایی برای شرکت ارسال شد. من متوجه قدرت خارق العاده خدادادی تو در جلب و جذب بیننده های تلویزیون شده و تصمیم گرفتم تو را بعنوان همسر آینده ام انتخاب کنم. زیرا که همان قدرت ماوراء الطبیه ات مرا نیز تحت تأثیر خودش قرار داده بود. تو که عزم رفتن کرده بودی، با ساختن این تراژدی خواستم مانع ترک تو شوم و قصد اذیت و آزار تو را نداشتم » راسل در حالیکه دستش را روی میز برای در دست گرفتن دستم جلو می غلتاند ادامه داد: « من تو را عاشقانه دوست دارم و تا آخر زندگی ام خواهم داشت. یونس را رقیبی سرسخت برای خودم می دیدم و با این ترفند خواستم او را از سر راهم بردارم.» راسل دستم را درون دستش می فشرد و یکسر می گریست ولی من که عصبانیت داشت خفه ام می کرد و به فکر یونس بودم که بیچاره در پیچ و خم عشق من گرفتار نا عدالتی راسل شده بود، از جایم برخاستم و اِوا را که در آغوش راسل بود، گرفته و صورتم را به صورت راسل نزدیک کردم و گفتم: « راسل، تو هم اکنون شوهر من هستی و

من از تو دختری دارم که دوستش دارم. به خانه می روم و منتظر آزادی ات خواهم ماند تا ماه آینده به خانه بیایی تا تکلیفمان را روشن کنیم. راسل دوستت داشتم ولی با روشدن دروغ بزرگی که برایم گفته ای، تنفری در قلبم ایجاد شده که از بین بردنش دشوار و تقریباً محال است.» بدون خداحافظی سالن را ترک کردم. راسل در حالیکه پشت سرم دویده و با صدای ملتمسانه ای فریاد می زد: « هیوا من اشتباه کردم و جبران خواهم کرد » توسط یکی از مأمورین حاضر در زندان در سالن جلویش گرفته شد. هیچ توجهی به او نکردم و از سالن ملاقات خارج شدم. آنقدر خشمگین بودم که یک لحظه با خود گفتم: « راسل، تو داری مکافات عمل زشت و ناروای خود را می پردازی و باید مرتکب قتل دانیل می شدی و به زندان می افتادی. این عذاب از طرف خداوند و از آسمان برای دروغ بزرگی که برایم گفته بودی نازل شده است، لعنت به جذابیت و زیبایی.»

از آن روز به بعد دیگر به دیدار راسل نرفتم. به شرکت رفتم تا کارهایم را جهت برگشتن به ایران برای یافتن یونس سامان دهم، وقتی به اتاق کارم وارد شدم، دیگر مثل قبل ها عاشقانه کار نمی کردم و فقط به قصد اینکه تا موقع آزادی راسل از زندان شرکت را با مشکلات بزرگ مواجه نکنم، در شرکت بودم. Lorence به زحمت و با عبور از سختی های بسیار بدین جا رسیده بود و شهرت کسب نموده بود، و جایز نمی دانستم بدون

تدبیرات لازم، شرکت را به حال خود رها کرده و بروم، در حالیکه چندین بار تصمیم به این کار گرفته بودم ولی طبق قولی که به راسل داده بودم و در مقابل Lorence متعهد بودم، قصد ساماندهی نهایی به کارهایم در شرکت برای خداحافظی از آن را داشتم. راسل چند بار در روز از زندان به همراهم زنگ می زد ولی وقتی با بی اعتنایی من روبرو می شد و هیچ پاسخی از من دریافت نمی کرد، به تماس هایش ادامه نمی داد. با شرکت نیز تماس گرفته بود ولی من به منشی ام سپرده بودم که مدتی است با راسل میانه خوبی ندارم و نمی خواهم با او حرف بزنم. بهمین علت هم در شرکت شایعه ای افتاده بود که من قصد دارم با کنار گذاشتن راسل تمام دارایی شرکت را بالا بکشم، چون تمام سهام شرکت بنام من بود افتادن این شایعه امر عادی بود ولی من هیچ توجهی به طرز تفکر همکارانم در شرکت نداشتم و به کارهایم می رسیدم.

یک روز تد را به اتاقم خواندم و وقتی وارد شد، بدون هیچگونه حاشیه و مقدمه ای وارد بحث با او شدم، متوجه شد که من سر از کارهای دروغین او و راسل در آورده ام، بی پروا گفت: « خانم هیوا، تقصیر من نیست، تقصیر راسل هم نیست، تقصیر خودتان است. علت این کار را در خودتان جستجو کنید و با گستاخی تمام ادامه داد: « شما آنقدر زیبا و جذاب هستید که در ابتدا، دانیل، سپس راسل و هم اکنون مرا مجذوب خود ساخته اید. وقتی به شما نگاه می کنم، هیچگاه نمی خواهم راسل از

زندان آزاد شود.» سپس با گستاخی بیشتر جلو آمد تا مرا در آغوش بگیرد. سیلی محکمی به صورتش نواختم و از منشی خواستم تا به اتاقم بیاید. نامه اخراجش از شرکت را نوشته و به منشی دادم تا سریعاً اقدامات لازم را انجام دهد و به او گفتم که تد از فردا حق ورود به شرکت را ندارد، اگر بخواهد روزی دست به این کار بزند، با برخورد پلیس مواجه خواهد شد. وقتی تد داشت اتاقم را جهت تسویه حساب با Lorence ترک می کرد با صدای بلندی گفت: « هر مردی آرزوی در اختیار داشتن زنی خوش اندام و زیبا مثل شما را دارد.» لعنت به این زیبایی برخی اوقات اصلاً به شرکت نمی رفتم و در خانه می ماندم و با اِوا و اشلی وقت می گذراندم.شبها وقتی به بستر می رفتم، دفتر خاطرات یونس را در دست می گرفتم و شروع به خواندن دوباره صفحاتی از آن را می کردم و وقتی خواب در چشمانم می غلتید، دفتر را بسته و با خود می گفتم: « یونس جان، هر جا که هستی صبر کن، چیزی نمانده دو هفته بعد به سمت ایران برای دیدن تو حرکت خواهم کرد. نمی خواهم زندگانی مشترکم با راسل را همینطور بدون تکلیف رهایش کنم.» و برای دیدن یونس لحظه شماری می کردم و در پوست خود نمی گنجیدم.

روزهای فراموش نشدنی و دشواری بود و گذراندن آنها برایم مثل لحظاتی بود که در بازداشتگاه بسر می بردم. اما زمانی بود برای اندیشیدن به ناسازگاری های روزگار، به نابرابری ها و ناعدالتی های زمانه

و به لحظه هایی که شاید بدون هیچگونه فکر محکم و استوار گذشته بودند و داشتند مرا از مسیر اصلی و راه یکپارچه زندگانی ام و یونس دور و دورتر می کردند. برخی اوقات آنقدر به فکر فرو می رفتم که اشلی می گفت اِوا نیم ساعت است شما را صدا می زند و می خواهد با شما بازی بکند، اما من متوجه صدای اِوا نمی شدم و وقتی از افکارم بیرون می آمدم که اِوا در حال گریستن به علت بی اعتنایی غیر عمدی من بود. خیلی سخت بود وقتی بی پدر و مادر و هیچ تکیه گاهی و در جایی که نمی توانی به فردی دیگر اعتماد کنی و در چنین مشکلاتی غرق شوی، بتوانی به زندگی عادی ات ادامه دهی. من پول را عامل اصلی پایداری من و زندگی ام، پس از به زندان افتادن راسل می دانستم آنقدر پول داشتم که بی هیچ محاسبه ای می توانستم همه چیز برای اِوا و خودم تهیه کنم و همهٔ این ها هم در سایه Lorence لعنتی بود که با ورود من به آن، رونق بیشتری یافته بود و مدام در حال جلو رفتن بود و در فرانسه مشهور و مشهور تر می شد. در روزهای انتظار برای آزادی راسل پیشنهادی از طرف شرکت Cerita سوئیس شد مبنی بر اینکه خودم به اصرار آنها شخصاً در تیزری با رنگ موهای جادویی این شرکت ظاهر شوم. هر چند میلی برای نقش آفرینی در هیچ تیزری را نداشتم، ولی مسئولین ذیربط در Cerita در مورد پیشنهادشان مصرّ بودند و هر روز مقداری بر مبلغ پیشنهاد شدهٔ شان می افزودند و فکری می کردند که

من عمداً و به خاطر کم بودن مبالغ پیشنهادی از این کار دوری می کنم. ژاک را خواستم و به او گفتم که مقدمات آماده سازی تیزر شرکت Cerita را فراهم کند و می خواهم در آن نقش ایفا کنم. ژاک خیلی خوشحال بود. زیرا مدت یک و نیم سال می شد که هیچ نقش مستقیمی جلوی دوربین Lorence در اختیار نگرفته بودم. به همهٔ کارکنان شرکت گفته بود: « بالاخره روز موعود فرا رسید و خانم مدیر دوران بارداری و نقاهتشان را پشت سر گذاشتند و تصمیم دارند به صفحهٔ پر جنب و جوش مُد برگردند.» از شرکت Certia تقاضا شد برای انعقاد قرار داد همکاری به شرکت بیاید و بدین صورت بود که دوباره جلوی آینه های گریم قرار گرفتم و زیر دستان توانایی آرایشگران و فاشیونرهای شرکت زیباتر شده و دوباره جلوی دوربین خندیدم. آن خنده ها تنها خنده هایی بود که پس از بازگشت از کانادا روی لب هایم ظاهر می شد و آن هم به خاطر Cerita بود و بس. فیلم آماده شد و پس از روی آنتن رفتن در تلویزیون فرانسه مسئول فروش و بازاریابی شرکت cerita به همراه مدیر شرکت برای قدردانی تماس گرفتند و گفتند: « فروش رنگ موهای شرکت تقریباً سه برابر شده و اگر همینطور پخش تیزر ادامه یابد فروشمان از مرز ۵ برابر فروش قبلی خواهد گذشت. مبلغ سیصدهزار دلار بصورت پیش پرداخت اولیه به حساب Lorence واریز شده بود. عجب غوغایی می کرد وقتی جلوی دوربین می درخشیدم و حساب

شرکت نزد بانک BNP پاریس باد کرده بود. روزی که مبلغ قرار داد شرکت Cerita واریز شد وقتی می خواستم برای واریز تأیید بگیرم، موجودی حساب شرکت Lorence بالغ بر بیست و شش میلیون و هفتصد و چهل هزار دلار بود و در طول مدت زندانی بودن راسل هیچ برداشتی به غیر از پرسنل شرکت و برداشتهای شخصی و کوچک من، انجام نشده بود، با خود گفتم: « راسل حق داشت مرا در پاریس نگه داشته و درون قلب خود زندانی کند.» ولی راسل واقعاً مرا دوست داشت و احترام خاصی به من قائل بود، با اینکه نامردی بزرگی در حق من کرده بود و سزاوار مجازات بود.

اواسط پائیز ۲۰۱۳ بود که برای تحویل گرفتن مدرک تحصیلی ام به دانشگاه مراجعه کردم و در رشته مدیریت بازرگانی بین المللی از دانشگاه فارغ التحصیل شدم. خوشحال بودم و در حال بازگشت به خانه بودم و آن روز قصدی برای کار در شرکت نداشتم، اتومبیلم را پارک کردم و وقتی خواستم پیاده شوم، موبایلم زنگ خورد، وقتی جواب دادم اشلی بود که با صدای منقطعی که از فرط هیجان بود گفت « خانم، هر کجا هستید زود به خانه بیائید.» نگذاشتم به صحبتش ادامه دهد و گفتم: « اشلی، چه شده؟ برای اِوا اتفاقی افتاده؟»

- نه خانوم اِوا خوب است. آقای راسل آزاد شده و اکنون در منزل است

هیجانی که از تحویل گرفتن مدرک تحصیلی ام در وجودم ایجاد شده بود، خاموش شد و خودم را جهت رویارویی با راسل آماده کردم. هر چه بود او شوهرم بود و مدتی بود که به ملاقاتش نرفته بودم. وارد خانه که شدم، باغبان حیاط به طرفم دوید و از ورود راسل به خانه خبر داد و وقتی با بی اعتنایی و سردی من روبرو شد با حالت تعجب عذرخواهی کرده و کنار کشید. اشلی به سراغم آمد و ورودم را خیر مقدم گفت: وقتی وارد سالن شدم، راسل درست جلوی ورودی ایستاده و منتظر من بود. با دیدن من به سمتم حرکت کرد و مرا در آغوش گرفت. اصلاً انتظار چنین حرکتی از او نداشتم و می پنداشتم که از دستم عصبانی است و حتماً با بی اعتنایی او مواجه خواهم شد. هیچ تبریکی به مناسبت آزادی اش برزبانم جاری نکردم و تنها جمله ای که گفتم این بود:« راسل به خانه ات خوش آمدی.» اشلی در حالیکه اِوا را برای دیدار با راسل آورده بود، به او اشاره ای کردم که سریع اِوا را تحویل پدرش بدهد. راسل اوا را بوسید و مشغول صحبت با دخترش شد. در این هنگام من نیز روی کاناپه نشسته و منتظر اتمام مبادلهٔ محبت میان پدر و دختر شدم. بالاخره پس از چند دقیقه در حالیکه فنجانهای قهوه توسط اشلی روی میز گذاشته شد، راسل اِوا را تحویل اشلی داده و به او چیزی گفت. تنها چیزی که شنیدم از طرف اشلی بود که گفت: « چشم آقا» جلو آمده و در کنارم نشست و گفت: « هیوا جان، همسر عزیزم، من از زندان آزاد

شدم و هم اکنون کاملاً در اختیار تو هستم. هر کاری که باب میلت باشد می توانی با من بکنی.» نمی دانستم چرا وقتی راسل، با بی میلی و بی اعتنایی های شدید من روبرو شده بود، به جای عقب نشینی و عصبانیت خودش را به من نزدیکتر و بر مهرش نسبت به من می افزود. شاید چاره ای جز ابراز علاقه نداشت و شروع کرد به ابراز ندامت و پشیمانی در مورد کاری که انجام داده بود و گفت، «هیوای عزیزم، تو هیچگاه نمی توانی مرا درک کرده و خودت را جای من بگذاری تا بتوانی علت ساختن آن تراژدی دروغین را بفهمی. تو را در کنار خودم و برای خودم می خواستم. آنقدر در اعماق قلبم نفوذ کرده بودی که با شنیدن کلمه یونس...»

- اسم او را به زبان نیاور. یونس به خاطر اینکه مرا پیدا کند چه رنجها و مشقّاتی را متحمل شده و در آخر موفق به این کار نشده، بلکه شغل عالی اش، زندگانی اش کانادا و مهمتر از همه این ها عشقش را از دست داده و هم اکنون معلوم نیست چه بلایی به سرش آمده و کجاست؟ تو باعث همه اینها شدی، و خواستی من نسبت به او بی میل شده و دیگر به دنبال او نباشم. تو از بهترین کانال وارد شدی و توانستی با تراژدی ات تنفری مجازی به یونس در قلبم ایجاد کنی و با محبتهایی که در طول زندگی مان به من کردی، هر روز به نفرت من از یونس افزودی. راسل این نفرتهای دروغین است که عذابم می دهد، تنفری که نباید ایجاد می شد و من حق نداشتم گوش به ندای چنین تنفر کاذبی بدهم. تو این کار

را کردی و توانستی مرا در اختیار بگیری، وقتی فکر می کنم با خود می گویم، چگونه به خود قبولاندی که عمداً و با نقشه ای شوم مرا از عشق واقعی ام دور کنی؟ راسل تو سزاوار مجازات بودی و هستی و..

- عزیزم من که مجازاتم را پس دادم و چندین سال در زندان ماندم. آیا مجازاتی بیش از این را سزاوار بودم؟ آیا مکافات عمل ناپسندم بیش از این باید بود؟ من به خاطر اینکه آسیبی به تو نرسد هر کاری کردم، به خاطر حفظ تو در کنارم دست به هر کاری زدم، آیا تو غافل از همهٔ این ها هستی؟ چیزهایی که می دانی و چیزهایی که نمی دانی. Lorence را تماماً در اختیارت گذاشتم، زندگی مرفهی را برایت مهیّا کردم. هر روز و شب خودم را در کنارت و در آغوشت گذاشتم، هیچ بی احترامی و عداوتی نسبت به تو نداشتم و در انتها به خاطر حفظ تو دانیل لعنتی را کُشتم و به خاطرش آبرویم را در پاریس از دست دادم و لقب «پولدار قاتل» را گرفتم.

راسل همهٔ چیزهایی را که برزبان جاری می کرد، حقیقت بود و واقعاً برای حفظ در کنارش دست به هر کاری زده بود، از جایش برخاست و پشت به من ایستاد و گفت: « حتّی بخاطر حفظ جانت فردی را استخدام کرده بودم که دائماً در بیرون از خانه و شرکت بدنبالت بود و هم اکنون نیز هست.»

- راسل من تا آخر عمرم هیچگاه نخواهم توانست محبتهای تو را فراموش کنم ولی ظلمی که در حق من و قلبم کردی نیز فراموش ناشدنی است. خودت که بهتر می دانی من برای دستیابی به یونس به فرانسه آمده بودم و برای یافتن یونس از تو کمک خواسته بودم...

دستش مشت کرده اش را روی دیوار و سرش را روی دستش تکیه داد و گفت:

- عزیزم، من عاشق تو بودم. و با صدای بلندی که سراسر سالن را لرزانید ادامه داد: « عاشق تو بودم، می فهمی؟ » سپس شروع به گریستن کرد و ادامه داد: « هیوا من اشتباه بزرگی کرده ام و این را قبول دارم، ولی آیا با این اشتباه به جای بدی رسیده ایم؟ زندگی بدی داریم و در کنار یکدیگر سعادتمند نیستیم؟»

- چرا قبلاً بودیم، ولی اکنون نه..

- چرا نه، من که هستم و می توانیم دوباره به عشقبازی هایمان ادامه بدهیم

- راسل، قبلاً که فکر می کردم یونس مرا از یاد برده و در حال عیش و نوش و خوشگذرانی با همسر کانادایی اش می باشد، خودم را می توانستم به تو نزدیک کنم، ولی اکنون چه؟ اکنون که تمام واقعیتها رو شد چه؟ اکنون که یونس عزیزم معلوم نیست کجاست و بخاطر من

چه کارهای غیر ممکنی که نکرده، چه؟ چطور می توانم خودم را با تو خوشبخت احساس کنم؟ تو بودی می توانستی؟

راسل مردی فهمیده و واقع گرا بود، اگر چه با احساس زندگی می کرد. برای این سؤالم هیچ جوابی نداشت. در حالیکه روبرویم چمباتمه زده بود و در چشمانم مستقیم می نگریست ادامه داد.

- عزیزم من تو را دوست دارم و هر کاری برای خشنودی تو انجام می دهم و برای جبران خسارت عاطفی و روحی که به تو وارد کرده ام حاضر به انجام هر کاری هستم. بگو از من چه می خواهی؟

- راسل من می خواهم به مملکتم ایران برگردم. به جایی که در آن زاده شده ام و در آن پرورش یافته ام می خواهم این زیبایی را که آنجا یافته ام، در آنجا نیز زیر خاک ببرم. من متعلق به ایران هستم. می خواهم از تو جدا شوم.

راسل که با شنیدن جدایی خیلی آشفته شده بود گفت:

- عزیزم، آیا این تنها و آخرین راه خشنودی توست و فکر می کنی که به غیر از این هیچ راه دیگری وجود ندارد؟

- راسل، تو نمی توانی مرا دریابی، من باید یونس را پیدا کنم و دِینی را که نسبت به او دارم ادا کنم. او به خاطر من آواره شده است

- خب، پیدا کن

- چگونه، مگر می شود همسر تو باشم و به فکر یونس؟ این کار در آئین ما کاری بسیار مذموم و ناپسند است

- یعنی می خواهی طلاق بگیری؟

- بله نمی توانم با تو همبستر شوم، نمی توانم خودم را بیشتر به تو نزدیک کنم، در حالیکه یونس در حال اندیشیدن به من و من در حال فکر کردن به او هستم. این تنها خواسته من از توست

سپس سالن را ترک کرده و به اتاق رفته و خودم را در حالیکه اشک از چشمانم سرازیر می شد، جلوی آینه ور انداز کردم و با خود گفتم: « هیوا توانستی بالاخره حرفهای دلت را به راسل بزنی.» راسل به دنبالم به اتاق آمده و گفت: « هیوا، عزیزم، در این بین با دخترمان اِوا می خواهی چه بکنی؟ او دختر ماست و حق نداریم اِوا را درگیر مسائل خودمان بکنیم.»

- راسل من هر جا باشم اِوا را با خودم خواهم برد.دوری او از من برابر است با مرگ من

راسل اتاق را ترک کرد. نمی دانستم واقعاً چرا تمام خواسته هایم را پذیرفته بود؟ آیا دوباره نقشه ای در سر داشت یا واقعاً به خاطر جبران شکست روحی من به انجام تمامی خواسته هایم شده بود؟ ولی ایندفعه شک نداشتم که نمی خواهد دوباره ضربه ای دیگر به من وارد کند.

شب را تا صبح تنها در اتاق سپری کردم. راسل نیز در سالن تا صبح قدم می زد. چطور توانسته بود تا صبح جلوی ورودش به اتاقم را بگیرد، خدا می دانست. ۲/۵ سال بود که در زندان بود و می گفت کمتر کسی می تواند با مشاهدۀ زیبایی من به جنگ با نفسش بپردازد. شاید راسل فکر دیگری در سر می پروراند و می خواست ببیند من نیز که ۲/۵ سال از او دور بودم، می توانم تا صبح بر نفس شهوانی ام غلبه کنم. در همین افکار بودم که روی تخت، خوابم برد. چند دقیقه ای به طلوع آفتاب نمانده بود که احساس کردم دستی موهایم را نوازش می دهد و وقتی رو به سمت دیگر برگرداندم قطرۀ اشکی روی گونه ام افتاد. آری قطرۀ اشک راسل بود که بالای سرم نشسته و در حال گریستن بود و قطرات جاری شده از چشمانش یکی پس از دیگری به سرعت روی صورتش می غلتیدند و به سمت من سقوط می کردند.

وقتی خواستم از جایم برخاسته و بنشینم متوجه شدم، راسل لباس به تن ندارد و حوله حمام را پوشیده و بوی شامپوی خوش عطرش به مشام می رسد خودم را عقب کشیدم و گفتم: « نه، نه، امکان ندارد.» راسل که با قیافه ای ملتمسانه به من می نگریست، گفت: « هیوا، من و تو هنوز زن و شوهریم و از هم جدا نشدیم. تو تنها خواسته ات را از من خواستی و من قبول کردم و من نیز فقط یک خواسته از تو دارم و آن هم

عشقبازی و همبستر شدن با توست. به تو قول میدهم این آخرین بار باشد.»

من که هیچ رغبتی به این کار نداشتم، از او خواستم فراموش کند. ولی با اصرار دوبارهٔ او مواجه شدم. راسل ۲/۵ سال بود که در زندان بود و می دانستم که به جز در آغوش گرفتن من در طول این ۲/۵ سال به چیز دیگری فکر نکرده است، چون خودم از بی عدالتی های روزگار خسته شده بودم، این را بی عدالتی می دیم که در مقابل محبتهای بی دریغی که راسل به من کرده بود، تنها و آخرین خواسته اش را رد کنم. به همین علت چشمانم را بستم و خودم را کمی جلوتر کشیدم و با خود گفتم: « هیوا، این آخرین تماس بدنی تو و راسل است.» راسل مرا در اختیار گرفت و طوری با من عشقبازی کرد که تا بحال اینگونه به درازا نکشیده بود. تمام دقایقش را یک به یک حس کردم و از آن لذت بردم. در انتهای عشقبازی مان راسل سؤالی از من پرسید که جواب دادنش برایم دشوار بود و تا بحال او چنین سوال سختی از من نپرسیده بود. راسل پرسید: « هیوا جان، آیا از عشقبازی با من پشیمان هستی؟» نمی دانستم چه پاسخی به او بدهم. با کمی مکث جواب دادم: « راسل این عشقبازی پاسخی بود به تمامی الطاف و محبتهای تو و تمام لحظات عاشقانه و پر معنایی که در کنار همدیگر داشتیم.»

پس از دوش و صرف صبحانه وقتی داشتیم برای انجام مقدمات جدایی توافقی از خانه خارج می شدیم از راسل پرسیدم: « راسل با سهام شرکت که تماماً به نام من است چه باید بکنیم؟ می خواهم همین امروز دوباره ترتیب انتقال آنرا به نام خودت بدهی.»

- عزیزم، به همین زودی تصمیم برگشتن به ایران داری؟

- بله هفته آینده می روم و البته اِوا را با خودم خواهم بُرد

- در مورد انتقال سهام بعداً صحبت می کنیم. تو نیز زحمات زیادی برای شرکت کشیده ای. اصلاً Lorence پیشرفت خود را مدیون توست. تو بودی که با هنرنمایی خودت شرکت را بدین جا رساندی. با خود گفتم: « به خدا اگر یونس را نداشتم، حتماً در کنار راسل می ماندم تا از عشق پاکی که نسبت به من دارد دور نباشم. ولی افسوس که نمی توانم و باید این مأموریت را که دستوراتش از طرف دلم صادر می شد به پایان می رساندم.»

تشریفات جدایی من و راسل در آشفتگی و ناراحتی کامل گذشت. ما به زندگی مشترکی بصورت توافقی پایان دادیم که با عشق شروع شده بود و البته با عشق پایان یافت. پایان غمگین و اندوهناک که برای هردویمان دشوار بود. اما من می خواستم برای یافتن یونس به ایران برگردم و دیگر قصد بازگشت به فرانسه را نداشتم. به همراه راسل به خانه برگشتیم، داخل اتومبیل هیچ مکالمه ای بغیر از این حرف راسل که گفت: « ای

کاش اینگونه تمام نمی شد » بین ما رد و بدل نشد. راسل آنقدر آشفته بود که زیر لب چیزهایی می گفت که چیزی سردر نمی آوردم. مراحل انتقال سهام شرکت به نام راسل هنوز باقی مانده بود و من قصد بازگشتن به آن خانه را نداشتم و از راسل خواستم تا بعد از جمع و جور کردن چیزهایی که قراربود با خودم همراه داشته باشم، مثل لباس و وسایل ضروری سفر و دخترمان اِوا، مرا به هتلی انتقال دهد. راسل از این تصمیم من خیلی عصبی شد و علت را جویا شد و گفت: « هیوا عزیزم، اینقدر افراطی با مسئله برخورد نکن. مگر چه می شود تا موقع رفتن در خانه بمانی؟»

- راسل، من به تو علاقه داشته و هنوز هم دارم. و بودن ما در یک خانه و زیر یک سقف به نظر من تا روز شروع سفرم به ایران، تصمیم مناسبی نیست. من نمی خواهم عواطف و احساسات قشنگ ما بیشتر از این جریحه دار شود.

- عزیزم من به تو قول می دهم تو را تا روز رفتن تنها بگذارم و هیچگونه عشقبازی بین مان اتفاق نیفتد

- راسل، شبها قشنگند و آرامش خاصی در شب جاری است که می تواند دوباره ما را به سوی عشقبازی دعوت بکند و این یعنی ادامه دلدادگی ها و با هم بودن ها، از تو خواهش می کنم

- هیوا، تو چیزی از من می خواهی که انجام آن برای من بسیار سخت است. مگر می شود در یک شهر من در خانه و تو در هتل باشی؟

- روزها همدیگر را خواهیم دید. من اینطور راحتم

راسل هر چه میگفتم و از او می خواستم بی چون و چرا انجام می داد ولی نمی توانستم دلیل دیگری به جز عشق پاکش نسبت به خودم بیابم. در مورد این درخواستم هم سری به علامت قبولی تکان داد و گفت: « خدایا، من دارم چه کاری می کنم؟ نمی دانم درست است یا نه.» به خانه رسیده و من مستقیماً سراغ اشلی رفتم و از او خواستم تا مقدمات خداحافظی اِوا را از این خانه آماده کند. اشلی به گریه افتاده بود و وقتی فهمید که من و راسل توافقی و بدون هیچ مرافعه ای از هم جدا شده ایم، بیشتر ناراحت شد و بر شدت گریه اش افزوده شد و گفت: « خانم من به اِوا عادت کرده ام، شما چرا اینقدر عجولانه تصمیم به جدایی از راسل و بازگشت به ایران گرفتید؟ می توانستید، با راسل بصورت زن و شوهر بمانید و برای انجام کارهایتان به ایران بروید.»

- اشلی جان، تو برای اِوا زحمات زیادی کشیده ای و می دانم جدایی اِوا از تو بسیار دشوار خواهد بود، ولی به خدا قسم چاره ای ندارم و باید دینی را که به گردن دارم، ادا کنم. یونس منتظرم است و باید خودم را به او برسانم.

- حال بگوئید چه کار کنم؟

- وسایل مختصری را برای من و اِوا مهیا کن و وقتی خواستی آنها را در چمدان جای دهی مرا صدا کن تا به تو کمک کنم. اشلی همانطور گریان از جلوی چشمانم محو شد و برای انجام مأموریتش به اتاق اِوا رفت. راسل هم پشت سرهم مشروب می خورد و مست می کرد، تا شاید اثرات ناراحتی و آشفتگی درونی خود را به حداقل برساند. همه چیز برای خداحافظی من و اِوا از فرانسه آماده شد. فقط مانده بود قضیه انتقال سهام Lorence که تماماً بنام من بود. عصر بود که دوباره سوار بر اتومبیل عازم هتل شدیم. راسل پرسید: « کدام هتل را انتخاب کرده ای؟ »

- هتل مایسون «Maison» بهتر است

- هیوا آیا نمی خواهی در مود تصمیماتی که گرفته ای تجدید نظر بکنی و شاید به این نتیجه برسی که در مواردی اشتباه می کنی،

- نه من اشتباه نمی کنم. تو آن موقع که دروغی چنین بزرگ و حیاتی به من گفتی و مرا عاشق پیشۀ خودت ساختی. اشتباه نمی کردی؟ الان که من دارم می روم و رخت سفر بسته ام اشتباه می کنم؟

- هیوا تو هیچگاه نخواهی فهمید که چرا من دست به انجام چنین کاری زدم. کاش می توانستی جای من باشی و بعد اظهار نظر کنی

- راسل فردا حاضرم تا اوراق مربوط به انتقال سهام را بیاوری و من امضاء کنم. این آخرین کاری است که باید انجام دهم. اگر کاری غیر این با من داشتی می توانی تماس بگیری و یا مراجعه کنی. من در هتل مایسون خواهم بود تا روز رفتن برسد.

سر راه به یکی از دفتر هواپیمایی «Air France» مراجعه کردم و بلیطی را مستقیم به تهران برای خودم و اِوا تهیه کردم. سپس جلوی هتل مایسون بهمراه اِوا پیاده شدم. راسل بدون هیچگونه خداحافظی ما را گذاشت و رفت. اتاق ۳۱۱ به نام من در هتل ثبت شد و من و اِوا وارد اتاق شدیم. ابتدا به اِوا رسیدیم و او را خواباندم. به حمام رفته و دوش مختصری گرفتم تا شاید خستگی آن روز را از بدنم بیرون کنم. بلیط پروازمان دقیقاً سه روز بعد بود و باید دو شب را در هتل سپری می کردم. با خود گفتم: « آخرین شبهای پاریس، عجب شبهایی خواهد بود.» صبح شده بود و من هنوز جلوی پنجره نشسته و بیرون و آسمان را تماشا می کردم. اولین زنگی که به تلفنم افتاد از طرف لیلا بود. تقریباً هر هفته یکی دوبار با هم حرف می زدیم. او نیز با مایک مانده بود و قصد بدنیا آوردن بچه را داشت. این تصمیم با پیشنهاد و اصرار من از سوی لیلا صادر شده بود، می گریست: « هیوا الان کجایی؟ به شرکت رفتم گفتند نمیای. خونه هم نبودی. وقتی با اشلی حرف زدم چیزهای بدی گفت، آدرس بده برای دیدنت میام.»

- لیلا جان الان تو هتل مایسون هستم. اگه می خوای منو ببینی زودتر خودتو برسون. شاید راسل بیاد و برای یه کاری بیرون بریم

یک ساعت بعد لیلا در اتاقم بود، مرا در آغوش گرفته و می فشرد. دستی روی شکمش کشیده و گفتم: « لیلا جان مواظب بچه ات باش، خودت را اینقدر به من فشار نده، خیرِ سرت تو حامله ای.

- هیوا چیزهایی که اشلی می گفت واقعیت دارن؟

- آره عزیزم. من دارم می رم ایران و دیگه به فرانسه بر نمیگردم

- جدا شدنت از مرد ایده آلی مثل راسل کار احمقانه ایه. هر دختری آرزوی داشتن شوهر عاشق و ثروتمندی مثل راسل رو داره

- لیلا جان، راسل عاشق منه، درست، من هم عاشقش بودم، ولی دیگه نیستم و عشقش تو دلم جاش رو به نفرت داد. من چند روزیه می خواستم چیزهایی رو بهت بگم ولی با خودم گفتم چرا با حرفهام ناراحتت کنم. راسل دروغ بزرگی بهم گفته که تموم گذشته رو زیر پا له می کنه.

- چه دروغی؟

- یادت هست شماره ای از یونس تو کانادا برام پیدا کرده بود؟...

- آره یادمه، تو هم تماس گرفتی و همسر یونس جواب داده بود و تو را شدیداً به هم زده بود

- ولی همه اون شماره و تماس و حتی اون زنی که پشت گوشی خودش رو همسر یونس معرفی کرده بود، یه تراژدی کذب و ساختگی از طرف راسل و دوستش تد بود

- یعنی چی؟ تو می خوای بگی راسل تموم اون کارها رو کرده بود تا تو رو تو پاریس نگه دارهه و بهت پیشنهاد ازدواج بده؟

- آره، دقیقاً همینطوره

- تراژدی سنگینیه. راسل اشتباه بزرگی کرده. ولی هیوا جون مگه چی شده؟ تو که زندگی خوب و مرفهی داری، چرا می خوای همهٔ گذشته را خراب کنی؟

- لیلا، تو نمی دانی که یونس به خاطر من به ایران رفته و چند سالیه که به کانادا برنگشته. خواهرش می گفت تو این چند سال هیچ خبری ازش نشده. حالا بهم حق می دی که برای پیدا کردنش به ایران برگردم و به زندگی مشترکم با راسل پایان بدم؟

- نمی دونم واقعاً چی بگم

در این حین بود که راسل نیز با ضربه ای به در وارد شد و پس از احوالپرسی با من و لیلا از من خواست تا برای کاری که قرار بود انجامش بدهیم بیرون برویم. از لیلا خواستم او نیز به همراه ما بیاید تا در طول مسیر حرف بزنیم هر کجا خواست او را پیاده می کنیم. او نیز پذیرفت.

راسل داخل اتومبیل شروع به حرف زدن در مورد نکته ای کرد که نمی خواهد کل سهام شرکت را بنام خودش برگرداند و قصد دارد فقط نیمی از آن را آن هم به اصرار من به نام خودش بازگرداند. من مخالفت کردم، اما وقتی دیدم او از ته دل نسبت به این موضوع راضی است و عاجزانه از من خواهش می کند که ثمرهٔ زحماتم را حفظ کنم، من پذیرفتم. در دفتر وکیل راسل تمامی امورات مربوط به این نقل و انتقال انجام گردید و سپس راسل اقدام به انتقال مبلغ پنج میلیون دلار از دارایی Lorence در حساب بانک BNP پاریس به حساب شخص ام که قبلاً نیز مبلغی به عنوان موجودی حساب در آن بود. کرد و سپس از من خواست تا از طریق شرکت نقل و انتقال بین المللی وجوه، یعنی شرکت «Western Union» موجودی کلی حسابم را بصورت وجوه رمزدار این شرکت بیمه نمایم تا هر وقت لازم شد، بتوانم، با مراجعه به یکی از شعب این شرکت بین المللی در ترکیه یا کشورهای همسایه ایران، به مبلغ مورد نظر دسترسی پیدا کنم. تمامی این کارها آن روز انجام شد. پایان روز در کافه ای من و راسل و اِوا در حال نوشیدن یک نوشیدنی خنک بودیم، راسل از من خواست تا به خانه برگردم و تا موقع پرواز در خانه و در کنار او باشم. من این کار را خیلی مُضر برای هر دویمان می دانستم و از او خواهش کردم در مورد این موضوع اصلاً بحث نکند. به اِوا نگاه کرد و چیزهایی زیر لب به فرانسوی زمزمه کرد و ترانه ای خواند.

راسل اینگونه ادامه داد. « هیوا جان ؛ نمی دانم واقعاً کاری که داریم انجام می دهیم درست است یا نه ولی از تو می خواهم همیشه به من و این جا بیندیشی و اگر نتوانستی یونس را پیدا کنی دوباره به این جا برگردی تا در کنار یکدیگر، زندگی مان را از سر بگیریم. من تو را بیش از مقداری که فکرش را می کنی دوست دارم.» و در حالیکه دست در دست همدیگر بودیم گفتم:

- راسل من نیز به این زندگی عادت کرده بودم و به آن ادامه می دادیم و هیچ مشکلی نداشتیم، ولی با روشن شدن موضوعی مثل مفقود شدن یونس به خاطر پیدا کردن من در ایران، تمامی احساسات قبلی ام در مورد یونس بیدار شده و به یکباره عشق عمیقی که نسبت به او داشتم دوباره در قلبم روئیدن گرفته. من چه موفق به یافتن او شوم و چه نشوم، به پاریس باز نخواهم گشت و قصد دارم ادامهٔ زندگی ام را در ایران و در کشور خودم باشم.

- عزیزم، من خیلی دلم برای اِوا تنگ خواهد شد. تو حتی اجازه ندادی من که تازه از زندان آزاد شده ام، یک دل سیر در کنار اِوا باشم و با او بازی کنم و قصد داری او را با خود ببری. اگر امکان دارد اجازه بده تنها یادگاری تو در کنار من باشد و من اِوا را بزرگ کنم. این تنها و آخرین خواسته من از توست. هر وقت آرزو کردی با اِوا به ایران می آیم تا در کنار تو باشد این را به تو قول می دهم

- راسل من اِوا را خیلی دوست دارم. او پارهٔ تن من است. از وجود من زاده شده و نسبت به او احساس عاطفی شدیدی دارم و به او وابسته ام. چطور به خودم بقبولانم که او را در پاریس گذاشته و بروم؟

- عزیزم، اِوا دختر من هم است و من نیز به اندازه تو او را دوست می دارم.» و در حالیکه اِوا را که در آغوش می فشرد ادامه داد: « از تو خواهش می کنم.» نمی خواستم هیچ دلبستگی در پاریس از خودم بر جای بگذارم. شاید راسل می خواست با بر جای ماندن دلبستگی و وابستگی من در فرانسه دوباره مرا به پاریس بکشاند. ولی واقعاً راسل نیز به اندازه من عاشق اِوا بود. نگاهی عمیق به چشمان اوا انداختم و ادامه دادم.

- راسل فقط به یک شرط با تقاضای تو موافقت می کنم و آن هم اینکه هر وقت تماس گرفتم و از تو خواستم، اوا را به ایران بیاوری و حتماً این کار را انجام دهی

- عزیزم قبول می کنم

چندین بوسه بر صورت و پیشانی اوا انداخت، از خوشحالی در پوستش نمی گنجید.

چطور تن به خواسته راسل دادم نمی دانستم ولی نمی خواستم بی رحمانه همه چیز را برای خودم بخواهم و تمام چیزها را خودم

تصاحب کنم و هیچ چیز از زندگی مشترک چند سالهٔ مان برای راسل نگذارم. راسل داشت تاوان اشتباهات گذشته اش را پس می داد، ولی نباید من بی رحمانه بر شدت آن می افزودم. اینگونه بود که خودم را جهت ماندن اوا در پاریس قانع کردم. به هتل بازگشتم، قرار شد که تا لحظه پرواز، اِوا کنار من باشد و در لحظهٔ خداحافظی اِوا را به راسل تحویل دهم. هتلی به زیبایی مایسون که برای توریستها عالی جلوه می کرد، چنان فضای سنگینی برایم داشت که هر لحظه احساس می کردم نفسی را که فرو می برم دیگر قصد بازگشت ندارد. مستقیماً به اتاقم رفته و با اِوا مشغول بازی شدم.

روز موعود فرا رسید و من آماده در اتاق و سه ساعت مانده به پرواز نشسته و منتظر تماس راسل بودم تا به همراه یکدیگر به فرودگاه برویم. پس از دقایقی راسل تماس گرفت و از خودش خبر داد که پائین منتظر ماست. پائین رفته با هتل تسویه حساب کردم، سوار بر اتومبیل شدیم و به سوی فرودگاه حرکت کردیم. اولین سخنان از سوی من شروع شد:

- راسل چرا با اتومبیل خودت نیامدی و با راننده شرکت بدنبال ما آمدی؟ با هم تنها بودیم بهتر نبود؟

- عزیزم خواستم در طول مسیر کمی راحت باشیم و به هم نگاه کنیم

نمی دانستم منظور راسل از نگاه کردن چه بود ولی می دانستم که هر کار او دلیلی قانع کننده دارد. راسل اصلاً در حال و هوای جدایی و

خداحافظی از من نبود و فقط به چهره ام می نگریست و اِوا را در آغوش می گرفت. کت و شلوار مشکی رنگ با پیراهن روشنی به تن داشت و کلاً مشکوک بود. به فرودگاه رسیدیم و وقتی خواستیم پیاده شویم، راننده نیز پیاده شد وقتی می خواست چمدان بزرگم را که در صندوق عقب جای داده بود، بیرون بکشد، متوجه شدم چمدان دیگری نیز به همراه چمدان من روی زمین گذاشته شده است. وقتی علت را از راسل جویا شدم، دست در جیب کتش کرد و بلیط پرواز مخصوص به خودش را از جیب بیرون کشید و گفت: « عزیزم می خواهم به ایران بیایم و تو را در یافتن یونس کمک کنم، تا شاید جبران اشتباه بزرگی که کرده ام، باشد.» بلیط را از دستش گرفتم و آنرا بدقت خواندم. دقیقاً همان پروازی بود که من باید سوار می شدم. اِوا نیز بلیط داشت و من برایش گرفته بودم. «Air France» مقصد: تهران زبانم بند آمده بود. خیلی خوشحال بودم که راسل قصد داشت مرا در این سفر همراهی و در یافتن یونس به من کمک کند. زیرا من در ایران کسی را نداشتم که به او تکیه کنم تا مرا یاری کند. در آغوش راسل پریدم و هیجان خودم را به او نشان دادم و از او بابت تصمیمی که گرفته بود، تشکر کردم.

ساعت پرواز سر رسید و ما پاریس را به مقصد تهران پایتخت سرزمین پدری ام ترک کردیم. وقتی هواپیما در حال برخاستن از باند فرودگاه بود، از پنجرۀ هواپیما پاریس را نظاره می کردم و بی اختیار اشک از

چشمانم سرازیر شد. پاریس شهری بود که در آن زندگی کرده و نفس کشیدم. با خود گفتم: « خداحافظ شهر پاریس، شهری که مرا به شهرت رساند و معنای واقعی زندگی را به من چشانید.» به ایفل که زیر پاهایم مانده بود نگاه کردم و گفتم: « خداحافظ ایفل، برجی که راسل در آن از من خواستگاری کرد.» و سپس لحظات خواستگاری، خوشگذرانی من و راسل روی برج از جلوی دیدگانم رد شد. راسل که با صحبت و هماهنگی با مهمانداران هواپیما کنارمن نشسته بود گفت: « عزیزم، می دانم به چه فکر می کنی » و سپس بوسه ای به صورتم نواخت و نوشیدنی را که در دست داشت تا انتها سر کشید. شمارهٔ صندلی راسل کمی عقب تر از صندلی من و اوا بود، ولی با هماهنگی مهمانداران جایش را عوض کرده بود.

هر چقدر بلندتر می شدیم و جلو می رفتیم، پاریس کوچکتر و کوچکتر می شد، تا اینکه به کلی محو شد. با خود گفتم: « خداحافظ شهر آرزوهایم » و در ته دلم از پاریس و مردمش تشکر کردم.

فصل سوّم

وارد فرودگاه امام خمینی شهر تهران شدیم و هواپیما فرود آمد، با خود گفتم: « هیوا، به هنگام ترک ایران و رفتن به پاریس، چه سختیهایی کشیدی و از چه راههایی رفته و به پاریس رسیدی، ولی چطور و چه آسان به ایران برگشتی.» شب بود و نسیم خنکی می وزید. خودم را خیلی سبک احساس می کردم. انگار که نسیم می خواست مرا با خود به آسمان ببرد. وقتی احساس کردم از هوای وطنم ایران نفس می کشم، آهی کشیده و دوباره نفس عیمق کشیدم. احساس راحتی و آرامش عمیقی به من دست داده بود. لباس مناسبی از چمدان بیرون کشیدم و فوراً تن پوشی را که شبیه مانتوی خودمان بود به تن کردم. روسری را که سالها قبل مادرم سارا برایم هدیه داده بود، به هنگام پیاده شدن از هواپیما به سرم بسته بودم. راسل با دیدن این کارهایم نگاهی عمیق به من انداخت و وقتی خواست چیزی بگوید، از او سبقت گرفتم و گفتم: « راسل، چیزی نگو این جا ایران است و دین اسلام در آن جریان دارد،

باید این کار را بکنم.» راسل خنده کوتاه و معنی داری کرد و به همراه من از فرودگاه خارج و سوار تاکسی شد. وقتی سوار شدیم و چمدانهایمان در صندوق عقب تاکسی جای گرفت، با خود گفتم: « چه تفاوتی دارد، هیوای فرانسه و هیوای ایران، بدبخت راسل، حق دارد تعجب کند.» داخل تاکسی که بودیم، راننده تاکسی آینه را کمی پائین چرخاند تا چهرهٔ مرا دقیق تر وارانداز کند و سپس شروع به صحبت کرد که از کجا می آئیم و چند وقت در خارج بودیم و از این قبیل سؤالات. در جوابش گفتم.« آقای راننده ما رو به هتل مناسبی برسونید و کمی سریعتر برونید.» و با کشاندن خودم به سمت راسل به او فهماندم که راسل شوهرم است و اجازه ندارد با نگاهش از آینه مرا وارانداز کند. راسل که کمی به موضوع پی برده بود، به من گفت: « عزیزم، مثل اینکه راحت نیستی.» دستم را در دستش حلقه کردم و ادامه دادم: « راسل از تو متشکرم که مرا همراهی کردی و در این سفر تنهایم نگذاشتی »

چهره ام خیلی فرق کرده بود، موقعی که از ایران رفتم، دختر بودم و کمتر به خودم می رسیدم و آرایش می کردم، ولی با کار در شرکت Lorence و چهره آرایی زیر دست آرایشگران شرکت، قیافه ام خیلی تغییر کرده بود. می دانستم که زیباتر و جذاب تر شده ام و باید مراقب چشمان آلوده باشم. احساس آرامش می کردم که وارد خاک سرزمینم ایران شده ام و خدا را شکر می کردم که راسل پیشم بود و به من آرامش

می داد. راننده تاکسی پس از یک ساعت و ربع طی مسیر در کوچه و خیابانهای تهران بزرگ بالاخره ما را جلوی یک هتل به قول خودش مجلل پیاده کرد و پس از گرفتن کرایه و تحویل چمدانهایمان، ما را ترک کرد. وقتی به سر در هتل نگاه کردم تا اسم هتل را بخوانم، با خود گفتم: « عجب تصادفی، این هم از شانس خوب من است.» اسم هتل پاریس بود. وقتی راسل متوجه اسم هتل شد. خنده ای کرد و گفت: « هیوا، تو عاشق پاریس هستی و به همین دلیل مرا به این هتل آورده ای.» وارد هتل شدیم و پس از ثبت اتاق ۴۰۵ به اسم خودمان و همراهی و کمک مستخدم هتل، وارد اتاق شدیم. اتاق بزرگ با سه تختخواب. « اِوا نیز بزرگ شده بود و باید تخت مخصوص داشته باشد.» این جمله ای بود که پس از ورود به اتاق به راسل گفتم.

خیلی آسوده بودم، خواب سنگینی به سراغم آمد. پس از خواباندن اوا تصمیم گرفتم به رختخواب رفته و بخوابم هیچ فکری در سرم نبود به جز اینکه مبادا دوباره راسل عشقبازی به سرش بزند و با سوار کردن کلکی مرا رام کند. به همین خاطر تصمیم گرفتم اوا را در کنار راسل بخوابانم و خودم روی تخت تک نفره ای که برای اوا در نظر گرفته بودم. بخوابم. رو به راسل کرده و گفتم: « راسل، با رستوران هتل تماس می گیرم تا غذایی برای تو بیاورند، می دانم که گرسنه ای.»

- مگر تو قصد خوردن نداری؟

- نه من می خواهم اولین خوابم را در ایران با آرامش و بدون هیچگونه دغدغۀ فکری سپری کنم. با خوردن غذا سنگین شده و نمی توانم راحت بخوابم.

سپس با رستوران تماس گرفتم و غذای سبکی برای راسل سفارش دادم. سپس از راسل معذرت خواهی کردم و به رختخواب رفتم. راسل دید من اوا را کنار او گذاشتم و خودم روی تخت اوا دراز کشیدم، آهی از ته دل کشید و تا خواست چیزی بگوید، به او اجازه ندادم و گفتم: « راسل، عزیزم از تو خواهش میکنم، بگذار از در کنار تو بودن لذت ببرم و کاری نکن تا آرامشمان برهم بخورد. من و تو دیگر زن و شوهر نیستیم و باید هیمنطور بگذرانیم، از تو خواهش می کنم از گفته های من ناراحت نشو و بگذار مثل دو دوست در کنار یکدیگر به هدفی که بخاطرش به ایران آمده ایم بیندیشیم. »

- اشکالی ندارد عزیزم. ولی من عاشق تو هستم، بودم و خواهم بود. من فقط بخاطر عشقی که به تو می ورزم، حاضر شدم تن به خواسته های تو بدهم تا ناراحت نشوی. زیرا دیدن یک لحظه ناراحتی تو برایم دشوار است. و به همین خاطر است که با تو به ایران آمدم. دوستت دارم.

شبی آرام در پیش داشتیم و اولین شبی بود که بعد از سالها دوری از وطن، در ایران سر روی بالش می گذاشتم. از این بابت خیلی راحت و آسوده بودم و احساس آرامش عمیقی به من دست داده بود. وقتی به

خواب رفتم. به این فکر می کردم که فردا صبح اولین کاری که خواهم کرد این است سر خاک مادرم سارا خواهم رفت تا پس از سالها دوری از او، فاتحه ای برایش بخوانم و از خدا برایش طلب آمرزش کنم.

صبح شد و من و راسل بهمراه اوا صبحانه ای مفصل در هتل پاریس خوردیم و پس از صرف صبحانه راسل از مستخدم رستوران هتل تقاضای مشروب کرد، وقتی با جواب رد مستخدم مواجه شد، خنده ای کوتاه بر لبانش جاری شد و رو به طرف من برگرداند و پرسید: «هیوا، عزیزم چرا ایشان گفتند مشروب در این جا ممنوع است؟» راسل اولین بار بود که به ایران سفر می کرد. نسبت به تمامی موضوعاتی که اتفاق می افتاد حساسیت نشان می داد. روبه او کرده و به آرامی به او گفتم: «راسل، اینجا ایران است. کشوری که دینش اسلام است و در این دین، نوشیدن مشروبات الکلی ممنوع و در حقیقت حرام است.»

- وقتی مشروب ممنوع است، یعنی با نوشیدن مشروبات الکلی چه اتفاقی می افتد؟

- راسل جان، مسلمان با نوشیدن مشروب در دین اسلام، مرتکب گناه شده و از سوی خداوند بزرگ سرزنش می شوند

راسل می خواست به بررسی و بحث بیشتر بپردازد که من حوصله اش را نداشتم و ادامه دادم:

- راسل، خواهش میکنم تمام کن، الان موقعیت و زمان مناسبی برای بحث نیست

او نیز قطع کرد و دیگر ادامه نداد. پس از اتمام صبحانه تاکسی گرفته و به سمت بهشت زهرا حرکت کردیم. راسل سؤالات زیادی از من پرسید. انگار که با آمدن به ایران تبدیل به یک جامعه شناس شده و میخواهد از همه چیز سر در بیاورد. وقتی از من پرسید که کجا می رویم و من در جوابش گفتم، بهشت زهرا، دوباره پرسید: « آنجا دیگر کجاست؟»

- راسل، عزیزم، بهشت زهرا همان محل دفن مردگان است. قبرها و گورهایی که مردگان را پس از اینکه از دنیا می روند، در آن جا دفن می کنیم.

به بهشت زهرا رسیدیم، سر از پا نمی شناختم آنقدر هیجان داشتم که پیدا کردن قطعه ای که مادرم سارا در آن دفن شده بود. کمی طول کشید. بالاخره مزار مادرم را یافتم و در حالیکه اوا را در آغوش داشتم، به سمت آن دویدم، همانطور که می دویدم، اشک نیز از چشمانم جاری شد. سر مزار که ایستادم، متوجه شدم تفاوتهایی بوجود آمده. درخت کوچکی سر مزار کاشته شده و تقریباً قدش به سه و نیم متر رسیده بود. با خود گفتم: « این کار، کار دایی سیاوش و یا شاید پدر لعیا می تواند باشد.» انگار که درخت به من سلام می داد و خوشامد می گفت. سر خاک مادرم یک ساعتی نشسته و با او حرف زدم. حرفهایی که آرامم

کرد. حرفهایی از گذشته های دور و از لحظاتی که ارومیه را به قصد تهران ترک کردم تا شاید بتوانم نور امیدی برای مادرم باشم و مایۀ افتخار او، می گریستم و گفتم: « سارا جان، نمی دانم چگونه از تو که برایم هم پدر و هم مادر بودی، عذر خواهی کنم، می دانم که اکنون حرفهایم را می شنوی ولی ای کاش می دانستم که مرا بخشیده ای یا نه؟ اگر یادت باشد پدر همیشه یادم می داد که بخشش از بزرگان است و به من می گفت که هر وقت کسی را ببخشم لذتی عمیق در وجودم شکل می گیرد. آیا تو که بزرگتر از من بودی و هستی، مرا بخشیده ای؟ مادر عزیزم، سارای عزیزم، من فرانسه رفته بودم تا یونس را پیدا کنم و با او باشم و از زندگی ام که میدانستم آمیخته با عشق خواهد بود، لذت ببرم اما بدلایلی در فرانسه ماندم و در آنجا ازدواج کردم.» نگاهی به راسل که روبرویم چمپاتمه زده و اوا را از من گرفته و در آغوش خود می فشرد، کردم و ادامه دادم: « این هم راسل است، شوهری که در فرانسه با او ازدواج کردم، این هم اوا دخترم است. آره، دختری دارم که خیلی دوستش دارم. عین تو که مرا دوست داشتی و عاشقم بودی، اکنون دیگر شوهری ندارم و از راسل جدا شده ام. او برای کمک به من در یافتن یونس به ایران آمده. او نیز همانند یونس مرا دوست داشت. سارا جان، اگر به پدرم دسترسی داری و او را ملاقات می کنی، به او سلام مرا برسان و بگو که سر مزار او نیزخواهم رفت.»

راسل دستمال جیبی اش را از جیبش بیرون کشید و شروع به پاک کردن اشکهای من کرد و گفت: « هیوا چرا این همه گریه میکنی؟ مادرت اکنون پیش خدا و در آرامش است.»

- راسل خیلی وقت است که ایران نبودم و آرزو داشتم که روزی بتوانم مثل اکنون سر مزار مادرم نشسته و با او حرف بزنم، بگذار راحت باشم. راسل مرا در حالیکه در یک دستش اوا را گرفته بود، فشرد و با لحن تسکین آمیزی گفت: « عزیزم، خدا مادرت را بیامرزد و او را در بهشت جای بدهد. من نمی خواهم گریه های تو را ببینم و به همین علت میان حرفهایت پریدم. معذرت می خواهم.»

پس از اتمام حرفهایم با مادرم سارا خداحافظی کردم و دوباره سوار بر تاکسی که منتظر ما بود، به سمت خانه پدری دوست مرحومم لعیا حرکت کردیم. با خود گفتم: « ای کاش محل مزار لعیا را می دانستم و برای او نیز فاتحه ای می خواندم و با او نیز حرف می زدم ولی افسوس که در بهشت زهرای به این بزرگی یافتن او بسیار دشوار است.» آدرس محل سکونت پدر لعیا را به سختی و با کمک راننده تاکسی پیدا کردیم. محله عوض شده بود. از تاکسی پیاده شده و به سمت در آهنی بزرگ ورودی خانه دویدم. راسل پیاده نشد. خودم از او خواسته بودم تا بهمراه اوا در ماشین منتظر علامت من بماند. انگشتم را روی شستی زنگ فشردم. لحظه ای یادم افتاد که با لعیا در آن زمستان سرد و برفی به این

جا آمده بودیم، من دختری بودم که هنوز در دانشگاه مشغول تحصیل بودم. صدایی از پشت آیفون جواب داد که برایم ناشناس بود: « شما؟»

- من هیوا هستم. یکی از دوستان قدیمی لعیا. می خواستم با پدر لعیا حرف بزنم

در باز شد و من داخل رفتم. به هنگام ورود با دست اشاره ای به راسل کردم که منتظر باشند. زنی قد بلند و زیبا با موهای خاکستری کوتاه شده، به استقبالم آمده و خود را ناهید معرفی کرد. پسری تقریباً ۱۸ ساله کنارش ایستاده و به من زل زده بود. از او پرسیدم: « ناهید خانم، من دنبال خانواده لعیا می گردم، آیا شما از فامیلهای آنها هستید؟»

- نه خیر. ولی آقای امیر مرادی پدر دوستتان لعیا را می شناسم. ایشان این خانه را ۷ ماه پیش به ما فروخته و رفته اند. ولی نگران نباشید. تلفن و آدرسشان را دارم. اما اگر شانس بیاورید عوض نکرده باشند.

سپس آدرس و چند شماره تلفن را از دفتری که پسرش از خانه برایش آورد، روی کاغذی نوشته و به من داد. از او خداحافظی کرده و پس از تشکر، پیش راسل و اوا برگشتم. راسل نتیجه را از من پرسید، من در جوابش گفتم که باید سیمکارت و گوشی تهیه کنیم تا بتوانیم برای تماس گرفتن با کسانی که مدنظر داریم، راحت باشیم و از راننده خواستم تا این کار را برایمان انجام دهد. مدارکی تسلیم او کردم و از او خواستم دو عدد سیمکارت برایمان تهیه بکند. این کار در عرض یک

ساعت انجام شد. من و راسل دارای شماره تماسهایی بودیم و می توانستیم در مواقع ضروری با هم تلفنی حرف بزنیم. با شماره موبایلی که ناهید برایم نوشته بود تماس گرفتم. خاموش بود،کمی دلهره به سراغم آمد که آزارم می داد. با تلفن ثابت نوشته شده روی کاغذ تماس گرفتم. خانمی جواب داد و گفت: « اینجا شرکت «نورانت» است بفرمائید »

- می خواستم با مسئول شرکت صحبت بکنم

کلمه نورا برایم آشنا بود. زیرا اسم خواهرهای لعیا، یکی نورا و دیگری مهیا بود. بهمین علت کمی دلم روشن شد و با خود گفتم که حتما نورا خواهر لعیا بتازگی توانسته مدرکی گرفته و این شرکت را ثبت کند. تلفن را مدیر شرکت نورانت جواب داد و گفت: « بله بفرمائید » صدا را شناختم و تبسمی بر لبانم ظاهر شد.

- سلام نورا، منم هیوا دوست خواهر بزرگت لعیا، به خاطر آوردی؟

کمی مکث کرد و پاسخ داد:

- هیوا؟

با خونسردی گفتم:

- آره، هیوا، هیوا متین. همان دوستی که با خواهر مرحومت لعیا با هم دستگیر شده بود

- ها، یادم اومد چطورید هیوا خانم؟ این چند سال کجا بودید؟ با من چی کار دارید؟

- می خوام از نزدیک باهاتون حرف بزنم. امکانش هست؟

- آره، من الان شرکتی دارم که تو زمینه اینترنت فعالیت می کنیم. آدرس رو بنویسید، منتظرتون هستم. آدرس را گرفته و به همراه راسل با تاکسی که در اختیار داشتیم، به سراغ آدرس رفتیم. با خود گفتم:«ای کاش نورا اطلاعاتی از دایی اش یونس داشته باشد و بتواند ما را در یافتن او راهنمایی کند.» ولی خیلی هم امیدوار نبودم چون می دانستم که اگر او اطلاعاتی داشت، حتماً طوبی خانم تا به حال یونس را پیدا کرده بود. یونس جان کجا هستی؟ خودت را به من نشان بده.

به آدرس مورد نظر رسیده و به تنهایی وارد شرکت شدم. پس از احوالپرسی با نورا نشسته و مستقیماً و بدون معطلی وارد موضوع اصلی شدم و قضیه را به او شرح دادم و از او خواستم تا مرا راهنمایی بکند. در پاسخ گفت: « هیوا جان، همانقدر که تو می دونی، من هم همانقدر از دایی یونسم خبر دارم و تنها چیزی که بیشتر از تو می دانم اینه که اون ۴ سال پیش ایران اومد و دنبال آدرس و نشانی از تو می گشت، می گفت که علاقه شدیدی به تو داشته و وابسته توست. ما نیز چون هیچ اطلاعی از تو نداشتیم، با پدرم وارد بحث شد و از اون درخواست کمک کرد. پدرم چیزهایی به یونس گفت، از آنروز به بعد رفت و دیگه

برنگشت. حتی مادرم طوبی نیز پس از اینکه یونس به کانادا برنگشت، اینجا اومد و دنبالش گشت ولی موفق به یافتنش نشد. ما از مادرم خواستیم که اینجا بمونه و به کانادا برنگرده، ولی اصرار داشت که یونس حتما دوباره برمیگرده کانادا و با مهیا برگشتن کانادا تا اونجا منتظر دایی ام باشه. من هم چون ازدواج کرده بودم، نتونستم باهاشون همراه بشم و اینجا موندم »

- نورا جان، پدرت الان کجاست. آدرس خونه را به من بده تا ببینمش.

- اون دیگه در خونه نیست

با این جمله نورا دلم ریخت و سریع پرسیدم: « مگه چه اتفاقی افتاده؟»

- نمرده، نگران نباش. فقط چون بدلیل خودکشی لعیا تو بازداشتگاه کم حواس شده بود، این اواخر به یک بیماری روانی دچار شد که باید درمان می شد، مجبور شدیم اونو تحویل خانه سالمندان بدیم

ته دلم با خود گفتم: « عجب دختری، نتوانسته پدری را که سالها زحمتش را کشیده است، مدتی در کنارش نگه دارد.» آدرس سالمندان را از نورا گرفتم و برای ملاقات آقای امیر مرادی پدر نورا راهی خانه سالمندان شدیم. در ابتدای ورودمان به سالمندان به ما اجازه ملاقات نمی دادند ولی با اصرار پی در پی بالاخره موفق به این کار شدیم. در حیاط خانۀ سالمندان منتظر آقای امیر مرادی نشسته بودیم. یکی از

پرستاران دست پیر مردی را گرفته و به سمت ما در حرکت بود با خود گفتم « اگر آن پیرمرد پدر لعیا باشد، در طول این ۴ سال خیلی پیر شده است » موهای به رنگ کاملاً سفید و صورتی چروکیده و چشمانی گود رفته که همه نشانه ای از در دو رنج تحمیلی سرنوشت به او بود. کنارمان نشست. اصلاً به صورتم نگاه نمی کرد و فقط سرش را پائین انداخته و به آبی که از زیر پایش رد شده و به سمت حوض وسط حیاط جریان داشت، خیره شده بود. از نیمکت برخاسته و درست روبرویش چمپاتمه زده. نشستم و دستهایم را روی زانوهایش گذاشته، شروع به صحبت کردم: « سلام آقای مرادی، مرا که می شناسید. هیوا هستم. هیوا متین یکی از دوستان نزدیک دختر مرحومتان لعیا » وقتی اسم لعیا را از زبانم شنید، به چهره ام نگاهی کرد و فوراً دستهایم را از روی زانوانش کنار زد و حالت دفاعی به خودش گرفت. پرستارش از من خواست که زیاد تحت هیجانات گذشته قرارش ندهم و گفت: « سرکارخانم متین، آقای مرادی الان که روبروی شما نشسته، قیافهٔ شما را بصورت واضح و کامل نمی بینه، چون مدت ۳ سال و چند ماهی است که دائماً در حال گریه کردنه. گریه به خاطر همون اسمی که شما الان به زبون آوردید. ایشون چشمهایی بسیار ضعیف دارند و هیچگاه حاضر به عینک زدن نیستند و وقتی از خوب دیدن عینک زدن حرفی می زنیم، تنها جمله ای که میگن اینه که: « عینک بزنم که چی رو ببینم؟ دنیا و

آدمهایی رو که دائماً در حال زوال و نابودی قدم بر می دارند؟» وقتی این سخنان پرستار را شنیدم، متوجه شدم که حداقل می توانم چند جمله ای هر چند کوتاه با امیر آقا حرف بزنم. رو بطرفش برگرداندم و گفتم:

- آقای مرادی مطمئنم که حتماً منو شناختید. نمی خوام اذیتتون بکنم. من اینجا اومدم تا در مورد یونس از شما سؤالاتی بپرسم، یقین دارم که شما می تونید بهم کمک کنید. من عاشق یونس هستم و مدتی بود در ایران نبودم، یونس برای ملاقات با من به ایران اومده بود ولی با دیدن اوضاع، شروع به جستجوی من کرده بود و از شما چیزهایی پرسیده بود. این ها را دخترتان نورا برام می گفت. یونس همهٔ هستی منه.» راسل که هیچ چیزی از مکالمات من سر در نمی آورد، فقط نگاه می کرد. وقتی به راسل نگاه می کردم، سرش را به علامت تأیید کارهایم تکان میداد و امیدواری عجیبی در من ایجاد می کرد.

آقای مرادی قصد صحبت و جواب دادن به سؤالات مرا نداشت و از وقتی پیش ما نشسته بود. هیچ چیزی نگفته بود. علت سکوت او را نمی دانستم. هر چقدر به سکوتش ادامه می داد بر نگرانی من افزوده می شد. کمی نزدیکتر شدم و ادامه دادم: « امیر آقا، از شما خواهش میکنم سکوت نکنید و بهِم کمک کنید. تنها امیدم به سرنخیه که شما قراره به من بدهید. سرنخی که شاید منو به یونس و جایی که زندگی می کنه برسونه. خواهش میکنم حرف بزنید.» خیلی عصبی شده بودم، تا حدی

که بر زانوهایم می کوبیدم و می گریستم. راسل بلند شده و مرا در آغوش گرفت و شروع به دلداری من کرد. چون متوجه شده بود از حرف نزدن امیر آقا عصبی شده ام، گفت: « عزیزم مثل اینکه ایشان قصد سخن گفتن ندارند. می خواهی برویم و روز دیگری بیاییم؟» پرستار نیز همین درخواست را داشت و می گفت که زیاد با هیجانات گذشتۀ آقای مرادی بازی نکنیم. شاید تأثیر بدی روی او بگذارد. برای بار آخر روبروی آقای مرادی نشسته و از او خواهش کردم که حرف بزند ولی مثل اینکه به کَتش نمی رفت که من چقدر مشتاق دیدار یونس هستم و به خاطرش چه کارها که نکرده ام. راسل دستم را گرفته و مرا از روی زمین بلند کرد و گفت: « هیوا جان بیا برویم صحبت با او نتیجه ای ندارد.» بهمراه راسل، در حالیکه دستش زیر کتفم بود و اِوا که درون کالسکه ای قرار داشت، از آقای مرادی دور شدیم. چند متری بیشتر با او فاصله نگرفته بودیم که صدایی شبیه به صدای آقای مرادی به گوشم رسید که گفت: « به ارومیه، پیش دایی سیاوشت برو، من اسم و فامیل دایی ات را به یونس دادم و گفتم که پس از مرگ لعیا به ارومیه بازگشتی.» دوباره به عقب دویدم و از او بابت حرف زدنش تشکر کردم و گفتم:« خیلی متشکرم آقای مرادی چیزی بیشتر از این نمی دونید؟»

- نه نمی دونم، فقط ای کاش یونس زنده باشه. من هم کار مهمی باهاش دارم، پیغام من رو هم بهش برسون

- به روی چشم، حتما این کار را خواهم کرد

ولی چرا گفت که ای کاش یونس زنده باشد و دلیل این سخنش چه بود؟ روز بروز معمای یافتن یونس پیچشده تر می شد و مرا آشفته تر می کرد. پس از ترک خانه سالمندان راسل از من خواست تا در مورد اتفاقات پیش آمده و صحبتهایی که رد و بدل شده، توضیحاتی بدهم، در راه برگشت به هتل، کمی در این مورد حرف زدیم. پس از کمی استراحت و بازیابی توان از دست رفته و دوش گرفتن به راسل گفتم: « راسل، فردا باید حتماً به شهر ارومیه، زادگاه من برویم. جایی که در آن بدنیا آمده و بزرگ شده ام. شاید بتوانم یونس را آنجا پیدا کنم. »

- حتماً خواهیم رفت. هیوا جان امیدوارم بزودی به یونس رؤیاهایت برسی. وقتی به تو و کارهایت نگاه میکنم، متوجه می شوم که چقدر به او دلبسته ای و در حقیقت دیوانهٔ یونس هستی. و من در این راه هر کاری از دستم برآید، برایت انجام خواهم داد.

- از تو بابت همهٔ لطفهایت ممنونم راسل. تو را نیز دوست می دارم.

صبح شده بود و ما آمادهٔ عزیمت به ارومیه بودیم. از مدیریت هتل پاریس خواسته بودم بلیط هواپیما به مقصد ارومیه برایمان رزرو کند. او نیز تلفنی این کار را به خاطر اعتبار کاری هتلش انجام داده بود. ساعت پروازمان مشخص بود، فقط بایستی برای تحویل گرفتن بلیطهایمان کمی منتظر می ماندیم. پس از مدتی بلیط ها رسید و خدمتکار هتل با تماس

با اتاقمان از رسیدن آنها خبر داد، همگی پائین رفته و پس از تسویه حساب نهایی با هتل و پرداخت بهای بلیط سوار بر تاکسی هتل به سمت فرودگاه حرکت کرده و تهران را به مقصد ارومیه ترک کردیم.

عصر بود که پس از تقریباً ۵۵ دقیقه هوانوردی وارد فرودگاه ارومیه شدیم. اثاثیه مان را از ریل بار برداشته و بدون معطلی به سمت تاکسی های فرودگاه حرکت کردیم. وقتی سوار تاکسی شدیم، با راننده تاکسی به زبات ترکی آذری صحبت کردم و گفتم: « به سمت شهر و آدرسی که روی کاغذ برایش نوشته بودم حرکت بکند.» ۴ سالی می شد که به زبان ترکی آذری با کسی صحبت نکرده بودم. حس عمیقی از ترک بودن در وجودم جاری شد که بی اختیار مرا به هیجان وا داشت. رانندهٔ تاکسی که با لحنی عجیب در مورد راسل که کنارم نشسته بود، سوال می پرسید، آینه را کمی پایینتر چرخاند تا نگاهی عمیقتر به ما بیندازد. با خود گفتم: « باز حس کنجکاوی و جهان سومی یک ایرانی گل کرد. شانس بیاوریم بی مرافعه به مقصد برسیم.» آدرس که داشتیم به سوی آن پیش می رفتیم آدرس محل زندگی دایی سیاوشم بود که روی کاغذ نوشته بودم. نمی خواستم زیاد با راننده تاکسی وارد بحث شوم، فقط برخی جاها که می رسیدیم به راننده می گفتم که باید به راست یا چپ بپیچد. شیشه تاکسی را پائین کشیده بودم تا هوای زادگاهم ارومیه به صورتم خورده و گونه هایم را نوازش دهد.

از بعضی خیابانها و محله های شهر که رد میشدیم، خاطرات گذشته های دور برایم تداعی میشد. کلّ ارومیه برایم خاطره بود. خاطراتی که با آن زنده بودم. ولی اکنون دیگر همان دختر قبلی نبودم. تبدیل به فردی مهم و با ارزش شده بودم که استعدادم را در کشور دیگری کشف کرده بودند. استعدادی که در ایران به آن ارزش داده نمیشد. قدرتی که به قول راسل، افسانه ای و کمیاب بود و در هر دختری یافت نمی شد.

بالاخره پس از نیم ساعت به آدرس محل زندگی دایی ام رسیدیم. پیاده شده و به راننده تاکسی گفتم که چمدانهایمان را پایین بیاورد. عجب تفاوتی، باید برای پائین آوردن اسباب و اثاثیه ات از اتومبیل حتماً از راننده خواهش بکنی.

زنگ در را فشردم. خانه همان شکل و شمایل چند سال پیش را داشت. هیچ تفاوتی نکرده بود. تنها تفاوتی که احساس کردم، درختی بود که دایی جلوی در ورودی کاشته بود، کمی بلندتر شده بود، آنهم با قدرت خدا بود که بزرگتر شده بود، نه با قدرت دایی سیاوش بی تفاوت و پول دوستم. صدایی از آیفون به گوشم خورد که برایم ناشناس بود، شما؟» در جواب به معرفی خودم پرداختم:

- منم هیوا، شما که هستید؟

- این امکان ندارد

سپس گوشی آیفون را گذاشت. انگار هر کی بود. مرا می شناخت اما صورتش برایم ناشناس بود. در باز شده بود. وارد حیاط شدیم. راسل بیچاره پشت سر من دو چمدانی را که زیاد هم بزرگ نبودند به داخل هل داد و سپس کالسکه اوا را باز کرده و او را درون آن جای داد تا از گزند آفتاب در امان باشد. زنی روبرویم ایستاده بود که خوب می شناختمش. آری آن صدای ناشناس متعلق به زن دایی ام بود که خیلی عوض شده بود. زن دایی که در گذشته از او متنفر بودم ولی اکنون به اقتضای زمان باید به سراغش می آمدم. مرا در آغوش گرفت و فشرد. اصلاً احساس مهربانی اش را نمی توانستم درک کنم، زیرا تا بحال چیزی به عنوان محبت در قلبش ندیده بودم و دایی سیاوشم را هم فقط به خاطر پول و شبهایی که با هم همبستر می شدند دوست داشت و بس. یقین داشتم که اشتباه نمی کنم. وارد خانه شده و نشستیم. اولین چیزی که گفتم این بود:« زن دایی، دایی سیاوشم کجاست؟ حتما سر کار است عجب آدم پول دوستیه.»

- نه عزیزم سرکار نیست. بگذار یک نوشیدنی برایتان بیاورم. در موردش صحبت کنیم

بلند شده و به آشپزخانه رفت یک نوشیدنی تهیه و برایمان بیاورد. از فرط دستپاچگی چیزی از دستش افتاد و شکست. با خود گفتم: « تو اصلاً عوض بشو نیستی.» فرزندش بزرگ شده و بدون توجه به ما و

حضورمان در خانه در اتاقش مشغول تماشای کارتون بود. این ادب را از مادرش به ارث برده بود. بالاخره نوشیدنی ها رسیدند. دوباره سر موضوع اصلی رفته و پرسیدم:« بالاخره می خواهی چیزی بگویی، ما را دق مرگ کردی زن دایی حرف بزن و بگو که دایی سیاوشم کجاست؟ » روبرویمان روی کاناپه با حالت مغرورانه ای نشست و شروع به صحبت کرد:« هیوا، ۴ سال پیش در خانه مشغول گرفتن تولد پسرم بودیم که زنگ در به صدا در آمد. وقتی در را باز کردیم مرد خوش هیکلی وارد شد و خود را یونس فراست معرفی کرد و با سیاوش وارد بحث شد. در ابتدا احساس کردم از والدین بچه هایی است که به مهمانی دعوت بودند، اما بعدا با اشاره سیاوش متوجه شدم که از تهران آمده و نباید پیش آنها ایستاده و به سخنانشان گوش کنم. داخل آمدم و مشغول پذیرایی از مهمانها شدم. سیاوش و آن مرد روی پله های حیاط نشسته و مشغول صحبت بودند. هر چقدر سیاوش بیچاره تعارف کرد که داخل بیاید، او خودداری کرد و محیط ساکت و بدور از دغدغه مهمانی تولد را در حیاط ترجیح داد.»

- زن دایی توروخدا حاشیه پردازی رو بذار کنار، خلاصه بگو

- عزیزم چرا اینقدر عصبی شدی. در طول این چند سال که نبودی خیلی عوض شدی

- خواهش میکنم از سیاوش و یونس بگو

- بله میگفتم، پس از چند ساعت، گفتگوی آنها به پایان رسید و وقتی سیاوش داخل آمد و از گفتگویشان پرسیدم، گفت که پس از مراسم تولد در موردش صحبت خواهیم کرد. مراسم که تمام شد، دوباره در مورد آن مرد پرسیدم که چه کار داشت و برای چه آمده بود و چرا رفت؟ سیاوش گفت: آن مرد آقای یونس فراست، دایی لعیا دوست مرحوم هیوا بود که در کانادا دانشگاهی را اداره می کند و برای ملاقات با هیوا آمده بود، من تمام ماجرا را برایش تعریف کردم. از جایی که هیوا دوستش لعیا را از دست داده بود تا موقعی که هیوا را در ترکیه تحویل دوستم دادم تا او را به کانادا بفرستد. آری سیاوش تمام اتفاقات را برای یونس خان تعریف کرده و از او خواست تا برای ادامهٔ تحقیقاتش در خانهٔ مان بماند، ولی او هتل را ترجیح داده و برای اقامت به هتل رفت.

- چرا نوشیدنی تان را نمی نوشید؟

- زن دایی خواهش میکنم تعریف کن، نوشیدنی را ول کن

- بله، فردای آن روز دوباره یونس خان سراغ سیاوش آمدند و پس از چند ساعتی مذاکرهٔ مجدد دوباره به هتل برگشتند. وقتی از سیاوش خواستم تا از مذاکراتشان بگوید. گفت: آقای فراست از من می خواهد که او را به فردی که هیوا را به اروپا فرستاده متصل کنم و از من خواهش کرد تا با هزینه خودش با او به استانبول بروم و او را در یافتن هیوا یاری کنم.

- بعد چه اتفاقی افتاد؟

- سپس سیاوش از من خواست که مدتی را بدون او در خانه سپری کنم و از برادرم بخواهم که پیش ما بماند. تا بهمراه آقای فراست به استانبول برود تا محلی را که هیوا را در آنجا تحویل داده برایش نشان دهد. سیاوش هر قدر اصرار کرد که تلفن آن فرد را در استانبول در اختیارش قرار دهد تا آقا یونس خودش به سراغ آن مرد برود، او قبول نکرد وگفت که سیاوش در قبال هیوا مسئول است و باید آن آدمها را در استانبول سریعاً برایش پیدا کند.

با خود گفتم: « دایی سیاوش بیچاره ام که دل خوشی از زن دایی ام نداشت و هر لحظه در حال فرار و دنبال بهانه برای دوری از او بود، پیشنهاد را سریع قبول کرده بود.» در این حین بود که مردی غریبه وارد شد و من سراسیمه خودم را جمع و جور کردم. مردی بود با هیکلی درشت که پس از ورود و نگاهی زیر چشمی به من و برانداز کامل اندام و لباسم، به راسل نگاهی انداخت و گفت: « سلام خوش آمدید.» سپس من که از ورود مردی غریبه که تا بحال او را ندیده و نمی شناختم تعجب کرده بودم، متوجه رنگ پریدگی رخسار زن دایی ام شدم و پرسیدم: « زن دایی، ببخشید ایشان را نمی خواهید معرفی کنید؟ » با لکنت زبان شروع به معرفی ما به همدیگر شد و گفت:« هیوا جان، ایشان حامد، شوهر جدیدم هستند و سپس روبه حامد خان کرده و گفت:

« حامد، ایشان هم خواهر زاده سیاوش شوهر سابقم است و مردی که در کنارش است، اهل فرانسه است و این هم دخترش است.» من که اصلاً از موضوع سر در نمی آوردم سرجایم تکانی به خودم دادم و گفتم: « زن دایی بقیه ماجرا را تعریف کنید.» حامد خان از ما عذرخواهی کرد و گفت که می خواهد ما را تنها بگذارد و پس از چند دقیقه پیش ما بر خواهد گشت. زن دایی ام شروع به تعریف ماجرا کرد و گفت: « بله می گفتم سیاوش و یونس ۴ سال پیش برای یافتن تو و آدمهایی که تو را به اروپا فرستاده بودند، با هم به ترکیه رفتند. من هر چقدر با سیاوش تماس گرفتم و صحبت کردم و پرسیدم که کی برمی گردید، جواب قانع کننده ای نگفت و پس از یک ماه و چند روز، تلفنش را خاموش کرد و دیگر خبری از او نشد. من هم چون نمی توانستم بدون مرد زندگی کنم، تصمیم گرفتم درخواست طلاق غیابی بکنم. این کار را کردم و پس از چند ماه طلاقنامه ام صادر شد.»

با خود گفتم: « چند ساعت است که پشت سرهم زن دایی میخواندمش، نگو که او دیگر زن دایی من نیست. زیر مرد دیگری می خوابد و خوش میگذراند، حتماً دارایی دایی ام را هم صاحب شده و با شوهر جدیدش حال می کند » پرسیدم: « کی با آقا حامد ازدواج کردی؟» سرش را پائین انداخته و گفت:

- هنوز صیغه هستیم و ازدواج دائم نکرده ایم. البته به همین زودی این اتفاق خواهد افتاد

- از ترکیه بگو، از آن موقع تا بحال هیچ خبری نتوانستی از سیاوش بگیری؟

- نه

- اگر روزی دایی سیاوش برگردد و تو را با حامد ببیند چه؟ چه جوابی داری که بدهی؟

- هیوا جان، دایی ات اگر قرار بود برگردد، تا بحال برگشته بود. یقین دارم که یونس خان بلایی سرش آورده است

من که تحمل شنیدن حرفهای نامربوطِ به اصطلاح زن دایی ام را نداشتم، از راسل خواستم تا بلند شده و آنجا را سریع ترک کنیم. به همراه هم بلند شدیم تا خانه دایی ام را که اکنون صاحب دیگری داشت، ترک کنیم، زن دایی ام پشت سرمان قدم زنان گفت: « شام می مانید هیوا جان کجا می خواهید بروید؟»

- هتل. هتل بهتر از اینجاست

سپس به هنگام ترک خانه زیر لب با خود گفتم: « عجب زنی نتوانسته مدتی را بدون مرد و عشقبازی بگذراند تا شاید خبری از شوهرش برسد. هوس باز بی همه چیز » خانه دایی ام را به مقصد هتل آنا ترک کردیم.

در هتل اتاقی گرفتیم و راسل که می خواست از موضوع سر دربیاورد شروع به صحبت با من کرد. من هم تمام اتفاقات را از سیرتا پیاز برایش تعریف کردم. شام مختصری رابه همراه همدیگر داخل هتل آنا ی ارومیه خوردیم و خسته به خواب رفتیم. صبح که شد تلویزیون را روشن کردم و خواستم پنجره اتاقمان را باز کنم که شدت خنکی هوا باعث شد از این کار خودداری کنم. اوا خوابیده بود و از این می ترسیدم که مبادا سرما بخورد. در این حین راسل از خواب برخاست و مرا صدا زد و وقتی بالای سرش ایستادم، نیم خیز شده و مرا بوسید. وقتی علت این کارش را در صبح اول وقت، پرسیدم گفت:« عزیزم خواب دیدم، دوباره من و تو با هم یکی شده و ازدواج کرده ایم و در شرکت مشغول کار بودیم که پس از اتمام وقت کاری در شرکت و رفتن همهٔ کارمندان شرکت، با هم به عشقبازی مشغول شدیم.» نمی دانستم با خوشحالی راسل همراه شوم یا نسبت به خوابی که دیده بود، اظهار ناراحتی بکنم. ولی هر چه بود خوابی بیش نبود و نمی توانست به واقعیت بدل شود. اما با این حال که خوابی بیش نبود باز هم عرق سردی بر بدنم ظاهر شد که حتی راسل نیز متوجه آن شد. یکی یکی دوش گرفتیم و برای صرف صبحانه به رستوران هتل مراجعه کردیم. خیلی خلوت بود و به جز ما و چند نفر دیگر در آن هتل کسی اقامت نداشت. سرمیز صبحانه به راسل گفتم:

« راسل می دانی که برنامهٔ بعدی مان کجاست؟»

- بله عزیزم، باید استانبول باشد، درست حدس زدم؟

- بله استانبول است، اما قبل از آن باید سری به پدرم بزنیم

- منظورت مزار پدرت است، درست است؟

- بله مزار پدرم، اگر مایل نیستی در هتل بمان. من می روم و سریع بر می گردم

هیچ جوابی از راسل نشنیدم. سریع صبحانه را خوردیم و با تاکسی تلفنی که هتل در اختیارمان گذاشت به سمت باغ رضوان حرکت کردیم، قطعۀ مخصوص پدرم را می دانستم. چند عدد بطری آب پر کرده و دنبال مزارش می گشتم که اسم پدرم «صادق متین» روی سنگ قبرش چشمم را نوازش داد. دستی به سنگ قبرش کشیدم. راسل نیز به همراه من نشست و از او خواستم تا کاری برایم انجام دهد و گفتم: «راسل تو این بطری ها را بگیر و آب روی سنگ قبر پدرم بریز، من هم با دستهایم خاک چند ساله ای را که بر روی قبرش افتاده پاک می کنم.»

- البته عزیزم. حتماً

راسل داشت آب روی دستهای من و سنگ قبر پدرم می ریخت و من در حالیکه ناخودآگاه اشک از چشمانم سرازیر میشد، سنگ خاک خورده اش را صیقل می دادم و با پدرم حرف می زدم:« پدر عزیزم، هیوا سر مزارت آمده، مرا که می بینی؟ آمده ام تا پس از چند سال دوری از تو،

حرفهای دلم را با تو بازگو کنم. ای کاش زنده بودی و مرا دوباره نصیحت می کردی و پند می دادی. دلم برای حرف زدن هایت، برای پند و اندرزهایت و برای نگاههای عمیقی که پر از معنای دلدادگی بود، تنگ شده. از مادرم خواسته بودم. سلامم را به تو برساند و بگوید که حتما برای دیدنت خواهم آمد. سر قولم ایستادم و آمدم. پدر عزیزم، شاید نسبت به برخی کرده های من ناراحت و ناخشنود باشی، ولی به خدا قسم که در این دنیا و مخصوصاً در دیار خودم ایران، دلبستگی نداشتم و مجبور بودم برای رسیدن به کسی که دوستش داشتم، ترک دیار کنم. بلاهابی هم که بر سرم آمده، شاید مکافات اعمالی باشد که انجام دادم. نمی دانم شاید بهتر است بگویم تقدیر یا همان قسمت.. چیزی که تو همیشه در مورد آن صحبت می کردی. کسی که روبرویم نشسته و در حال ریختن آب بر روی سنگ مزارت است، راسل است. اولین کسی که با او ازدواج کردم. ایرانی نیست ولی ایران و ایرانی ها را خیلی دوست دارد. اکنون دیگر همسر او نیستم و از او جدا شده ام. پدر عزیزم، این هم دخترم اوا است برای دیدن تو آمده. نوهٔ خوشگلت را می پسندی؟» با آستین نیم تنه ام اشکهایم را پاک کردم و ادامه دادم: « شاید از گریه کردن من ناراحت شوی، گریه نمی کنم و سعی می کنم شاد باشم. چون خودت می گفتی که همیشه خوشحال و شاد باشم و دوست نداری گریه ام را ببینی.» ولی بی اختیار دوباره قطره های اشکی که درون غده های

اشکی چشمانم به نوبت ایستاده بودند، به زور همدیگر را بیرون هل می دادند و روی گونه هایم سرازیر می شدند. در این هنگام بود که پس از تمام شدن آب داخل بطری ها، راسل خودش را کنارم نشاند و دستی روی گونه هایم کشید و گفت: « عزیزم چرا این همه خودت را ناراحت می کنی؟ چرا اینقدر با او سخن می گویی؟» برای راسل گریستن و حرف زدن من غیر عادی بود. مرا از زمین کند و در آغوش گرفت و ادامه داد: « بیا برویم، بس کن و ادامه نده.»

- راسل، عزیزم، میدانی چند سال است که اینجا نیامده ام؟ دلم را خالی کردم. این به من آرامش داد و خالی شدم.

- باشه، بیا برویم. سپس دستم را گرفت و دنبال خودش کشاند و گفت: « خدا پدرت را بیامرزد و در بهشت جای دهد.» سوار بر تاکسی بلیط پرواز به استانبول تهیه کردیم و برای آماده شدن به هتل برگشتیم. سوم ماه نوامبر، ۱۲ آبان ماه تاریخ پرواز نوشته شده روی بلیط از فرودگاه ارومیه به مقصد استانبول بود و دو روز تا آن تاریخ وقت داشتیم. در این ۲ روز باقیمانده از راسل خواستم تا برای گشت و گذار در ارومیه با من همراه شود. او از من خواست که ابتدا به محله ای که بچگی هایم در آن سپری شده بود، برویم. درخواست او را اجابت کردم و به منطقهٔ مولوی ارومیه، همان جابی که در آن بزرگ شدم، رفتیم. خانه مان را به راسل نشان دادم و گفتم: « راسل من در این خانه بزرگ شده ام ولی اکنون

دیگر مال من نیست. پس از مرگ پدر و مادرم، آنرا فروختم و تبدیل به دلار کردم تا توشهٔ سفرم باشد به کانادا. آن پول تا فرانسه همراهم بود و تا آنجا مقداری از آن را صرف هزینه های سفرم کردم. در پاریس پولم را دزدیدند و من به تد و سپس به تو پناه آوردم.» نتوانستم تشخیص دهم ته دلم آن دزد لعنتی را نفرین کنم یا تحسین. فقط با خود گفتم: « خواست خدا بود که من راسل را سد راه خودم پیدا کنم.» راسل سرش را به علامت درک گفته هایم تکان داد و با گوشی تلفنش عکسهایی از محله کودکی هایم گرفت. سپس از من خواست فردا نیز به بازار ارومیه برویم. او را به بازار سرپوشیده قدیمی ارومیه بردم تا گشتی بزند.

روز موعود فرا رسید وقتی از شهر خارج شدیم، با خود گفتم:« نمی دانم دوباره به این شهر باز خواهم گشت یا نه، خداحافظ شهر کودکی هایم. خداحافظ زادگاه پدری ام.» به فرودگاه رسیدیم و پس از تهیه کارت پرواز و گذر از کنترل پاسپورت، سوار هواپیما عازم استانبول شدیم.

به استانبول رسیده و در فرودگاه آتاتورک استانبول فرود آمدیم. نمی دانستم چگونه و از کجا باید شروع کنم. پس از پیاده شدن از هواپیما از داخل سالن فرودگاه آتاتورک و از شرکت «Vodafon» دو سیمکارت اعتباری تهیه کردیم. پس از روشن کردن گوشی ام و برقراری ارتباط به طوبی خواهر یونس زنگ زدم و پس از شرح اتفاقاتی که رخ داده بود، از او خواستم تا هر خبری هر چند کوچک به اطلاع من برساند.

شماره ام را یادداشت نمود و وقتی خواست قطع کند،از دخترش مهیا خواست که با من صحبت بکند. مهیا احوالپرسی کوتاهی با من کرد و گفت: « هیوا جان، من خیلی به دایی یونس علاقه دارم، خیلی دوسش دارم. من و مادرم برای پیدا کردنش خیلی کارها کردیم، امیدوارم تو بتونی پیداش کنی، میدونم که زنده است و عشقت تو بهش میرسونه. هر وقت خبری از دایی یونسم بدستت رسید، حتماً به ما اطلاع بده. خیلی دوست دارم ببینمش دلم برایش یه ذره شده، از این جا می بوسمت.» سپس گوشی را به مادرش داد و طوبی خانم اینگونه ادامه داد. « هیوا جون استانبول چیکار میکنی؟»

- طوبی خانم، یونس برای پیگیری من سراغ دایی سیاوشم رفته، و آنها باهم به ترکیه اومدن و ۴ ساله که نه خبری از دایی سیاوش من شده نه خبری از یونس. مطمئن باش پیدایشان می کنم. من تنها نیستم و راسل شوهر سابقم کنارمه

پس از اتمام مکالمه طوبی خانم برایم آرزوی سلامتی کرد و گوشی را قطع کرد، سوار مترو شدیم و در هتل نووتل «NOVOTEL» استانبول در منطقه «Beyoglu» اتاق بزرگی گرفتیم. پس از چند ساعتی استراحت تصمیم گرفتیم دنبال دوست دایی سیاوشم، علی، که مرا به سردار معرفی کرده و تحویل داده بود، برویم. ولی هیچ تلفنی از او نداشتم. تلفن سردار را نیز نداشتم. تمامی اطلاعات مربوط به آنها را از

دست داده بودم. مدت ۴ سال از آن موقع می گذشت. و به دلیل اینکه هیچ نیازی به آنها نمی دیدم، اطلاعات مربوط به آنها را پاک پیدا کرده بودم. حال چگونه باید آدرس دوست دایی ام را در استانبول شهری با ۱۲ میلیون نفر جمعیت پیدا می کردم. نمی دانستم. در افکارم دنبال راه چاره ای می گشتم که اِوا شروع به گریه کرد و مجبور شدم به او برسم و او را به حمام ببرم. راسل به خواب عمیقی فرو رفته بود و اصلاً متوجه اوضاع پیش آمده و گریه اِوا نبود. بیچاره راسل، خیلی خسته بود و دنبال کسی افتاده بود که قبلاً رقیب خودش بوده. مردی که راسل به خاطر پاک شدن او از ذهنم نقشه کشیده و موفق به بدست آوردن من شده بود. با اوا وارد حمام شدیم و پس از شستن بدن اِوا و سپس دوش گرفتن خودم، وقتی خواستم برای برداشتن حوله که روی تخت آویزون کرده بودم. وارد اتاق شوم، متوجه شدم راسل از خواب بلند شده است. من با دیدن راسل فوراً به عقب برگشتم و از او خواستم تا حوله را برایم بیاورد. وقتی راسل را پشت در شیشه ای نیمه تار حمام دیدم، اصلاً متوجه نبودم که اندامم از پشت شیشه برایش نمایان است و امکان دارد باعث تحریک او شود. ولی چون قول داده بود تا هیچ اتفاقی بینمان نیفتد، مطمئن بودم. به هنگام تحویل گرفتن حوله خودم و اِوا از پشت در، راسل نگاهی عمیق به اندام نمایانم از پشت شیشه انداخت و سپس نگاهش را به آرامی به بالا حرکت داد و در چشمهایم نگریست.

می دانستم چه چیزی در ذهنش در حال فوران است. ولی نمی توانستم و این تنبیهی بود برای اشتباه بزرگش و مجازات تراژدی ساختگی اش. حوله ها را گرفتم ولی راسل نگاهش را از چشمانم بر نمی گرفت. در را بستم و در دلم با خود گفتم: « راسل بیچاره، چطور می تواند مانع احساساتش شود. احساساتی که قبلاً با دیدن من به جوش می آمد و بیرون می ریخت.» درون دلم برایش احساس ترحّم کردم، خودم نیز حس شهوانی ام را سرکوب کردم. زیرا چاره ای جز این نبود و باید بدین صورت تا یافتن یونس ادامه می دادیم. بدنهایمان را خشک کرده و لباس هایمان را به تن کردیم. به رختخواب رفته و مدتی را به استراحت مشغول شدیم. استراحتی که آمیخته با احساسات عجیب جنسی بود که به هنگام رودرویی من پس از خروج از حمام با راسل ایجاد شده بود. عجیب و ویرانگر.

تا صبح نزدیک طلوع آفتاب نه خواب به چشمان من آمد و نه سراغ چشمان راسل، تنها کسی که براحتی به خواب عمیقی رفته و شرایط را برای عشقبازی مهیا کرده بود، اِوا بود. اما این هوس بود و معنای دیگری نداشت و نمی توانست توأم با عشق باشد و همبستری بدون وجود عشق یعنی پرنده ای با یک پر، پری که به تنهایی قادر به پرواز در آوردن پرنده نیست تا او را از لذت پرواز بچشاند. وقت صبحانه بود و باید برای صرف صبحانه به طبقه همکف می رفتیم.

با خود در حال اندیشیدن بودم و دنبال راهی که بتوان از آن بعنوان سرنخ پیدا کردن یونس و سیاوش استفاده کرد، فکری که به ذهنم خطور کرد و لبخندی هر چند کوتاه روی لبهایم جاری ساخت. می خواستم به نسرین، همان دختری که سالها پیش همسفر من در کشتی حامل مهاجران غیر قانونی به مقصد ایتالیا بود، زنگ زده و از او بخواهم شمارۀ تماسی از سردار، کاپیتان کشتی و کسی که مرا تحویل گرفته بود، بدهد. فکر خوبی بود. گوشی تلفنم را برداشتم و در میان دفترچه تلفن آن دنبال اسم نسرین گشتم. دفترچه که شامل ششصد، هفتصد شماره تلفن بود. شماره هایی که از ابتدای ورودم به اروپا ذخیره و ثبت کرده بودم. چند گوشی عوض کرده بودم و شماره ها را کپی می کردم و امیدوار بودم، شمارۀ نسرین را از میان آنها بیابم، بالاخره پس از چند دقیقه تلاش عجولانه، اسمی با عنوان نسرین در بین آن ها یافتم و سریع روی دکمه سبز گوشی ام فشردم. راسل منتظر بود ببیند که من در حال انجام چه کاری هستم و با چه کسی قصد مکالمه دارم که اینقدر هیجان زده هستم. پس از چند بوق تماس بالاخره دختری از آن طرف خط با لحنی آزرده و خواب آلود جواب داد و با زبان فرانسوی شروع به صحبت کرد: « بفرمائید» وقتی به ساعت نگاه کردم متوجه شدم که الان صبح اول وقت و هنوز وقت خواب و استراحت در فرانسه است و باید ساعت در فرانسه دورو بر ۶ صبح باشد. ولی از فرط هیجان متوجه موضوع نبودم.

به فرانسوی جواب دادم « الو، سلام من هیوا هستم، ببخشید که صبح اول وقت مزاحم خوابتان شدم.»

- هیوا؟ هیوا دیگر کیست؟

صدا، صدای نسرین بود ولی مطمئن نبودم و ادامه دادم:

- آیا شما خانم نسرین هستید؟

- بله، چطور مگه؟ شما مرا از کجا می شناسید که صبح اول وقت مزاحم استراحتم شده اید؟

زبانم را به فارسی برگرداندم تا از ابهامات ایجاد شده آزاد شویم و گفتم: « نسرین جان، منم هیوا، همان دوستی که تو کشتیِ حامل مهاجران غیر قانونی که از شهر ازمیر به سمت خاک ایتالیا حرکت می کرد، باهات همسفر شده بود، شناختی؟

- سلام هیوا جان، معذرت می خوام که طور دیگه ای باهات حرف زدم. ولی شماره ات که مال ترکیه هست. یادم هست که آخرین بار که همدیگه رو دیدیم و از هم جدا شدیم، تو ایتالیا بودی

- نسرین جان، درسته ولی ماجرای درازی داره که نمی تونم پشت گوشی برات توضیح بدم. فقط می خواستم ببینم شماره ای از آقای سردار همون شخصی که کاپیتان کشتی بود، داری؟ اگه یادت باشه من

وقتی از کشتی پیاده شدم، شمارۀ تماسش رو گم کرده بودم و شماره رو دوباره از تو گرفتم

- عزیزم، باید به گوشیم نگاه کنم. خودت که بهتر می دونی از اون روز ۴ سال بیشتر می گذره. اگه شمارۀ سردار رو داشته باشم، شانس آوردی

سپس شروع به گشتن در میان شماره هایش کرد. از او خواستم قطع کند و هر وقت چیزی یافت، با من تماس بگیرد. وقتی راسل متوجه ماجرا شد بابت راهی که یافته ام مرا تحسین کرد. پس از چند دقیقه ای انتظار بالاخره نسرین تماس گرفت و گفت:

ـ هیوا، دوست عزیزم، شماره ای بنام سردار تو گوشیم نیست. ولی به گوشی قدیمی ام که نگاه کردم، شماره ای با نام سردار توش پیدا کردم، ولی کد ترکیه قبلِ شماره نیست. احتمال همون باشه، یادداشت کن،...۰۵۳۶۴۱۴

شماره را سریع در گوشی راسل کپی کردم و وقتی خواستم قطع کنم، نسرین گفت: « هیوا، من تو مارسی زندگی میکنم، این شماره ای که تو باهاش تماس گرفتی، شمارۀ ثابت آپارتمان قبلی « بنی» است که من بهت داده بودم. من اینجا زندگی میکنم. چند باری در تلویزیون فرانسه، توی تبلیغات لوازم آرایشی و بهداشتی دختری رو دیدم که خیلی شبیه تو بود، با دیدنش تو به یادم افتادی و خواستم باهات تماس بگیرم و درد دل کنم، اما هیچ شمارۀ تماسی ازت نداشتم. بنی می گفت اون دختر

واقعاً تو هستی و تو رو توی یکی از بیمارستانهای پاریس ملاقات کرده، ولی چون بنی زیاد دروغ می گه حرفش رو باور نکردم...

چون کار زیادی داشتم و باید قطع می کردم وسط حرفهای او پریدم و گفتم:

- نسرین، اون دختری که تو تلویزیون دیدی واقعاً من بودم، بنی راست می گفت. ولی الان باید قطع کنم، چون کار مهمی دارم. بعداً با هم حرف می زنیم. فعلاً خداحافظ عزیزم متشکرم

وقتی قطع کردم. با خود گفتم « خدایا شکرت، خوب شد اون موقع شمارۀ آپارتمان دختر عموی نسرین را ازش گرفتم.» سریع و بدون معطلی شمارۀ سردار را گرفتم، گوشی داشت زنگ می خورد. مردی با صدای خشن از آنطرف الو گفت و به زبان ترکی استانبولی ادامه داد: با چه کسی کار دارید؟

- الو، من با آقای سردار کار دارم

- سردار کیست؟

- همان کاپیتان کشتی، شما او را نمی شناسید؟

- خانم لطفاً مزاحم من نشوید. من کسی را با این اسم و منسب نمی شناسم

- آقا خواهش میکنم اگر او را می شناسید، قطع نکنید. من کار مهمی با او دارم

- خانم محترم، من فردی با مشخصاتی که گفتید نمی شناسم. کار دارم باید قطع کنم، روزتان خوش سپس گوشی را قطع کرد. با هزار زحمت و دردسر شمارۀ سردار را یافته بودم ولی متأسفانه او شماره اش را واگذارد کرده بود. البته این کار، کاری عادی بین قاچاقچیان مهاجران غیرقانونی است و شماره شان را هر چند وقت یکبار عوض میکنند. تصمیم گرفتم بلیطی به مقصد ازمیر تهیه کنم و با هواپیما به ازمیر برویم، تا شاید نشانه ای از کشتی سردار بیابم. قصدم از یافتن سردار این بود که پل ارتباطی میان من و علی آقا دوست دایی سیاوشم باشد که به هنگام رفتن به اروپا چند روزی را در منزل او در استانبول بودیم. ولی از تصمیم خودم منصرف شدم و وقتی با راسل مشورت کردم، راسل گفت: « عزیزم، مگر تو یادت نیست آن موقع که به استانبول آمدید و در خانۀ دوست سیاوش اقامت کردید، خانه علی آقا در کدام محله و منطقه استانبول بود؟»

- راسل، استانبول شهر خیلی بزرگی است و محله هایش هم به اندازه یک شهر کوچک است. عین پاریس و شاید گیج کننده تر از پاریس

- اشکالی ندارد تو کمی فکر کن تا شاید در ذهنت جرقّه هایی پیدا کنی. اگر می خواهی در آرامش فکر کنی، به نظر من به بالکن اتاق برو و در آنجا بنشین و فکر کن

راسل راه خوبی پیشنهاد کرد. به سمت بالکن رفتم. راسل همراهم نیامد و خواست مرا تنها بگذارد. روی صندلی چوبی خوشدستی نشستم و مشغول نوشتن چیزهایی روی کاغذ و کشیدن خطوطی متقاطع و موازی شدم که شاید کروکی خانۀ علی آقا باشد. چهرۀ همسر علی آقا و افسانه همسرش در ذهنم مجسم شد. در این افکار بودم که راسل با فنجان قهوه ای که در دست داشت وارد بالکن شد و گفت: « عزیزم به کجا رسیدی؟ برایت قهوه آوردم.»

- راسل، چیزهایی را روی کاغذ نوشتم، ولی مطمئن نیستم که درست باشند

- یقین دارم که درست هستند. من به هوش و ذکاوت تو شکی ندارم

سپس کاغذ را از دستم گرفت و شروع به چپ و راست کردن آن کرد، طوری که انگار تمام خیابانهای استانبول را می شناسد. سپس اسم منطقه نوشته شده روی کاغذ را هجی کرد: « Beylik Duzu» و ادامه داد: « مطمئنم درست است » قهوه را خوردم و پس از آماده کردن اِوا تصمیم به عزیمت به محله مورد نظر شدیم. سوار مترو شدیم، از یکی از عابران ایستگاهی را که بایستی در آن پیاده می شدیم را پرسیدم، عابر

جواب داد: « ایستگاهŞirin evler » پس از چند دقیقه به ایستگاه مورد نظر رسیدیم و پیاده شدیم. وقتی از پله های عابر پیادۀ مترو بالا آمدیم دوباره پرسیدم، عابرین به اتوبوسی اشاره کردند که در خط مخصوص وسط بزرگراه حرکت می کرد و گفتند در ایستگاه Hadım köyu پیاده شویم. کارتی در دست داشتیم و با آن سوار بر وسایل نقلیه عمومی می شدیم. با خود گفتم: « بهتر بود جلوی هتل یک تاکسی می گرفتیم و با تاکسی می آمدیم.» بالاخره به ایستگاه موردنظررسیدیم و وقتی تابلوها را نگاه کردیم، راسل قبل از من اشاره ای به تابلوی سمت چپمان کرد و کلمه Beylik Duzu را به من نشان داد. بی معطلی تاکسی گرفته و سوار شدیم. از راننده تاکسی خواستم آرام حرکت کند تا شاید من بتوانم با نگاه کردن به اطراف، خیابان و کوچه و آپارتمان علی آقا را پیدا کنم. وقتی وارد محلۀ مورد نظرمان شدیم، راننده تاکسی گفت: « اینجا محله Beylik Duzu است. کروکی را که در هتل کشیده بودم به راننده دادم و گفتم: « می خواهیم به اینجا برویم.» راننده نگاهی کرد و گفت: « مطمئن نیستم بتوانم خیابانهای روی این کاغذ را با خیابانهای اصلی تطبیق دهم » در این حین بود که اسم مجتمعی که با افسانه خانم همسر علی آقا به آن برای خرید رفته بودیم به ذهنم آمد.« Paradais » سریع به راننده گفتم، خندید و گفت: « حالا شد، تا چند دقیقه دیگر آنجا خواهیم بود.» راسل به هوش و حواسم احسن می گفت و به من

روحیه می داد. اوا هم فقط از سرو کول راسل بالا و پائین می رفت و با صورت او بازی می کرد.بالاخره پس از چند دقیقه درست روبروی مجتمع تجاری « Paradais »، توقف کردیم، به راننده گفتم که مستقیم ادامه دهد، کمی جلوتر رفتیم و وقتی به پمپ بنزین که سمت راستمان قرار داشت رسیدیم، تمـام چیزهای گذشته همگی به یکباره به ذهنم آمد، به آپارتمانی که روی ورودی آن نوشته شده بود « Sima Kent » اشاره کردم و گفتم: « راسل بالاخره پیدا کردیم، تو راست می گفتی که من می توانم.» دعا میکردم که علی آقا و افسانه هنوز آنجا زندگی کنند، چون آخرین شانس من بودند. از نگهبانی آپارتمان پرسیدم که آیا علی آقا هنوز اینجا زندگی می کند؟ در جواب شنیدم که گفت: « بله دخترم، طبقه چهارم، واحد ١٢ » خیلی خوشحال بودم. یکسره به سراغ واحد دوازدهم رفتیم. زنگ را فشردم، کسی که در را به رویمان گشود، افسانه زن علی آقا بود. افسانه با دیدن من خیلی شوکّه شده بود و ما را به داخل دعوت کرد. مرا در آغوش گرفته و رهایم نمی کرد. آنقدر مرا در آغوش فشرد که احساس کردم سینه هایم ترکیدند. خودم را به زحمت از او جدا کردم و از احوالپرسی گرمش تشکر کردم.

روی مبل نشسته و شروع به صحبت کردیم. اولین جمله ای که از دهان افسانه شنیدم، مرا سخت متعجب کرد و در نا امیدی فرو بُرد. او پرسید:

« هیوا جان، پس آقا یونس کجاست؟ او باید الان با تو باشد » عرق سردی بر بدنم نشست و وقتی ترجمه فرانسوی آن را به راسل گفتم، او نیز حالت تعجب به خود گرفت. رو به افسانه کردم و گفتم: « افسانه خانم راستش رو بخواهید ماهم دنبال یونس هستیم، البته نه تنها یونس بلکه دایی سیاوش هم گم شده، راستش برای پیداکردنشون اینجا اومدیم.»

- هیوا جان، عزیزم، دایی سیاوشت همین جا تو استانبول زندگی می کنه و می تونم همین الان تماس بگیرم تا خودش رو زود به اینجا برسونه، اما هیچ خبری از یونس نداریم

- مگه آنها با هم از ایران به اینجا نیومدن؟

- بله، با هم اینجا اومدن و دنبال راهی بودن تا بتونن، جایی رو که تو زندگی می کنی پیدا کنن، به همین علت شوهرم، بهمراه سیاوش خان و یونس برای ملاقات سردار به ازمیر رفتن تا شاید سرنخی ازت پیدا کنن، ولی متأسفانه وقتی برگشتن خیلی غمگین بودن، کشتی سردار همون کاپیتانی که تو رو به ایتالیا رسونده بود، دچار طوفان شده و خودش بهمراه ۴۱ مسافرش همگی غرق شده بودن...

در ادامه حرفهایش گفتم:

- و اون تنها سرنخی بود که یونس می تونست باهاش به من برسه و از بین رفته بود

رو به راسل کردم و گفتم: « راسل مقصر تمام این اتفاقات تو هستی. تو اگر آنروز آن تراژدی را برایم بازی نمی کردی، من زودتر به کانادا رفته بودم و الان پیش یونس بودم.» راسل سرش را پائین انداخته و گفت: « عزیزم، من تو را بیشتر از هر کسی دوست داشتم. تو نیز جای من بودی، همین کار را می کردی »

سپس از افسانه خواستم با سیاوش تماس بگیرد تا با او صحبت کنم. وقتی ارتباط برقرار شد، گوشی را دستم گرفتم و آمادهٔ حرف زدن با دایی سیاوشم که مرا در استانبول تنها رها کرده و سراغ زن خیانتکارش رفته بود، شدم به ترکی استانبولی پاسخ داد:

- الو، بفرمائید

- سلام دایی سیاوش، منم هیوا، می خواستم...

- هیوا تو اینجا چیکار میکنی؟ دختر تو کجا بودی، چند وقت بود که از تو بی خبر بودیم

- زود بیا منزل علی آقا، منتظرت هستم

طوری می گفت چند وقت است که از تو بی خبرم که انگار چند هفته ای بیش نیست. آدمی به بی خیالی سیاوش، در عمرم ندیده بودم. اجازه

ادامهٔ صحبت به دایی سیاوش ندادم و هر چه سریعتر گوشی را گذاشتم. افسانه از شدت هیجانی که از دیدن من برایش تحمیل شده بود با طرز غیر معمولی روبه طرف من برگرداند و گفت: « هیوا، خب تو از خودت برام بگو. این مدت واقعاً کجا بودی و چیکار میکردی؟ » رو به سمت راسل برگرداند و با اشارهٔ چشمانش به راسل ادامه داد: « این مرد که همراهته، کیه؟» افسانه با چنان آب و تابی این سؤالات را از من می پرسید که انگار منتظر تماشای بقیهٔ فیلمی است که نصف دیگرش را دیروز دیده و می خواهد بقیه ماجرا را ببیند. به چهره من خیره ماند و ادامه داد: « هیوا چرا حرف نمی زنی؟ بگو عزیزم.»

- افسانه جان، صبر کن دایی سیاوشم برسد، همه چیز رو توضیح خواهم داد. اونوقت میفهمی که من این ۴ سال و خورده ای کجا بودم. چقدر طول میکشه دایی ام برسه؟

- خیلی طول نمی کشه، نیم ساعت بعد حتماً اینجاست

منتظر سیاوش ماندیم تا برسد و از مواقعی برایم بگوید که با یونس به استانبول آمده و اینکه چرا کار جستجوی مرا نصف و نیمه رها کرده اند و حالا یونس کجاست؟ در این مدت کوتاه اِوا را به اتاقی بردم و سعی کردم او را بخوابانم تا راحت بتوانم با سیاوش حرف بزنم. یک ساعتی سپری شد ولی هیچ خبری از سیاوش نشد. خواستم دوباره با او تماس بگیرم اما گوشی اش خاموش بود. اعصابم به هم ریخته بود، برای اینکه بتوانم کمی

هوا بخورم به طرف بالکن حرکت کردم و وقتی خواستم به سمت پایین نگاه کنم، متوجه سیاوش لعنتی شدم که با ۲ دختر سوار اتومبیلی است و می خواهد از آن پیاده شود. اتومبیل را خاموش کرد و پس از بوسه بر لبان یکی از دختران از ماشین پیاده شد و به آنها گفت که تا موقع برگشتن منتظرش بمانند و زود بر خواهد گشت. ته دلم به او فحش و ناسزا گفتم. به طرف سالن رفتم و گفتم. «بالاخره آقا سیاوش اومد» در را باز کردم و وارد شد و پس از دیدن من سریع مرا در آغوش گرفت و بوسید. اصلاً از بوسه های سیاوش خوشم نیامد و چندشم شد، زیرا احساس کردم یکی از آن دخترانی هستم که داخل ماشین منتظر او هستند. با لحن هیجان آمیزی پرسید: « هیوا، عزیزم، این مدت کجا بودی؟ چرا یکدفعه تماست با من قطع شد و دیگه خبری از خودت بهم ندادی؟ این جاها را چطور پیدا کردی؟ »

- دایی سیاوش، چرا تعارف نکردی خانمهای محترمی که پائین منتظرشون گذاشتی، بالا بیان و قهوه ای میل کنند؟

سیاوش شوکه شده و جواب داد:« ها، اونها رو می گی؟، دوستهای کاری من هستند. با هم کار میکنیم » افسانه میان حرفهای ما پریده و گفت: « هیوا جان، آقا سیاوش اینجا صاحب یک بار هست و به همچین دخترهایی نیاز داره.»

- ها، متوجه شدم

در این لحظه بود که جواب چندین سؤالی را که در ذهنم مرا عذاب می دادند، گرفتم. اینکه چرا زن دایی ام تصمیم به ازدواج گرفته بود و منتظر سیاوش لعنتی نمانده بود و چرا سیاوش خان کار جستجوی تنها خواهرزاده اش را در استانبول نصف و نیمه رها کرده و یونس را تنها گذاشته بود. خیلی واضح بود، دنبال خوشگذرانی های خودش بود و به چیزی بغیر از آن دخترها فکر نمی کرد. سیاوش رو به راسل کرد و گفت: « هیوا این مرد کیه؟ اصلاً شبیه این وری ها نیست »

- ایشون راسل است. مردی فرانسوی که قبلاً و تا چند مدت پیش شوهرم بود، از هم جدا شدیم

شروع کردم به تعریفِ مختصرِ وقایعی که بعد از ترک استانبول در چند سال پیش اتفاق افتاده بود. سیاوش چنان انگشت به دهان مشغول گوش دادن به من بود که به کلی یادش رفته بود که چند فاحشه را پائین منتظر گذاشته است. همه چیز را راست و ریس برایش تعریف کردم. افسانه نیز به همراه سیاوش مبهوت اتفاقاتی که برایم افتاده بود، شده بود و حتی پلک هم نمی زد. وقتی حرفهایم تمام شد سیاوش از جایش برخاست و در کنار راسل نشست و گفت: « Nice to meet you » یعنی از دیدنتان خوشحالم. تلفظ چنین جمله ای آنهم بدین سرعت به زبان انگلیسی توسط سیاوش خیلی تعجب آور بود، او اصلاً از انگلیسی سر در نمی آورد. معلوم بود که چند جمله ای را از همان کارمندانش یاد

گرفته است. راسل در جواب سیاوش گفت: « me too , thank you » یعنی من هم همچنین ؛ متشکرم. سپس راسل رو به دست من کرده و ادامه داد: « هیوا این مرد کیست و آیا خبری از یونس دارد؟»

- راسل جان، او همان دایی من است و شاید حامل اخباری باشد که ما را به یونس نزدیکتر بکند

خیلی عجله داشتم تا سیاوش خبری از یونس به من بدهد. سریع روبه سیاوش پرسیدم: « دایی سیاوش حالا می تونی توضیح بدی که یونس کجاست؟» آهی عمیق کشیده و شروع به حرف زدن کرد: « هیوا چی بگم؟ یونس یا بهتره بگم مردی که دیوانه وار تو رو می پرستید، روزی در ارومیه به سراغم اومد و از من خواست تا سرنخی از تو بهش بدم. وقتی من به کاپیتان کشتی که تو رو به ایتالیا برده بود، اشاره کردم، ازم خواست تا باهم بیایم استانبول و سردار را براش پیدا کنم. وقتی با هم برای پیدا کردن سردار اینجا اومدیم، متوجه شدیم که سردار در سانحه ای تو دریا غرق شده و از بین رفته. نا امید برگشتیم خونه و دنبال راه دیگه ای بودیم که سرنخی پیدا کنیم. هر روز با یونس بیرون می رفتیم و قدم می زدیم و حرف می زدیم و فکرهامون رو روی هم می ریختیم. روزی یونس بهم گفت:« آخرین باری که هیوا باهات تماس گرفت، چه شماره ای روی گوشی افتاده بود؟ هیوا از کجا تماس میگرفت و اصلاً حرفی در مورد جایی که زندگی می کنه، گفت؟»

- دایی سیاوش اگه یادت باشد من ۴ سال پیش از فرانسه بهت زنگ زدم. در جواب یونس چی گفتی؟

- عزیزم، من شمارۀ تو رو نداشتم که به یونس بدم، یادم هم نبود که آن موقع چه حرفهایی بینمون ردّ و بدل شد. تنها چیزی که می دونستم این بود که گفتی فرانسه هستی و اونجا زندگی می کنی

- به یونس گفتی که من از فرانسه بهت زنگ زده بودم؟

- آره گفتم

- بعد چی شد؟

- بعد اتفاق خیلی بدی افتاد. روزی صبح وقتی از خواب بیدار شدیم، یونس با همۀ غم و غصه هاش ما رو تنها گذاشته و رفته بود. هر چقدر هم باهاش تماس گرفتیم تلفنش خاموش بود. از آن موقع به بعد هم هیچ اطلاعی ازش نداریم

- دایی سیاوش، فکر نمی کنی در حق یونس کوتاهی کردی؟

- من از کجا میدونستم یهو غیب میشه، الان باید فرانسه باشه، اینطور نیست؟

- دعا کن یونس فرانسه باشه

- اجازه می دی جایی برم و برگردم؟ کار مهمی دارم

- برو به کارمندات برس، شاید الان رفته باشند

- زود بر می گردم

همه چیز را با راسل در میان گذاشتم. راسل تعجب کرد و با لحن عجیبی گفت: « یعنی یونس تا این حد به ما نزدیک شده و ما نمی دونستیم؟»

- راسل، کی به فرانسه برگردیم؟

- یعنی تو می خواهی با هم به فرانسه برگردیم؟

- بله به فرانسه می رویم، می دانم که یونس حتماً آنجاست و تو می توانی او را پیدا کنی

راسل با نگاه عمیقی که به درون چشمانم داشت، چند ثانیه ای مکث کرد و پاسخ داد: « بله می توانم او را پیدا کنم. فرانسه کشور خودمان است » برای فردای آنروز یعنی نهم نوامبر بلیط رزرو کردیم و قرار شد آن شب را در خانه علی آقا بمانیم. علی آقایی که شب را هم او را ندیدیم، وقتی خواستیم بخوابیم صدای او را شنیدم که در اتاق روبرویمان داشت از افسانه در مورد ما و اتفاقاتی که افتاده سؤال می پرسید. ساعت ۳ بامداد بود که پس از خوابیدن راسل، روی زمین خوابیدم. راسل و اِوا هر دو روی تخت خوابیده بودند. هیچ خبری هم از سیاوش نبود، چون که قرار بود زود برگردد. افسانه می گفت دایی

سیاوشم خانه شخصی دارد و کارش خوب گرفته است. حتماً پس از یک حال درست و حسابی با کارمندان جدیدش، خسته شده و چون دیر وقت بود به خانه خودش رفته بود. وقتی خواستم چشمانم را به قصد خوابیدن ببندم با خود گفتم: « یونس چند روزی هم صبر کن، پیدات می کنم.» سپس به خواب عمیقی فرو رفتم.

صبح شد، هنگامیکه پس از یک خواب راحت چشمانم را گشودم، متوجه راسل شدم که بالای سرم نشسته و موهای بلندم را در دستهایش گرفته و به ارامی لمس می کند و با خود می گوید: « هیوا جان، چه می شد دوباره مال خودم می شدی و مثل گذشته ها با هم و در کنار هم می خوابیدیم؟» از جایم برخاستم و ناگهان نشستم و با اینکه می خواستم از صمیم قلب راسل را در آغوش بگیرم، کمی با او فاصله گرفتم و گفتم: « راسل صبح اول وقت چه میگوئی؟» از جایم برخاستم و به توالت رفتم.

پرواز TK282 به مقصد پاریس Gate open. پس از تهیه کارت پرواز و کنترل پاسپورت، سوار هواپیما شده و استانبول را به مقصد پاریس ترک کردیم. شهری که از آن خداحافظی کرده بودم و نمی دانستم بهمین زودی دوباره به همانجا باز خواهم گشت. در هواپیما با راسل در مورد طرز یافتن یونس صحبت کردیم. او به من اطمینان داد که اگر در پاریس باشد، حتماً یونس را خواهد یافت. خیلی از راسل رضایت داشتم.

اشتیاق زیادی برای پیدا کردن یونس داشت و وقتی علت این اشتیاقش را جویا می شدم، می گفت: « من دروغ بزرگی به تو گفته ام و ضربه روحی شدیدی به تو وارد کرده ام و می خواهم جبران کنم.» واقعاً راسل خیلی کمکم می کرد و اگر او نبود نمی توانستم به سادگی به ایران و از آنجا به ترکیه و از ترکیه به فرانسه بیایم. همه این ها را مدیون راسل بودم و همیشه او را تحسین می کردم.

با تاکسی به سمت خانه حرکت کردیم. به خانه رسیدیم و با استقبال گرم اشلی روبرو شدیم، با شدت اشکی که از چشمانش سرازیر می شد، سراسیمه اِوا را از من قاپید و بدون توجه به ما به سمت اتاق اِوا دوید. انگار اِوا قسمتی از وجود اشلی بود که از او جدا کرده بودم. واقعاً اشلی پرستار و همدم خوبی برای اوا بود. با خود گفتم: « خدایا شکرت، همه آدمهای دوروبرم من و دخترم را دوست دارند. »حالا دیگر در فرانسه بودم ولی بدون یونس، بدون نتیجه خوشایندی که بتواند قلبم را راضی کند به پاریس بازگشته بودم. برگشتنم هم دست خودم نبود. کجا باید مأوا می کردم که بتوانم به زندگی ام ادامه دهم؟ در پاریس و فرانسه ریشه دوانده بودم و به جز این جا هیچ کجای دیگر این دنیای لعنتی، اسم و رسم خوبی نداشتم. اگر یونس را داشتم، می توانستم در ایران بمانم و به چشیدن تک تک آرزوهای از دست رفته ام بپردازم. خدایا با راسل باید چگونه ادامه می دادم؟ مردی که مرا از باتلاقی که در آن

دست و پا می زدم رهانیده بود و به تمام خواسته هایم جامهٔ عمل پوشانیده بود، مردی که هر چه می گفتم در یک چشم بهم زدن بدان عمل می کرد و هیچیک از آرزوهایم را بی جواب نمی گذاشت، حال دیگر شوهرم نبود. آیا باید دوباره تا یافتن یونس با او ازدواج میکردم یا باز هم او را در عطش حتی یک بوسهٔ ناچیز نگه می داشتم؟ هر چه بود هنوز به کارم در جهت پیدا کردن گمشده ام پایان نداده بودم و می توانستم بهانه ای برای جدا ماندن از راسل بیچاره داشته باشم.

شب شد و موعد یک شام مفصل که از سوی اشلی تدارک آن دیده شده بود، فرا رسید. بوی مرغابی سرخ شده در تمام خانه پیچیده بود و کمتر کسی می توانست در مقابل چنین غذایی دوام بیاورد. هیچ خبری از راسل نبود، زیرا به هنگام رسیدن مستقیماً وارد اتاقم شده و به آرامی در حال نوازش لحظاتی بودم که باید بعد از این به آنها می پرداختم. به چیزهایی فکر می کردم که پیش رو داشتم و به اتفاقاتی که قرار بود رخ دهند می اندیشیدم. سرمای هوای پاریس شروع شده بود و پوشیدن لباس گرم را در خانهٔ به آن بزرگی ضروری می کرد. دستی به سر و صورتم کشیدم و بدنبال راسل بودم که «کلودیا» روبرویم ظاهر شد. او را دوست نداشتم، یکی دیگر از خدمتکاران خانهٔ من بود. پرسیدم: راسل کجاست؟ آیا او را دیده است؟

- بله خانم، او را چند لحظه پیش دیدم که پس از یک دوش کوتاه در حال انجام کارهایی بعد از حمام بودند

- متشکرم، برو به کارهایت برس

مستقیماً به طرف راسل حرکت کردم. کنجکاو شده بودم که چرا باید در حمام دیگری بغیر از حمام مخصوص خودمان دوش بگیرد. او را یافتم با روپوش گلداری که به تن داشت در حال صحبت تلفنی با ژاک بود « چندروزی را نمی توانم به شرکت بیایم، کار مهمی دارم که باید انجام دهم، چند روز دیگر شرکت را اداره کن تا بتوانم به مأموریتی که در حال به پایان رسانیدش هستم بپردازم.» این ها جملاتی بود که پشت گوشی به ژاک گفت و متوجه حضور من نبود. خودم را جلوی چشمانش چپاندم و به او فهماندم که می خواهم با ژاک حرف بزنم. اینطور ادامه داد: « ژاک عزیز، همسرم هیوا قصد صحبت با تو را دارد، چند ثانیه منتظر باشید تا گوشی را به او بدهم.» دست روی ورودی صدای گوشی گذاشته و گفت: « چه میخواهی به او بگویی؟»

- نگران نباش، فقط قصد تشکر دارم

گوشی را گرفتم و شروع به مکالمه کردم: « سلام آقای ژاک... » و چند دقیقه ای به تشکر از او مبنی بر ادارهٔ شرکت در هنگام غیبت راسل پرداختم و سپس قطع کردم. هدف خاصی نداشتم، فقط می خواستم به حضورم در کنار راسل ادامه داده باشم و به ژاک نیز فهمانده باشم که

راسل در کنار من است و ما دوباره به اتفاق یکدیگر به پاریس بازگشته ایم. روبه راسل پرسیدم:: « راسل جان، امکان دارد علت استحمام شما را در طرف دیگر خانه و بدور از اتاق خودمان بپرسم؟»

- کاملاً روشن است. مگر تو درخواست نکرده بودی که بدلیل جدایی مان باید بدور از احساسات زندگی کنیم؟ من هم به خواسته تو عمل کردم و نمی توانستم در حمامی که در آن بوی تو به مشامم می رسد دوش بگیرم. خیلی ساده است، زندگی بدون عواطف و احساسات

نمی دانستم در جواب محکمی که راسل به پیشانی ام کوبید چه پاسخی بدهم و فقط گفتم: « آری، اینطوری بهتر است، حال قصد نداری به مرغابی خوشگلی که روی میز منتظرمان است. حمله کنیم؟»

- چرا که نه، بیا برویم

دست مرا به آرامی گرفت و بی آنکه بفهمد که در درون من به هنگام فشردن انگشتانم لابلای انگشتانش چه طوفانی در حال گذر است، مرا به سمت مرغابی سرخ شده کشانده و سر میز غذاخوری نشاند و گفت: « آقای مرغابی، نمی خواهید به علت حضور مادام هیوا تعظیم کنید؟ » خنده ای هر چند کوچک بر لبانم جاری شد و اینگونه ادامه دادم: « از کجا فهمیدی مرغابی سرخ شده، مرد است؟» -

- از آنجا فهمیدم که در این دنیای بزرگی که در آن به کار و تلاش و زندگی روزمره می پردازیم، فقط مردان این دنیا هستند که سرخ می شوند و رودر روی زنان زیبا در نهایت جزغاله می شوند

پاسخ راسل معنی و مفهوم خاصی داشت که از میان افکارش سرچشمه می گرفت، پاسخی که مرا از خندیدن منصرف کرد و چون راسل متوجه شده بود که من پیغام او را دریافت کرده ام و به رمز و راز آن پی برده ام، این بار تبسمی کرد و گفت: « عجب سوال و جوابهای مضحکی از همدیگر می کنیم. ول کن، غذایمان را بخوریم بهتر است.» دیگر بوی اشتها آوری که چند دقیقه پیش مرا به سمت مرغابی کشانده بود، احساس نکردم و فقط به راسل و چیزی که در ذهنش می گذشت فکر کردم. اشلی که در کنارمان مشغول پذیرایی از ما بود هر از چندگاهی خنده ای هر چند کوچک ولی با معنا می کرد، گیلاس هایی را که از قبل به طرز عجیبی تزیین کرده و حلقه لیموی کوچکی بدانها آویخته بود، پر از ویسکی و تکه های یخ را داخل آنها غوطه ورکرد. اوا را هم به کلودیا سپرده بود و نمی خواست حتی یک لحظه چشم از ما دوتا بردارد. با هر زحمتی بود، شام تدارک دیده شده توسط اشلی را خوردیم ولی تا اتمام آن حتی یک جمله هم بین من و راسل ردو بدل نشد. فقط ویسکی می خورد و استخوانهای مرغابی بیچاره را می شکست و با منظور و اهداف خاصی که متعلق به آدمهایی از این دست بود، به آنها نگاه

میکرد. پس از آن که غذا پایان یافت، روبه من کرد و گفت « عزیزم، نمی خواهی چیزی بنوشی؟»

- نه راسل، حوصلهٔ مستی را ندارم. فکرم آشفته است. مستی با آشفتگی نمی سازد

- عزیزم، مستی که دوست قدیمی آشفتگی است

- این نوع آشفتگی را نمی شناسد. اصرار نکن عزیزم

به نقشه راسل پی برده بودم. زیرا می دانستم او تحمل چندانی در مورد دوری از مسائل جنسی ندارد و با این کلک می خواهد با از بین بردن هوش و حواسم به خواستهٔ خود برسد. آن هم در اولین شبی که به خانه مان رسیده بودیم. خودم را هم می شناختم و می دانستم در این مورد ضعف دارم و به نوشیدن یک لیوان آب آناناس اکتفا کردم.

شب سختی بود و به راسل پیشنهاد دادم که او در اتاق خواب خودمان بخوابد و من هم در اتاق اِوا با دختر یکدانه ام بخوابم. ولی قبول نکرد و گفت: « هیوا جان، من که قبلاً به تو گفتم، من پایم را جایی که در آن با تو خاطره دارم، نخواهم گذاشت. تو همانجا بخواب، من در یکی دیگر از اتاقهای این خانۀ شوم خواهم خوابید »

- باشه، هر جور راحتی

نگاهی از روی خشم به من کرد و گفت: « باشه، هر جور راحتم همانطور عمل خواهم کرد » چند روزی به همین منوال گذشت ولی راسل موفق به قانع کردن من نشد و تا می خواست علتش را بپرسد به او می گفتم: « یونس در همین نزدیکیهاست و به همین زودی پیدایش خواهم کرد » پس از چند روز خانه نشینی، روزها به شرکت می رفت و شبها با کلی حرف و حدیث از قرار دادهای جدیدی که ژاک در نبود ما بسته به خانه بر می گشت و اصرار داشت که به ایفای نقش در یکی از کلیپ های تبلیغاتی مهمی که ژاک برایم در نظر گرفته است، تن دهم، ولی من قبول نمی کردم. بالاخره پس از مدتی استراحت در خانه دست به کار شدم تا راهی برای یافتن یونس در فرانسه پیدا کنم. کارهای عجیبی می کردم که خودم نیز علت آنها را نمی دانستم. ابتدا به دانشگاه های فنی و مهندسی پاریس سر زدم، فکر میکردم یونس اگر در پاریس اقامت داشته باشد حتما باید مشغول انجام کاری متناسب با توانایی هایش باشد. ولی دست از پا درازتر به خانه بر می گشتم. یک اتومبیل و راننده هم از سوی راسل در اختیارم گذاشته شده بود که صبح تا عصر به انجام دستورات صادر شده از طرف من بپردازد. پس از یک و نیم ماه کندوکاو، فکری به ذهنم رسید. سریع به شرکت رفتم و مستقیماً وارد اتاق کاری ژاک شدم. ژاک با دیدن من در اتاقش شوکه شد و به طرز عجیبی از روی صندلی اش برخاست و پس از احوالپرسی گفت: « خانم، بالاخره

۴۴۹

تشریف آوردید؟ خیلی مشتاق دیدارتان بودیم، این شرکت تمامی پیشرفتش را مدیون زحمات شماست، بفرمائید بنشینید » سپس درخواست دو فنجان قهوه کرد و ادامه داد: « چرا سخن نمی گوئید؟»

- آقای ژاک آشفته و بدحالم. می دانی چرا این جا آمده ام؟

- نه نمی دانم، ولی هرکاری بتوانم و دستور بفرمائید اطاعت می کنم

- می خواهم در یکی از مشهورترین و پر بیننده ترین کلیپ ها نقشی بگیرم

ژاک خیلی خوشحال شد و از دستپاچگی هنگام تکان دادن دستانش فنجان قهوه ای را که روبرویش روی میز ایستاده بود، روی زمین انداخته و شکست. همینطور پشت سرهم با خود می خندید. ژاک وفادارترین مرد شرکت Lorence بود و می دانستم که فقط بخاطر درآمد در Lorence کار نمی کند. علاقه قلبی به این کار او را عاشق کارش کرده بود. رو به من کرد و ادامه داد: « حتماً آقای راسل از شنیدن این موضوع خیلی خوشحال میشوند.»

- آقای ژاک راسل هیچ اطلاعی از این موضوع ندارد

- می خواهید او را در جریان بگذارم؟

- هیچ اشکالی ندارد. فقط کی باید خودم را آماده کنم؟

- همین هفته ای که پیش رو داریم به شما خبر می دهم. مطمئن باشید این بار مثل دفعات قبلی نیست. با تجهیزات جدید و پیشرفته ای که به دستور مستقیم شما خریداری شده بود، نتیجه فوق العاده خواهد شد.

سپس گوشی تلفن را برداشت و با منشی راسل تماس گرفت و خواست او را به اتاق راسل وصل کند. ولی منشی در جواب ژاک گفت: « آقای ژاک، رئیس در حال ملاقات با خانمی است و از من خواسته که هیچ تماسی را وصل نکنم و به هیچ کسی اجازهٔ ورود به اتاقش را ندهم.» این جملات را با گوش های خودم شنیدم، زیرا روی آیفون بود. رنگ از روی ژاک پرید و ادامه داد:« خوب اشکالی ندارد، بعداً با رئیس تماس گرفته و او را در جریان قرار میدهم. حالا مایلید بیشتر در مورد کاری که می خواهیم...» وسط حرفهای ژاک پریده و گفتم: « آقای ژاک من عذر می خواهم کار مهمی دارم باید بروم. منتظر تماس شما در هفته آینده هستم.» قصد داشتم با بازی در یکی از تیزرهای مهم تبلیغاتی ساخت Lorence قدمی در یافتن یونس برداشته باشم، با خود فکر کردم که شاید یونس در پاریس باشد و اتفاقی به هنگام تماشای تلویزیون، با دیدن من و تیزر مورد نظر با شرکت تماس بگیرد. ولی حال باید به اتاق راسل می رفتم و می دیدم او با چه کسی در حال ملاقات است که کسی را نمی پذیرد؟ سراسیمه بدون توجه به تذکرات منشی راسل، وارد اتاقش شدم و وقتی مشاهده کردم که راسل در حال مذاکره بر روی قیمت یک

قرار داد با همان خانم است، زبانم به لکنت افتاد و گفتم: « راسل عذر می خواهم که مزاحم کارت شدم » چند قدمی عقب برگشتم. راسل که متوجه شک من شده بود مرا به سمت صندلی خودش دعوت کرد و گفت: « بنشین، موقع خوبی آمدی. تو نیز در مورد این قرارداد اظهار نظر کن.» از برخورد نامتناسب راسل در مقابل عمل خودم، شرم زده شدم و به بحث با خانمی که آن طرف میز نشسته بود، پرداختم. پس از اتمام مذاکرات با هم به خانه برگشتیم و در بین راه در مورد موضوع صحبت کردیم، و من که از انجام چنین کاری خیلی پشیمان شده بودم، مکرراً از راسل تقاضای بخشش کردم، او نیز خندید و با نگاههای عمیقش به من فهماند که اشتباه کرده ام. هنگامیکه از اتومبیل پیاده شدیم برای اولین بار در طول زندگیمان جمله ای ادا کرد که تعجب مرا برانگیخت، او گفت: « هیوا جان، من از حساسیت بیش از حد انتظار ایرانی ها شنیده بودم ولی تا این حد انتظار رویارویی با چنین اخلاقی را نداشتم.» نمی دانم هدف راسل از گفتن چنین جملاتی چه بود و می خواست به چه هدفی برسد، فقط این را می دانستم که راسل هیچگاه بدون فکر و اندیشه نه چیزی می گفت و نه کاری می کرد. راسل چیزهایی در من یافته بود که نمی توانست رهایم کند، بارها و بارها در طول صحبتهایمان در چند سال اخیر به آنها اشاره کرده و از محسّنات من سخن ها گفته بود و در پایان حرف هایش چندین بار به این نکته که در کمتر دختری

تمامی این خوبی ها یکجا جمع می شوند، اشاره کرده و گفته بود که خوش شانس ترین مرد پاریس است.

چند روز بعد در تیزر تجاری Lorence که قرار بود برای شرکت تولیدی محصولات بهداشتی veet که می خواست به معرفی محصول جدیدِ از بین برنده موهای زاید بپردازد، بازی کنم. انجام این پروژه را ژاک به خوبی بلد بود. احساس خیلی خوبی داشتم و چون قبلاً در بازی های تبلیغاتی مهارت کسب کرده بودم، هیچ اضطرابی نداشتم. زیر نظر دوستان توانای گریمور شرکت تبدیل به چهره ای شده بودم که وقتی جلوی آینه می ایستادم و به تماشای خودم می پرداختم، حتی خودم نیز مبهوت زیبایی و اندام موزون خودم می شدم. احساس می کردم وقتی جلوی دوربین ایستاده و شروع به ایفای نقش میکنم، یونس در آنطرف دیگر به تماشای من نشسته و به همین خاطر مجدّانه تصمیم به چنین کاری گرفته بودم.

بالاخره فیلمبرداری تمام شد و ژاک آخرین نتیجه را با ویدئو پروژکتوری که در اتاقش بود، روی پرده انداخت و مرا به تماشای آن دعوت کرد. خیلی جالبتر و عالی تر از حد انتظار بود. وقتی راسل به جمع ما پیوست و او نیز به تماشای آن پرداخت، کف مرتبی زد، رو به ژاک کرد و گفت: « ژاک من نمی دانم چگونه از تو و گروه کاری ات تشکر کنم، واقعاً محشرید و حتما شرکت veet نیز از نتیجه کار راضی خواهد بود.» ژاک

با تبسمی معنی دار رو به من کرد و نگاهی عمیق که سرشار از یک محبت تجاری بود، به من کرد و سپس گفت: « آقای راسل، ما و Lorence موفقیتمان را مدیون زحمات همسر شما، خانم هیوا هستیم.» ژاک هنوز مرا همسر راسل خطاب می کرد و هیچ واهمه ای از ادای چنین مطلبی نداشت. با این حال که می دانست من و راسل از هم جدا شده ایم. ژاک قول داد که پس از مدت چند روز در کوتاهترین زمان ممکن، نتیجه نهایی را برای فروش به شرکت veet بدهد. مبلغ قرار داد Lorence با veet دویست و چهل هزار یورو بود که پس از رضایت مشتری به حساب Lorence واریز می شد.

می خواستم هر چه زودتر کلیپ جدید روی آنتن برود و برای آنروز لحظه شماری می کردم. چند روز بعد با اظهار رضایت از طرف veet خیالم راحت شد، باخود گفتم حتماً تصمیم درستی گرفته ام و مطمئناً نتیجه بخش خواهد بود. تیزر جدید از تلویزیون پخش شد و دوباره تصویر من روی آنتن رفت. منتظر تماس با Lorence از طرف یونس بودم، هر روز به شرکت می رفتم و با شور و اشتیاق به انجام کارهای قبلی ام در شرکت می پرداختم و مطمئن بودم روزی یونس تماس خواهد گرفت، چون می دانستم او در پاریس است و حتماً تصویر مرا در تلویزیون خواهد دید. روزها و هفته ها از پی هم گذشتند ولی هیچ خبری نبود، هر روز که می گذشت ناامیدتر می شدم و دستم به کار

نمی رفت، با گذشت چند ماه و نتیجه ندادن نقشه ام برای یافتن یونس، کلاً ناامید شدم و دوباره خانه نشین شدم.

بهار از راه رسیده بود و من در خانه مشغول فکر کردن و یافتن راه حل جدیدی بودم که بتوانم موفق شوم. تصمیم گرفتم در روزنامهٔ Liberasion یک آگهی در مورد یونس چاپ کنم تا شاید روزنهٔ امیدی برای شنیدن صدای یونس باشد، این کار را کردم و مبلغ هنگفتی برای این کار به حساب روزنامه ریختم. هر کاری از دستم بر میآمد کردم. راسل هم مرا به حال خودم رها کرده بود و هیچ کاری به کار من نداشت. حتی در اینترنت هم بدنبال یونس بودم، ولی تنها چیزی که در اینترنت در مورد او پیدا کردم یک ID در سایت Face book بود که آخرین بازدیدش مربوط به ۱۱ ماه پیش بود، ولی باز هم مطمئن نبودم که این ID متعلق به اوست یا نه، زیرا جزئیات آن با مشخصات یونس نمی خواند. هر کاری می کردم به نتیجه نمی رسید. خودم را نفرین می کردم که چرا کار یافتن یونس در کانادا را به او سپرده بودم. اوایل ماه ژوئن سال ۲۰۱۴ بود که دیگر هیچ امیدی برایم باقی نمانده بود. هیچ راهی نمانده بود که به امتحان آن دست نزده باشم. تمام راه ها را رفته و بدون نتیجه مانده بودم. در طول این چند ماه اخیر که سرگرم این کارها بودم به اوا توجه کمی کرده بودم، دختر عزیزم بزرگ شده بود و کلماتی را زیر لب تلفظ می کرد.

هر روز و هر شب با راسل در مورد موضوع ازدواج دوباره بحث می کردیم. او اصرار می کرد ولی من قبول نمی کردم. هیچ بدرفتاری با من نمی کرد ولی برخی اوقات آنقدر اوقاتش تلخ می شد که کار به مشاجره می کشید و راسل آنقدر می نوشید که نمی توانست حتی سرپا بایستد. نمی توانستم عذابی را که از دوری من می کشید تحمل کنم، هر چه بود، راسل ناجی من بود و من تمام زندگیم را مدیون او بودم. برخی اوقات با خودم فکر می کردم که چه کارهای احمقانه ای انجام می دهم که با داشتن چنین مردی در زندگی ام، باز هم بدنبال یونس هستم. فرهنگ بالای راسل بود که به او اجازه می داد مرا به حال خودم رها کند تا شاید روزی خودم به این نتیجه برسم که دیگر این همه کندو کاو فایده ای ندارد.

یک شب وقتی در خانه مشغول بازی با اِوا بودم و موهایش را شانه می زدم، متوجه شدم راسل به خانه آمده، صدای قهقه های راسل در سالن پیچیده بود، من و اِوا هم در اتاق بودیم. معلوم بود که راسل دوباره بیش از حد مست کرده و این جور مواقع نباید سربه سرش می گذاشتم. چند دقیقه بعد وقتی بهمراه اِوا وارد سالن شدم، متوجه شدم شدم راسل تنها نیست و روبرویش زنی نشسته که قیافه اش از درونش خبر می داد. فوراً اشلی را صدا زدم و به او گفتم تا اِوا را دوباره به اتاقش ببرد، وقتی ما در راهرو مشغول صحبت بودیم. آن زن از جایش بلند شد و پس از

بوسیدن صورت راسل دست او را گرفت و گفت: « عزیزم نمی خواهی به رختخواب برویم؟» با شنیدن این جمله سرجایم میخکوب شدم و هر چقدر خواستم به خودم حرکتی بدهم، نتوانستم. ولی گوش هایم هنوز می شنید. راسل در جواب او ادامه داد: « خوب، چرا که نه، بیا برویم.» سپس دست در دست همدیگر پله ها را یکی پس از دیگری بالا رفته و وارد یکی از اتاقهای طبقۀ بالا شدند. انگار خواب می دیدم، خوابی که اصلاً انتظار آنرا نداشتم. نفهمیدم آیا آن زن و راسل متوجه حضور من در آنسوی سالن شده بودند و یا اینکه مرا ندیده بودند. پس از چند دقیقه نشستن در کناردر ورودی اتاق اوا و کمک اشلی توانستم به خودم بیایم. ابتدا خواستم به طبقۀ بالا رفته و پس از گشودن در اتاقی که راسل با آن زن در آن بودند، به راسل بفهمانم که کار احمقانه ای انجام می دهد، ولی جرأت رویارویی با صحنه ای را که ممکن بود با آن روبرو شوم نداشتم و منتظر ماندم تا مدتی بگذرد و پس از اتمام عشقبازی شان با آنها روبرو شوم. ساعت ۳ بامداد بود که هنوز خبری از آن ها نبود. هر چه قدر فکر کردم که علت این کار راسل را بفهمم، نتوانستم به او حق بدهم. تحملم تمام شد و بالاخره ساعت ۴ صبح بود که پله ها را یواش یواش بالا رفتم و به آرامی پشت در اتاقشان ایستادم، هیچ صدایی شنیده نمی شد. چند بار خواستم وارد اتاق شوم، ولی نتوانستم و دوباره پس از کلنجار رفتن با خودم، به اتاق اوا برگشته و کنار اوا دراز کشیدم. با خود

گفتم: « خدایا من کجا هستم و چه اتفاقاتی در حال رخ دادن است؟ چرا باید تا این حد بشکنم؟ و چرا باید راسل مرتکب چنین گستاخی آشکار می شد؟» سوالهایی از این دست ذهنم را پر کرده بود و با این حال که شدیداً خواب آلود بودم، ولی نتوانستم بخوابم. می دانستم وقتی از راسل علت این کارش را جویا شوم به راحتی خواهد گفت: مگر ما زن وشوهریم که نسبت به من حساس هستی؟ من یک مرد هستم و مثل بقیهٔ مردها احستس دارم و نمی توانم سرکوبش کنم.

من هم چون نمی توانستم در مقابل جوابهایی از این دست، بایستم و پاسخی مناسب بدهم، تصمیم گرفتم، موضوع را فراموش کنم. ساعت هشت صبح بود که زن همراه راسل به آرامی از پله ها پائین آمد و پس از پوشیدن کُت قرمز رنگی که روی دسته کاناپه انداخته بود، خانه را ترک کرد. ولی هیچ خبری از راسل نبود. خوابیده بود و قصد بلند شدن نداشت. پنجره اتاق اوا را کمی باز کردم تا هوایی تازه به سر و صورتم بخورد، هوای بهاری بود ولی دل من پائیزی. دلی که نه راه پس داشت و نه راه پیش، به یاد مادرم افتادم و بی اختیار اشک از چشمانم سرازیر شد. هر لحظه تصویر چهره مادرم و مهربانی های پدرم از جلوی چشمانم می گذشت و آرزو میکردم که در کنارم باشند، ولی افسوس که یک رؤیا و آرزویی محال بیش نبود و دست سرنوشت آنها را از من گرفته بود.

میز صبحانه توسط کلودیا چیده شده بود، راسل نیز با خیال آسوده، انگار که هیچ اتفاقی نیفتاده است، سرمیز نشسته و منتظر من بود. کلودیا وارد اتاق شد و گفت: « خانم آقای راسل منتظر شما هستند و مرا فرستادند تا شما را صدا بزنم.» نمی دانستم چگونه باید به چشمان راسل نگاه کنم، از یک طرف به گستاخی عجیبی دست زده بود و می خواستم تنبیه شود و از طرف دیگر می خواستم تصور کند که من چیزی ندیده ام و نمی خواستم نقشه اش نتیجه بدهد. به خودم جرأت دادم و پس از مرتب کردن سرو وضعم سر میز صبحانه رفتم و پس از صبح بخیری که از طرف راسل بود، در جوابش به او صبح بخیر گفتم سرمیز نشستم، مشغول صرف غذایی شدم که حتی طعمش را نیز حس نمی کردم. راسل عالی بود و مثل هر روز صبحانه می خورد. لحظه غیر قابل تحملی بود ولی باید می نسشتم و به تحملم ادامه می دادم. پس از پایان صرف صبحانه اینگونه ادامه دادم: « راسل دیشب خیلی دیر وقت آمدی؟»

- نه خیلی دیر وقت، مگر تو مرا ندیدی؟

- چطور مگه؟

- چون وقتی من بهمراه دوست دخترم وارد خانه شدم، تو در راهرو ایستاده و مشغول تماشای ما بودی چرا جلوتر نیامدی تا تو را با او آشنا کنم؟

تمامی آب دهانم خشکیده و زبانم سرجایش میخکوب شد، شهامت عجیبی در گفتار راسل بود و به هنگام ادای این جمله که با دوست دخترم وارد خانه شدیم، درست خیره در چشمانم بود، هیچ جوابی نداشتم و نتوانستم خودم را تبرئه بکنم، بهمین علت هم تبسم مسخره ای که بیشتر شبیه نیشخند بود روی لبانم جاری شد و باعث شد تا بتوانم بر عرق سردی که بر روی بدنم ظاهر گشته بود، غلبه کرده و از جایم برخیزم. نگاه تندی آمیخته با خشم بی اختیار به راسل کردم و بی هیچ سخنی او را ترک گفته و به سمت اتاق حرکت کردم. هنوز چند قدمی برنداشته بودم که غده های اشکی چشمانم امانم را بریده و مجال نگاه کردن به مسیری که در حال پیمودن آن بودم را ندادند. وقتی وارد اتاق شدم، دیوانه وار به دور خودم چرخیدم، بوسه ای برگونه های اوا، انداختم و روبه اشلی گفتم: « اشلی جان مواظب اوا باش من حال و روز خوبی ندارم و شاید چند روزی اوا را به حال خود رها کنم، ولی نمی خواهم نبود مرا احساس کند، اوا را به تو و هردویتان را به خدا می سپارم.» گستاخی و جسارت بیش از اندازه راسل که هنوز بی مهابا دور میز نشسته بود، دیوانه ترم می کرد. به هر زحمتی بود خودم را به خروجی خانه مان رساندم و به هنگام خروج با ممانعت راسل روبرو شدم. جلویم ایستاده بود و قصد نداشت اجازهٔ خروج از منزل را به من بدهد. پس از چند دقیقه مشاجره بی اختیار سیلی محکمی که قدرتش را

گستاخی بیش از حد راسل بیشتر کرده بود، بر صورتش نواختم و بدین طریق از سر راهم کنار رفت. وقتی وارد خیابان شدم، باران بصورت نم نم و آرام شروع به باریدن کرده بود و حس گریستن را در من دو چندان می کرد. خیابان عریض ۱۲۹ را با پای پیاده پیمودم، سوار تاکسی شدم و خودم را به اصطبل «کارن» رساندم. کارن تنها موجودی بود که می توانست همدم چنین لحظه ای برایم باشد، انسان نبود و وفای بعهدش را هیچگاه زیر پا نمی شکست. وارد محوطه اصطبل شدم، بدون توجه به آقای موریس که در دفترش مشغول چرت زدن بود، خودم را به کارن که روی زمین نشسته بود رساندم. کنارش به آرامی نشسته و خوشحالی را در چشمانش که بعلت حضورم در کنارش بود، احساس کردم. وقتی دست بر صورتش کشیدم. به آرامی سرش را جلو آورده و محبت عمیقش را با نوازش صورتم، نشان داد، تمام اتفاقاتی را که در مدت چند ماه اخیر رخ داده بود، برای کارن بازگو کردم. نمی دانم کارن موجود مناسبی برای درد دل کردن بود یا نه، ولی هر چه بود مرا تسکین می داد. نیم ساعتی می شد که من در اصطبل کارن بودم که تلفنم به صدا در آمد، راسل بود که پشت سرهم با من تماس می گرفت. تلفنم را خاموش کردم و از فرط خستگی همانجا در اصطبل کارن به خواب عمیقی فرو رفتم، تنها صدایی که شنیدم صدای نفسهای کارن بود که بیخ گوشم دست از نوازش صورتم بر نمی داشت. وقتی بیدار شدم که

آقای موریس بهمراه راسل بالای سرم ایستاده بودند، در حقیقت راسل مرا بیدار کرد. وقتی به ساعتم نگاه کردم، سه ساعتی می شد که خوابیده بودم. آری کارن اسب وفاداری بود که سه ساعت تمام کنارم نشسته بود، در قلبم او را تحسین کردم و به راسل لعنت فرستادم. صحبت را آقای موریس شروع کرد: « خانم هیوا، چرا اینجا خوابیده اید، شما کی وارد اصطبل شدید که من متوجه حضور شما نشدم؟» سپس روبه راسل ادامه داد: « آقای راسل من از شما عذر می خواهم که نتوانسته ام متوجه ورود خانم به این جا شوم. لطفاً مرا ببخشید.» راسل با دیدن اوضاع نابسامان من هیچ چیزی از حرفهای موریس متوجه نمی شد، به آرامی کنارم چمپاتمه زد و دستی به صورتم کشید و گفت: « هیوا، عزیزم، بلند شو برویم خانه، می خواهم با تو صحبت کنم. می دانم اشتباه کردم، اما باور کن، بیش از حد مست بودم. »

- مست بودی و با گستاخی هر چه تمام جلوی چشمان من با آن فاحشه پله ها را بالا رفتی، چند ساعت پیش که هیچ مستی در وجودت نبود، چرا آنطور بی مهابا و با جرأت تمام، کار اشتباهت را بر زبان آوردی؟

- می دانم دلت را شکستم ولی حرفهایم تمام نشده تو مرا ترک کردی. بلند شو به خانه برویم

مرا به آرامی از روی زمین کَند و پس از خداحافظی با موریس، سوار اتومبیل کرد و به سمت خانه حرکت کرد. به هنگام خداحافظی از

موریس و ترک اصطبل، کارن نگاهی عمیقی در چشمانم انداخت و شیهه عجیبی کشید. شاید از روی خشم بود و شاید...

روبه سمتی حرکت می کردیم که به خانه نمی رسید، راسل اینگونه شروع کرد: « عزیزم، تو همسر من بودی و هستی، من هیچگاه نمی توانم دوری بیش از حد تو را تحمل کنم. خودت که بهتر می دانی، من عاشق تو هستم و در طول مدت زندگیمان این را به تو ثابت کردم، به خاطر تو خیلی کارها کرده ام، از وقتی وارد شرکت شدی، همه کارکنان Lorence را مبهوت مهارت و زیبایی خارق العاده ات کردی، رتبه Lorence را بالا بردی، بعد از ازدواج، من بخاطر حمایت از تو مرتکب قتل شدم، به خاطر تو چند سال به زندان افتادم و از وقتی بیرون آمده ام و آزاد شده ام، بدنبال اهداف تو هستم. هدفی که پایانی ندارد و هیچگاه آنرا از خودت دور نمی کنی. من به عهدم عمل کردم و با تو به ایران آمدم و پا به پای تو دنبال یونس گشتم، مردی بودم که خودم و شرکتم را فدای تو خواسته هایت نمودم، آیا بازهم نتوانسته ام همراه و همدم مناسبی برایت باشم.» راسل این جملات را بی اختیار بر زبانش جاری کرد و بی اراده اشک می ریخت. سپس ترمزی کنار خیابان زد و از اتومبیل پیاده شد و به آن تکیه داد، بی توقف هق هق گریه میکرد. من نیز پیاده شده و کنار او ایستادم، او را در آغوش گرفتم و اشکهای مردانه اش را پاک کردم. باران از باریدن ایستاده بود با خود گفتم: « ای کاش

باران به تندی می بارید تا اشکهای راسل زیر ترنم قطره های باران گم می شد و من متوجه آنها نمی شدم.»

شب شده و راسل به شرکت نرفته بود و یک ضرب پشت پیانو آهنگ می نواخت. آهنگی با محتوای عشق که از عمق قلبش بیرون می تراوید. من نیز پشت سر او روی مبل دراز کشیده و دستم را زیر سرم مشت کرده بودم و به نوازش های قشنگی که از طرف پیانو روحم را تیمار می کرد، گوش فرا می دادم. به راسل و حرفهایش می اندیشیدم و به کارهایی که برایم کرده، و خطراتی که بخاطر من در آنها افتاده بود. با خود گفتم، راسل می توانست براحتی با یک دختر فرانسوی و پولدار ازدواج کند و خودش را اینقدر به دردسری که من برایش درست کرده بودم، نیندازد، ولی با این حال مرا به همسری خودش برگزیده بود. واقعاً باید دیوانهٔ من باشد که به چنین کارهای دست بزند. ناگهان پیانو از نواختن باز ایستاد، راسل از نواختن خسته شده بود، از جایش برخاست و به طرف من حرکت نمود، کنارم نشست و دستش را روی سرم گذاشت و به نوازش موهای بلندم پرداخته و گفت: « هیوا جان، من از تو فقط یک چیز میخواهم و آن ازدواج دوباره با من است » راسل چنان عمیق این خواسته اش را به زبان آورد که انگار پشت آن لشکری از لطافت عاشقانه پنهان بود. در چشمانش خیره شدم و ادامه دادم: « راسل جان، من هنوز

به هدفم نرسیده ام، یونس در فرانسه است و طبق تحقیقاتی که با هم در استانبول انجام دادیم او باید در پاریس باشد.»

- هیوا، همسر عزیزم، آیا واقعاً هنوز به موفقیت در یافتن یونس امیدوار هستی؟

- چرا که نه، من بالاخره یونس را خواهم یافت

- عزیزم، یونس که فرد عاقلی است، اگر او در فرانسه بود براحتی می توانست در این مدت تو را پیدا کند

- چطور؟

- او می توانست به ادارۀ ثبت احوال رفته و با دادن اسم و فامیل تو، آدرس شرکت را بگیرد و یا اگر در آنجا موفق نمی شد، به اداره ثبت مهاجرت و اقامت مراجعه کرده و جویای آدرس تو باشد. کار خیلی راحتی است، او براحتی می توانست هم به آدرس منزل و هم به آدرس شرکت دسترسی پیدا کند.

- چطور تا حالا به ذهنم خطور نکرده بود؟

- آری، من به همین علت می گویم که یونس در پاریس نیست

- پس او کجاست؟ در کانادا نبود، در ایران هم نبود، در پاریس هم نیست، پس او کجاست؟

- نمی دانم، فقط می توانم بگویم، خودت را بخاطر او هلاک نکن. تو تمام تلاشت را کردی. الان تصویر تو روی آنتن است و هر روز حداقل چندین بار اگهی تبلیغاتی شرکت veet از تلویزیون پخش می شود، چطور هنوز خبری از او نشده است؟

- نکند یونس..

- نه اینطور هم فکر نکن، او حتماً قبلاً در تحقیقاتش نسبت به تو به چیزهایی رسیده و از دنبال تو گشتن پشیمان شده و تو را فراموش کرده است. در ضمن هر وقت تو را بیابد به دیدن تو خواهد آمد، از تو خواهش میکنم به زندگی خودت برسی و او را فراموش کنی. به من هم حق بده که با دختران غریبه بگردم، زیرا که همسر عزیزتر از جانم، حتی در خانهٔ خودم هم جدا از من زندگی میکند.

راسل هنوز مرا همسر صدا می کرد و در حقیقت سخنانش به نظرم منطقی می آمد. با کمی فکر و اندیشه ادامه دادم: « راسل، من هم تا بحال سختی های زیادی را به تو تحمیل کرده ام، و باید در مورد حرفهایت فکر کنم.»

سپس مرا بوسید و گفت: « برو سرجایت بخواب، امروز خیلی خسته شدی، برای امروز کافی است.» از روی مبل بلند شده و به اتاق اوا رفتم. اوا تقریباً دو نیم ساله بود و به آرامی روی تختش خوابیده بود. بی

معطلی او را بوسیدم و سر جایم دراز کشیدم و به خواب عمیقی فرو رفتم.

نهم ماه جولای سال ۲۰۱۴ من و راسل دوباره رسماً ازدواج کردیم و به زندگی همیشگی و قبلی مان ادامه دادیم. زندگی که سرشار از عشق و محبت بود و هیچ عیب و نقصی نداشت. هر کسی حتی دختران باکلاس فرانسوی آرزوی زندگی پرزرق و برق مرا داشتند. هر روز صبح ها با هم به شرکت می رفتیم و عصرها بهمراه همدیگر به خانه بر می گشتیم. تابستان هم از راه رسیده بود و فصل گشت و گذار و شنا و ساحل گردی بود. راسل هر هفته مرا به همراه اوا و اشلی به ساحل می برد و با من به خوشگذرانی می پرداخت. اوا هم جملاتی را پشت سرهم ادا می کرد و با آمیختن کلمات و جملات و ایما و اشاره دستها و چشمانش منظورش را به ما می فهماند. زندگی مرفهی داشتیم و برخی اوقات حتی از تفریح کردن نیز خسته می شدیم.

روزها و هفته ها از پی هم می گذشتند من مشغول کار و فعالیت در Lorence بودم و بهمراه راسل و ژاک، دست بدست همدیگر پله های پیشرفت را یکی پس از دیگری می پیمودیم. دوستم لیلا نیز با مایک دوست پسرش ازدواج کرده و بهمراه فرزندشان به مارسی نقل مکان کرده بودند، زیرا مایک اهل آنجا بود و می خواست پیش خانواده پدری اش باشد. هر از چند گاهی ایمیلی از طرف لیلا دریافت می کردم و به او

پاسخ می دادم. زندگی به حالت عادی برگشته بود و من و راسل مشغول بزرگ کردن تنها فرزندمان بودیم، تمام کارهای راسل روی برنامه بود و هیچ کاری را بدون فکر انجام نمی داد. این اخلاق راسل مرا بیشتر شیفته او می کرد. کار و تفریح و خانواده، سه مقوله جدا از هم بودند که به هر یک سر موقع خودش می رسید و در زندگی اش همیشه امیدوار بود. برخی اوقات با خود می اندیشیدم که اگر پدر و مادرم زنده بودند، شاید این موقعیتم را باور نمی کردند. ولی وقتی فکر میکردم می دیدم آنها اگر زنده بودند، من هیچگاه به این جاها نمی رسیدم، زیرا پدر عزیزم همیشه حامی من بود و نمیگذاشت سختی بکشم. در حقیقت سختی زمانه و سرد و گرم روزگار مرا به این جا کشانده بود و شاید این زندگی خوب و بی عیب و نقص پاداش همان سختی های طاقت فرسایی بود که متحملشان شده بودم.

وقتی با راسل خوش میگذراندیم، هیچ فکری آزارم نمی داد، بنظرم همه چیز جالب بود، پائیز و خزان زندگی ام تمام شده بود و نوبت بهار و شکوفایی آن رسیده بود. حاصل این شکوفایی مجدد هم تازگی عشق بین من و راسل بود که پس از چندین ماه تجدید یافته بود. راسل هیچ شبی را بدون من روز نمی کرد، دائماً برایم پیانو می زد و چون دوباره مرا بدست آورده بود، در پوست خود نمی گنجید. وقتی به رختخواب می رفتیم هر شب برایم از شرکت و کارهایی که باید انجام دهد می

گفت، سپس موهایم را آنقدر تیمار می کرد که به خواب می رفتم، همیشه بعد از من می خوابید و لذت عشقبازی هایش را به حد کمال رسانیده بود، مثل آدمی که مار گزیده و از رسیمان سیاه و سفید ترسیده باشد، جدایی از مرا برابر با مرگ می دانست و دائماً در کنار من بود. طعم خوشبختی واقعی را برایم چشانده بود و هیچ آرزویی در زندگی برایم باقی نگذاشته بود. با سورپرایزهای متفاوتی مرا بهت زده می کرد. مردی ایده آل بود که هیچگاه نمی توانستم ایرادی برایش بگیرم. طبل تو خالی نبود و به هر یک از تعهداتش در قبال من عمل می کرد.

اکتبر ۲۰۱۴ بود. در شرکت متوجه شدیم که اتفاقی افتاده است، ژاک بیچاره به هنگام فیلمبرداری و کار روی یکی از پروژه های جدیدی که در مورد تبلیغ صنایع غذایی بود، از فرط عصبانیت قلبش گرفته و دچار سکته قلبی شد. من و راسل موقعی متوجه این موضوع شدیم که کار از کار گذشته بود و برای مداوای ژاک پیر خیلی دیر شده بود. من و راسل سر جسم بی جان ژاک ایستاده و در حال گریستن بودیم. ناخودآگاه چشمانمان اشک می بارید. تنها چیزی که زیر لب می گفتیم، دعا برای آمرزش گناهان او بود. با اینکه مطمئن بودیم ژاک هیچ گناهی را در زندگی اش مرتکب نشده است، او تمام عمرش را صرف کار و تلاش در پشبرد اهدافش کرده بود. یازده سال سابقه کاری اش در Lorence بر این حرف مهر تأیید می زد. راسل تشریفات کفن و دفن او را بعهده

گرفت و پس از ارسال جسد ژاک به سردخانه تصمیم به برگزاری مراسم باشکوهی برای او گرفت. ژاک در دنیایی که زندگی می کرد، فقط یک دختر داشت که آن هم زن یکی از کاپیتانهای کشتی های تجاری قاره پیما بود و به همین دلیل مجبور به زندگی در شهرهای ساحلی بودند و دائماً از یک شهر ساحلی به شهر ساحلی دیگر کوچ می کردند.

فردای همانروز، همهٔ اعضای شرکت دور جنازهٔ ژاک در قبرستان بزرگ پاریس جمع شدیم و به تدفین ژاک بیچاره پرداختیم. من بیشتر پیشرفت کاری ام در شرکت را مدیون او بودم و علاقه عجیبی به کارهای او داشتم. پائیز نیز از راه رسیده بود و هوا کم کم داشت روبه سردی می رفت. سرمایی که با مرگ ژاک وارد زندگی ما نیز شد و کم کم از گرمای آن کاست. پس از مرگ ژاک راسل مردی را استخدام کرد که «رالف» نام داشت و به گفته آنهایی که او را به راسل معرفی کرده بودند، آدم ماهری بود. ولی من اصلاً از او خوشم نمی آمد و چون دائماً در حال چشم چرانی در شرکت و ایجاد روابط غیر اخلاقی با کارمندان زن شرکت بود، دائماً از او دوری می کردم. زنش هم «آمی» نام داشت و چون نسبت به او خیلی شکاک بود، هر چند روز یکبار به شرکت سر می زد و به اتاق من و راسل آمده و در مورد شوهرش تحقیق می کرد. یکبار که به شرکت آمد، مجبور به درگیری لفظی با او شدم. زیرا اصلاً راضی نبودم دم به دم به شرکت آمده و سؤال پیچمان کند. زن بددهنی بود و پس از

مدتی متوجه شدم که تقصیر گردن اوست که شوهرش رالف دست به کارهای غیر اخلاقی می زند، زیرا یک بار به هنگام خروج از شرکت دیدم سوار اتومبیل شده و با مردی که پشت رُل نشسته بود لب به لب بوسه می زدند. از راسل خواستم تا رالف را اخراج کند، زیرا می دانستم این زن دردسر بزرگی برای شرکت خواهد بود. راسل نیز طبق خواسته من عمل کرده و رالف را اخراج کرد و از من تقاضا کرد که دنبال یک آدم خوب و خبره برای جایگزینی ژاک باشم. به همین علت اگهی استخدامی را در یکی روزنامه های کثیرالانتشار تنظیم کردم. پس از مدتی کوتاه، افرادی برای استخدام به Lorence هجوم آوردند و من از بین همهٔ آنها ۱۷ نفر را انتخاب کردم. در بین آن ها دختری بود به اسم نسیم که ایرانی الاصل بود و تحصیلاتش را در رشته مورد نظر من یعنی Advertisment Managering (مدیریت تبلیغاتی) در دانشگاه سوربن به پایان رسانیده بود و ۳ سال سابقهٔ مفید کاری داشت. مجرد بود و ۱۸ سال بود که به همراه خانواده اش از ایران و از شهر اصفهان به فرانسه کوچ کرده بودند. من او را بعنوان جایگزین ژاک استخدام کردم، زیرا پُست کاری ژاک خیلی حساس بود و نمی خواستم دوباره مجبور به اخراج شویم. نسیم ۲۸ ساله بود و به طرز عجیبی در ریاضیات هم مهارت داشت. پس از حدود یک ماه کار در شرکت، خیلی با هم صمیمی شده بودیم و خیلی اوقات فارسی حرف می زدیم که باعث اعتراض بقیه کارکنان

زیرنظرش می شد. با اولین کاری که نسیم برای یک شرکت تولید Perfum زنانه و با بازیگری من انجام داد، راسل به مهارت او پی برد و از استخدام نسیم توسط من، راضی شد و صمیمانه از من تشکر کرد.

من و راسل آنقدر مشغول مراسم تدفین ژاک و استخدام یک جایگزین مناسب برای او بودیم که اتفاق دیگری در شرکت رخ داد. اتفاقی که ضربهٔ بزرگی به شرکت زد. راسل می خواست درچند کشور اروپایی و آسیایی شعبه هایی دایر کند وبه همین دلیل از بانک BNP پاریس درخواست اعتبار کلان برای توسعهٔ تجاری Lorence کرده بود. کارهای مالی مربوط به اعتبار را حسابدار شرکت بنام «هربرت» انجام می داد. پس از تصویب اعتبار از سوی بانک BNP، هربرت ۳۰ میلیون یورو از حساب شرکت به جیب زده و از پاریس گریخته بود. ما هنگامی متوجه این کار شدیم که کار از کار گذشته بود. راسل با شنیدن موضوع اختلاس هربرت از شرکت بشدت عصبی شد و وکیلش آقای Patricia را به شرکت فراخواند و از او خواست بشدت موضوع را پیگیری کرده و با همکاری پلیس او را دستگیر کند.

اتفاقاتی که در شرکت یکی پس از دیگری می افتاد مرا به فکر انداخته بود که چرا باید شرکت Lorence که زیر دستان توانای راسل و من اداره می شد، به چنین مصیبتهایی دچار شود؟ لورنس بیچاره. همه چیز از روال عادی اش خارج شده و من و راسل را آشفته کرده بود. زمستان

امسال نیز سردتر از سالهای قبل بود و سوز شدیدی داشت. کم کم به ماه ژانویه و کریسمس سال ۲۰۱۵ نزدیک می شدیم.

راسل تصمیم گرفت مراسم کریسمس امسال را با شکوه برگزار کند، بدلیل اینکه در سالهای قبل بعلت مشکلات و مسائلی که سر راهمان بود، نتوانسته بودیم درست و بهتر به زندگی مان برسیم و به چنین مراسمی اهمیت دهیم. درخت کریسمس بزرگی را که صدها چراغ رنگارنگ دورتادور آنرا مزین کرده بود، تدارک دیده بود و چند روز قبل از شروع کریسمس به خانه آورده بود. اوا که تا بحال چنین منظره ای را مشاهده نکرده بود با دیدن درخت بزرگ و تزئین شده متعجب شد، چند قدمی عقب رفته و با جملات شیرین مخصوص به خودش گفت: « مادر، چرا از این درخت نور بیرون می زند؟ مگر درخت هم روشنایی دارد؟ » اوای بیچاره چون تا به آن روز در مشکلات ایجاد شده توسط من و راسل غوطه ور شده و مجبور بود بهمراه ما درون مشکلات بغلتد، از دیدن توجهات بیش از حد ما نسبت به خودش خیلی خوشحال می شد. راسل هم بدلیل مسائل تازه ایجاد شده در شرکت گیج شده بود و برخی اوقات گوشه ای می نشست و با خودش حرف می زد، من نیز چون نگران سلامتی او بودم، نمی خواستم زیاد خودش را درگیر موضوعات کاری بکند. روز کریسمس بود، من با دوست جدیدم نسیم و خانواده اش تماس گرفتم و آنها را برای مراسم تدارک دیده شده توسط راسل به

خانه مان دعوت کردم، آنها نیز پذیرفتند. نسیم دختر خوبی بود و من بوجود او در کنارم می بالیدم. از تاریخ استخدام او در شرکت، در اکثر مواقع با هم بودیم و من در مسائل شرکت با او مشورت می کردم. او جامعۀ غرب را بهتر از من می شناخت و تجربیاتش را به سهولت در اختیار من می گذاشت. آنقدر با من صمیمی و گرم شده بود که مرا به اسم صدا می زد و از تلفظ کلمۀ رئیس در شرکت صرفنظر می کرد. عاشق اوا بود و می گفت: «هیوا جان، دخترت خیلی شبیه توست دقیقاً مثل سیبی که از وسط نصفش کرده باشی.» عصر روز کریسمس بود و با هم برای خرید لباس بیرون رفتیم. به هنگام قدم زدن در بازار پاریس گفت: « هیوا، عزیزم، تو لطف خیلی بزرگی در حق من کردی و منو به استخدام لورنس در آوردی، من هیچوقت این محبتت را فراموش نمیکنم، ولی سوالی تو ذهنم منو آزار میده.» از قدم زدن ایستاده و رو به او کردم و گفتم: « خب بپرس عزیزم.»

- واقعیتش رو بخوای چند روزیه که می خوام در مورد خودت چیزی بپرسم، تو هیچ کسی رو ایران نداری که...

از ادامۀ بقیۀ صحبتش امتناع کرد و گفت: « اصلاً ول کن بیا بریم داخل مغازه.» دستش را گرفتم و از او خواستم که ادامه دهد. سرش را به نشانه خجالت پائین انداخته و گفت: « عزیزم در مدتی که من و تو با هم هستیم و ساعتها و لحظاتمون را با هم تو شرکت و منزل گذراندیم، من

هیچوقت حتی یکبار هم ندیدم که کسی از ایران بهت زنگ بزنه » متوجه سؤال و کنجکاوی نسیم شدم و گفتم: « دوست عزیزم، من تنها فرزند خانواده ام هستم و پدر و مادرم، هر دوشان فوت کرده اند، هیچ فامیل پدری ندارم و در دنیا فقط یک دایی دارم، اون هم سرش گرم کار خودش تو استانبولِ ترکیه است و هیچ توجهی به من نداره.» و شروع کردم به تعریف حوادثی که در ایران به هنگام تحصیل در دانشگاه برای من و لعیا افتاده بود و سپس تمام اتفاقات را از سیر تا پیاز برایش تعریف کردم. آنقدر مشتاقانه به من گوش می داد که کلاً خرید لباس را فراموش کردیم و پس از یک و نیم ساعت پیاده روی در انتهای صحبتهایمان متوجه شدیم وارد یک پارک شده و روی نیمکتی نشسته ایم. حتی سرمای هوا را نیز احساس نمی کردیم. هوا تاریک شده بود، من با راننده تماس گرفتم و آدرس دادم تا ما را سوار کند و به منزل ببرد.بعد از سوار شدن به اتومبیل، نسیم لب به سخن گشود و گفت: «هیوا جان، الان نمی دونی یونس کجاست؟ »

- نه از کجا باید بدونم، من تمام سعی و تلاشم را برای پیدا کردنش کردم، ولی کلاً ناامید شدم و علت ازدواج مجددم با راسل همین ناامیدی بود. با خود فکر کردم که اگه یونس تو پاریس بود براحتی می تونست منو پیدا کنه. اینطور نیست؟

- حتماً همینطوره که میگی، تصمیم درستی گرفتی. راسل هم مرد خوبیه و هر کسی آرزوی داشتن چنین مردی رو داره. پولدار، مهربان، باپشتکار و علاقمند به خانواده. اون تمام خصلت های یه مرد ایده آل رو داره

- بله حق با توئه. ولی اون بود که مانع رسیدن من به یونس شد و...

- و تغاس اشتباهش رو پس داد و بهت برای پیدا کردن یونس کمک کرد و بخاطر یونس از تو جدا شد

- نسیم جان، من ازت متشکرم که اینقدر با من همدردی می کنی

- چیزی هم که نخریدیم. اشکالی نداره. چیزی که زیاده لباسه

به خانه رسیدیم و هر یک لباس مناسبی به تن کردیم و منتظر رسیدن پدر، مادر و برادر کوچک نسیم شدیم. مارگارت، لیلا و مایک هم بعد از شام به ما ملحق میشدند. راسل در حال چیدن میز و صرف شام بود، آنقدر خوشحال بود که سرازپا نمی شناخت. من به اتاق اوا رفتم و لباسهای او را نیز عوض کردم و دست در دست اوا به آرامی وارد سالن شدم. پس از مدتی همه با هم بودیم و دور میز شام در حال صرف شام بودیم، اشلی و کلودیا نیز دائماً این طرف و آن طرف می رفتند و به مهمانان می رسیدند. پس از صرف شام راسل همه را به نوشیدن یک نوشیدنی به قول خودش گوارا دعوت کرد و گیلاس های همگی را پر

کرد و گفت: « شب به یاد ماندنی و خوبی خواهد شد، مخصوصاً که شما مهمان ما هستید.» من نیز خودم را با جمع دوستانه همرنگ کردم و جرعه ای از نوشیدنی را نوشیدم. راسل موزیک ملایمی را پشت پیانو نواخت و آرامش عجیبی بر مجلس حکمفرما شد. پدر و مادر نسیم دست در دست یکدیگر به حالت عجیبی که اصلاً شبیه ایرانی ها نبود می رقصیدند، من و راسل هم همینطور، برخی اوقات که من خسته می شدم، می نشستم ولی راسل خستگی ناپذیر بود و نسیم را دعوت به رقص و دانس کرد. نسیم نیز فوراً موافقت نمود و دست در دست راسل به دانس با او پرداخت. نسیم آنقدر عمیق در چشمان راسل خیره شده بود که اصلاً متوجه من نبود. لیلا هم به گریه های تنها فرزندش می رسید و هر از چندگاهی با شادی ما ملحق میشد و چیزی میخورد، مایک خیلی آشفته بود و دائماً به باغ می رفت و برمی گشت. اوا هم با برادر کوچک نسیم مشغول بازی بودند. شب خوبی بود و همگی خوشگذرانی کردیم. پس از اتمام مراسم شب کریسمس تقریباً ساعت ۳ بامداد بود، مهمانها یکی یکی پس از تشکر از من و راسل منزل ما را ترک کردند، نسیم به هنگام خداحافظی بوسۀ عجیبی بر صورتم نواخت و گفت: « بهترین شبی بود که در طول ۱۸ سال اقامتم در پاریس داشتم، از تو ممنونم.»

من و راسل خسته از مراسم و رقص و پایکوبی، وقتی وارد خانه شدیم، اوا خوابیده بود و اشلی در حال انتقال او به اتاقش بود. راسل هم خوشحال از مراسم شب کریسمس، روبه من کرد و گفت: « هیوا جان جلوتر بیا ببینم.» دو قدمی با او فاصله داشتم، جلوتر رفتم و به چشمان راسل نگاه کردم. ادامه داد:« من آنقدر مشغول مراسم بودم که متوجه نشدم. »

- متوجه چه چیزی نشدی؟

- متوجه زیبایی خیره کننده امشب تو، امشب خیلی زیباتر و جذابتر شده ای

سپس قهقهه ای زد و مرا در آغوش گرفت و پاهایم را از زمین کند و همینطور به اتاق خواب برد. وقتی بیدار شدم، صبح بود و راسل به آرامی در کنارم نفس می کشید. سال ۲۰۱۵ شروع شده بود و پنجره ای جدید روبه دنیایی نو باز شده بود.

فصل چهارم

من و راسل، اوا را زیاد درگیر مسائل مربوط به خودمان کرده بودیم. بهمین علت تصمیم داشتیم توجهمان را نسبت به دخترمان بیشتر کنیم. تولد یک سالگی و دوسالگی اوا در رنج و مشقتی که در آن افتاده بودیم گذشته بود، من و راسل تصمیم گرفته بودیم این بار برای دخترمان یک مراسم جشن تولد عالی با مهمانان ویژه ترتیب دهیم. همهٔ کارکنان شرکت بهمراه همسران و فرزندانشان، دوستان دور و نزدیک راسل بهمراه خانوادهٔ شان و دوستان انگشت شمار من بهمراه خانواده شان در مراسم جشن تولد اوا دعوت شده بودند. با این اوصاف جشن تولد اوا تقریباً بیشتر از ۳۰۰ نفر را مهمان داشت.این مراسم قرار بود در سالن طبقه پایین که گنجایش این همه دعوتی را داشت، برگزار شود. چند روز قبل راسل با یک شرکت برگزار کننده مراسم قرار داد بسته بود و کارکنان و کارگردان شرکت دو روز قبل یعنی روز ۱۲ ژانویه مشغول چیدمان

مراسم بودند. اشلی و کلودیا هم چون عاشق اوا بودند در پوست خود نمی گنجیدند و با آنها همکاری می کردند.

بالاخره روز موعود از راه رسید و یک گروه هنری موسیقی وارد سالن شدند. لباسهایی مخصوص تن اوا کردیم که ویژه چنین مراسمهای بود. اوا خودش نیز از ازدحام ایجاد شده بهت زده شده بود. مهمانان یکی پس از دیگری وارد سالن شدند. هر یک هدیه ای تزیین شده در دست داشتند و به هنگام ورود به سالن هدیه ها را روی میزی که مخصوص این کار کنار ورودی سالن تعبیه شده بود، می گذاشتند. من نیز در ورودی سالن به همهٔ مهمانها خوش آمد می گفتم. لباس های عجیب و غریب به تن داشتند و بعضی نیز نیامده بودند.

ساعت ۷:۳۰ عصر را نشان میداد، هوا تاریک شده بود و تمامی مهمانان منتظر ورود کیک تولد بودند. راسل کیکی را سفارش داده بود و در مورد آن با من صحبت کرده و گفته بود که خیلی بزرگ است، ولی من واقعاً نمی توانستم بزرگی و اندازهٔ آنرا در تصوراتم حدس بزنم. از اوا هم خبری نبود و باید در آن موقع در مجلس میان دوستانم بود. پس از چند دقیقه کیک تولد هفت طبقه ای به بلندی قد یک آدم بزرگسال وارد سالن شد. کیک بر روی یک چرخدستی بود ولی از اوا خبری نبود. راسل پیش من ایستاده و در حال کف زدن به مناسبت ورود کیک تولد بود. از او

پرسیدم: « راسل پس اوا کجاست؟ من ادارۀ تمامی مراسم را به تو و شرکتی که قرار داد و بسته ای محول کرده ام. »

- هیوا، همسرعزیزم، صبور باش الان اوا هم پیدا می شود. و مرتباً همگی کف می زدیم. نسیم دوست و همراه جدیدم هم که خیلی در تدارک مراسم کمکمان می کرد به همراه چرخدستی کیک وارد سالن شد و پس از ورود کیک به سالن همه را دعوت به سکوت کرد و گفت: « من همه حاضرین را دعوت به مشاهدۀ ادامۀ مراسم می کنم و از همگی شما بعلت تشریف فرمایی تان تشکر می کنم.» تحملم به پایان رسید و دنبال اوا گشتم و چشمانم را بین جمعیت حاضر در سالن و اطراف کیک تولد چرخاندم که متوجه شدم نسیم کلاه مقوایی تزیین شده ای را روی سرش گذاشته و سپس با انگشت خود اشاره ای به کیک کرد و گفت: « شما تا حالا سحر و جادو دیده اید؟ من حالا با سحر و جادو اوا را ظاهر خواهم کرد.» در این هنگام بود که متوجه شدم، عدم وجود اوا یک مرحله از برنامۀ تدارک دیده شده است. نسیم دستهایش را تکان داد و به سمت کیک حرکت کرد و پس از لمس قسمت فوقانی کیک، در پوش کیک را برداشت و ناگهان اوا از درون کیک نمایان شد و ایستاد. من و راسل از فرط تعجب فقط کف زدیم. جمعیت حاضر در سالن به پا خواستند و رقص نور و موزیک شروع شد. اوا از درون کیک بیرون آورده

شد و روی صندلی مخصوص به خود نشست، شمعها روشن شدند. راسل گفت: « هیوا جان نظرت چیست؟ جالب نبود؟»

- بله عزیزم خیلی غافلگیر کننده بود. هیچکس نمی توانست حدس بزند که اوا را درون کیک مخفی کرده باشند. کار نو و قشنگی را به نمایش گذاشتند. پس از روشن شدن سه شمع بزرگ روی کیک نسیم از اوا خواست تا روی صندلی اش سرپا بایستید و شمعها را فوت کند. در این هنگام من که تقریباً در چند متری کیک و رو به جمعیت حاضر ایستاده بودم توسط نسیم به کنار اوا دعوت شدم. همهٔ حاضرین کف مرتبی زدند و نسیم از من خواست تا در فوت کردن شمع ها به اوا کمک کنم. من و اوا با هم شمع ها را فوت کردیم و دوباره موزیک شروع به نواختن کرد و همهٔ جمعیت شروع به رقصیدن و دانس دسته جمعی کردند. هر کسی یک گیلاس در دست می رقصید و سالخورده ها و بچه ها به تماشای جوانان مشغول بودند. باران کاغذ رنگی های منفجر شده از طرف بالای سالن پائین بارید و جمعیت را ذوق زده کرد. یک ساعتی به همین روال گذشت و نوبت به هدیه هایی که از طرف مدعوین تهیه شده بود، رسید. هر کسی از دور میز خود بلند شد و به نوبت به طرف نسیم و من حرکت کرده و هدایای خود را تقدیم اوا کردند و سرجای خود نشستند. شهرت من باعث شده بود اکثر حاضرین در مراسم دو هدیه تدارک ببینند. یکی برای اوا و دیگری برای من...

مراسم به پایان رسید و همگی با تشکر از من و راسل منزل مان را ترک گفتند. آنقدر خسته بودیم که حوصلهٔ باز کردن هدایا را نداشتیم و این کار را به فردا صبح موکول کردیم. نسیم و خانواده اش آخرین افرادی بودند که پس از جمع کردن هدایا روی همدیگر و خداحافظی از ما بهمراه خانواده اش ما را ترک کردند. من و اوا به حدّی خسته بودیم که با همان لباسهای مجلسی مان روی تختخواب به خواب رفتیم صبح وقتی بیدار شدیم راسل گفت: « هیوا جان، صبح بخیر. دیشب آنقدر خسته بودی که نخواستم نظرت را در مورد جشن تولد دخترمان بپرسم. به نظرات چطور بود؟»

- راسل، خیلی عالی بود. اصلاً انتظار نداشتم تا این حد خوش بگذرد. از تو ممنونم

اوا نیز از خواب برخاست و در بغل پدرش غلتید و پس از بوسیدن روی پدرش گفت: « پدر جان دوستت دارم.» و سپس روبه من کرد و گفت «مامان، کی هدیه ها را باز می کنیم؟»

- پس از خوردن صبحانه

همگی کاملاً سرحال بهمراه صبحانهٔ مفصّلی خوردیم و به سمت هدیه ها رفتیم. روی جعبه هدیه ها اسم کسی که آنرا آورده بود روی کارتی نوشته شده بود. در این هنگام بود که تلفنم زنگ خورد نسیم بود پس از

احوالپرسی پشت گوشی گفت: « هیوا جان، هنوز که هدایا رو باز نکردی؟ می خواستم تو این شادی سهیم باشم »

- نه نسیم جان، زود خودت رو برسون

راسل در حال آماده شدن برای رفتن به شرکت بود. گفت: « عزیزم من به شرکت می روم. نمی خواهم شرکت را همینطور رها کنم. تمام کارمندان می آیند. خالی گذاشتن مدیریت شرکت باعث سوء استفاده آنها می شود. تو بمان و هروقت کارت تمام شد بیا » جلوتر رفتم و از لبانش بوسه ای گرفتم و گفتم:

- اشکالی نداره. برو عزیزم

اختلاس حسابدار شرکت باعث شده بود که راسل نسبت به تمام کارمندان مشکوک شود و حتی یک لحظه هم صندلی مدیریت را خالی نگذارد و دائماً حسابها و عملیات مالی را کنترل میکرد. پس از خروج راسل از منزل، کلودیا از ورود نسیم خبر داد. از جایم برخاسته و به پیشوازش رفتم. وارد خانه شده و پس از نوشیدن قهوه، با اصرار بیش از حد اوا دوباره به طرف هدیه ها حرکت کردیم. نسیم یکی یکی هدیه ها را باز کرد و با اداهای دخترانه عجیبی تحویل اوا داد. تقریباً در میان هر پنج هدیه یک هدیه به من تعلق داشت. هدایای اوا اکثراً وسایل و اسباب و آلات بازی و تفریح و سرگرمی و هدایای من زیورآلات و تزئینات خانگی بودند. زیور آلاتی که با سنگ های قیمتی کار شده بودند. خیلی

خوشحال بودم ؛ زیرا از دوران کودکی علاقه خاصی به باز کردن هدیه داشتم. رو به نسیم گفتم: « وقتی بچه بودم، پدرم وقتی می خواست برام چیزی بخره اون رو داخل قوطی، کادو می گرفت تا من خودم بازش کنم.» سپس چشمهایم پر از اشک شد و نسیم که همدم خوبی برایم شده بود گفت: « هیوا، خدا پدرت رو بیامرزه. جای اون تو بهشته. مطمئن باش اون الان داره خوشبختی تو رو می بینه و از ته دل خوشحاله.» این حرف نسیم کمی تسکینم داد، او دوباره به باز کردن هدیه ها ادامه داد. او یک ساعت و نیم فقط قوطی ها را یکی پس از دیگری باز می کرد و باعث جیغ و فریاد اوا می شد.

نسیم می خواست هدیه خودش را آخر از همه باز کند، دو قوطی بزرگ بود،ابتدا هدیه آوا را گشود، عروسک زیبا و بزرگی بود که می رقصید. آوا با دیدن صحنۀ رقص عروسک رقاص ذوق زده شد. سپس شروع به باز کردن قوطی بزرگ و سنگینی کرد که برای من در نظر گرفته بود. روبه من کرد و گفت: « هیوا جان، خواهش میکنم چشمهات رو ببند و تا وقتی نگفتم باز نکن. » چشمانم را محکم بستم و دست روی آنها فشردم. پس از یک دقیقه نسیم گفت: « عزیزم، چشمات رو باز کن » وقتی چشمانم را گشودم، چیزی دیدم که باور آن برایم مشکل بود. هدیۀ نسیم مجسمۀ بزرگی بود که شبیه به من بود، انگار که جلوی آینه ایستاده باشم. خیلی ذوق زده شدم و از جایم برخاستم و آنرا لمس کردم. بلندی

مجسمه تقریباً یک متری می شد. نسیم که از تعجب من خوشحال شده بود گفت: « هیوا جان تو انقدر آدم مشهوری شدای که مجسمه ات رو می سازند و می فروشند »

- نسیم جان، این مجسمه خیلی شبیه منه

نسیم که پس از بی اطلاعی من از وجود چنین مجسمه ای در بازار پاریس، خوشحالتر شده بود، مجسمه را بلند کرد و به آرامی چرخاند و آنرا سروته کرد و چیزی را به من نشان داد که موضوع برایم جالب تر شد، زیر مجسمه با حروف انگلیسی ریزی حک شده بود: « Hiva » هنوز باورم نمی شد که چقدر شهرتم در کار ساختن و فروختن چنین مجسمه ای می توانست دخیل باشد. روی کاناپه سرجایم نشسته و به چهرۀ مجسمه خیره ماندم، و شروع به ورانداز کردنِ قیافه، لباس ها و طرز ساخت آن شدم. به چیزی برخوردم که مرا مات و مبهوت سرجایم میخکوب کرد. مجسمه لباس توری شکل تا کمر به تن داشت که روی آن قشنگ و ماهرانه کار شده بود، یقۀ پیراهنِ توری خیلی گشاد بود و از زیر پیراهن شکل بدن مجسمه نمایان بود. مجسمه سوتینی به تن داشت که رنگ آن از زیر لباس توری به خوبی دیده میشد، چیزی که تعجب مرا دو چندان کرد ؛ این بود که سوتین مورد نظر فقط یک بند داشت. تعجب بیش از حد من نسیم را نیز به تعجب واداشت و پرسید: « هیوا جان چی شد که اینقدر رنگت پرید؟ » آب دهانم را به سختی قورت

دادم و داستان سوتین تک بند بر روی بدن مجسمه را برای نسیم تعریف کردم. داستان روزی را که به هنگام اولین آشنایی با یونس به منزل لعیا دعوت شده و بند سوتینم پاره شده بود و پس از مشاهدهٔ یونس روی تخت، لعیا داخل کمدش گذاشته بود. سپس رو به نسیم گفتم: « نسیم، این مجسمه را از کجا خریدی عزیزم؟ »

- از یکی از مجسمه فروشی های همین شهر، چطور مگه؟

- سریع باید منو به اونجا ببری

سراسیمه لباس گرم به تن کردم و پس از سپردن آوا به اشلی و کلودیا سوار بر اتومبیل منزل را به سمت گالری فروش مجسمه ترک کردیم. گالری در خیابان Croissy نزدیک خانه پدری نسیم بود. با عجله وقتی خواستم از اتومبیل پیاده شوم، نسیم پرسید: « یعنی تو فکر میکنی این مجسمه... »

- نمیدونم، فقط بیا پایین زود بریم تو گالری

و سپس وارد مغازه شدیم، نمونه دیگری از همان مجسمه را پیدا کردیم، پس از نشان دادن آن به فروشنده گفتم: « آیا ممکن است از شما خواهش کنم که بگویید این مجسمه ها را از کجا تهیه میکنید؟ »

فروشندهٔ خانمی که رودر روی من ایستاده و از طرز سؤال کردن من بُهت زده شده بود جواب داد:

- خوش آمدید، شما همون مدل مشهور ایرانی نیستید؟ اگه حافظه ام خوب کار کنه باید اسمتون هیوا باشه، درسته؟

- خانم محترم، درسته. لطفا به سؤال من جواب بدهید

سپس دست به گوشی برد و با کسی به آرامی صحبت کرد. رو به من کرد و گفت:

- خانم هیوا لطفا بفرمایید بنشینید

- من قصد نشستن ندارم، لطفا به من پاسخ بدهید

- من با شریکم در مورد شما ودرخواستتان با او حرف زدم. ما نمیدانیم که آیا سازنده این مجسمّه ها از شما مجوّزی برای ساخت گرفته یا نه، ما فقط فروشنده هستیم و مسائل مربوط به ساخت به ما مربوط نمی شود

صاحب گالری می ترسید که من در مورد ساخت مجسمّه ام شکایت کنم و به این علت دستپاچه شده و توجیهاتی سرهم میکرد. در قانون کشورهای پیشرفته غربی، مجسمه من باید با اجازه من وشاید پرداخت پورسانتی از فروش به من، ساخته می شد. به صاحب گالری در مورد این مسائل توضیح داده و گفتم:

- من برای شکایت و اذیت شما اینجا نیامده ام، اگر قول بدهید که مرا درست راهنمایی بکنید و سازندۀ این مجسمه ها را برایم پیدا کنید،

علاوه بر اینکه تمام مجسمه های گالری شما را خواهم خرید، پاداش خوبی هم دریافت خواهید کرد

چشمهای صاحب گالری گرد شد و به طرف میزش حرکت کرد و گفت: « لطفاً پشت سرم بیایید »

و به کسی که مجسمه را برایش تهیه می کرد و می فروخت زنگ زد و گفت: « سلام ویویان Vivian، امکان دارد چند دقیقه به من سر بزنید؟ کار مهمی با شما دارم.» سپس پشتش را به ما کرد و به آرامی ادامه داد: « اگر زود خودتان را برسانید، پول خوبی گیرتان می آید » سپس تلفن را قطع کرد، از ما خواست تا رسیدن آقای ویویان منتظر باشیم. من و نسیم حدود یک ساعت و نیم در مغازهٔ مجسمه فروشی منتظر ماندیم. در این فاصله دختر فروشنده خودش را جلوی چشمان ما می چپاند تا بلکه علت این همه دست و دلبازی مرا در مورد آن مجسمه کشف کند. سؤالاتی پرسید، سؤالاتی از قبیل اینکه چرا باید ارزش مجسمه ای معمولی نزد ما اینقدر بالا باشد؟ ولی متاسفانه چون من حوصلهٔ درست و حسابی نداشتم، فقط در جواب سوالات او گفتم: « بعداً خواهید فهمید » ویویان از راه رسید، او جوانی با قامت بلند و موهایی پرپشت بود که به هنگام ورود به مغازه نفس نفس می زد. حتماً برای گرفتن پاداش و پولی که فروشنده مغازه به او قولش را داده بود این قدر با عجله آمده بود. فوراً از جایم برخاستم و جلو رفتم. با لحنی عجیب شبیه یک آدم تهاجمی

پرسیدم: « آقای ویویان شما هستید؟» نگاهی عمیق به دختر فروشنده انداخت و پس از گرفتن تأیید ادامه صحبت با تکان سر او گفت: « بله من ویویان هستم. »؟ به مجسمه گذاشته شده روی میز اشاره کردم و گفتم:

می توانید سریع ما را پیش کسی که این مجسمه ها را می سازد، ببرید
- من می توانم شما را راهنمایی کنم امّا...

فوراً میان کلامش پریده و گفتم: « شما نگران پاداشی که خانم برایتان قولش را دادند نباشید.» و سپس یک بسته کامل پنجاه یورویی از کیفم بیرون کشیدم و جلوی چشمان ویویان گذاشتم و ادامه دادم: « حالا چطور؟ باز هم اما و اگر دارید؟» نگاهی معصومانه به اسکناس های روی میز انداخت و سپس دوباره به دختر جوان اشاره ای کرد و گفت: « خانم، من این مجسمه ها را از فرد دیگری میگیرم و به این جا می آورم. آن شخص با اتومبیل باری خودش مجسمه های متعددی را از شرکت ها و کارگاه های مجسمه سازی مختلف شهرگرفته و پخش می کند. او دوست صمیمی من است و برای تمامی مجسمه ها کاتولوگ دارد. روی کاتالوگ آدرس سازندۀ آنها نوشته شده است. راستش را بخواهید من هم قبلاً راجع به این مجسمه از او سؤال کرده ام، زیرا این مجسمه تنها کاری است که او برای آن هیچ کاتالوگی ندارد.»

- یعنی شما منظورتان این است که او نیز هیچ آدرسی مربوط به سازندهٔ این مجسمه ندارد؟

- نه خانم، دوست من در پاسخ به کنجکاوی من در مورد این مجسمه گفته که شخصی در خارج از شهر و در جاده ۱۳ که به شهر روئن«Rouen» منتهی می شود در یک کارگاه کوچک که هیچ شباهتی به کارگاه مجسمه سازی ندارد، این مجسمّه را می سازد. من خودم یکبار به آن آدرس رفته و از آنجا چند ده تایی از این مجسمه آورده ام

- خب، سازنده این مجسمه را هم دیدی؟

- نه متاسفانه، هیچکس نمی تواند او را ببیند

- یعنی چه؟ مگر او کجاست؟

- من دیگر هیچ اطلاعاتی در مورد سؤالات شما ندارم. این ها تمام آن چیزهایی بود که در مورد این مجسمه می دانستم

- خوب آقای ویویان، آن آدرس را هنوز بلدید؟

- بله که بلدم

- الان می توانید ما را به آنجا ببرید؟

دوباره زیر چشمی نگاهی به دختر جوان و اسکناس های وسوسه انگیز روی میز، انداخت و پس از مکث کوتاهی گفت: « همین الان باید برویم؟»

- بله، همین حالا. از شما خواهش میکنم معطل نکنید و سریع ما را به آن آدرس ببرید

- شما اتومبیل دارید؟

- بله داریم، چند دقیقه صبر کنید من تماس بگیرم تا راننده به این جا بیایند

- آیا من می توانم این اسکناسها را بردارم؟

- بله همهٔ این ها متعلق به شماست می توانید بردارید

و قبل از اینکه پسر جوان بتواند دست به بستهٔ اسکناس ها بزند، دختر فروشنده فوراً آنها را از روی میز قاپید و گفت: « ویویان بعد از اینکه خانمهای جوان و محترم را به آن جا بردی و به عهد خودت عمل کردی، بیا و اسکناس ها را از من بگیر.» سپس روبه ما کرد و گفت: « آیا این طور بهتر نیست؟» نگاهی به نسیم کردم و ادامه دادم.« هر طور خودتان راحت هستید » پس از چند دقیقه راننده بهمراه اتومبیل از راه رسید سراسیمه راننده را داخل مغازه کشیدم و در حضور دختر صاحب گالری رو به راننده گفتم:

- همین الان با این خانم در مورد مبلغ فروش کل مجسمه های داخل گالری اش صحبت کن و بعداً به من اطلاع بده. او را به کناری کشیدم و از او خواستم تا اتومبیل را به ما بدهدو در مورد مجسمه وگالری و موضوعات پیش آمده چیزی به راسل نگوید. او نیز دستورات مرا با کمال میل پذیرفت، سوئیچ را به من داد و از ما خداحافظی کرد و رفت رو به ویویان کرده و گفتم: « معطل چه هستی، برویم » از آن دختر تشکر کردم و به هنگام خروج از مغازه از نسیم پرسیدم: « نسیم جان، می تونی پشت فرمان بنشینی و برونی؟» جواب داد: « باشه، اشکالی نداره » وقتی سوار اتومبیل شدیم ویویان جلو نشسته بود و من عقب نشسته بودم و نسیم اتومبیل را هدایت می کرد و ویویان آدرس می داد. از ویویان پرسیدم: « شما گفتید که به آن کارگاه کوچک مجسمه سازی سر زده اید، می توانم بپرسم چرا این قدر در مورد این مجسمه کنجکاو شده بودید؟»

- خانم، علت کنجکاوی من در ابتدا قیمت بسیار ارزان این مجسمه و سپس گمنام بودن سازندۀ آن بود. همانطور که گفتم تمامی کارهایی که من و دوستم از این طرف و آن طرف خریداری می کنیم و به چند مغازه تحویل می دهیم، کاتولوگ تجاری دارند و کارگاهشان دارای کد تجاری است، ولی این مجسمه هیچ یک از این مشخصّه ها را ندارد و قیمتش در مقایسه با کارهای مشابه آن چندین برابر ارزان است. این چیزها باعث

شده بود تا من در مورد سازنده و محل ساخت آن کمی کنجکاو شوم. حالا علت این همه پول خرج کردن شما برای یافتن سازندۀ این مجسمه چیست؟ البته اگر مایل باشید. پاسخ مرا بدهید

- آقای ویویان شما تا به حال عاشق شده اید؟

- بله من عاشق دختری بوده ام که هم اکنون همسر من است. چطور مگه؟

- پشت پردۀ این همه ولخرجی یک عشق نهفته است

ویویان جوان دستش را زیر چانه اش چرخاند و گفت:« حالا فهمیدم. امیدوارم بتوانم کمک مؤثّری برایتان بکنم » سپس سکوت فضای اتومبیل را فرا گرفت و تنها صدایی که می آمد، صدای بخاری های ماشین بود که به آرامی هوای گرم را داخل اتومبیل پخش می کرد. از شهر پاریس خارج شدیم و در جادۀ ۱۳ افتادیم که به سمت شهر روئن می رفت. نسیم پرسید: « آقای ویویان چقدر باید برویم؟» ویویان مکثی کرد و با طمأنینه خاصی جواب دارد «بله خیلی باید برویم، جایی که من رفته بودم یک ساعتی از شهر فاصله داشت، نگران نباشید من شما را به مقصدتان خواهم رساند » به فکر فرو رفتم، به این فکر کردم که چطور ممکن است سازندۀ مجسمه یونس باشد، یونس اگر در پاریس قدم گذاشته بود، حتما می توانست براحتی مرا پیدا کند. چرا بایستی در جایی که کیلومترها از پاریس دور است مشغول به ساختن و فروختن

مجسمه ای شبیه من، با تمام آن نکات ظریف روی مجسمه باشد؟ اگر مرا فراموش کرده بود، چرا باید مجسمه مرا می ساخت و در شهر می فروخت؟ سوالاتی که به ذهنم می آمد، کم کم دیوانه ام می کرد، زیرا هیچ جوابی برای آنها نداشتم.

از ویویان پرسیدم: « ویویان، الان در کیلومتر چند هستیم؟ »

- خانم، تقریباً ۵۵ کیلومتری از شهر پاریس دور شده ایم

- پس کی میرسیم؟

- ما الان باید وسط های جادهٔ ۱۳ باشیم، خیلی نزدیک شده ایم. دو یا سه کیلومتر بعد باید از یک جاده فرعی به راست بپیچیم. از جاده ۱۸۶ » نسیم نگاهی به جاده انداخت و پرسید. « این جا جاده فرعی زیاد دارد، اشتباه نکنیم؟» ویویان گفت:« نگران نباشید من دقیقاً خاطرم هست که از کدام فرعی باید بپیچیم، این جا روستایی است که اسمش را فراموش کرده ام.» سپس روبه نسیم گفت: « خانم، لطفاً سرعتتان را کم کنید و از آن فرعی به راست بپیچید.» هر چه قدر به آدرس مورد نظر نزدیکتر می شدیم. ضربان قلبم بیشتر می شد و با خود می گفتم، خدا کند اشتباه نکرده باشم و سازندهٔ مجسمه یونس باشد. در این هنگام بود که راسل با من تماس گرفت. ساعت تقریباً ۳ بعدازظهر بود. تلفن را پاسخ دادم:« سلام راسل جان »

- سلام عزیزم، کجایی راننده گفت که از او خواسته ای اتومبیل را به تو تحویل دهد. می توانم علت این کارت را بپرسم؟

- راسل جان نگران نباش، خواستم با دوستم نسیم در بازار تنها باشیم

فوراً پس از خداحافظی با راسل به خانه زنگ زدم و چون می دانستم راسل یک ساعت بعد از شرکت به خانه آمده و با دیدن مجسمه روی میز کنجکاو خواهد شد، از کلودیا خواستم تا آن مجسمه را از روی میز وسط سالن برداشته و در جای امنی مخفی کند

به محل مورد نظر رسیدیم و به دستور ویویان توقف کردیم. او گفت: « خانم همین جاست، بله خیابان Parc de Marly » ویویان به جایی اشاره کرد که تقریباً متروکه بود و یک خانه بسیار قدیمی کوچک در میان محوطه ای باز به چشم می خورد. دودی که از دودکش آن خانهٔ قدیمی از میان نرده های آهنی پوسیدهٔ دور محوطه دیده می شد، نشان از حیات درون خانه می داد. از ویویان پرسیدم: « پس کارگاه مجسمه سازی کوچکی که از آن حرف می زدی کجاست؟ این جا فقط یک محوطه باز با یک خانه است.» ویویان نیشخندی زیر لب زد و جواب داد: « خانم کارگاه مجسمه سازی در زیرزمین همان خانه است.» لحظه ای پشیمان شدم و خواستم برگردیم که خودم را داخل اتومبیل کمی عقب کشیدم و با خود گفتم: « امکان ندارد یونس در چنینی جایی زندگی کند و به کار مجسمه سازی بپردازد.» نسیم پیشنهاد داد به جای این

همه بحث از اتومبیل پیاده شده و داخل برویم تا هر چه زودتر به اصل موضوع پی ببریم. من و ویویان پیشنهاد او را پذیرفته و از اتومبیل پیاده شدیم. از ویویان پرسیدم: « اهالی این خانه تو را به خوبی می شناسند؟»

- من فقط یک بار به این جا آمده ام. اگر یادشان مانده باشد، باید بشناسند

زنگِ درِ بزرگِ آهنیِ زنگ زده را به صدا در آوردیم. پس از چند دقیقه زن سالخورده و ژولیده ای از خانه خارج شده و در محوطه به سمت ما حرکت کرد. از میان نرده های در بزرگ آهنی پیدا بود که باید حدوداً ۶۰ ساله باشد. نزدیک ما رسید و از پشت در پرسید: « شما کیستید و با چه کسی کار دارید؟ » خواستم اسم یونس را به زبان بیاورم که ویویان وسط حرفم پرید و گفت. « از طرف آقای «اشمیت» آمده ایم. می خواستیم مقداری از مجسمه ها را با خود ببریم.» زن پیر بدون اینکه در را باز کند، چشمهایش به زحمت می دید، نگاهی به ما انداخت و گفت: « آقای اشمیت که سفارشی نداده اند. او سفارش های قبلی را خودش یکی دو هفتۀ پیش آمد و برد؟»

زن با اینکه پیر بود ولی عقلش درست کار میکرد. بیچاره حق داشت، کنجکاو شود. ویویان گفت. « شما مثل اینکه مرا نشناختید، من دوست و همکار آقای اشمیت هستم و با هم برای بردن مجسمه ها می آمدیم. لطف کنید در را باز کنید تا نگاهی به مجسمه ها بیندازیم.» زن

سالخورده ابروانش را درهم فرو کرد و چین های پیشانی اش را عمیقتر کرد و جواب داد: « بروید و وقتی شوهرم آمد بیاید » سپس پشت به ما کرد و راهش را به سوی خانه قدیمی در پیش گرفت. با مشت روی در آهنی کوبیدم و گفتم: « خانم خواهش میکنم در را باز کنید.» ویویان دستهایم را در دست گرفت و مانعم شد و گفت. « خانم چه کار میکنید. شما چرا کنترل خودتان را از دست می دهید؟ نزدیک بود اسم سازندهٔ مجسمه ها را بر زبان بیاورید. من که به شما گفتم به هیچ کس اجازه نمی دهند او را ببینند. او در زیرزمین این خانه مشغول مجسمه سازی است و نه به کسی اسم او را می گویند و نه اجازهٔ ورود به زیرزمین را می دهند، فقط افرادی مثل من آمده و مجسمه هایی را که می سازد، به شهر برده و به مغازه ها می فروشند

- ویویان، پس چطور باید موفق به دیدن او بشویم؟

- منتظر می مانیم تا شوهر آن زن بیاید. سپس دوباره سعی می کنیم.

نسیم هم حرف های ویویان را تأیید کرد و گفت: « هیوا جان اینقدر به خودت فشار نیار و مطمئن باش راهی برای ملاقات کسی که مجسمه ها را می سازد پیدا می کنیم.» سپس روبه ویویان ادامه داد: « ویویان اگر دوباره به ما اجازهٔ ورود به زیرزمین را ندهند، چکار باید بکنیم؟ »

- حتما راهی هست که بتواند ما را به زیرزمین برساند. نگران نباشید

نسیم ادامه داد: « تو فکر بهتری داری؟ »

- راهش را پیدا می کنم

بسته اسکناس ۵۰ یورویی کار خودش را کرده بود، ویویان به اتومبیل برگشت و گفت: « باید خوب فکر کنم » پشت سرش سوار اتومبیل شدم و گفتم: « ویویان، اگر بتوانی کاری کنی که ما بتوانیم فقط یکبار موفق به دیدن مجسمه ساز بشویم، زندگی ات را تغییر خواهم داد. هر کاری بخواهی انجام خواهم داد تا دیگر نیازی به کار فروش مجسمه نداشته باشی.» یک دستش را روی چشمانش گذاشت و به فکر فرو رفت. نسیم هم خارج از اتومبیل به کاپوت تکیه داده و در حال اندیشیدن بود و سرمای هوا را احساس نمی کرد. پس از چند دقیقه سوار شد و استارت زد و گفت: « فعلاً کمی از این جا دور شویم تا بتوانیم نقشه ای عاقلانه بکشیم.» و در مسیر برگشت چند کیلومتری پیش رفت و کنار جادۀ توقف کرد. ویویان گفت. « خانم اگر بتوانیم آقای «ماریانو کانزاس» را با پول زیادی که شما باید بپردازید، راضی کنیم خوب می شود. » نسیم گفت. « نه این راه خوبی نیست. من حدس میزنم علت ممنوع الملاقات بودن مجسمه ساز خیلی محکم است. بهتر است کاری سنجیده انجام دهیم که به دردسر نیفتیم و بتوانیم موفق شویم.» ویویان جواب داد: « مثلاً چه کاری؟»

- من پیشنهاد می دهم امروز به پاریس برگردیم و فردا با نقشه ای که برایتان می گویم بازگردیم

با لجاجت گفتم: «نسیم چه نقشه ای در سر داری؟»

- ما نمی توانیم بدون تدبیر و نسنجیده وارد خانه بشویم. باید خودمان را طوری معرفی کنیم تا هیچ کس متوجه نشود که منظور ما از ورود به آن خانه مجسمه و مجسمه ساز است

- نسیم جان، من نمی تونم تا فردا منتظر بمونم، هر نقشه ای داری باید همین الان اجرا کنیم. من امروز باید بفهمم که کی این مجسمه ها رو می سازه؟

- هیوا جان، باید شوهر اون زن رو قانع کنیم که اومدیم اونجا رو بخریم و نقداً پول کل محوطه و ساختمون رو می دیم و اجازه بدهید که یه نگاه کوتاهی به محوطه و ساختمون بندازیم. فقط از این راهه که می توانیم به زیرزمین راه پیدا کنیم

ویویان جواب داد: «بله نقشه خوبی است. باید این کار را بکنیم. اما من باید با شما نیایم، زیرا آقای ماریانو شاید مرا به خاطر داشته باشد»

- نسیم، خودت را آماده کن تا وقتی هوا گرگ و میش شد به آنجا برویم و با آقای ماریانو صحبت کنیم و به بهانه بازدیدِ کل خانه، به زیرزمین برویم

- باشه، یک ساعت بعد حرکت می کنیم

یک ساعت داخل اتومبیل نشسته و در مورد حرف هایی که قرار بود بزنیم تا صاحبخانه راضی به نشان دادن زیر زمین خانه شود، مذاکره کردیم. ساعت ۵ عصر بود که دوباره به سمت آنجا حرکت کردیم و بدون ویویان جلوی در ورودی منتظر ماندیم تا آقایماریانو صاحب خانه از راه برسد. ده دقیقه بعد او با یک اتومبیل باری تویوتا از راه رسید. با احتیاط جلو رفتیم و پس از سلام و احوالپرسی مختصر شروع کردیم. ابتدا نسیم گفت: « ما از طرف یک شرکت تولید و نگهداری گاوهای گوشتی مزاحم شده ایم و قصد داریم محوطهٔ بزرگ شما را به قیمت خوبی برای احداث یک گاوداری بزرگ صنعتی بخریم » مرد پیر نگاهی به اتومبیل و تیپ و قیافه ما کرد و گفت: « بفرمائید داخل صحبت کنیم، این جا سرد است »

مرد پیر ما را داخل منزل برد. دعا می کردیم که زن سالخورده اش قیافه ها را که کمی تغییر داده بودیم به خاطر نیاورد، از شانس خوب ما هم همینطور شد، زیرا آن زن با یک عینک ته استکانی پیش ما آمد، چون مطمئن بودیم دفعه قبل که ما را دیده، عینک به چشم نداشت، یقین حاصل کردیم که ما را نخواهد شناخت. من با جرأت خاصی ادامه دادم: « آقای ماریانو، شما این ساختمانِ وسطِ محوّطه را کی ساخته اید؟»

- چطور مگه؟

- همانطور که می دانید باید در کنار گاوداری یک خانۀ کوچکی مثل اینجا باشد تا افرادی که می خواهند مراقب گاوداری باشند، با خانواده خود، آنجا زندگی کنند

- این خانه ساخت سال ۱۹۸۸ است، ولی محکم و قابل استفاده است. فقط نکتۀ مهمی باید خدمتتان عرض کنم که اینجا فقط مال من نیست، درست است که من سهم خیلی کوچکی در این جا دارم ولی باید در مورد فروش این جا با رئیسم هم صحبت بکنم

- مشکلی ندارد. ما برای این جا هر مبلغی بخواهید، پرداخت می کنیم. شما هماهنگ کنید و به ما خبر بدهید.

مرد پیر شماره تلفن نسیم را روی کاغذ یادداشت کرد و گفت: « من با شما تماس خواهم گرفت »

نسیم با جسارت گفت: « امکان دارد که بازدید مختصری از خانه بکنیم؟»

- بله بفرمائید

ما را در کل خانه چرخاند ولی وقتی خواستیم وارد زیرزمین شویم گفت.« خانم من متأسفم نمی توانم اجازه دهم وارد زیرزمین شوید. اگر امکان دارد بعداً این جا را به شما نشان خواهم داد »

یک لحظه تصمیم گرفتم بدون اجازه ماریانو وارد زیرزمین شوم

- اشکالی ندارد

این جمله ای بود که از طرف نسیم گفته شد، سپس نسیم ادامه داد:

- آقای ماریانو، کی می خواهید با رئیستان هماهنگ کنید

- من همین فردا به شما زنگ خواهم زد

- پس به امید دیدار

از او خداحافظی کردیم و سوار اتومبیل، ویویان را از کنار جاده برداشتیم و به سمت پاریس حرکت کردیم. خیلی بی تاب بودم و اصلاً قصد بازگشت به خانه بدون پی بردن به راز آن زیرزمین را نداشتم. به همین علت قلبم، ثانیه به ثانیه آشفته تر و ضربانش نامنظم تر می شد. بارقه های امیدی که در دلم برای دیدن مرد مجسمه سازی که شاید یونس بود، خاموش نمی شد و خودم را زیر تلألو نوری خیره کننده می دیدم که هیچگاه نمی خواستم از زیر این نور درخشان خارج گردم. به همین دلیل به هنگام برگشت با صدای بریده بریده ای که از گلویم به زور بیرون می آمد به نسیم گفتم: « نسیم، چرا نقشه ات نگرفت؟ چرا، موفق به دیدن مرد مجسمه ساز نشدیم؟ من نمی خوام بدون پی بردن به موضوع مجسمه ساز به خونه برگردیم »

- هیوا دوست عزیزم، اگه می خوای به سلامت و بی دردسر موفق به دیدن مرد مجسمه ساز بشی، باید تا فردا صبر کنی

- من یه پیشنهاد دارم. بزن کنار تا براتون بگم

نسیم به دستور من در کنار جاده توقف کرد و منتظر ماند تا من چیزی بگویم، در این میان ویویان در اندیشه بود تا به من کمک کند و گفت: «خانم هر چه باشد من از صمیم قلب می پذیرم و انجام می دهم.» بدون آنکه اختیاری در جواب دادن داشته باشم اینگونه شروع به صحبت کردم: «ویویان جوان در کنار ماست و در این چند ساعتی که با هم بودیم معلوم است که پسر زرنگی است و می تواند نقشهٔ مرا عملی کند.»

- خانم هر چه بگوئید اطاعت میکنم، ماجراجویی با شخص مشهوری مثل شما باعث افتخار من است

- پس خوب گوش کنید تا بگویم. ما به آنجا بر می گردیم. هوا سرد و مه آلود است و فرصت خوبی است تا بتوانیم با کمک همدیگر مخفیانه وارد محوطه شده و سپس وارد زیرزمین شویم. از دور نگاهی به مجسمه ساز میکنیم، اگر یونس نبود دوباره محل را به آرامی ترک می کنیم

نسیم که دختر عاقل و با استعدادی بود، پس از بررسی نقشه من آنرا خطرناک و بی اساس تشخیص داد و گفت. «هیوا، چرا باید راه های راحت و بی دردسر را ول کرده و از راه های سخت وارد شویم؟» ویویان در جواب نسیم از طرف من پاسخ داد:

- خانم نسیم شاید صبری که شما از آن حرف می زنید به ضرر ما تمام شده و باعث شود ماریانو تا فردا مرد مجسمه ساز را به آرامی از آنجا خارج کرده و جای دیگری ببرد تا ما بتوانیم براحتی و به گفته خودش پس از مکالمه با رئیسش وارد زیرزمین شویم و آنجا را ببینیم. من هم با نظر خانم هیوا موافقم و می توانم در پیشبرد این نقشه کمکتان کنم

خوشحالی که بخاطر موافقت ویویان در وجودم پدیدار شده بود، باعث شد کمی خیالم راجع به طرحی که در سر داشتم راحت شود. هر دو به نسیم خیره شده و منتظر شدیم او نیز با ما همراه شود، گفت: « خب قبول ولی با کسی که جلوی ورودی زیرزمین اسلحه به کمر نشسته بود می خواهید چکار کنید؟ » ویویان دست در کمرش برد و اسلحهٔ خودش را بیرون کشید و گفت: « من هم اسلحه دارم و می توانم بی سرو صدا از آن استفاده کنم. نگران نباشید، از میان برداشتن آن مرد با من.» نسیم کمی خودش را پشت فرمان عقب کشید و پس از قورت دادن آب دهانش که در سکوت داخل ماشین صدایش در گوش ما پیچید، گفت: « من نمی خواهم دست در قتل یک فرد داشته باشم.» ویویان گفت: « من که حرف از کشتن نزدم، فقط آن مرد را بیهوش خواهم کرد و از اسلحه برای ترساندن او و وادار کردنش برای عقب نشینی استفاده خواهم کرد » دست نسیم را میان دستانم گرفتم تا از او بخواهم کمکم کند، دستش در گرمای داخل اتومبیل عین یخ بود، فهمیدم که خیلی

ترسیده است، به همین علت گفتم: « نسیم جان، اگر می ترسی تو داخل ماشین نشسته و تا برگشتن ما منتظر باش »

با کمی مکث پاسخ داد: « نه من هم با شما هستم.» سپس اتومبیل را روشن کرد و پس از دور زدن در مسیر جاده به سوی محل مورد نظر حرکت کرد. ساعت ۶:۱۵ عصر را نشان میداد. به آنجا رسیدیم و به پیشنهاد ویویان اتومبیل را پنجاه متر دورتر متوقف کرده و با پای پیاده به سمت آن خانه حرکت کردیم. تلفن ها را خاموش کردیم تا صدای ناگهانی زنگ خوردن شان نقشه مان را خراب نکند. پشت در ورودی بزرگ آهنی که رسیدیم، ویویان به آرامی از در بالا رفت، به آنطرف در پرید،در را به روی ما گشود. به آرامی بدون اینکه حتی جمله ای میان ما رد و بدل شود، پیش رفتیم و به دیوار پشتی خانه رسیدیم. همانجا توقف کردیم. ویویان گفت: « شما همین جا منتظر باشید تا من برای بررسی بیشتر به طرف ورودی زیرزمین بروم و پس از اطمینان یافتن از موضوع پیش شما برگردم.» همانجا چمباتمه زده و منتظر ویویان ماندیم. تمام صورتمان را با شال و کلاهی که به خاطر سردی هوا همراهمان داشتیم پوشانده بودیم و فقط چشمهای مان از پشت شال نمایان بود. متوجه ترس نسیم شدم و به همین علت گفتم: « نسیم جان، نترس هیچ اتفاقی نمی افته و اگه خدا بخواد بی دردسر وارد زیرزمین

خواهیم شد » او نیز سرش را به علامت تأیید حرفهای من بالا و پائین کرد و دستهایش را در جیب های کت گرمی که پوشیده بود، فشرد.

ویویان پس از چند دقیقه برگشت و گزارش داد: « خانم، ورودی زیرزمین در آنطرف ورودی اصلی خانه قرار دارد و براحتی می توانیم وارد آنجا شویم. تنها دو مانع سر راهمان هست، یکی مرد جوانی که پشت در خوابیده و دیگری قفلی که روی در ورودی زیرزمین تعبیه شده است. اگر شانس بیاوریم و کلید قفل دست مردجوان باشد، براحتی وارد می شویم، وگرنه باید قفل را بشکنیم. به آرامی پرسیدم: « ویویان آن جوان کجا خوابیده است؟»

- در ورودی زیرزمین اتاقک کوچکی از جنس آهن ساخته شده و آن مرد جوان درون آن در حال خروپف کردن است. حرکت کنید

پشت سر ویویان که جرأتش به من نیرو می داد، حرکت کردم و در ۱۰ متری نگهبان و پشت کنج دیوار توقف کردیم. ویویان به آرامی جلو رفت و اسلحه در دست وارد اتاق آهنی شد، وقتی در اتاق را گشود صدای خروپف مرد نگهبان به گوش میرسید. با ضربه ای بر سر او کوفت و سر مرد جوان را به سرعت به طرفی چرخاند و او را بیهوش کرد. صدای خروپف خاموش شد، متوجه شدیم ویویان در کارش موفق شده است. با اشاره او جلوتر رفتیم و به ورودی زیرزمین رسیدیم. زیرزمین حدود ۱۳ پله داشت. این را می شد از لابلای سوراخ های در ورودی حدس زد.

ویویان جیب های نگهبان جوان را گشت و بالاخره کلیدی از جیبش بیرون کشید و با خنده ای شبیه به تبسم جلو آمد، کلید را در قفل چرخاند. وقتی صدای باز شدن قفل را شنیدیم، احساس کردم سخت ترین و دشوارترین قفل زندگیم را گشوده ام. در را باز کردیم و بی صدا پله ها را یکی پس از دیگری پائین رفتیم و در انتهای پله ها ایستادیم. روبرویمان راهروی باریک و تاریکی بود و در انتهای آن نوری شبیه نور شمع که هر لحظه کم و بیش میشد، به چشم می خورد. دست ویویان را که می خواست قدم در ابتدای راهرو و باریک بگذارد، گرفتم و باعث توقف او شدم و گفتم: « ویویان به نظر تو چند نفر داخل زیرزمین هستند. اگر آنها تعدادشان زیاد باشد به دردسر می افتیم.» با صدای جسورانه ای گفت. « من مطمئنم که یک نفر بیش تر نیست ولی نمی دانم کسی که آنجاست واقعاً همان کسی است که شما می گوئید؟» « ویویان اگر آن فرد مجسمه ساز یونس نباشد و ما را ببیند چه؟ برای مان دردسر ایجاد نمی شود؟» این را نسیم گفت و منتظر پاسخ ویویان ایستاد

- خانم اگر یونس نباشد، همانطور که نگهبان را ساقط کردم، او را نیز بیهوش خواهم کرد. ویویان جلوتر از ما شروع به حرکت به سمت نور انتهای راهرو کرد، من و نسیم نیز پشت سر او به آرامی، پاورچین پاورچین به راه افتادیم. وسط راهرو صدای سرفه های شدید مرد مجسّمه

ساز به گوش می خورد، هر چقدر دقت کردم نتوانستم به آشنا بودن یا نبودن صدای سرفه ها پی ببرم. جلوتر رفتیم و در هر قدمی که بر می داشتیم بر اضطراب من افزوده می شد. چند متری بیشتر به انتهای راهرو باقی نمانده بود که ویویان دستور توقف داد و با اشاره دستهایش از ما خواست که چند ثانیه ای منتظر باشیم، سرکی به داخل زیرزمین کشید تا پس از اطمینان به حرکتمان ادامه دهیم. بوی موادی که مجسمه ساز با آن کار میکرد با بوی رطوبت بیش از اندازۀ زیرزمین درهم آمیخته بود و مرا اذیت می کرد. ویویان برگشت و گفت: « آنجا مردی است با قدی کشیده و موهایی بلند که تا روی شانه هایش را پوشانده، ولی قیافه اش را ندیدم، زیرا او پشت به ماست و برای دیدن چهره اش، باید وارد شده و با او روبرو شویم »

هیچ نشانه ای که نشانگر ترس باشد در چهرۀ ویویان به چشم نمی خورد. ولی نسیم خیلی می ترسید و اصلاً نظر نمی داد. خدا ویویان را برای کمک به من فرستاده بود. در ته دلم با خود گفتم: «ویویان پنج هزار یورویی که بابت کمک به تو دادم، واقعاً نوش جانت باشد. ارزش کارت خیلی بیشتر از این هاست» ویویان منتظر عکس العمل ما در مورد حرفهایش بود، اشاره ای با حرکت سر به نشانه تأیید کردم و پشت سر او راه افتادم و با اشارۀ دست از نسیم خواستم همانجا در انتهای

راهرو منتظر بایستد و داخل نیاید. به دیوار تکیه داد و دستهایش را دوباره در جیب هایش فرو کرد.

به آرامی جلو رفتیم و من پس از ویویان وارد محوطه کوچک زیرزمین و محل کار مجسمه ساز شدیم. او روی صندلی سه پایهٔ کوچکی پشت به ما نشسته بود و با ابزاری که در دست داشت مشغول تراشیدن هیکل همان نوع مجسمه ای بود که نسیم برایم هدیه داده بود. مجسمه «Hiva» روی میز کارش و رو به ما بود. ولی مرد مجسمه ساز آنقدر غرق در کار روی مجسمه بود که صدای ورود ما را به اتاق کارش را نشنید. نگاهی به دوروبرم کرده و سپس در چشمان ویویان که از خوشحالی در جهت کمک به من در نور تنها شمعی که در اتاق بود برق می زد، خیره ماندم. ویویان سرش را به نشانهٔ صدا کردن مرد مجسمه ساز، تکان داد، زبانم را در دهانم چرخاندم و با صدایی مصمّم ولی منقطع صدا زدم: « یونس» مرد مجسمه ساز که هنوز هویّتش برای من معلوم نبود، دستهایش از حرکت ایستاد، مکثِ کوتاهی کرد و ابزار کارش را با طمأنینه خاصی روی میز گذاشت و سپس به آرامی از روی صندلی سه پایهٔ چوبیش برخاست و به طرف ما چرخید. نفس در سینه ام حبس شد، ناخودآگاه چشمهایم را بستم و انگشتان دستم را درون دست دیگرم فشردم، مثل مجسمه روی میز کاملاً بی حرکت شدم و تنها عضوی از بدنم که حرکت میکرد قلبم بود که ضربان شدیدی به قفسهٔ سینه ام

وارد میکرد. سکوتی مطلق فضای زیرزمین را فراگرفت، صدای جلزّ و ولزّ موم شمع که به دور شعلۀ فتیله می سوخت، تنها صدایی بود که به گوش می رسید. پس از ثانیه هایی سخت، چشمهایم را به آرامی گشودم. مردی که در مقابلم ایستاده بود، یونس بود، یونسی که سالها به دنبال او بودم. مدتی سکوت فضای تاریک اتاقک ادامه یافت وکسی چیزی نگفت و تکانی نکرد. پس از مدتی مکث یونس به آرامی زیر لب گفت: « هیوا، هیوا، هیوا، هیوایِ من» و خواست به طرف جایی که من ایستاده بودم قدم بردارد ولی پایش به سه پایه ای که رودرویش قرار داشت گیر کرد و زمین خورد. بی معطّلی به سوی او دویدم و دستش را درون دستم فشردم، سرش را بلند کردم و دست دیگرم را زیر سرش تکیه دادم. یونس به آرامی دست روی صورتم کشید و گفت: « هیوا جان، خودت هستی؟ یعنی من اشتباه نمی کنم؟ » ناگهان چشمم به چشمان یونس افتاد، او مرا نمی دید و هیچ نشانه ای از بینایی در چشمانش نبود. آری یونس کور بود و دنیای پیرامون برایش تاریک شده بود. چشمانم پر از اشک شد، از ویویان کمک خواستم تا یونس را از زمین بلند کنیم. او را بلند کرده و روی تختی که گوشۀ دیگر اتاق بود نشاندیم. ویویان نسیم را صدا زد و از او خواست در کنار من باشد، وقتی نسیم وارد شد بی اختیار می گریست. فضای اتاقک زیرزمین قابل نفس کشیدن نبود، نمی دانستم همه چیز واقعیست یا در خواب و رؤیا هستم. یونس با صدای لرزانی

گفت. « هیوا بالاخره آمدی. می دانستم می آیی » دو دستش را روی دو گونه ام گذاشت و ادامه داد: « ولی کمی دیر رسیدی، ایکاش زودتر می آمدی تا می توانستم چهرهٔ زیبایت را ببینم »

بی اختیار اشک از چشمان من سرازیر می شد و نسیم و ویویان نیز به همراه من می گریستند. نمی دانستم این گریه، به خاطر چه بود؟ از طرفی خوشحال بودم که یونس را یافته ام و در پوست خود نمی گنجیدم و از طرفی دیگر بسیار ناراحت و دلگیر بودم که او دیگر قادر به دیدن نبود. یونس فقط مرا لمس می کرد و دست به سرو صورتم می کشید و هراز چندگاهی زیر لب اسم مرا تلفظ می کرد. سکوت عجیبی همه جا را فرا گرفته بود. پس از چند دقیقه ویویان آنرا شکست و گفت. « خانم اگر می خواهید به دردسر نیفتیم باید هر چه زودتر این جا را ترک کنیم.» ساعت ۷:۱۰ عصر را نشان می داد و باید سریع حرکت می کردیم. چون امکان داشت هر لحظه آقای ماریانو سر برسد و تمام نقشه هایمان که تا اینجا با موفقیت بود، نقش بر آب شود. اشکهایم را به سرعت پاک کردم و به یونس گفتم: « یونس جان، باید برویم.» سپس خودم را از تختش که عین تخته سنگ بود جدا کردم و دست یونس را گرفتم و از ویویان خواستم تا کمکم کند. او گفت: « خانم من جلوتر از شما حرکت می کنم و شما پشت سر من بیائید و سعی کنید در راه تا خروج از این جهنم هیچ صحبتی نکنید و ساکت باشید »

همگی سرمان را به علامت تأیید تکان دادیم و پشت سر ویویان جسور و جوان به راه افتادیم. پله ها را یکی پس از دیگری بالا رفتیم، من که از کوری یونس شوکه شده بودم به او کمک کردم تا پله ها را بالا برود. او کورمال کورمال حرکت کرد و بالاخره به محوطۀ حیاط رسیدیم. نگهبان با ضربه ای که به سرش وارد شده بود هنوز بیهوش افتاده بود و ویویان اسلحه بدست جلوتر از ما حرکت می کرد. با خود گفتم: « ای کاش نیازی به استفاده از اسلحه نشود و صحیح و سالم از این جا بیرون برویم. » نسیم با اشاره من قدمهایش را سریعتر کرده و برای آوردن اتومبیل، دویدن گرفت.

ده دقیقه بعد هر چهار نفرمان سوار شدیم و من نفس راحتی کشیدم. نسیم به سرعت استارت زد و به طرف پاریس به حرکت افتاد. در سیاهی شب و نور کمی که در اتومبیل بود، متوجه شدم که پس از سرفه های شدیدی، خون از دهان یونس بیرون می پرد و این موضوع را موقعی فهمیدم که چهرۀ او را به هنگام سوار شدن، زیر نور داخل اتومبیل دیدم. با دستمال جیبی کوچکی که ویویان به من داد، خون دور دهان یونس را به آرامی پاک کردم و گفتم: « یونس چرا اینقدر سرفه می کنی، این خون دیگه چیه؟ » تبسم کوتاهی کرد و گفت: « عزیزم، مهم نیست، مهم اینه که بالاخره کنار تو نشسته و صدای تو را میشنوم. این تنها آرزوی من بود » فوارۀ غدّه های اشک، فرصت حرف زدن به من نداد، و

به زحمت گفتم: « یونس من نیز از بودن در کنار تو خیلی خوشحالم ولی به خودم لعنت می فرستم که چرا نتونستم زودتر و بهتر از این تو رو پیدا کنم » او را در بغل گرفتم و به سینه ام فشردم و گرمی نفسش را حس کردم. نسیم که داشت به شهر می رسید پرسید:

- هیوا جان، الان باید کجا بریم؟ من پیشنهاد می دم یونس خان را به خانه ما ببریم و تو نیز هر چه سریعتر به خانه برگردی، زیرا اگر راسل بیشتر از این نگران شود به دردسر می افتی

ویویان در میان حرفهای نسیم گفت: « من چه کاری می توانم بعد از این برایتان بکنم؟» بخاری های ماشین را خاموش کرد و ادامه داد:

- هر کاری که از دستم بر بیاید برایتان می کنم

نسیم شمارۀ تلفن ویویان را از او گرفت و گفت:

- فعلاً تا این جا نیز تمام کارها را شما انجام دادید و خطرها را به جان خریدید. از شما متشکریم. اگر نیازی باشد با شما تماس خواهیم گرفت

ویویان تقاضا کرد در همان خیابانی که در آن در حرکت بودیم او را پیاده کنیم. پس از توقف و تشکر من، پیاده شده و ما را ترک کرد.

یونس مرتب سرفه می کرد و من نگران سلامتی او بودم و نسیم که انگار فکر ما را خوانده باشد، گفت: « هیوا، دوست عزیزم نگران نباش، یونس در خانه ما راحت خواهد بود، پدرم طبیب بازنشسته ارتش است و از او

خواهم خواست تا تمام تلاشش را در مداوای یونس بکند » به خانۀ پدری نسیم رسیدیم و یونس را به سمت داخل خانه هدایت کردیم. مادر نسیم که از دیدن یونس مبهوت شده بود و چون هیچگونه هماهنگی قبلی نشده بود، گفت. « دخترم، این مرد کیست و چرا در این حال و وضع است؟» نسیم پاسخ داد.« مادر توضیح خواهم داد. فعلاً باید او را به اتاقی ببریم و بستری اش کنیم » آذر، مادر نسیم که از وضعیت بد یونس خیلی ناراحت شده بود از نسیم خواست تا هر چه زودتر با پدرش تماس بگیرد و از او کمک بخواهد. یونس روی تختی دراز کشید ولی دستانم را رها نمی کرد به آرامی گفت: « هیوا باید با تو حرف بزنم.»

- یونس بعداً مفصل صحبت میکنیم. فعلاً باید به خانه برگردم و تو را چند ساعتی تنها بگذارم. این جا منزل دوستم نسیم است. جای تو این جا امن است و هیچ نگرانی ندارم که تو را به این جا آوردم. کمی استراحت کن من در اولین فرصت بر می گردم

- یونس دستم را رها نمی کرد، ادامه داد: « هیوا جان فقط به این سوالم جواب بده و برو.»

- بپرس عزیزم

- راسل کیست و با تو چه نسبتی دارد؟

یونس سوال عجیبی پرسید. سوالی که مرا به فکر انداخت. یونس ادامه داد: « در راه وقتی که به این جا می آمدیم اسم او را چند بار شنیدم، او کیست؟» آب دهانم خشکیده بود و لبانم از فرط اضطراب قدرت تکان خوردن نداشتند. ولی باید به سوال یونس پاسخ می دادم، گفتم: « راسل شوهر من است، بعداً در مورد او با هم حرف خواهیم زد.» یونس خنده ای بر لب جاری کرد و انگار که معمایی را حل کرده باشد، خوشحال شد. ولی سؤال او مرا کنجکاو کرد و نتوانستم همانطور یونس را ترک کنم. پرسیدم: « عزیزم، تو راسل را از کجا می شناسی؟ »

- برو به کارت برس، بعداً حرف خواهیم زد

- من......

وسط حرفهایم پرید و گفت:« هیوا جان، راسل همان کسی است که باعث تمام این اتفاقات و فجایع شده همان کسی است که مرا ماه ها در آن زیرزمین زندانی کرده.» سپس دست روی صورتم گذاشت و پس از لمس صورتم گفت: « می دانم اکنون در خانه منتظر توست، برو به کارهایت برس ولی خواهش میکنم، فردا صبح به دیدنم بیا.» هق هق کنان از یونس خداحافظی کردم و او را به نسیم و خانواده اش سپردم و با اتومبیل به طرف خانه به راه افتادم. وقتی باغبان در را به رویم گشود و از اتومبیل پیاده شدم، از حرکات من تعجب کرد و گفت: « خانم اتومبیل را بیرون گذاشتید.» سر و وضع خودم را مرتب کردم و در وسط حیاط

۵۱۷

آبی به صورتم زدم تا نشانه های گریستن در چهره ام از بین برود و به آرامی در را گشوده و وارد شدم. وقتی وارد راهرو شدم شنیدم که راسل داشت با تلفن حرف می زد و هراسان پشت تلفن می گفت: « ای احمق، حواست کجا بود که این اتفاق افتاد؟» و پشت گوشی تلفن اسم ماریانو را پشت سرهم تکرار می کرد. وقتی با من روبرو شد، به آرامی خداحافظی کرد و تلفن را قطع کرد. آخرین جمله ای که گفت این بود « دورو اطراف را بگرد من همین الان حرکت می کنم.»

آری به گفتهٔ یونس راسل پشت این ماجرا بود و من کاملاً بی اطلاع بودم. رو به من کرد و گفت: « عزیزم تا این موقع کجا بودی؟ » خنده معنی داری بر لبانم جاری ساختم و گفتم: « با نسیم در حال خوشگذرانی بودیم.»

- من کار مهمی دارم، باید بروم. اگر دیر برگشتم نگران من نباش

سپس مرا ترک کرد و بسرعت کفشهایش را به پا کرد و رفت. در دلم با خود گفتم: « کیست که نگران تو باشد. راسل دیگر در کنارم نیستی و درست روبرویم ایستاده ای و به جای عشق، نفرت هم اکنون در دلم جای گرفته است. »

فرصت را غنیمت شمردم و به اتاق اوا رفتم، به آرامی خوابیده بود. از اشلی خواستم تا بسرعت آوا را از خواب بیدار کرده و او را آماده کند. با ترسی که نسبت به حرکات غیر عادی من در وجودش افتاده بود پرسید.

« خانم کجا می روید، هوا تاریک است و شب فرا رسیده است. نمی شود فردا... »

- اشلی کاری را که گفتم بکن. من از این خانه می روم و دیگر هیچگاه بر نخواهم گشت. زود باش آوا را آماده کن

- خانم خیلی عصبی هستید، اگر قصد دارید دیگر این جا برنگردید، من را هم با خود ببرید. من بدون آوا نمی توانم زندگی کنم

- پس خودت نیز آماده شو تا برویم

وقتی داشتم وسایلم را برای زندگی جدا از راسل آماده می کردم، وارد اتاق خوابمان شدم و چشمم به تختخواب افتاد، عشقبازی هایم با راسل به یادم افتاد ودیوانه وار به سمت تخت حمله ور شدم. کلودیا از راه رسید و مرا کمی آرام کرد. به در و دیوار عمارتی که چندین سال با شادی در آن زندگی کرده بودم نگاه کردم. همان خانه ای که تا دیشب بوی عشق می داد، تبدیل به جهنمی شده بود که باید آنرا ترک می کردم. تمام رؤیاهایم در آن خانه اتفاق افتاده بود. نزدیک به یک و نیم سال بود که یونس توسط راسل در پاریس زندانی شده و در عذاب کامل روزگار گذرانده بود و من در کنار راسل مشغول زندگی مرفه و شادی بودم که راسل لعنتی برایم مهیا کرده بود. لعنت به تو هیوا، لعنت به تو راسل و لعنت به تمام لحظاتی که در کنار تو گذراندم.

نامهٔ مفصّلی بدین مضمون برای راسل نوشتم و به همراه آوا و اشلی خانه را ترک کردم

« نمی دانم نامه ام را با سلام شروع کنم یا نه؟ ولی به خاطر احترام در ابتدای نامه ام سلام میگویم. راسل، اولین باری که تو را دیدم، احساس کردم فرشته ای هستی که از سوی خداوند برای کمک به من فرستاده شده ای. زیرا با اولین کاری که در شرکت تو انجام دادم، پولی بدست آورده بودم و میخواستم با آن خودم را به کسی برسانم که به خاطر او ایران را ترک کرده بودم. آری هیچگاه آن محبتی را که به من کردی فراموش نمی کنم. هر بار که با تو روبرو می شدم. مردی را می دیدم که به دنبال کار و تلاش برای ارتقای سطح زندگی و مسرّت خانواده اش است. تو کارهای زیادی برای من انجام دادی و با الطافی که نسبت به من داشتی، بذر محبت را در دل من کاشتی و هر روز آنرا آبیاری کردی تا کار به آنجایی رسید که من به پیشنهاد تو برای جستجوی تنها کسی را که تا ابد تنها معشوقم بود، به تو واگذار کنم. اولین بار به من خیانت کردی و با این حال که او را در کانادا یافته بودی و می دانستی که می توانی مرا به او برسانی، باز هم باعث دوری او از من شدی. با حیله های عجیب و ماهرانه ات موفق شدی او را از من دورتر کنی و تا حدی این کار را انجام دادی که باعث شدی من دیدگاهی کاملاً برعکس نسبت به یونس پیدا کنم. ولی چون بخاطر من دانیل لعنتی را کشتی و به

زندان افتادی، دوباره به سوی تو برگشتم. این بار قول دادی که مرا در یافتن یونس کمک کنی. با من به ایران آمدی، نه با این هدف که پس از یافتن یونس مرا به او برسانی، بلکه با هدفی شوم قصد داشتی پس از پیدا کردن او را از من دور کنی. افکار پلیدت را تا به حدی رساندی که یونس را در جایی که محل نگهداری حیوانات بود، زندانی کردی و افرادی را برای مواظبت از او گماشتی و در طرف دیگر به زندگی عادی ات با من ادامه دادی. روح و طراوت در زندگی دمیدی و دوباره با حیله گری هایت باعث شدی من یونس را فراموش کنم و در ذهن من از یونس مردی ساختی که هیچگاه مرا دوست نداشته و نخواهد داشت. ولی اکنون که یونس را یافته ام، لحظه ای او را از جلوی چشمانم دور نخواهم کرد. او را یافتم ولی نه به موقع، کاری کردی که باعث شدی دیگر یونس هرگز قادر به دیدن نباشد. علت کوری یونس را هنوز نمی دانم ولی میدانم که وقتی سرفه می کند، خون تمام دهانش را در بر می گیرد. تو واقعاً چقدر می توانی بی رحم باشی که چنین کارهای پلیدی انجام دهی. من در تمام سالهایی که با تو زندگی کردم، چیزی جز مهربانی و محبت از تو ندیدم و نمی دانستم آن روی تو چیز دیگری است که من از آن بی خبرم. نمی دانم چطور یونس را یافته و او را زندانی کرده ای، ولی بزودی با یونس در مورد تمام قضایا صحبت خواهم کرد. آری من توانستم او را پیدا کرده و فراری دهم.

تو را ترک می کنم و از زندگی ات بیرون می روم زیرا نمی توانم به این زندگی دو پهلو با تو ادامه دهم. کینه ای در دلم کاشتی که هیچگاه و با هیچ محبتی پاک نخواهد شد.

هیوا »

به طرف خانهٔ نسیم به راه افتادیم. وقتی رسیدیم، پدر نسیم، آقا «سهیل» بالای سر یونس در حال معاینهٔ او بود. اشلی و آوا با دیدن یونس جا خوردند، یونس را به اشلی معرفی کردم. پدر نسیم وضعیت یونس را وخیم تشخیص داد و گفت: « هیوا جان، باید او را به بیمارستان برده و بستری اش کنیم.»

- آقا سهیل، با اینکه راسل آدرس دقیق شما را نمی داند ولی می تواند حدس بزند که من و یونس اینجا هستیم و پس از مراجعه به مدارک موجود در شرکت، آدرس شما را خواهد یافت و برای پیدا کردن من و یونس به اینجا خواهد آمد. ما باید فعلاً جای دیگری مخفی شویم تا اب از آسیاب بیفتد. بعداً یونس را برای مداوا به بیمارستان خواهم برد.

- عزیزم، اشکالی ندارد که راسل این جا بیاید، من در مقابل او می ایستم و وجود یونس را در این جا انکار می کنم.

- راسل دیوانه وار مرا دوست دارد و به هیچوجه در این مورد کوتاه نخواهد آمد. او اکنون در خانه نیست و متوجه شده که یونس را فراری داده ایم. بهتر است برای شما دردسر درست نکنیم.

مادر نسیم، آذر خانم جلوتر آمد و گفت: « من دوستی دارم که می توانیم در مورد اختفای شما از او کمک بخواهیم. از شوهرش جدا شده و به تنهایی زندگی می کند.» نسیم رو به مادرش کرد و گفت: « مامان منظورت Sophie است؟ »

- بله نسیم، سوفی زن خوبی است و حتماً به ما کمک خواهد کرد. همین الان با او تماس میگیرم

یونس را برای رفتن به خانه دوست آذر خانم آماده کردیم و با اتومبیل پدر نسیم به سمت آنجا حرکت کردیم. سوفی زنی چهل ساله ای بود که من، یونس، آوا و اشلی را در خانه اش پذیرفت و گفت: « هر چقدر خواستید می توانید اینجا بمانید » خانه تقریباً در حومهٔ شهر پاریس بود و جای امنی به نظر می رسید. سوفی هم مهربانتر از آن حدی بود که من انتظارش را داشتم. بهمین علت خیالم راحت بود که این جا حداقل می توانیم مدتی را در آرامش سپری کنیم تا تصمیم نهایی مان مشخص گردد. سوفی یکی از اتاقها را برای من و یونس و دیگری را برای آوا و اشلی در نظر گرفت و پس از اینکه چند دقیقه ای را با نسیم و پدرش صحبت کرد رو به اشلی کرد و گفت: « آیا می توانی به من در آوردن

هیزم جهت روشن کردن شومینه کمک کنی؟» اشلی با نجابت خاصی که داشت سرش را بالا گرفت و جواب داد: « حتما این کار را می کنم. شما فقط جای هیزم ها را به من نشان دهید »، هر دوی آنها به طرف بیرون به راه افتادند. اشلی با یک بغل پر از هیزم برگشت و شومینه را پس از چند دقیقه آتش زد و روشن کرد. گرمای آتش درون سالن، ما بین اتاقها پیچید و چوب ها چق چق کنان سوختند

یونس که هنوز از آن حالت تعجب بیرون نیامده بود، با لمس در و دیوار دنبال جایی می گشت که قابل نشستن باشد. سراسیمه دستش را گرفتم و روی صندلی چوبی گوشه سالن نشاندم و گفتم: « یونس جان الان دیگه در بند نیستی و تو اون زیرزمین لعنتی زندگی نمی کنی. خواهش می کنم روی تخت دراز بکش و استراحت کن تا پس از فراهم شدن موقعیت، یک دکتر خوب به اینجا بیارم »

- هیوا، بیا بشین می خوام مفصل با تو در مورد آنچه اتفاق افتاده حرف بزنم

صندلی دیگری آوردم و روبروی یونس قرار دادم، هر دو کنار شومینه که تمام فضای سالن و اتاقها را گرم کرده بود، شروع به در دل کردیم. یونس اینگونه شروع کرد:

- هیوا جان، ای کاش چشمانم می دید و می تونستم تو رو همینطور که روبروم نشستی ببینم. یادت هست روزی که با همین حالت در اتاق لعیا

رودرروی همدیگه نشسته بودیم؟ در همان اولین دیدارمان بود که جرقه عشق بین ما شکل گرفت

آهی سوزناک از ته دل بیرون فرستادم و گفتم: « آره، چطور می تونم اون روز را فراموش کنم؟»

- وقتی من از کانادا برای دیدن دوباره تو قصد سفر به ایران کردم، وارد تهران شدم و مستقیماً به خانهٔ خواهرم طوبی و شوهرش مراجعه کردم. ولی با خبر مرگ لعیا و مادر مرحوم تو مواجه شدم. خدا مادرت را بیامرزد. جای او در بهشت است. جا خورده بودم و تصمیم گرفتم هر طوری که هست دنبال تو گشته و تو را پیدا کنم. به همین علت به شهر پدری ات ارومیه رفتم و با هزار مکافات دایی ات سیاوش خان را پیدا کردم و تصمیم گرفتم به همراه او که تو را برای سفر به کانادا بصورت غیر قانونی به اروپا فرستاده بود، به استانبول سفر کنم. من و سیاوش با هم به استانبول رفتیم و تنها چیزی که دایی ات در استانبول به من گفت این بود که تو با کشتی به ایتالیا و از آنجا هم به فرانسه رفته ای. برای یافتن آدرس دقیق تر مجبور شدم یکی یکی با آدمهایی که تو با آنها در ارتباط بوده ای روبرو شوم. ولی این کار بسیار دشوار بود و نتوانستم با همهٔ آنها صحبت کنم. دایی ات گفت که آخرین باری که با تو حرف زده تو در پاریس بودی و این تنها کمکی است که می تواند به من بکند. در دلم با خود گفتم که عجب دایی با غیرتی داری که هیچ

تلاشی برای یافتن تو به من نمی کند. متوجه شدم که او قصد دارد در استانبول بماند و مرا در نیمه راه رها کرده و دنبال عیش و نوش خودش برود. تصمیم گرفتم به تنهایی به پاریس بروم و دنبال تو بگردم. می دانستم که تو همانجا ساکن شده ای، زیرا هیچ خبری از تو در کانادا نبود. می دانستم که به خاطر من به دردسر افتاده ای. به پاریس رسیدم و دقیقاً می دانستم چطور باید تو را پیدا کنم. چون می دانستم که تو دختری زرنگ و باهوش هستی و برای ماندن در پاریس حتماً به اقامت فکر می کنی، تصمیم گرفتم به پلیس اقامت و مهاجرت پاریس مراجعه کنم و اسم تو را به آنها دادم و گفتم که من یک شهروند کانادایی هستم و دنبال تو می گردم. در ابتدا پلیس از دادن آدرس تو خودداری کرد ولی افسرجوانی از بین آنها اظهار کرد که اگر می خواهید خانم هیوا متین را ببینید خیلی راحت می توانید این کار را بکنید. او گفت که هیوا متین دختر مشهوری است که هر روز حداقل دو سه بار روی صفحه تلویزیون می توان او را دید. وقتی علت ورود تو به تلویزیون پاریس را جویا شدم گفت که خانم هیوا، مانکن مشهوری است که در تبلیغات تلویزیونی شهرت دارد و خودش نیز معاون شرکت Lorence است. او همهٔ این اطلاعات را از طریق روزنامه ها بدست آورده بود. از او تشکر کردم و خوشحال از اینکه تو را یافته ام از ادارهٔ پلیس مهاجرت بیرون آمدم. پس از مدتی کوتاه توانستم آدرس شرکت Lorence را پیدا کنم. دسته گلی

بزرگ تدارک دیدم و وارد شرکت شدم و در آنجا با مردی بنام تد روبرو شدم که قول داد مرا برای ملاقات با تو به جایی ببرد. خوشحال شدم و از او تشکر کردم. سوار اتومبیل شخصی همان مرد شدیم و به قصد دیدن تو حرکت کردیم. از شهر پاریس خارج شدیم و تقریباً ۲۰ کیلومتری راه پیموده بودیم که تد ماشین را متوقف کرد و به من اشاره کرد که پیاده شوم. پس از چند دقیقه خودم را زیر ضرب و شتم یافتم و تا خواستم به خودم بیایم، متوجه شدم در زیرزمین همان خانه زندانی شده ام. همان مرد مرا به صاحب آن خانه که ماریانو صدایش می زد سپرد و گفت که مواظب من باشد و نگذارد از آن زیرزمین لعنتی خارج شوم.

یونس به آرامی و شمرده تعریف می کرد، بی اختیار اشک می ریختم وهیچ چیزی میان حرفهایش نگفتم. ادامه داد:

- هر روز غذایم را به زیرزمین می آوردند و مرد جوانی را مراقب من گذاشته بودند که از پشت در نگهبانی می داد. بعداً اتاقکی فلزی برای نگهبان پشت در آوردند. به او گفته بودند که باید چهار چشمی مواظب من باشد و او را تا دندان مسلح کرده بودند. آری روزهای سختی بود. در آن زیرزمین که قبلاً محل نگهداری سگهای صاحبخانه بود، نه روز معلوم بود و نه شب، زیرا که هیچ روزنه ای برای ورود نور نداشت. دختر ماریانو «Aude» نام داشت برایم غذا و آب می آورد و گاهی اوقات از پشت در با من درد دل میکرد. چند بار از او خواستم که مرا از آن زیرزمین لعنتی

نجات دهد، ولی چون زیر فشار خشونت پدرش بود، هیچگاه تن به خواسته من نداد. هر موقع که می خواستم اطلاعاتی از او بگیرم طفره می رفت و جواب نمی داد. با او مهربان بودم زیرا او نیز دختر معصومی بود که با من به ملایمت رفتار می کرد. از آیوده خواستم که کاری برایم بکند تا حداقل در آن زیرزمین مشغول باشم، از او خواستم ابزار و لوازم مورد نیاز کار مجسمه سازی را که قبلاً آشنایی جزی با آن داشتم و کار کرده بودم، برایم فراهم کند. آیوده با این درخواستم موافقت کرد و پس از مدتی کوتاه چیزهایی بعنوان ابزار کار برایم آورد. ماریانو از ارتباط من و دخترش می ترسید اما وقتی از آیوده درباره من می پرسید او مرا مردی بسیار مهربان توصیف می کرد بهمین علت جلوی ارتباط من و آیوده را نمی گرفت. راسل یا بهتر است بگویم شوهرت، هر چند ماه یکبار به ماریانو سر می زد و از حال و روز من خبر می گرفت و آیوده می گفت که بیشتر اوقات تلفنی سراغ مرا میگیرد و بیشتر تد مسئول مراقبت از من بود. اولین مجسمه ای را که ساختم، چهرهٔ تو بود، ولی هیچ اسمی از تو روی آن حک نکردم. آیوده این مجسمه را برای نشان دادن به دوستانش برد و پدر یکی از آنها آن مجسمه را به قیمت ۱۵۰ یورو خریداری کرد. آیوده که از فروش مجسمه ای که برای نمایش برده بود، خیلی خوشحال شده بود، از من خواست تا مجسمه های بیشتری بسازم. او تصمیم گرفت تا مجسمه ها را برای فروش به شهر ببرد. من که

۵۲۸

موقعیت خوبی برای یافتن تو بدست آورده بودم، این کار را کردم. پس از مدتی اسم تو را زیر پای مجسمه حک کردم. یکبار که راسل برای اطلاع از وضعیت من به آنجا آمده بود با دیدن مجسمه هایی که ساخته بودم عصبانی شد و همهٔ آنها را شکست. ولی چون نمی خواست من به چهرهٔ او پی ببرم هیگاه با من رودر رو نشد. او تصمیم گرفت بخاطر اینکه من نتوانم از آن به بعد کاری برای پیدا کردن تو بکنم، حرکتی بکند. ولی من باز هم مجسمه می ساختم و آیوده آنها را به قیمت خوبی به فروش میرساند و پولش را به پدرش می داد. ماریانو مرد پولدوستی بود و با دیدن درآمد مجسمه ها از آیوده خواست که در خفا با من همکاری کند. با اینکه راسل گفته بود دیگر مواد مجسمه سازی برایم تهیه نکنند، ولی باز هم ماریانو از دخترش خواسته بود مخیانه به این کاربپردازد. آنقدر از این مجسمه ها ساخته بودم که چشم بسته یک مجسمه را در یک و نیم ساعت می تراشیدم و کنار می گذاشتم و آیوده آنها را رنگ آمیزی می کرد. من و آیوده عین دو دوست در کنار یکدیگر مجسمه می ساختیم و آیوده آنها را به آقایی می داد که می گفت اسمش «پابلو اشمیت» است. یکبار از آیوده خواستم تا نامه ای را که قصد دارم بنویسم به دست تو برساند، اما او از انجام این کار خودداری کرد و گفت:« پدرم مرا می کشد » آیوده دختر خوبی بود و حتی به نظافت من می پرداخت، تشتی را پر از آب گرم برایم می آورد تا با آن در آن زیرزمین حمام کنم.

یکبار یادم هست وقتیکه میخواستم حمام کنم و بدنم را از چرکی که در آن زیرزمین روی پوستم می نشست تمیز کنم، لباسهایم را در آوردم و لخت شدم. در حال آب تنی با آب گرم داخل تشت بودم که ناگهان آیوده از پشت دیواری که در آنجا قایم شده بود، جلوی چشمانم ظاهر شد، تا خواستم خودم را جمع و جور کنم، جلوتر آمد و گفت: یونس، اگر اجازه بدهی با هم کمی به هوسبازی بپردازیم قول میدهم نامه ای را که می نویسی به کسی که می خواهی برسانم، در دو راهی بسیار عجیبی گیر کرده بودم و نمی دانستم چه عکسی العملی نشان دهم. از طرفی برای رساندن پیغامم به تو عجله داشتم و از طرفی دیگر کاری را که آیوده از من خواسته بود بسیار دشوار بود. جلوتر آمد و دستی به بدنم کشید و گفت: قول میدهم نگران نباش من که خودم را لخت جلوی چشمان آیوده یافته بودم، خواستم از این فرصت بهره بگیرم تا به خواسته هایم برای یافتن تو برسم. به آیوده اجازه دادم تا برای مدت بسیار کوتاهی هر کاری دلش می خواهد انجام دهد. هوسبازی او بیشتر از ۱۵ دقیقه طول نکشید، در تمام این مدت چشمانم را بسته بودم و هیچ نگاهی به آیوده نمی کردم

در این حین بود که اسم ویویان روی تلفنم افتاد، بایستی به او جواب می دادم. رو به یونس از او خواستم تا به تلفنم پاسخ دهم.

- الو، سلام ویویان، منتظر تماست بودم

- سلام خانم، خواستم بپرسم که آیا موفق به استقرار در محلی شده اید، وگرنه مکانی مناسب برایتان سراغ دارم

- متشکرم ویویان، تو لطف بزرگی به من کردی و با جسارت هر چه تمام مرا در بدست آوردن و فراری دادن یونس یاری کردی، هیچگاه این کار تو را فراموش نخواهم کرد و در مدت کوتاهی حتماً محبتهای تو را جبران خواهم کرد. تو جوان با لیاقتی هستی. مادر جای مناسبی مستقر شده ایم و هیچ نگرانی وجود ندارد

- خانم، حاضرم به شما کمک کنم. هر وقت خواستید می توانید روی من حساب کنید

- حتماً این کار را خواهم کرد. ما در جایی هستیم که فعلاً آدرس دقیق آنرا نمی دانم، ولی به همین زودی آدرس اینجا را به تو خواهم داد تا به دیدنمان بیایی. از تو ممنونم. به امید دیدار

سپس تلفن را قطع کردم و با یونس وارد صحبت شدم و گفتم: « یونس ویویان جوان بسیار جسوری است. اگر او نبود نمی توانستم به خودم جرأت دهم و وارد زیرزمینی که آنجا زندانی بودی، بشوم. من به او خیلی بدهکارم

- انسانهای خوب و با دل و جرأت زیادند، ولی....

- یونس، شاید خودت علت این دیر کردن را حدس می زنی. راسل کاری کرده بود که من کلاً از وجود تو در پاریس ناامید شده بودم. مرا ببخش

- هر چه باشد الان در کنار هم هستیم و باید به کسی اجازه ندهیم بینمان سد شود و دوباره ما را از هم جدا کند. خب می گفتم:

- آن روز عصر که آیوده از من تقاضای هوسبازی کرد روز خیلی سختی بود و تقاضای او دشوارتر. هر طوری بود تن به درخواست او دادم و پس از اتمام از او خواستم نامه ای را که قبلاً آماده کرده بودم تا برایت ارسال کنم، به دست تو در شرکت Lorence برساند تا تو از وجود من در آن خانه و بهتر است بگویم در آن زندان آگاه شوی و به کمکم بشتابی. خیلی خوشحال بودم که آیوده بالاخره راضی به این کار شده بود. حداقل می دانستم که چند روز بعد، تو از علت غیبت من در پاریس آگاه خواهی شد. آیوده نامه را از من گرفت و رفت و قرار شد تا فردای آنروز مخفیانه آنرا به تو برساند. آن شب تنها شبی بود که توانستم با خیال آسوده و به دور از اضطراب بخوابم. اما صبح روز بعد اتفاقی افتاد که مرا بیشتر از قبل آشفته و پریشان کرد. آری صبح ساعت ۸ بود که با داد و فریاد ماریانو از خواب پریدم. او به همراه دخترش در حالیکه نامه در دستش بود، بالای سرم ایستاده و داد و هوار راه انداخته بود. پس از اینکه با لگد مرا از جایم بلند کرد، گفت:« یونس، سعی نکن کاری بکنی که در یک آن خلاصت کنم. مواظب کارهای که انجام میدهی باش » نامه را از دست آیوده

گرفت و آنرا تکه تکه کرد و زیر پایش انداخت و گفت:« آیوده از این به بعد دیگر حق ورود به این زیرزمین را نداری.» سپس با فریادی بلند « Chris » را که جلوی ورودی زیرزمین نگهبانی میداد صدا زد و گفت:

« کریس بعد از این دقت کن که آیوده وارد این زیرزمین نشود »

سیلی محکمی بر صورت آیوده نواخت و او را به زمین افکند. من که تاب و تحملم تمام شده بود، با کتک خوردن آیوده به سرعت از جایم برخاستم و به سمت ماریانو حمله ور شدم، خواستم کتک مفصلی به او بزنم که با حمایت کریس او از دست من نجات یافت. سپس هر دوی آنها شروع به لگد کردن من نمودند. آیوده که خشونت را تجربه کرده بود، زیرزمین را ترک کرد و پشت سرش به ماریانو فحش می داد. آن روز تا نزدیکی های شب، از شدت درد به خودم می پیچیدم و از هیچکس خبری نبود. تقریباً ساعت ۹ شب بود که کریس با چیزی شبیه اسپری وارد زیرزمین شد و ماسکی را که در دست داشت به صورت زد و با فشردن گازی که از درون اسپری در فضای اتاقک زیرزمین پخش می شد، می خندید و زیر لب به من دشنام می داد و گفت: « ای احمق، کاری کردی که ماریانو دستور داد کاری بکنم که دیگر قادر به نوشتن و مجسمه درست کردن نباشی، بعد از چند ساعت خواهی دید چه اتفاقی می افتد و چه بلایی به سرت می آید » با انباشته شدن گاز در اتاقک زیرزمین نفسم گرفت و سوی چشمانم را از دست دادم. اتاقک زیرزمین

هیچ دریچۀ ورود و خروج هوا نداشت تا بتوانم با آن گاز لعنتی مبارزه کنم. دستمالی را آغشته به آب کردم و جلوی دهانم گذاشتم تا آن گاز خفه ام نکند، ولی هر کاری کردم، سرفه هایم بیشتر و دید چشمانم کمتر می شد.

یونس پشت سرهم به تعریف اتفاقاتی که برایش افتاده بود پرداخت، به این می اندیشیدم که وقتی یونس در آن زیرزمین در حال از دست دادن دیدش بود، من با راسل در حال عشقبازی و خوشگذرانی بودم و از هیچ چیز اطلاعی نداشتم. به خودم نفرین کردم که چرا باید اینقدر بی کفایت باشم و نتوانم تشخیص دهم که راسل، یونس را در آن زیرزمین زندانی کرده و باعث شکنجۀ او شده است، در حالیکه شبها من در آغوش راسل به آرامی می خفتم. لعنت به تو هیوا. در حالیکه اشک از دیدگانم سرازیر می شد، یونس به سرفه شدیدی افتاد، از او خواستم تا ادامۀ صحبتش را به زمانی موکول کند که حالش بهتر است. ولی او سرفه کنان به تعریف اتفاقات پرداخت. چیزی که مرا بیشتر می آزرد و مثل تیری زهرآگین بر قلبم نشانه می رفت این بود که یونس حتی قادر نبود بگرید. او همچنان که سرفه میکرد، ادامه داد:

- هیوا جان، در آن حین حتی قادر نبودم از پله ها بالا رفته و خودم را به چند شیاری که در زیرزمین به هوای بیرون راه داشت برسانم، گوشه زیرزمین افتادم و وقتی به هوش آمدم و چشمانم را گشودم، چیزی به

جز تیرگی در مقابل دیدگانم نمی دیدم. بهترین نعمت خداوند، یعنی دیدن را از دست داده بودم و پشت سر هم سرفه میکردم.

از کنار یونس برخاستم و دیوانه وار خودم را زیر کتک انداختم و بی اختیار فریاد برآوردم. رو به یونس کردم و فریاد زدم: « یونس، تو رو خدا بس کن دیگه ادامه نده، دارم دیوانه می شم.» در این هنگام اشلی وارد شد و گفت: « خانم، معذرت می خواهم، چه خبر است؟ کمکی از دستم بر می آید؟» دیوانه وار در را روی اشلی کوبیدم و فریاد زدم: « هیچ کمکی از دستت بر نمی آید » یونس که از حرکات و دیوانگی من آشفته و نگران شده بود، از جایش برخاست و به طرف من آمد و مرا که در گوشه اتاق برزمین افتاده بودم، در آغوش گرفت و گفت: « عزیزم آرام باش، درسته که چشمانم را از دست داده ام، اما تو را به دست آورده ام. تو اکنون در کنار منی و این نعمت بزرگی است » سرفه اجازه صحبت به یونس نمی داد و کار به آنجا رسید که مجبور شدم به سوفی خبر دهم. دنبال او گشتم و او را در آشپزخانه مشغول تهیه غذا برای ما یافتم و گفتم: « سوفی خانم...»

- سوفی صدایم کن، عزیزم چه شده که اینقدر رنگت پریده است؟
- سوفی، یونس آنقدر سرفه میکند که حتی قادر به بلند شدن از روی تخت نیست

سوفی بهمراه من بی درنگ کنار یونس آمد. یونس دستمالی را که در دست داشت از روی دهانش برداشت، متوجه شدیم که لکه های خون روی دستمال نشان از حاد بودن وضعیت دارند. سوفی گفت: باید هر چه زودتر دکتر خبر کنیم. سپس گوشی تلفن را برداشته و به دکتر زنگ زد و پشت گوشی به آورژانسی بودن موضوع اشاره کرد و از من خواست تا رسیدن دکتر مراقب یونس باشم. از یونس خواستم تا هیچ صحبتی نکند و فقط به استراحت بپردازد.

پس از دو ساعت دکتر « Alexis vellar » از راه رسید و پس از معاینات پزشکی رو به من کرد و گفت « ببخشید شما چه نسبتی با بیمار دارید؟»

- من همسر او هستم

دکتر «ولار» که در حال جمع کردن اسباب پزشکی بود ادامه داد: « خانم، بیمار وضعیت اش بحرانی است و باید هر چه سریعتر به بیمارستان منتقل گردد.»

- دکتر ولار، یعنی هیچ امکانی برای بهبودی و مداوای او در منزل وجود ندارد؟

- اگر نگران سلامتی او هستید، باید او را سریعاً بستری کنید. ریه های بیمار...

- دکتر، باید بگویم که او گازی را استنشاق کرده که نامش را نمی دانم. ولی به گفته خودش گازی بوده که حتی باعث کوری او شده است

دکتر ابروانش را درهم فرو کرد و پس از مکث کوتاهی گفت: « اگر اینطور باشد، می توانم بگویم که حتی امکان دارد بیمار به سرطان ریه نیز دچار شده باشد.» نمی توانستم هشدار دکتر را نادیده بگیرم و با بستری شدن یونس در بیمارستان موافقت کردم. اشک امانم نمی داد و مکرراً می گریستم و در دلم با خود می گفتم « لیاقت من این است که آنقدر بگریم تا چشمان من نیز همانند یونس کور شود.»

دکتر با بیمارستان تماس گرفت و پس از یک ساعت آمبولانس از راه رسید و یونس را در حالی که ماسک اکسیژن به او متصل کرده بودند، روی تخت چرخداری دراز کردند. از سوفی و اشلی خواستم تا مواظب آوا و خودشان باشند، تا من بهمراه یونس به بیمارستان بروم. آنها هر دو اصرار داشتند که رفتن من به همراه یونس خطر کردن است و اجازه بدهم که یکی از آنها برود، ولی تحمل دوری از یونس را حتی برای چند دقیقه نداشتم و آنها را راضی کردم که خودم بروم.

آمبولانس بهمراه دکتر ولار به راه افتاد و پس از مدتی خودم را کنار اتاقی یافتم که یونس در آن اتاق در حال انجام معاینات بیشتر و جامعتر بود ولی مرا به داخل اتاق راه نمی دادند. کاری بجز دعا کردن از دستم بر نمی آمد و زیر لب خدا خدا می کردم که گفتۀ دکتر ولار حقیقت

نداشته باشد، پس از چندین ساعت معاینه و آزمایش دکتر « Pablo Renald» از اتاق بیرون آمد و گفت. « هیوا خانم شما هستید؟ »

- بله آقای دکتر رِنالد، لطفا به من بگوئید که چه بلایی سر همسرم آمده است

- خانم، باید بگویم که متأسفانه همسر شما دچار سرطان بدخیم ریوی هستند و شما خیلی دیر برای درمان او مراجعه کرده اید

دیگر عقل و رمقی برای من باقی نمانده بود و همانجا با سرگیجه ای که به سراغم آمد، نقش بر زمین شدم. با کمک پرستاران توانستم از زمین بلند شده و روی صندلی بنشینم. آری یونس علاوه بر کوری که داشت، سرطان ریه نیز به سراغش آمده بود. نمی دانستم به غیر از خودم چه کسی را نفرین کنم. راسل، ماریانو، تد و یا کریس لعنتی را که گاز را در اتاقک زیرزمین پخش کرده بود. ولی بیشتر خودم و راسل را مقصر می دانستم. راسل به خاطر اینکه مرا از دست ندهد، حاضر شده بود یونس را تا هنگام مرگ در زیرزمین زندانی کند. وقتی به توالت بیمارستان برای شستن صورتم رفتم و خودم را در آینه دیدم، با گوشی همراهم به آینه روبرویم حمله ور شدم و آنرا درهم شکستم و با خود گفتم: « لعنت به این زیبایی، لعنت به این اندام و لعنت به تو هیوا که بخاطر زیبایی ات تمام کائناتِ اطرافت را تحت تاثیر خودت قرار داده ای. انسانها را عاشق پیشه خودت کردی و به آنها ضرر رساندی. یکی را در

کنارت و دیگری را در ورای خودت حفظ کردی، مردانی که حاضرند به خاطر در اختیار گرفتن تو با هم به جنگ برخیزند. این چه نعمتی است که خداوند به من داده است، لعنت به این زیبایی.»

چند ساعتی را گیج و منگ بودم و بالاخره با اصرارهای مکرر من اجازه دادند تا مدتی هر چند کوتاه در کنار یونس باشم. وقتی وارد اتاق او شدم، ماسک اکسیژن روی دهان یونس نصب شده و قادر به سخن گفتن نبود. به زور توانست صدای مرا بشنود و عکس العمل نشان دهد. چند دقیقه سپری شد، دست سرد و رنگ پریده یونس در میان دستانم بود و من به جز این جملات چیزی برای گفتن نداشتم و از اینکه در کنار یونس بودم، شرم داشتم: « یونس خواهش میکنم مرا ببخش که نتوانستم زودتر از این به تو کمک کنم. ای کاش قادر به دیدن بودی و می فهمیدی که وقتی با تو روبرو می شوم. از فرط شرمساری چه تغییری در چهره و وجودم اتفاق می افتد » نتوانستم وجود سرطان در ریه های یونس را به خودش بگویم، زیرا نمی خواستم در لحظاتی که در کنار همدیگر هستیم، بیشتر از این برای یونس زجر آور و اندوهناک باشد. او با آن حال و روزش هنوز امیدوار بود و از بودن در کنار من لذت می برد.

برخاستم و برای اینکه اشلی و سوفی را از نگرانی در بیاورم، تصمیم گرفتم با آنها تماس بگیرم، ولی گوشی همراه خودم را داغون کرده بودم.

به ایستگاه پرستاری مراجعه کردم و از آنجا قصد تماس با اشلی را گرفتم، اما هر چقدر به مغزم فشار آوردم نتوانستم هیچ شمارهٔ تلفنی را به خاطر بیاورم و گوشی تلفن را گذاشتم و تلو تلو کنان به طرف صندلی ها حرکت کردم. بایستی اشلی و سوفی را خبردار می کردم. از بیمارستان خارج شدم و پس از یک و نیم ساعت تقلا بالاخره توانستم با کمک راننده تاکسی، آدرس سوفی را پیدا کنم. سراسیمه پیاده شده و به سمت خانه دویدم. اشلی که همانطور نگران روی یک صندلی چوبی پوسیده و سر به زیر نشسته بود، با دیدن من به طرفم خیز برداشت و بی درنگ جلو آمد و پرسید: « خانم، هر چقدر زنگ زدیم گوشی تان خاموش بود، چه شده، لطفاً مرا نیز در جریان قرار دهید »

- اشلی، دکتری که یونس را معاینه کرد و در مورد بیماری او نظر داد، معتقد بود که مبتلا به سرطان حاد ریه است

- اوه خدای من، عجب تقدیری !

- اشلی، سوفی کجاست؟ من وقتی وارد شدم در باز بود

- او برای خرید بیرون رفت و هنوز برنگشته است. به همین زودی پیدا می شود

- اوا کجاست؟

- در حال تماشای تلویزیون است

به سراغ اوا رفتم، با دیدن من به طرفم دوید و خودش را در بغلم انداخت و گفت: « مامان، کجا بودی خواهش میکنم مرا در این خانه تنها نگذار، من از اینجا می ترسم.»

- اوا، دختر عزیزم، دیگر تنهایت نمی گذارم و قول میدهم در کنارت باشم

- مامان، من می خواهم هدیه های را که مهمانها برای تولدم آورده بودند، الان اینجا باشند. می خواهم با آنها بازی کنم. اصلاً به بابا زنگ بزن و بگو به هنگام آمدن به اینجا چندتای آنها را با خودش بیاورد

واقعاً نمی دانستم به اوا چه بگویم. دختر معصومی که هیچ تقصیری نداشت و تنها گناهش این بود که فرزند من و راسل بود. از اشلی خواستم فردا برای خرید چیزهایی او را بیرون ببرد و هر چه می خواهد برایش فراهم کند. اشلی سرش را به نشانه تأیید تکان داد و از اوا خواست تا برای خوابیدن و خوردن چیزی با او برود. ساعت تقریباً هشت عصر بود و یک روز تمام از بیرون آوردن یونس از آن زیرزمین لعنتی، می گذشت، من نه خوابیده بودم و نه چیزی خورده بودم. با تلفن منزل با نسیم تماس گرفتم و او را نیز در جریان بیماری یونس قرار دادم، از او خواستم تا مدتی را بدون من سپری کند و برای دیدن من نیاید و به کارش در شرکت برسد. نمی خواستم او بیشتر از این به دردسر بیفتد. در جوابم گفت: « هیوا جان، من و تو هموطن هستیم و باید به داد همدیگر

برسیم. روزی که تو مرا از میان آن همه آدمی که ثبت نام کرده بودند، برای استخدام در شرکت انتخاب کردی، من به حس وطن دوستی تو پی بردم، من نیز باید در مقابل این حس مقدس وظایفم را درست انجام دهم »

- نسیم جان، تو تا بحال کارهای مهمی برای من انجام داده ای. نمی خواهم بیشتر به دردسر بیفتی. اصلاً اگر از من می پرسی به شرکت برو و به کارت ادامه بده تا راسل هیچ شکی در مورد تو نکند و خودت را بکلّی از این ماجرا دور نگه دار.

- راسل مرد باهوش و ذکاوتی است و چه من به شرکت بروم و چه نروم به همکاری و همدستی من با تو در این قضیه پی خواهد برد و مطمئناً تا حالا به تمام ماجرا پی برده است.

- آره، چندین بار از دیروز عصر تا بحال با من تماس گرفته ولی من جواب نداده ام. اکنون هم که تلفن همراهی ندارم از دست تماس های مکرّر او راحت شدم. نسیم به حرفم گوش کن و چند روزی خودت را دور نگه دار، باشه؟

- باشه عزیزم. ولی هر وقت خواستم با همین شماره تماس خواهم گرفت خواب از چشمانم فوران میکرد، روی کاناپه کنار آتش شومینه افتادم و به خواب عمیقی فرو رفتم. ولی این خواب مدتی کوتاه طول نکشید زیرا

در خواب دیدم که راسل با همان اسلحه ای که دانیل را به قتل رسانده بود، به سراغ یونس در بیمارستان رفته و می خواست او را با شلیک گلوله ای به قتل برساند، به هنگام شلیک گلوله از خواب پریدم و دوباره سراسیمه به طرف بیمارستان به راه افتادم. وقتی به آنجا رسیدم و یونس را در حالیکه روی تخت به آرامی در حال استراحت بود، دیدم، خیالم آسوده شد و نفس راحتی کشیدم ولی تصمیم گرفتم از جلوی اتاق یونس تکان نخورم و مواظب او باشم. پس از مدتی دکتر رنالد برای بازدید وضعیت یونس آمده و مرا در آنجا دید و گفت: « خانم شما می توانید به زندگیتان بپردازید، ما مراقب همسرتان هستیم و هر کاری از دستمان برآید، برایش انجام می دهیم.» پرستاری که به همراه دکتر رنالد آمده بود، به طرز عجیبی نگاهم میکرد، از دکتر عذرخواهی کرد و گفت: « خانم، می توانم بپرسم اسمتان چیست؟» از شیوهٔ نگاه کردن و سوال پرسیدن زن جوان حیرت زده شدم و جواب دادم: « اسم من هیوا متین است. چطور؟ چرا شما این سؤال را از من کردید؟ » خندهٔ بی صدایی کرد و گفت. « شما مالک و صاحب شرکت لورنس نیستید؟ همان دختری که با هنرمندی های متحیرانه خودش در صنعت تبلیغات، غوغایی به پا کرده؟ »

- بله من همان دختر هستم

دکتر ولار نیز مرا شناخت و به احترام شهرتم در پاریس گفت: « خانم، بعد از عمل، من هر روز چندین بار متوالی به شوهرتان سر خواهم زد و مدام او را زیر نظر خواهم گرفت، ولی وضعیت ریه های او خیلی بحرانی است و باید منتظر یک معجزه بود تا کاملاً بهبودی یابد »

- من از شما متشکرم آقای دکتر رنالد.

سپس وارد اتاق یونس شد و پس از دقایقی کوتاه بیرون آمد و سرش را به نشانه احترام پائین آورد و به سمت اتاق دیگری حرکت کرد. ولی پرستار جوان ایستاد و پس از دور شدن دکتر از من پرسید: « خانم متین مگر شما همسر آقای راسل نیستید؟ »

- بله هستم

- پس چطور میگوئید، مردی که در اتاق روی تخت دراز کشیده است. شوهرتان است؟

مانده بودم که چه پاسخی بدهم، چیزی به ذهنم رسید و گفتم: « مردی که داخل اتاق است، شوهر من در ایران است که به این جا آمده و... » میان کلامم پرید و گفت:

- ها فهمیدم، یعنی شما اکنون دو شوهر دارید

نیشخند مسخره ای کرد و آهسته به طرف اتاق پرستاری قدم برداشت. در دلم او را نفرین کردم. هیچ کسی را در پاریس نداشتم که به او

متوسل شوم و از او کمک بخواهم. تنها راه چاره ام صبر کردن بود. چند روزی را همانطور در بیمارستان سپری کردم. البته هر روز چند ساعتی را برای استراحت به خانه سوفی می رفتم و اشلی را جلوی اتاق یونس نگهبان می گذاشتم.

روزی در بیمارستان در حال خوردن غذا بودم که فکری به ذهنم رسید و سریع دنبال دکتر رنالد گشتم و او را پیدا کردم و پس از جویا شدن از حال و وضع یونس پرسیدم: « دکتر، امکان دارد که در این بیمارستان بتوانم برای درمان بینایی یونس کاری انجام دهم؟»

- خانم متین، من متخصص دستگاه تنفسی هستم

- در این بیمارستان پزشک متخصص چشم هم داریم؟

- بله که داریم. این بیمارستان در مورد رشته چشم پزشکی شهرت خاصی در شهر دارد. من شما را به دکتر «matt vellar» برادر همان دکتری که همسرتان را در خانه معاینه کرد، معرفی میکنم. پیش او بروید و مفصّل در این مورد با او صحبت کنید

- متشکرم آقای دکتر. کی می توانم با ایشان ملاقات کنم؟

- با من بیاید

دکتر رنالد مرا به دنبال خودش به بخش چشم بیمارستان کشاند و از من خواست تا به همراه او وارد اتاق دکتر ولار شوم. سلام کرده و از من

خواست تا بنشینم. او اینگونه شروع کرد: « آقای دکتر ولار ایشان خانم هیوا متین هستند و من ارادت خاصی به ایشان دارم. همسر ایشان در بخش من بعلت سرطان ریه در حال درمان هستند و علاوه بر این بیماری، نابینا نیز هستند. خانم متین از من خواستند تا ازشما تقاضا کنم که برای معاینهٔ همسرشان به اتاقی که هم اکنون در آن تحت نظر هستند بیایید و او را معاینه کنید و نظرتان را در مورد بازگشت یا عدم بازگشت بینایی ایشان بدهید. اگر این کار را بکنید. از شما متشکر می شوم

دکتر ولار نگاهی عمیق به من کرد و گفت: « خانم متین، آیا شما می دانید که سرطان بدخیم ریه درمان ندارد و این را دکتر رنالد به شما گفته است؟ »

- بله ایشان گفته اند که باید منتظر یک معجزه باشیم

- اگر اینطور است، ایا این دور از منطق نیست که شما روی بیماری که هر لحظه احتمال دارد از این دنیا برود، سرمایه گذاری کنید تا ببیند؟

- آقای دکتر ولار هر چقدر پول بخواهید برایتان میدهم، برای من مسئله اقتصادی مهم نیست، بلکه می خواهم حتی اگر برای یک ماه هم که شده همسرم بینایی اش را بدست بیاورد

- اگر اینطور باشد که میگوئید من همین فردا برای معاینه چشمهای بیمار به بخش دکتر رنالد خواهم آمد

- متشکرم آقای دکتر ولار من منتظرتان هستم

از دکتر رنالد هم بابت لطفی که در معرفی دکتر ولار کرد، تشکر کردم و به طرف اتاق یونس حرکت کردم. جهت جویا شدن وضعیت آوا و اشلی با خانه تماس گرفتم و از اشلی خواستم تا به بیمارستان بیاید.

عجب روزهای سختی بود. هر لحظه آرزو میکردم که زمین دهان باز کند و مرا ببلعد. به فکر روزهایی بودم که در ایران بودم و در تاریخ زندگی ام بدنبال روزی بودم که تمام دقایقش متعلق به خودم باشد و در اوج شادی باشم و هیچ مشکلی نداشته باشم. هر چقدر فکر میکردم بجز روزهایی که پدرم زنده بود و پس از برگشتن از کار، ساعاتی را با من به خنده و تفریح می گذراند، روزی سراغ نداشتم. تاریخچه زندگانی من پر بود از لحظاتی که توأم با غم و اندوه و بدبختی بود، لحظاتی که حتی یادآوری آنها عذابم میداد و اذیتم میکرد. با خود گفتم: « خدایا، در این جهان به این بزرگی با ۷ میلیارد نفر جمعیت، در میان آدمهایی که در رنج و محنت بزرگ شده اند، من در چندمین درجه واقع شده ام؟ آیا دختری به سن و سال من هست که دلش از غم و اندوه لحظات پر مشقت زندگی، پر باشد؟ دختری بی پدر و مادر که حتی فامیلی هم برای کمک کردن به او وجود ندارد »

اشلی رسیده بود و من باید به خانه بر می گشتم. اشلی به هنگام خداحافظی گفت: « خانم، دوستتان نسیم تماس گرفته بودند، اگر مستقیماً به خانه می روید حتماً با او تماس بگیرید، کار مهمی با شما دارند » به خانه رسیدم وبا نسیم تماس گرفتم، با لحن عجیبی گفت: « هیوان جان، می خواهم به دیدنت بیایم »

- نسیم من که گفتم فعلاً خودت را کمی دور نگه دار تا...

- عزیزم من یک ساعت بعد آنجا خواهم بود. خداحافظ

سپس تلفن را قطع کرد، نگران شدم که چه اتفاقی افتاده که نسیم آنطور مشکوک حرف زد

پس از مدتی رسید، شال و کلاه خود را در آورد و گفت. « عزیزم، هوا خیلی سرد است، تو چطوری؟ آیا این جا خوش میگذره؟ سوفی زن خوبیه، اذیت که نمی شوی؟ » نسیم به طرز غیر عادی حرف می زد که مرا بیشتر به شک می انداخت. جواب دادم:

- نسیم، خودت که بهتر می دونی یونس در چه وضعیتیه، این چه سؤالیه که می پرسی؟

- ها، معذرت می خوام که اینطور حرف زدم. حال یونس چطوره؟ دکترش چی میگه؟

- وضعیت یونس اصلاً روبراه نیست و دکتر هیچ امیدی براش نداره. نسیم حالت خوبه؟ مست که نیستی؟

- نه هیوا، کاملا سرحالم

- پس چرا اینطوری حرف می زنی؟ من در حال گذراندن یک بحران هستم و تو از خوش گذرانی حرف میزنی !

- هیوا، راسل به من زنگ زد وگفت که برای دیدنش به شرکت بروم، به او گفتم که نمی توانم به شرکت بیایم و در خانه کار مهمی دارم، گفت که برای دیدن من به خانۀ مان می آید، از من آدرس گرفت و پس از دو ساعت بالاخره زنگ در را فشرد. در را باز کردم و داخل آمد، مادرم نیز در خانه بود

صندلی را از جلوی شومینه برداشتم و بر عکس کردم و با سینه روی پشتی آن تکیه دادم و گفتم:

- خوب بعد چه اتفاقی افتاد؟

- راسل با کمال ادب و احترام نشست و بی حاشیه رفت سر اصل مطلب و گفت: « نسیم، می دانم آن روز عصر که هیوا یونس را از آن زیرزمین فراری داده، تو نیز پیش او بودی، به همین دلیل نمی خواهم طفره بروی و مرا معطل کنی. خواهش میکنم رُک و صریح در مورد آن عصر برایم بگو.» هیوا جان نتوانستم همه چیز را انکار کنم و گفتم: « آقای راسل

شما درست حدس زدید، من آن عصر همراه هیوا بودم و من و هیوا بهمراه یک مرد جوان بنام ویویان که مسئول پخش مجسمه در شهر است، یونس را از آنجا فراری دادیم. ولی وقتی به شهر رسیدیم هیوا من و ویویان را در یک گوشه پیاده کرد و با یونس رفت و اکنون ما هیچ اطلاعی از هیوا نداریم و نمی دانیم کجا رفته است؟ و هیچ ارتباطی با او ندارم زیرا تلفن همراه او خاموش است » راسل هیچ عکس العملی در مقابل گفته های من نداشت و همانطور که با آرامش سؤال می پرسید، همانطور حرفهای مرا باور کرد و رفت. حتی سراغ ویویان را هم نگرفت.

- نسیم، مطمئنی که هیچ برخوردی با تو نکرد؟

- آره مطمئنم. حالا یونس، کدام بیمارستان بستری و تحت مراقبته؟

- همین فردا صبح می خواستم برم بیمارستان، اگر مایلی با هم به دیدن یونس برویم

- من هم همین را می خواستم

- نسیم من در مورد رفتار مشکوک راسل، می ترسم. چگونه ممکن است او به همدستی من و تو و ویویان در فراری دادن یونس پی ببرد ولی هیچ عصبانیتی نداشته باشد؟

- عزیزم، راسل کاملاً ریلکس بود و پس از گرفتن جواب سؤالش خانه را ترک کرد و رفت

- تو در مورد کور شدن یونس چیزی به راسل گفتی؟

- بله به او گفتم که یونس را وقتی یافتیم، متوجه شدیم که بینایی خود را از دست داده و شدیداً سرفه میکند و وضعیتش بحرانی است. راسل با شنیدن این موضوع شوکه شد و در فکر فرو رفت

- یعنی راسل از کور بودن یونس بی اطلاع بود؟

- نمی دانم، رفتارش که اینطور نشان میداد

صبح شد، من ونسیم به طرف بیمارستان حرکت کردیم. وقتی رسیدیم به زحمت و تلّو تلّو کنان راه می رفتم، زیرا از شدت بی خوابی و خستگی پاهایم رمق ادامه مسیر را نداشتند.

نسیم وقتی یونس را از پشت شیشه در اتاق مشاهده کرد، اشلی در حال خواندن دعایی بود که از آن هیچ سر در نمی آوردم. چشمانش را بسته بود و زیر لب وِرد می خواند، به آخر که رسید چشمانش را باز کرد و گفت: « یا عیسی مسیح، تو ناجی تمامی غرق شدگانی، تو حامی تمامی بیچارگانی، از تو می خواهم تا به یونس قدرت دهی تا در مقابل بیماری دوام آورده و شفا یابد »

از اشلی خواستم که به خانه باز گردد و استراحت کند. وقتی می رفت گفت:

- خانوم، یک ساعت و نیم بعد قرار است دکتر رنالد به همراه دکتر ولار برای معاینه چشمان یونس به این بخش بیایند. مراقب خودتان باشید. خدانگهدار.»

- متشکرم اشلی عزیز

نسیم همانطور یکسر به یونس بیچاره که روی تخت افتاده بود، خیره مانده بود و از جایش جُم نمی خورد. تکانی به او دادم و گفتم: « هی، حواست کجاست؟ بیا بشین.» بسرعت قطره های اشکی را که مخفیانه از چشمانش تازه به نصف راه گونه هایش رسیده بودند، با پشت دستش پاک کرد و رو به طرف من چرخید و گفت:

- هیوا، واقعاً چرا باید مردی به آن عظمت و قدرت که روزی رئیس یک دانشکده در کانادا بوده، و برای خودش بروبیایی داشته، هم اکنون اینطور رنجور و بیمار روی تخت بیمارستانی که هزاران کیلومتر با محل زندگی اش فاصله دارد، بیفتد و نتواند حتی دلباخته اش را یک دل سیر نگاه کند؟

- نسیم، بیا بشین، این تقدیر است که او را به اینجا کشانده و ما باید سعی کنیم در بهبودی اش بکوشیم

- هیوا جان، تقدیر او را به این جا نکشاند، این تو هستی که یونس را به فرانسه کشانده و بخاطر وجود توست که روی تخت، بیمار و نا امید افتاده است. این را می فهمی؟

- بله که می فهمم. من هستم که باید تغاس تمام این کارها را بدهم، نه یونس. اگر من کمی زودتر برای نجات او می رسیدم، اکنون اینطور با کوری و سرطان دست و پنجه نرم نمی کرد

نسیم به آرامی روی صندلی بغلدستی من نشست و به هنگام نشستن زیر لب گفت: « آفرین بر تو یونس که با وجود تمامی سختی ها و موانع و مخصوصاً کوری چشمانت، توانستی مجسمه هایی به آن قشنگی و دقت را بسازی. دستان تو قابل ستایشند.»

دکتر رنالد و دکتر ولار، بهمراه یکدیگر سر رسیدند و پس از سلام و احوالپرسی مختصر، دکتر رنالد در اتاق یونس را گشود و گفت: « دکتر ولار، مریضی که دیروز حرفش را می زدم همین است. بفرمائید داخل.» خودم را به کنار دکتر رنالد رساندم و گفتم: « دکتر اگر ممکن است من هم وارد شوم.»

- اشکالی ندارد بفرمائید ولی کمی دورتر بایستید

سرم را به نشانه اینکه موضوع را فهمیدم، تکان دادم و بهمراه آن دو وارد اتاق شدم. دکتر ولار به یونس سلام داد، یونس سرش را بعلامت جواب

سلامش به سختی تکان داد و سرش را به سمت صدایی که می شنید. چرخاند. دکتر ولار از من خواست تا علت نابینایی یونس را کامل شرح دهم. من به گازی که کریس لعنتی در اتاقک زیرزمین پخش کرده بود اشاره کردم و به مدتی را که یونس آن گاز را استنشاق کرده اشاره کردم. دکتر ولار با چراغ قوه مینیاتوری اش به چشمهای یونس نشانه رفت و پس از معاینه مختصر گفت: « فعلاً نمی توانم با یقین کامل چیزی بگویم و نظری بدهم، باید مریض را به بخش من منتقل کنید تا آزمایشات منظّمتری روی چشمانش انجام دهم، ولی به نظر میرسد جای امیدی باشد.» بی اختیار خنده ای روی لبانم گل کرد و دکتر رنالد ادامه داد: « آقای دکتر ولار من هماهنگی های لازم را جهت انتقال بیمار به بخش شما انجام می دهم، ولی باید قول بدهید طیّ یک روز معاینات و آزمایشات خودتان را تمام کنید.»

- سعی خودم را خواهم کرد. خانوم محترم شما نیز نگران نباشید، اگر همسرتان اینجا مداوا نشود و بهبود نیابد، در هیچ جای دیگر دنیا درمان نخواهند شد، اینجا یکی از بهترین بیمارستانهای دنیاست. فقط دعا کنید

سپس به آرامی و با قدم های شمرده اتاق را ترک کرد. دکتر رنالد به یونس امید داد و گفت: « مرد جوان قوی باش، بزودی برای آزمایشات تو را به بخش چشم خواهم فرستاد. تو که همسری به این زیبایی و جسارت داری نباید ناامید شوی.» وقتی کلمۀ زیبایی را از زبان دکتر رنالد شنیدم

کمی عقب کشیدم و گفتم: « ممنون از محبت های شما آقای دکتر رنالد » دکتر که از عقب نشینی من تعجب کرده بود، نگاهی زیر چشمی بر من انداخت و برای هماهنگی در بخش خودش برای فرستادن یونس به بخش چشم، اتاق را ترک کرد و از من خواست تا من نیز از اتاق خارج شوم.

وقتی بیرون آمدم، نسیم همانطور روی صندلی نشسته و در حال اندیشیدن بود، به هنگام مشاهده من گفت:

- هیوا، بالاخره یونس خواهد دید یا نه؟

- دکتر ولار امیدوار بود، ولی هر چه خدا بخواهد همان خواهد شد. باید صبر کنیم و منتظر جواب بمانیم

روزها از پی هم می گذشتند و من همانطور مسیر بیمارستان و خانهٔ سوفی را می رفتم و می آمدم و منتظر همان معجزه ای بودم که دکتر رنالد در موردش سخن گفته بود. از راسل هم خبری نبود و تا به آن لحظه نتوانسته بود موفق به پی بردن جایی باشد که من و یونس و آوا در آن مشغول گذران روزهایمان هستیم. حساب بانکی ام پر بود و در مورد مخارج خودم و بیمارستان هم هیچ کم و کاستی نداشتم. بیست و چند روزی می شد که به همراه آوا و اشلی از خانه گریخته بودم، ولی هیچ نشانه ای از اینکه راسل توانسته باشد ما را پیدا کند، نبود. انگار که کلاً از جستجوی ما صرفنظر کرده باشد تصمیم گرفتم با طوبی تماس

بگیرم و او را در جریان موضوع قرار دهم. به زحمت توانستم شماره او را پیدا کنم. تماس گرفتم، پس از اینکه خودم را معرّفی کردم ف خیلی ذوق زده شد وگفت: « بعلت پیری شماره تلفنت را اشتباهاً در گوشی ام پاک کرده بودم. ازت معذرت می خوام که نتوانستم تماس بگیرم »

- اشکالی نداره طوبی خانم. من زنگ زدم بگویم موفق شدم یونس را پیدا کنم

- آآآآآآلان پیش توست؟ چطوری پیداش کردی؟

- بهتره بگم یونس مرا پیدا کرده، یونس را در پاریس و همینجا پیدا کردم

- من که سر در نمیارم چی میگی، می تونم باهاش حرف بزنم؟

- یونس الان پیش منه، ولی متاسفانه بعلت یک بیماری در بیمارستان بستریه

- چه بیماری؟ چی شده می تونی واضح تر صحبت کنی؟

- طوبی خانوم بهتره بیایی پاریس و خودت همه چیز رو از نزدیک ببینی. من تلفن همراه ندارم و شماره دوستم نسیم رو می دم. وقتی رسیدی تماس بگیر

- باشه عزیزم، من چند روز آینده آنجا خواهم بود

وقتی تلفن را قطع کردم، روزنامه ای در دست نسیم بود که در صفحهٔ پنجمش در مورد من نوشته بود. نسیم مطلب را برای من اینگونه خواند: « ستارهٔ شرکت لورنس، خانم هیوا متین، شوهرش راسل را بعلت نامعلوم تنها گذاشته و از خانه گریخته است »

- نسیم چیز دیگری ننوشته؟

- چرا کمی پایینتر نوشته که راسل گفته: « من همسرم را دوست دارم و علت غیب شدنش را نمی دانم ولی مطمئنم که روزی برمیگردد و دوباره در این شرکت با هم کار خواهیم کرد.»

- عجب اطمینان محضی. راسل از اینکه موفق به پیداکردن مخفیگاه من نشده، اینطور به روزنامه ها بُلُف می زنه

- عزیزم، شاید هم منظور دیگری داره که تو ازش بی خبری. راسل مرد عاقلیه

- نسیم، راسل مرد عاقل و باهوشیه، ولی در مورد عشق خیلی شکننده است. نقطه ضعفش رو خوب می دونم. در چنین مواقعی همیشه عقب نشینی می کنه.

چند روز دیگر گذشت ولی هیچ خبری از جواب آزمایشات دکتر ولار نشد. یونس را به بخش دستگاه تنفسی برگردانده بودند ولی دکتر ولار هنوز جوابی قطعی در مورد بینایی یونس نداده بود.

طوبی خانوم رسیده بود و پس از ملاقات برادرش در بیمارستان از من خواست که تمام اتفاقات را برایش تعریف کنم. من نیز از سیر تا پیاز را برایش گفتم و در انتهای حرفهایم تاکید کردم که تقصیر من است که یونس به این حال و روز افتاده است. طوبی یکسر می گریست و می گفت: « حالا باید چیکار کنیم؟»

- فقط باید منتظر باشیم و دعا کنیم

نسیم طوبی را آرام کرد و از او خواست مدتی را به استراحت بپردازد.

پس از مدتی اندک، از بیمارستان تماس گرفتند، دکتر ولار پشت خط بود که تقاضای صحبت با من را داشت. گوشی را از اشلی گرفتم و الو گفتم

- سلام خانم متین. من بالاخره توانستم به نتیجه ای در آزمایشات برسم

- خب بگویید آقای دکتر

- چشمان بیمار شما طی گازی که اشاره کردید سمّی شده و گرد وخاک و رطوبت جایی که در آن بوده، باعث تشدید کم سویی آنها شده و به بیماری عفونت شدید قرنیه دچار شده اند.خوشبختانه ما می توانیم با جراحی Corneal Transplant به نتیجه برسیم و چشمهای بیمار شما قابلیت این جراحی را دارند

- Corneal Transplant ?، من که سر در نمی آورم آقای دکتر. منظورتان چیست؟

- این یک تکنولوژی جدید است

- آقای دکتر آیا در مورد نتیجه بخش بودن عمل جراحی مطمئن هستید؟

- ما خیلی از این نوع بیماران داشتیم که چشمانشان بعد از این جراحی بهبود یافته، ولی در چند ماه اوّل بعد از عمل، بیمارتان کمی با تاری دید مواجه خواهند بود

- دکتر ولار، من چند ساعت بعد آنجا خواهم بود

سپس تلفن را قطع کردم و دستم را زیر چانه بردم و همینطور به فکر فرو رفتم. پس از مدتی خندهٔ صداداری سر دادم و با صدای بلندی گفتم: « ای اهالی خانه دورهم جمع شوید، خبر مهمی دارم.» همه دور هم جمع شدند و به همدیگر خیره شدند و منتظر بودند تا من خبر مهم را به اطلاع آنها برسانم. سوفی گفت: « هیوا، بگو دیگه، چه شده؟»

- دکتر ولار گفت که راهی پیدا کرده که می تواند بینایی چشمان یونس را بازگرداند. او می گفت یک تکنولوژی جدیدی هست که با عمل جراحی، احتمال برگشت بینایی را زیاد می کند و چشمهای یونس این قابلیت را دارند که بتواند از این جراحی جدید استفاده کند.» همه هورا

کشیدند و طوبی بی صدا نشسته بود و هیچ عکس العملی نشان نداد. پرسیدم: «طوبی خانوم، شما خوشحال نیستید که دکتر ولار راهی برای بهبودی بینایی یونس پیدا کرده؟»

- چرا خوشحالم، ولی می دونم که جواب نخواهد داد. زیرا یکی از همسایگان من در کانادا که زنی کور بود با این روش نتوانسته بود به نتیجه برسد

- طوبی خانوم: نا امید نباش، انشالله جواب می دهد. امتحانش که ضرری ندارد

همگی از این خبر جدید خوشحال بودیم. من و اشلی برای رفتن به بیمارستان آماده شدیم. نسیم پیش ما نبود و به منزل خودشان رفته بود. به او نیز این خبر مهم را اطلاع دادم و گفتم: « نسیم جان دعاهایمان اثر کرد » به بیمارستان رسیدیم و بی معطلی سراغ دکتر ولار را گرفتیم. از اشلی خواستم تا در ورودی اتاق یونس بنشینید. من بدنبال دکتر ولار گشتم و بالاخره او را یافتم. او نیز از اینکه توانسته بود راهی برای بازگشت بینایی بیابد خیلی خوشحال بود. دوباره به همان چیزهایی که پشت خط تلفن به من گفته بود اشاره کرد و در تکمیل آن ها ادامه داد: « خانم متین، احتمال بازگشت بینی بیمار شما خیلی زیاد است و باید ببینیم چه نتیجه ای خواهد داد.»

- دکتر کی این جراحی را انجام خواهید داد؟

- یک هفته بعد. فقط باید از آقای دکتر رنالد اجازۀ کتبی بگیریم که این جراحی، بر روی بیماری سرطان ریۀ بیمار اثر نامطلوب نداشته باشد

- من حتماً با دکتر رنالد حرف می زنم

- خانم متین من قبلاً با ایشان هماهنگ کردم، فقط منتظر نظر کمیسیون پزشکی هستم. چون هم باید تأییدیۀ دکتر رنالد را داشته باشیم و هم تأییدیۀ کمیسیون پزشکی بیمارستان. اگر بتوانم نظر همۀ آنها را جلب کنم، هفته آینده این عمل را انجام خواهم داد

از دکتر ولار بابت تلاش های بی دریغش برای بهبودی یونس تشکر کردم و منتظر روز موعود ماندم دیگر نگران رفت و آمدها و زندگی مان در خانۀ سوفی نبودم، زیرا مدت زیادی می گذشت ولی هنوز هیچ خبری از پیگیری های راسل نبود. مطمئن شدم که راسل هنوز برای برگشتن من و آوا امیدوار است و به این دلیل است که به پلیس خبر نداده و در مورد علت فرار ما به روزنامه ها دروغ گفته است. این مدت را غنیمت شمردم و سعی کردم هر چه زودتر معالجۀ یونس را تمام کنم و پس از بهبودی یونس به همراه او به شهر دیگری مهاجرت کنم، تا از گزند حوادث در امان بمانیم. لورنس هم می توانست علت خوبی برای عدم پیگیری های جدّی راسل باشد.

هر چه بود و هر علتی داشت، ما هنوز در امان بودیم و چون در جایی ساکن بودیم که امکان نداشت به ذهن راسل برسد، خیالمان راحت بود.

فقط نسیم می توانست دهان باز کرده و مکان مخفی شدن ما را لو دهد، در مورد او اطمینان کافی داشتم و حتی لحظه ای هم در مورد نسیم شک نمی کردم. هجدهم ماه فوریه ۲۰۱۵ بود که دکتر ولار و رنالد و کمیسیون پزشکی بیمارستان به این نتیجه رسیده بودند که ابتدا باید جراحی که قرار بود در ناحیۀ ریه های یونس انجام گیرد، جلو بیفتد، سپس دکتر ولار می توانست با تکنولوژی جدیدی که از آن صحبت می کرد، وارد عمل شده و چشمهای یونس را بهبود بخشد. دکتر رنالد فوق تخصص دستگاه تنفسی و جراح قابلی بود که در شهر اسم و رسم خاصی داست و زبانزد خاص و عام بود. او می خواست روی ریه های یونس کاری بکند که بگفته خودش ابتدا غده های سرطان را بردارد و سپس به ترمیم قسمتهای آسیب دیده در ناحیه کیسه های هوا در داخل ریه بپردازد. او می گفت با این عمل می تواند مانع مرگ بیمار شود. بهمین دلیل وقتی برگه های اجازۀ جراحی را من و طوبی امضا می کردیم، از دکتر رنالد پرسیدم:« آقای دکتر اگر این عمل با موفقیت به پایان برسد چه تأثیری در کل موضوع خواهد داشت؟ »

- اگر این عمل جراحی را انجام ندهیم، بیمارتان حتما طی روزهای آینده و حتی کمتر از یک ماه بعلت زیاد شدن غدد سرطان داخل ریه هایش، جان خود را از دست خواهد داد. من فقط می توانم مرگ او را به تأخیر بیندازم. متاسفانه بیمار آنقدر گاز سمی استنشاق کرده و حجم

درصد گاز بالا بوده است که تأثیری وخیم و زود هنگام در دستگاه تنفسی او به جای گذاشته است.

- آقای دکتر رنالد یعنی هیچ درمان قطعی برای مریضی بیمار ما وجود ندارد؟

این را طوبی از دکتر پرسید، و دکتر که از سؤال و جواب های ما خسته شده بود، با جسارت هر چه تمامتر گفت: « حالا شما اجازه می دهید من مقدمات جراحی را انجام دهم و دستور دهم اتاق عمل را برایمان آماده کنند؟ من می خواهم همین امشب عمل کنم. اگر خدا بخواهد نتیجه همان خواهد شد که ما انتظارش را داریم.»

بالاخره بیست و یکم فوریه یونس را طبق نظر نهایی کمیسیون بیمارستان به اتاق عمل بردند. من و طوبی و نسیم تنها کسانی بودیم که بعنوان خویشاوندان و دوستان بیمار پشت درب اتاق عمل منتظر نتیجه بودیم. یونس وقتی صدای من و طوبی را شنید، دسته های استیل تختی را که روی آن دراز کشیده بود، به مفهوم تنفر از سرنوشتش، به سختی فشرد و بر آن چنگ انداخت. یونس بیچاره که بدست کریس لعنتی تبدیل به یک انسان تازه از جنگ برگشته شده بود، باید زیر دو عمل جراحی آنهم به فاصله کم از همدیگر، قرار می گرفت.

با خود گفتم: « خوب است که گوش های یونس هنوز می شنود و لااقل این حسش باعث شده که نوری در قلبش روشن شود و با شناختن

صدای افرادی که دوروبرش هستند به آینده امیدوار شود، افرادی مانند من و طوبی خواهرش. یونس خیلی دوستت دارم.»

پس از سه و نیم ساعت بالاخره دکتر رنالد از اتاق عمل خارج شد. قطره های عرق که بر پیشانی دکتر باقیمانده و هنوز پاک نشده بود، نشان از سختی عمل داشت. با طمأنینه ای مخصوص دنیای پزشکی روبه ما کرد و گفت: « من سعی خودم را کردم و کارم را انجام دادم. ولی وضعیت بیمار بدتر از آن بود که فکرش را می کردم. او تقریباً هشتاد درصد کیسه های هوایی ریه هایش را از دست داده. »

کمی دیگر به دکتر نزدیک شده و پرسیدم:

- دکتر رنالد، یا می توان به کل نتیجه امیدوار بود؟

- بله می توان، من تلاش کردم تمام کاری را که می توانم، انجام دهم

از دکتر رنالد تشکر کردیم و پس از چند دقیقه یونس را به بخش ریکاوری اتاق عمل منتقل کردند. من و طوبی و نسیم با حرفهای دکتر کمی بیشتر از قبل امیدوار شده بودیم. صبح شده بود و یونس را به بخش منتقل کرده بودند و من روی صندلی راهرو از فرط خستگی به خواب رفته بودم. وقتی بیدار شدم طوبی را دیدم که زیر لب دعا میکرد. در این لحظه به یاد دوران بچگی خودم افتادم، دوازده سال داشتم و من و مادرم سارا همینطور روی صندلی بیمارستان نشسته و منتظر نتیجه

عمل پدرم بودیم، من روی پاهای مادرم به خواب رفته بودم و وقتی چشمانم را گشودم، مادرم سارا، در حال دعا خواندن زیر لب بود، چشمانش را بسته بود و به خدا التماس میکرد. اما چه کنیم که دست تقدیر یارای پدرم نبود و او را از ما گرفته بود. حس غریبی داشتم وقتی طوبی را آنطور در حال دعا خواندن دیدم. بالاخره اجازه دادند ما یونس را از نزدیک ببینیم. یونسی که بیهوش بود و پرستاران به هوش آمدن او را مستلزم گذشتن چندین ساعت زمان می دانستند. ماسک اکسیژن را هم از دهان یونس جدا نمی کردند و دایماً به دهان او چسبیده بود، طوری که اطراف دهان او جای گود رفتگی فشار بندهای ماسک را براحتی می توانستم ببینیم. دکتر رنالد برای معاینهٔ یونس به اتاقش سرزد و نتیجه عمل را خوب تشخیص داد. آنقدر دستگاه و سیم و کابل به یونس بیچاره بسته بودند که انگار از جنگ جهانی برگشته است. بیچاره یونس، چه بلایی به خاطر منِ احمق به سرش آمده بود. نفرین بر تو هیوا.

یونس به هوش آمد، با شنیدن صدای من و طوبی خوشحالی خودش را با تکان دادن انگشتانش که ما بین دستان من بود، نشان داد. بیشتر از این نمی توانست حرکتی بکند. طوبی هم دست دیگر یونس را میان دستانش می فشرد. دستانی که با آنها توانسته بود مجسمه ای بسازد و از این طریق مرا از وجود خودش در شهر بزرگی مثل پاریس اگاه سازد. آفرین بر تو یونس.

چند روزی سپری شد و از طرف کمیسیون پزشکی بیمارستان زمان مشخصی برای عمل دوم یونس معیّن شد. این زمان تقریباً یک ماه بعد بود و باید یونس کاملاً به هوش می آمد و اثرات بیهوشی از بدنش دفع می شد و به حالت قبل از عمل روی ریه هایش بر می گشت. بیست وچهارم ماه مارس روز موعود بود و منتظر این روز بودم. روزی که امکان داشت یونس بینایی اش را بازیابد و بتواند مرا ببیند. آن وقت بود که تازه می توانستم خوشحال باشم و طراوت روزهای گذشته را داشته باشم. یک ماه باقیمانده به عمل را به سختی سپری کردیم. آنقدر راحت شده بودم و بی مهابا مسیر بین بیمارستان و خانه سوفی را می رفتم و می آمدم که انگار هیچ گاه از خانه نگریخته بودم. سرم گرم مداوای یونس و بازیابی سلامتی اش بود که اصلاً به فکر راسل نبودم. می دانستم که چون تا بحال نتوانسته پیدایمان کند، از این به بعد هم نمی تواند، زیرا مخفیگاهمان را امنتر از آن می پنداشتم که قبلاً انتظارش را داشتم. بالاخره روز موعود از راه رسید و دوباره یونس را به بخش چشم انتقال دادند و پس از انجام آزمایشات قبل از عمل او را جهت بردن به اتاق عمل آماده نمودند. خارق العادگی یونس در این بود که صبور بود و هیچ مجادله ای با هیچ کس نداشت و به هنگام ورودش به اتاق عمل گفت:

« فقط برایم دعا کنید »

اشک از چشمان من و طوبی سرازیر شد و با نگاه کردن به یکدیگر بیشتر گریستیم. من و طوبی هر دو عاشق یونس بودیم، عشقی که پایانی نداشت. زمان عمل دوّم طرف صبح وتقریباً ساعت ۱۰ بود. دکتر ولار گفته بود که این عمل زمانبر است و تقریباً شش ساعت طول خواهد کشید و باید ساعت ۴ عصر تمام می شد. حین عمل یونس چند پرستار وارد اتاق عمل می شدند، از آنها خواستم از حال یونس برایم خبر بیاورند که هیچ اعتنایی به حرفهای من نکرده و سراسیمه و بدون توجه به چیزی وارد شده و در را پشت سرشان بستند. با خود گفتم:« عجب آدمهای بی عاطفه ای، چرا هیچ توجهی به بی تابی من نداشتند؟»

عمل تمام شد و من و طوبی با دشواری هر چه تمام این لحظات را پشت سر گذاشتیم. چشمهای یونس را بسته بودند و او را بیهوش از جلوی چشمان ما به اتاق ریکاوری منتقل کرده و سپس به بخش انتقال دادند. پس از دو ساعت یونس تقریباً به هوش آمده بود و اولین جمله ای که زیر لب گفت این بود: « خدایا شکرت، من زنده ام و دو نفری که در این دنیا از همه بیشتر دوستشان دارم، در کنارم هستند.» پرستاران مهلت ندادند و سریع ماسک اکسیژن را دوباره روی دهان یونس بستند.

همینطور زمان سپری می شد و یونس در اتاق بیمارستان منتظر روزی بود که چشمانش را باز کنند. بعضی اوقات می گفت: « یعنی ممکن است پس از باز کردن پانسمان از روی چشمهایم، دوباره بتوانم شما را

ببینم؟ » روزها جای خود را به شبها و شبها جایشان را به روزها می دادند و ما همگی لحظه شماری می کردیم. دکتر ولار زمان دقیق باز کردن چشمان یونس را نمی گفت و فقط می گفت که به همین زودی این کار را خواهد کرد. هر روز به یونس سر می زد و حال او را می پرسید و پس از معاینه اتاق را ترک میکرد. دکترِ خوش برخورد و با اخلاقی بود. تقریباً ۵۵ تا ۶۰ ساله نشان میداد و لطافت عجیبی در کلامش داشت و به نرمی سخن می گفت. یک روز آمد و پس از معاینات گفت: « فردا صبح چشمان یونس را بازخواهد کرد.» آن روز دقیقاً نوزدهم آوریل بود.

آن شب را خواب نداشتیم و برای فردا لحظه شماری می کردیم. آفتاب ماه آوریل طلوع کرده بود و نشان از روزی خوش می داد، هوا صاف بود و هیچ اثری از ابرهای تیره نبود، ابرهایی که ببارند و برسرمان نعمت الهی بریزند، بهار از راه رسیده بود و کم کم هوا گرمتر می شد. شاید با فرا رسیدن بهار، بهاری دیگر در زندگی یونس و من جریان می یافت و گلهای خنده و شادی درباره شکوفه می کردند. ساعت ۱۰ صبح بود و ما همچنان منتظر دکتر ولار بودیم، پس از چند دقیقه از راه رسید و با چرخی که توسط یکی از همراهان پرستارش هل داده میشد، وارد اتاق شد. روی چرخ ابزار آلات مخصوصی بود که دکتر قصد داشت با آنها پانسمان چشمان یونس را بردارد. دکتر ولار از ما خواست کمی دورتر و

در کنار پنجره بایستیم و منتظر باشیم تا صدایمان کند، از ما خواست پرده ها را کامل بکشیم تا هیچ نور شدیدی وارد اتاق نشود. سپس شروع به برداشتن پانسمان کرد و زیر لب گفت: « امروز چه روز خوبی است. بیستم آوریل ۲۰۱۵ یک روز رؤیایی. حتماً در تقویم خانه تان این روز را خواهید نوشت » دکتر ولار چنان با اطمینان حرف می زد که انگار خبر داشت که پس از باز کردن پانسمان چشمهای یونس، حتماً بینایی او باز خواهد گشت.

همه هیجان زده ایستاده بودیم و سکوت مطلق بر فضای اتاق حاکم شده بود. دکتر ولار خنده ای از ته دلش بیرون انداخت و سپس گفت: « حالا وقتش است، و سپس شروع به برداشتن پانسمان روی چشم های یونس کرد و در این هنگام به یونس تأکید می کرد «تا وقتی نگفتم چشمانت را باز نکن » لحظهٔ عجیبی بود، فقط زیر لب دعا می خواندم و خدا خدا می کردم. طوبی خانوم حتی تکان هم نمی خورد و دقیقاً به نقطه ای خیره شده بود که من و همهٔ افراد حاضر در اتاق به آن نگاه میکردیم. صبرم تمام شده بود، گفتم:

- دکتر ولار کمی سریعتر لطفاً، چرا اینقدر آرام آرام کار می کنید؟

دکتر نگاه زیر چشمی به من انداخت و گفت:

- دختر خوب و زیبایی مثل شما نباید چنین عجول باشد

- دکتر فقط می خواهم نتیجه را زودتر ببینم

- همین الان خواهی دید

تمام پانسمان ها برداشته شد ولی چشمهای یونس هنوز بسته بودند. دکتر ولار اشاره ای به پرستاری که با خود آورده بود کرد و گفت:

آن کرکره را هم پائین بکش تا نور شدید و خیره کننده خورشید وارد اتاق نشود

پرستار بسرعت این کار را کرد و سپس دکتر رو به یونس کرد و گفت:

- آقای یونس فراست لطفاً به آرامی چشمهایتان را بگشایید

یونس به آرامی پلک هایش را بالا برد و با صدای پراحساسی که از درون قلبش بیرون می جهید گفت:

- من، من، من می بینم، من می بینم، آری من دوباره دارم دنیای اطراف خودم را می بینم

مستقیماً به سمت بالا نگاه میکرد. همگی از شدت خوشحالی سرجایمان میخکوب شده بودیم و سکوت درون اتاق هنوز نشکسته بود. سپس یونس دوباره پلک هایش را روی هم چفت کرد و بست و سپس سرش را به سمت من و طوبی چرخاند و گفت:

- هیوا جان، طوبی خواهر عزیزم، شما این طرف هستید. مگر نه؟

با اینکه صدایم می لرزید ولی به زحمت به او جواب دادم:

- آری عزیزم همین طرف هستیم

سپس پلک هایش را دوباره از هم کَند و در حالیکه مبهوت و متعجب از نتیجه عمل جراحی بود، چند ثانیه ای روی چهره من زوم کرد و پس از مکث کوتاهی گفت:

- هیوا جان، جلوتر بیا می خواهم بهتر ببینمت

قدمهایم را به آرامی حرکت دادم و جلوتر رفتم. با کمک دست هایش از جایش برخاست، وقتی به خود آمدم، متوجه شدم دستان گرم یونس روی گونه هایم می لغزند. بی تاب بودم و قطره های اشک فرصت نمی دادند و یکی پس از دیگری از چشمهایم جدا شده و روی دستان یونس می غلتیدند.

- هیوا بالاخره موفق شدم دوباره تو را ببینم، زیباتر شده ای. زیباتر از آنکه حتی تصورش را می کردم. دکتر ولار چند قدمی جلوتر رفت و گفت:

- آقای فراست، همسرتان کمی صبور نیست

یونس که هیچ توجهی به گفته های دکتر نداشت بی اختیار یک قطره اشک از چشم چپش پائین غلتید، دکتر ولار با دیدن این صحنه گفت:

- آقای فراست شما نباید فعلاً زیاد به خودتان فشار بیاورید، برای چشمانتان ضرر دارد

بسرعت قطرهٔ تازه بیرون غلتیده را پاک کردم و دستم را روی سینه یونس فشردم و گفتم:

- یونس جان بهتر است استراحت بکنی

طوبی جلوتر آمد و گفت:

- برادر عزیزم خیلی خوشحالم از شدت هیجان واقعاً نمی دانم چه بگویم

- طوبی جان، خواهر یکدانه ام، من نیز از وجود شما در کنارم خیلی خوشحال هستم

دکتر به همراه پرستارش، اتاق را ترک کردند، به هنگام خروج دکتر ولار گفت: « به همهٔ تبریک می گویم و توصیه میکنم که فعلاً زیاد مزاحم استراحت بیمار نشوید.»

- من هم از شما ممنونم دکتر، شما به ما زندگی دوباره دادید. جای شما در بهشت است

آری یونس جراحی چشم را با موفقیت به پایان برده بود و نتیجه هم بهتر از آنی بود که حتی انتظارش را داشتیم. ماه آوریل هم تمام شد و اواسط بهار بود که یونس را از بیمارستان ترخیص کردیم و به خانه

آوردیم. سوفی با دیدن بهبودی بینایی یونس خیلی خوشحال شد و گفت:

- انسانهای خوب بهتر است که همیشه ببینند

منظور سوفی را دقیقاً متوجه نشدیم ولی هر چه گفت از روی خوش قلبی اش بود.

روزها و هفته ها به دنبال هم می گذشت و من یونس از اینکه دوباره در کنار همدیگر بودیم خیلی خوشحال بودیم. ولی یونس هنوز سرفه میکرد و توانایی انجام کارهایی با انرژی بیشتر را نداشت و فوری به نفس نفس می افتاد. روزی در حیاط خانۀ سوفی مشغول صحبت بودیم، پشت سرهم یونس را « آقای مجسمه ساز» خطاب کردم و یونس به دنبال من دوید تا مرا بگیرد و تلافی کند، اما حتی نتوانست چند قدم بیشتر بدود و به سرفه شدیدی افتاد. فوراً او را به اتاق بردم و از او خواستم به استراحت بپردازد.

شب های ماه می ۲۰۱۵ بهترین شبهای عمرم بود. ولی آوا خیلی بی تابی میکرد و دایم سراغ راسل را میگرفت. نمی دانستم چه جوابی به او بدهم. اشلی بیچاره هم از بس با آوا بازی کرده بود تا حواسش را پرت کند، خسته شده بود. نمی توانستم آوا را فراموش کنم و به پدرش بسپارم. با یونس تصمیم گرفتیم پس از مدتی کوتاه به ایران برگردیم و به زندگیمان در ایران ادامه دهیم و این تنها راهی بود که می توانستیم

خودمان را از دو مشکل بزرگ برهانیم، یکی اینکه هر لحظه امکان داشت سروکلّه راسل پیدا شود و دوباره به دردسر بیفتیم و دیگری اینکه آوا با دوری از پدرش بالاخره تحت محبتهای من و یونس، پدرش را از یاد می برد.

برای هشتم ماه ژوئن بلیط برگشت به ایران تهیه کردیم. آنقدر در حسابم پول داشتم که می توانستم بدون دردسر تا آخر عمر در ایران در رفاه کامل زندگی کنیم. وقتی در تلویزیون می دیدم که دولت جدیدی در ایران سرکار آمده و رئیس جمهور جدید از اصلاح طلبان است و به مردم ایران امید می دهد و از تمام ایرانیان مقیم خارج دعوت میکند تا به کشور برگردند، شور و اشتیاقم برای بازگشت به ایران دو چندان شده بود. تصمیم داشتم اشلی را هم با خودم به ایران ببرم زیرا تنها کسی بود که آوا به آن عادت داشت و می توانست آوا را آرام کند. هفتم ژوئن بود و همگی در حال آماده شدن برای برگشت به ایران بودیم. تمام آرزوهایم به حقیقت پیوسته بود و پس از سالها رنج و محنت بالاخره من و یونس در کنار همدیگر بودیم و تصمیم داشتیم زندگی جدیدی را شروع کنیم. تمام اسباب و مقدمات سفرمان آماده شد و آن شب من و یونس تصمیم گرفتیم بعنوان آخرین شب خداحافظی با پاریس به برج ایفل برویم و کمی به تفریح بپردازیم. چشمهای یونس هنوز کمی تار می دیدند، دکتر

به یونس گفته بود که به هنگام ورود به محیطهای آلوده شهر از ماسک استفاده کند.

یونس ماسک به دهان بود و با هم به سمت ایفل به راه افتادیم. جمعیت زیادی آنجا بودند. به آرامی به سمت پائین ایفل حرکت کردیم و خودمان را به طبقهٔ میانی ایفل رساندیم و از آنجا با هم به تماشای پاریس پرداختیم. شهری که در آن از قعر رذالت به اوج شهرت رسیده بودم، باید از پاریس خداحافظی میکردم. به آسمان پاریس نظاره میکردم که یونس گفت:

- عزیزم تا بحال این جا آمده بودی؟

چشمهایم پر اشک شده بود و نور شهر پاریس وقتی از لابلای قطره های اشکِ ما بینِ مژه هایم به داخل چشمانم وارد می شد، می شکست و من پاریس را چیزی جز شهری غرق در نورهای رنگارنگ نمی دیدم. در جواب یونس گفتم:

- بله، آمده بودم

به یاد لحظه ای افتادم که با راسل در همانجایی که من و یونس ایستاده بودیم، در آغوش یکدیگر بودیم و دانیل بیچاره از دور ما را تماشا کرده بود. انگار که می بایست من با هر مردی که وارد زندگیم می شود، به

ایفل بیایم و درست در همان نقطه بایستم. در آغوش یونس غلتیدم و گفتم:

- یونس جان می خواهم قولی به من بدهی

- بگو عزیزم، هر چه باشد قبول میکنم

- می خواهم قول بدهی هیچگاه تنهایم نگذاری و تا لحظه مرگ در کنارم باشی

- قول می دهم و قسم می خورم که پای قولم خواهم ایستاد

در آغوش همدیگر بودیم که صدای فلاش دوربین عکاسی یکی از خبرنگاران و نور فلاش ما را از همدیگر جدا کرد. خبرنگاری مرا شناخته بود و برای روزنامه لعنتی اش عکس میگرفت. چه خبر داغی می شد وقتی چند روز بعد روزنامه ها بنویسند « خانم هیوا متین بالاخره به معشوق خود رسید و او را در آغوش گرفت » در این هنگام یونس از من پرسید:

- عزیزم این خبر و عکس برایمان دردسر نشود؟

- بشود، ما که داریم از اینجا می رویم و فردا همین موقع در تهران خواهیم بود

یونس نفس راحتی کشید و ادامه داد:

- شهرت هم باعث دردسر است

- یونس من از اینکه در روزنامه های پاریس در مورد من و تو بنویسند ناراحت نیستم، خوشحال هم هستم، چونکه بهتر است مردم بفهمند که راسل برای جدا کردن من و تو از همدیگر و نگه داشتن من در کنار خودش دست به چه کارهایی زده است

- امیدوارم اینطور باشد که میگویی. من هم از دست او ناراحت و عصبانی ام. ولی بهتر بود که بی صدا از فرانسه برویم

یونس کمی مکث کرد و ادامه داد:

- هیوا جان، به نظر تو چرا در طول این چند ماهی که من و تو با هم بودیم و در خانه سوفی اقامت داشتیم و مشغول مداوای بیماری من بودیم، راسل به سراغ ما نیامده؟ و چرا هیچ اطلاعی به پلیس نداده؟

- عزیزم، اولاً ما در جایی اقامت داشتیم که حتی به ذهن جِن هم نمی رسید، دوماً خبردادن به پلیس به ضرر راسل بود، زیرا که باعث بدنامیِ شهرت و شرکتش می شد. او ترجیح داد در سکوت کامل و مخفیانه و بدون دخالت پلیس ما را پیدا کند که خوشبختانه بخت با ما یار بود و او نتوانسته تا بحال به ما دسترسی پیدا کند. فردا هم که پرواز داریم و از این جا می رویم

یونس نگاهی عمیق به ستاره های چشمک زن آسمان پاریس انداخت و گفت:

- بله حق با توست

سپس سرفه های پشت سر هم سراغ او آمدند و مهلت سخن گفتن را از او گرفتند. وقت برگشتن به خانه بود، زیرا هم یونس به سرفه افتاده بود و هم ساعت ۳ بامداد را نشان میداد. برگشتیم و در آغوشِ هم به خواب راحتی فرو رفتیم.

صبح شده بود و قرار بود ساعت ۷ عصر در فرودگاه باشیم. پروازمان ساعت ۹ بود. هنوز وقت زیادی داشتیم. آن ساعات را به تشکر از سوفی پرداختیم و با نسیم که آن روز در کنار ما بود وقت گذراندیم. از او خواستم تا به سرعت برگشته و به کارش در لورنس ادامه دهد و نگذارد لورنس سقوط کند، زیرا آن شرکت را دوست داشتم و با پوست و خون خودم آنجا را ساخته و به اوج رسانده بودم. نسیم در جوابم گفت:

- هیوا جان، آن شرکت بدون وجود تو دیگر رنگ و بوی عشق و دوستی ندارد. کار کردن در لورنس از این به بعد برایم دشوار است

- نسیم جان من می دانم که تو با استعداد و توانایی خارق العاده ات می توانی در کنار راسل آنجا را اداره کنی

- سعی خودم را می کنم تا خودم را راضی کنم تا به لورنس برگردم. نمی خواهم در کنار راسل باشم.

همگی با هم به طرف فرودگاه پاریس حرکت کردیم. مقدمات تهیه کارت پرواز را انجام داده و کیف ها را تحویل دادیم. لحظۀ سختی بود که باید از نسیم و طوبی جدا می شدم. به هنگام خداحافظی نسیم گفت:

- حتما به این زودی برای دیدنت به ایران خواهم آمد

و یکسر گریه می کرد. سوفی هم که زن سخت مزاج و خشکی بود گفت

- خانم، امیدوارم، در کنار همدیگر خوشبخت باشید

طوبی ساکت بود و چیزی نگفت ولی از درون چشمها و طرز نگاهش حدس زدم که از دست من دلخور است و به خاطر برادرش جرأت ابراز عصبانیتش را ندارد و فقط دست تکان میداد. با همه خداحافظی کردیم و من و یونس به همراه اشلی و آوا در حالیکه برای یکدیگر دست تکان میدادیم وارد سالن میانی فرودگاه شدیم و از چشم همدیگر ناپدید شدیم. سوار هواپیما شدیم. پس از برخاستن هواپیما با خود گفتم: « خداحافظ پاریس، خداحافظ لورنس، خداحافظ روزنامه ها» و در انتها گفتم: « خداحافظ پول و شهرت »

هواپیما در تهران به زمین نشست و پس از باز شدن درب خروج، هوای گرم تهران وارد هواپیما شد. وقتی آن هوای گرم را استشمام کردم و از

آن نفس کشیدم، حالت خوبی به من دست داد. انگار که از دست راسل خلاص شده و به سلامت به ایران برگشته بودم.

به تو سلام میکنم ایران، ای مملکت عاشقان، وارد ایران شدم و قدم بر پایتخت آن تهران بزرگ نهادم، آن هنگام که رفته بودم تنها و بی کس بودم و به امید دلدادگی هایم خاک آنرا ترک کرده بودم. ولی اکنون که برگشته ام به مقصود خودم رسیده و تنها نیستم. دختری دارم و مردی پیشم است که قرار است با او ازدواج کرده و تا پایان عمرم در کنارش باقی بمانم. یونس و آوای عزیزم، هردویتان را دوست دارم و قسم می خورم که تا لحظه مرگ، آن هنگام که روح از جسم جدا و به ملکوت سیر می کند، در کنارتان باشم. ای ایران عزیزتر از جانم که خون اجدادم در آن جا شکل گرفته و مرا پرورش داده ای، نه برای دیدن تو، بلکه برای بودن با تو آمده ام.

من و یونس تصمیم گرفتیم که به همین زودی با هم ازدواج کنیم و زندگی آرام و بی دردسرمان را شروع کنیم، زندگی که سال ها بود در آرزویش بودیم. یک زندگی عاری از هر گونه دغدغه فکری و سرشار از عشق و محبت و آرامش، این تنها آرزوی من و یونس بود. به همین علت وقتی در یک هتل اسکان کردیم، بی درنگ با نسیم تماس گرفتم و از او خواستم تا مقدار پولی را که به هنگام خروج از فرانسه به حسابش واریز کرده بودم برایم بفرستد. به سرعت در بانک ملت شعبه ارزی در تهران

یک حساب ارزی افتتاح کردم و شمارۀ حساب بین المللی ام را برای نسیم ارسال کردم. مدت یک ماه طول کشید تا مبلغ هفده میلیون یورو از فرانسه به حسابم در تهران واریز و عملیات ترانسفر آن پایان یابد وقتی برای تأیید واریز وجه به بانک ملت مراجعه کردم، یکی از کارمندان این بانک گفت که یکی دو سال قبل انتقال چنین مبلغی از خارج به ایران یک کار بسیار دشوار و تقریباً محال بود. زیرا تمامی سوئیفت های بانکی ایران توسط تحریمهای تجاری و بانکی تحمیل شده، بسته شده بودند و هیچ پولی را نمی شد از یک کشور خارجی به ایران انتقال داد. خوشحال بودم که شانس با من یاربود و توانسته بودم به پولم برسم. زیرا برای ادامۀ زندگی با یونس در ایران به این پول احتیاج داشتم. هفده میلیون یورو پول داشتم و می توانستم هر کاری بکنم.

ابتدا تصمیم گرفتم با یونس به دنبال خانه ای شیک و مجلّل برای زندگی مان باشیم. به همین علت پس از مدتی جستجو توانستیم در منطقۀ تجریش تهران خانه ای مناسب برای خرید پیدا کنیم و آنجا را به قیمت هجده میلیارد تومان خریدیم. خانه ای بسیار شیک با حیاطی بزرگ و باغی کوچک درون حیاط با درختهای گیلاس و توت در محوطۀ باغ و سنگفرشی رؤیایی و غیر قابل تصور. داخل خانه هم بسیار مجلل بود و در کل جایی بود که خیلی دوستش داشتم و به زندگی ام با یونس در آن خانه فکر می کردم. خانه پر از وسایل و اسباب و اثاثیه ای شد که

یک شرکت تهیه و تجهیز منازل در تهران کمکمان کرده بود. مکانی رؤیایی برای زندگی در اختیار داشتیم و از هتل به آنجا نقل مکان کردیم.

وقتی اشلی و آوا وارد خانه شدند، دهانشان از تعجب بازمانده بود، آوا اتاق خودش را با دیوارهایی که به رنگ آبی روشن و نقش دریایی مواج روی سقف و پرندگان در حال پرواز بصورت آویزان،دید و از شدت هیجان بالا و پایین پرید. اولین شامان را در آن خانه دور همدیگر خوردیم و پس از صرف شام و خوابیدنِ آوا و اشلی به یونس گفتم:

- یونس برای مراسم ازدواجمان چکار باید بکنیم؟

- عزیزم خسته نشدی از بس این ور و آن ور دویدی؟ مدتی صبرکنیم و به استراحت بپردازیم. سپس در مورد آن فکرکنیم

- نمی تونم بیشتر از این صبر کنم

یونس وقتی از جایش برخاست تا درست در کنارم بنشیند به سرفه شدیدی افتاد و از ادامه صحبت باز ماند. سریع لیوان آبی برایش آوردم و گفتم:

- عزیزم زیاد به خودت فشار نیاور، استراحت کن، من خودم به مقدمات ازدواجمان می پردازم

سری تکان داد و به سختی گفت:

- خیلی دوستت دارم

با یک شرکتی که کارش تدارک مراسم عروسی بود، صحبت کردم و تاریخ ازدواج و لیست مهمانانی را که قرار بود به این مراسم دعوت شوند را به آن شرکت دادم. هشتم مرداد ۱۳۹۴ با مشورت یونس تاریخ ازدواج و روز رؤیایی زندگی من بود. تا آن موقع که مقدمات مراسم فراهم شده و روز موعود فرا رسید، من و یونس در مورد گذشته هایمان و اشتباهاتی که مرتکب شده بودیم حرف زدیم. به همراه آوا و اشلی که در ایران مجبور شده بود روسری بر سر کند به مناطق دیدنی تهران می رفتیم و خوش میگذراندیم. لحظات شاد و عجیبی بود، آنقدر رها و سبک بودم که خودم را روی ابرها احساس میکردم.

از وقتی وارد تهران شده بودیم برسرفه های یونس افزوده شده بود و من نگران از وضعیت یونس بودم. به همین علت گفتم:

- یونس جان بهتر نیست به دکتر مراجعه کنیم؟

- عزیزم چند روز بیشتر به هشتم مرداد باقی نمانده است، اگر به دکتر برویم حتما مرا بستری می کند و مراسممان به هم می خورد. فکر می کنم علت زیاد شدن سرفه هایم هوای آلوده تهران است.

- پس تا هشتم مرداد ماه نباید از خونه بیرون بری و از آن هوای آلوده نفس بکشی

- اشکالی نداره، من از خونه خارج نمی شوم و استراحت می کنم

و دوباره به سرفه افتاد، سرفه هایی که هر یک از آنها مثل پُتکی بود که بر قلبم می کوبید و مرا آزار می داد. زیرا خودم را مقصر اصلی بیماری یونس می دانستم.

روزها و شبها جای خود را به یکدیگر می سپردند و من و یونس در کنار هم احساس آرامش داشتیم. هیچ عشقبازی بین من و او اتفاق نیفتاده بود و منتظر روز عروسی مان بودیم، چون دکتر رنالد در پاریس سپرده بود که یونس نباید زیاد در معرض هیجانات باشد، زیاد سربه سرش نمی گذاشتم، هیجان شدید باعث ازدیاد ضربان قلبش و در نتیجه تنگی نفس یونس می شد. بالاخره روز موعود فرا رسید، من و یونس طبق برنامه ای که از آن شرکت گرفته بودیم آماده شدیم و به تالاری بزرگ که برای مراسم در نظر گرفته شده بود رفتیم. مهمانان مراسم یکی پس از دیگری وارد سالن شدند. مهمانانی از ایران و خارج از کشور که همگی یا از دوستان و فامیل یونس بودند و یا از دوستان و فامیل من. مهمانانی مثل لیلا و شوهرش، نسیم و خانواده اش، علی آقا و افسانه همسرش که ساکن استانبول بودند، دوستانی از کشور کانادا که توسط یونس دعوت شده بودند و از داخل کشور افرادی مثل خواهرزاده های یونس و فامیل های دورش، همگی به این مجلس دعوت شده بودند. طوبی خانوم هم از فرانسه به کانادا برگشته بود تا کارهای ناتمامی را که در آنجا داشت به

پایان برساند و برای همیشه به ایران باز گردد او نیز روز قبل از شروع مراسم به ما ملحق شده بود.

خیلی خوشحال بودم و به آرامی کنار یونس خزیدم و به او گفتم:

- یونس، به نظر تو این مراسم چطور مراسمی خواهد شد؟

- خیلی عالی. چطور مگه؟

- هیچی همینطوری پرسیدم

تمامی مهمانان دور میزهایی گردی که برایشان در نظر گرفته شده بود نشسته و مشغول خوشگذرانی بودند. من و یونس دست در دست یکدیگر سرمیز هر تک تک آن ها رفتیم و به آنها خوش آمد گفتیم. موزیک ملایم و سبُکی توسط گروه ارکسترِ دعوت شده به مراسم، نواخته می شد. لباس عروس دنباله دار قشنگی به تن داشتم، لباسی که از کودکی آرزوی بر تن کردنش را داشتم. یونس گفت:

- آنقدر زیبا شدی که حتی تصورش را هم نمی توانی بکنی

حس عجیبی به سراغم آمده بود، حسی که مرا به پرواز در می آورد. در هر صورت خیلی ذوق زده شده بودم که خودم را بالاخره در چنین مراسمی در کنار یونس می دیدم. روی صندلی مخصوص عروس و داماد در کنار یکدیگر نشسته و در حال تماشای رقص و پایکوبی افرادی بودیم که جلوی چشمان من و یونس به شادی می پرداختند. به رؤیاهای دست

نیافتنی ام رسیده بودم و خودم را خوشبخت ترین زن روی زمین احساس میکردم. آنقدر خوشبخت که هر چند ساعت یکبار از خود می پرسیدم: « دارم خواب می بینم یا بیدارم؟ واقعاً دارم با یونس ازدواج می کنم؟ » و وقتی کمی به دوروبرم دقیقتر می شدم به واقعی بودن همهٔ اتفاقات و خواب و رؤیا نبودنشان پی می بردم. وقتی به خود آمدم جای چند نفر را در مجلس خیلی خالی دیدم. پدر و مادرم، و در نهایت لعیا دوست صمیمی ام. آری با خود می گفتم که ای کاش پدر و مادرم در کنارم بودند و این چنین لحظه ای را با چشمانشان مشاهده می کردند ولی افسوس که ممکن نبود. وقتی به یاد خانواده ام افتادم چشمانم پر از اشک شد، مخصوصاً مادرم که آرزوی دیدن عروسی من در دلش باقی مانده بود. من می گریستم و یونس که پی به علت گریه ام برده بود، با دستانش اشکهایم را پاک میکرد.

- هیوا جان، عزیزم من میدونم که پدر و مادرت هم به این مراسم دعوت شده اند و در این جا حضور دارند و تو را می بینند

- یونس من در حق مادرم خیلی کوتاهی کردم و می ترسم که خدا مرا نبخشد

- این چه حرفیه که می زنی؟ مگه میشه مادرت از تو ناراضی باشه که خدا هم تو را نبخشه؟ اینقدر به خودت فشار نیار و نگذار پدر و مادرت که دارن تو رو می بینن، ناراحت و دلگیر بشن

۵۸۶

حرف های یونس برایم نیرو داد و باعث شد به بهتر شدن مراسم ازدواجمان بیندیشم، نه چیز دیگر

خزان زندگی ام تمام شده و بهاری نو از راه رسیده بود، بهاری با شکوفه های گل های رنگارنگ که خبر از طراوت و شادابیِ فصل جدید می دادند. یونس در کنارم بود. مردی که هزاران بار بخاطر اینکه در کنارم باشد، خودم را به خطر انداخته بودم. قدم در راهی گذاشته بودم که پر از خطرات کوچک و بزرگی بود و باید هیچگاه ناامید نمی شدم. ولی افسوس که چندین بار ناامید شده و یونس را به باد فراموشی سپرده بودم. البته که مقصر اصلی آن فراموشی ها خودم نبودم و راسل برای حفظ من در کنار خود دست به چنان کارهای احمقانه زده و در خیلی اوقات هم موفق شده بود تا مرا به سمت خودش بکشاند و از یونس در ذهن من بُتی بسازد سرد و خاموش که هیچ حرکتی برای عشق خودش نمی کند و قدمی بر نمی دارد.

آری راسل موفق تر از من بود و بر من فائق آمده بود. ولی چرخ زمانه طوری به گردش در آمده بود که راسل و اعمالش را برایم نمایان ساخته بود. شورشی عجیب صورت گرفته بود و در درون قلبم جنگی افسانه ای در حال رخ دادن بود، جنگی میان راسل و یونس برای دستیابی به اهداف شان. ولی موفقتر کسی نبود جز یونس، که مسیرش پاک و سرشار از عشق نابِ برخاسته از درونش بود و هدفش، رسیدن به من

بدون خونریزی در این جنگ تن به تن بود. می دانستم که یونس مردی آرام و با شخصیتی یکرنگ و استوار است و هیچگاه دست به عملی بر خلاف قوانین عاشقانه اش نمی زند، ولی راسل عشق و رنگ دیگری داشت و مسیری را که برای خود برگزیده بود سرشار از خطرات و اتفاقاتی بود که برایش نتیجه ای عکس میداد. او می دانست که من عاشق یونس هستم و با پاک کردن یاد و خاطرۀ یونس با تراژدی های فیلسوفانه اش، سعی در تصاحب من داشت.

اصلاً حواسم به مهمانان و عروسی نبود و موجی از افکار در ذهنم در حال گذر بودند و باور کردن لحظه هایی که روبروی چشمانم در جریان بودند، برایم کمی دشوار جلوه می کرد. یونس متوجه حواسپرتی من شد و گفت:

- هیوا، عزیزم مثل اینکه اینجا نیستی و فکرت جای دیگری است

- یونس وقتی به تو که هم اکنون در کنارم نشسته و مرا نگاه میکنی، خیره می شوم، باور چنین لحظه ای، دشوار است و رؤیا و حقیقت بودنش را نمی توانم تشخیص دهم. ای کاش که رؤیا نباشد

یونس نیشگون کوچکی از ران پای راستم گرفت و در حالیکه انگشتش را به نشانه سکوت جلوی لبانش راست کرده بود، گفت:

- حالا چی؟ فهمیدی که بیداری و تمام این اتفاقات واقعیه؟

در حالیکه درد ناشی از نیشگونِ یونس در سراسر وجودم پخش شده بود پاسخ دادم:

- آره عزیزم، مثل اینکه بیدارم و خواب نمی بینم

- پس به مراسم ازدواجمون فکر کن و گذشته ها را رها کن. مهمانان از راه های بسیار دور برای دیدن و شرکت در مراسم آمده اند، نباید بگذاریم بهشون بد بگذره

آری یونس حق داشت، من کمی بیشتر در عالم خارج از مراسممان سیر می کردم. بهمین دلیل تصمیم گرفتم در بهتر شدن مراسم بکوشم. همۀ مهمانان شاد بودند و از اینکه من و یونس را در لباس عروسی در کنار یکدیگر دیدند، خیلی خوشحال بودند.

ارکستر حاضر در مجلس موزیکهای عجیبی می نواخت. آهنگهایی سرشار از شادی و هیجان که همه را سر ذوق آورده بود و به مجلس انرژی می داد. پیانیست ماهری هم با گروه ارکستر آمده بود و به درخواست جمع کوچکی از مهمانان که در گوشۀ سالن نشسته بودند، موزیکی پر احساس نواخت و آنرا به من و یونس هدیه کرد. کف مرتبی تمام سالن را در بر گرفت. همگی می رقصیدند و به شادی می پرداختند. بعضی ها روی سِن می آمدند و بعضی ها همانجا سرجایشان به دانس می پرداختند. زوج های جوان دست در دست یکدیگر به رقص در میان نورهای موّاجی که توسط گروه نورپردازی تدارک دیده شده بود،

پرداختند و لباس هایشان زیر نورهای رنگارنگ، به رنگهای مختلف و قشنگی در آمده بود که همه را متعجب کرده بود. روی میز ها پر از خوردنی هایی بود که تمامی نداشت. آشامیدنی هایی که به مجلس عروسی انرژی میداد. چند ساعتی بود که مجلس عروسی مان در جریان بود ولی من و یونس در این چند ساعت نرقصیده بودیم. نسیم از میان جمع حاضر برخاست و پا روی سِن گذاشت، میکروفن را در دست گرفت و به زبان شیرین فارسی گفت: « من از تمامی میهمانان حاضر در این مراسم تشکر می کنم که با تشریف فرمایی شان باعث افتخار ما شدند و بر شادی این مجلس افزودند. من یکی از دوستان نزدیک هیوا هستم و می خواهم از عروس و داماد دعوت کنم تا با همدیگر برقصند و برهیجان و شادی مراسم بیافزایند. » سپس نسیم به خاطر اینکه تعدادی مهمان کانادایی و اروپایی در سالن حضور داشتند، جملاتش را دوباره به انگلیسی تکرار کرد، میکروفن را به من داد و برای ادامۀ سخن در گوشم گفت که ادامه دهم،میکروفن را به دهانم نزدیکتر کردم و ادامه دادم:

- من به همۀ مدعوین و جمع حاضر خوش آمد دوباره می گویم و از اینکه ما را در این مراسم همراهی میکنید از تمامی شما تشکر میکنم و امیدوارم مثل همان شیرینی هایی که الان در حال خوردن آن هستید، زندگی به کامتان شیرین باشد.

همه به جملۀ آخرم خندیدند و سرشان را به نشانه تأیید تکان دادند، من هم که از حرف خودم خنده ام گرفته بود، با صدایی آمیخته با تبسّم و خنده ادامه دادم:

- از همۀ حضار خواهش میکنم به حرفهای من به دقت گوش دهند. این مرد که در کنار من ایستاده و اکنون نقش داماد را در این مراسم دارد، یونس است. مردی که چندین سال در جستجویش بودم ولی بدلیل برخی اتفاقات و موانع راه نتوانسته بودم به او دست یابم. آری مرد آرزوهایم، یونس توسط فردی که عاشق من بود اجیر و زندانی شده بود. آن مرد کسی نبود جز شوهر سابقم، راسل و من چندین سال با او در فرانسه زندگی کرده و همه احساساتم را به پایش ریخته بودم

یونس از این حرفهایم ناراحت شد و خواست مانع ادامه سخنانم شود، پشت سرهم با پاهایش زیر میز به پایم کوبید، ولی من ادامه دادم:

- آری من در فرانسه یکبار ازدواج کردم و به عشقم یونس پشتِ پا زده و او را فراموش کردم زیرا با کلکهایی که راسل سوار کرده بود از یونس مردی نالایق در ذهنم ساخته بودم که نمی توانست برای نزدیک شدن به من قدمی بردارد. ولی اشتباه می کردم، یونس در دام عشق آتشین شوهرم افتاده بود و نمی توانست از باتلاقی که در آن افتاده خودش را بیرون بکشد. خانمها و آقایان، در حقیقت من به یونس خیانت کردم و او را فراموش کردم ولی تقدیر با ما یار بود و دوباره ما را رودرروی همدیگر

قرار داد. زمانیکه کمی دیر شده بود و یونس چشمهای خود را از دست داده بود و...

یونس فوراً میکروفن را از دستم گرفت و مانع ادامهٔ حرفهایم شد و گفت: من از جمع حاضر معذرت می خواهم که باعث ناراحتی تان شدیم، بهتر است به ادامهٔ مراسم بپردازیم

نسیم که درست در یک متری یونس ایستاده بود و جمع حاضر در سالن را مشتاق شنیدن ادامهٔ حرفهای من می دید، از یونس خواست تا میکروفن را به من برگرداند، میکروفن را از یونس گرفته و به من بازگرداند و به یونس گفت: « اشکالی ندارد، تا اینجا گفته و بگذار ادامه دهد و دلش را خالی کند.» یونس پشت سرهم به سرفه افتاده بود، من با صدای لرزان ادامه دادم:

- چشمان یونس با جراحی بهبود یافت ولی افسوس که بر علت این سرفه های شدیدش نتوانستیم فائق آییم. من به شما قول میدهم که تمامی تلاشم را برای بهبودی کامل عشقم انجام دهم تا جایی که حتی تمام ثروتم را برایش خرج کنم

سپس رو به یونس کردم و در حالیکه اشک در چشمانم جمع شده بود ادامه دادم:

- و از همسر عزیزم به خاطر کوتاهی ها و سهل انگاری هایم معذرت می خواهم و امیدوارم که مرا بخشیده باشد، البته اگر خداوند از گناهان من بگذرد

همهٔ مهمانان که منتظر پایان سخنان من بودند سرپا ایستادند و کف محکمی سراسر سالن را در بر گرفت. نسیم میکروفن را دست یونس داد تا او نیز سخن گفته باشد، یونس میکروفن را درون دستش فشرد و خواست چیزی بگوید اما شدت سرفه ها مجال سخن گفتن را از او گرفت و تنها جمله ای توانست بین سرفه هایش ادا کند، این بود: « من هم از تمامی مهمانان تشکر می کنم و بهتر است در یک جمله بگویم که من عاشق هیوا هستم و برای رسیدن به او تمامی مشکلات را به جان خریدم.»

نسیم از ما خواست که روی سن چند دقیقه ای با هم برقصیم. یونس سرپا ایستاد و دست مرا گرفت و مثل شاهزاده ای که عروسی را به رقص دعوت می کند، مرا از جایم بلند کرد و با خنده ای که زیر لب داشت مرا به وسط سن کشاند. هنوز چند قطره اشک روی گونه هایم جا خشک کرده بود، یونس با دستش آن قطره ها را پاک کرد و گفت: « عزیزم می دانم اشک شوق است ولی... »

باز هم سرفه مجال سخن گفتن را از او گرفت، گفتم: « یونس نمی خواد چیزی بگی، بیا جلوی مهمانانها با هم برقصیم و عشق پاکمان را برایشان به تصویر بکشیم »

سپس یونس یک دستم را درون دستش مشت و دست دیگرش را دور کمرم حلقه کرد، موزیکِ ارکستر که آمیخته با صدای پیانو و ویولن بود، فضای عاشقانه عجیبی به سالن بخشید، من و یونس در حال دانس کردن با موزیک عارفانهٔ گروه ارکستر شدیم. بهترین لحظه زندگی ام بود. لحظه ای که چندین سال بود آرزویش را داشتم همهٔ مهمانان دور من جمع شده و در حال تماشای صحنهٔ رقص من و یونس بودند. ازدحام عجیبی دور من را گرفته بود. نوازنده ها هم کمی آن طرف تر با لباسهای عجیب و غریبشان در حال نواختن بودند. من و یونس خیره در چشمان همدیگر بودیم و به جایی به غیر از آن نقطه نگاه نمی کردیم و دیوانه وار روی سن به رقص خود ادامه می دادیم، عشق روی سن در جریان بود.

ناگهان از میان ازدحام دورِ سن باریکه ای باز شد و مردی از میان جمعیت عبور کرد، دو پله سن را به سختی بالا آمد و درست روبروی من ایستاد. آری او کسی جز راسل نبود، اما نه راسل همیشگی، عصایی به دست داشت و عینکی دودی به چشم و شاخه گلی برنگ قرمز به دست دیگر، همهٔ حاضرین ساکت شده بودند و ارکستر دیگر نمی نواخت. آری او راسل بود ولی دیگر توان دیدن نداشت. به چشمان یونس نگاه کردم،

لبهایم بهم دوخته شده بود و قدرت تکلّم نداشتم. تمام وجودم بی حس و دیدم تیره وتار شد، کنترلم را از دست داده و به سمت راسل تعادلم را از دست دادم و در آغوش راسل، هردو نقش بر زمین شدیم. ضربان قلبم چندین برابر شد، آبی به صورتم خورد وبعد از دقایقی توانستم به خود بیایم. همه جمعیت دور تا دور من، یونس و راسل ساکت و میخکوب شده بودند ومنتظر کسی که سکوت را بشکند. سرپا ایستاده، رو به راسل کردم و گفتم:

- راسل تو چه کرده ای؟

یونس که از دیدن راسل روی من آن هم بصورت نابینا سرجایش میخکوب شده بود، به سرفه افتاد و اونیز از فرط هیجان نقش بر زمین شد. سراسیمه دستم را زیر سرش گذاشتم و شروع به صدا زدنش کردم:

- یونس، یونس، یونس...

ولی هیچ صدایی که نشان از هوشیار بودن یونس باشد از طرف او به گوش نرسید. راسل که همانطور گل سرخ به دست سرپا ایستاده بود، کمی نزدیکتر آمد و گل را روی سینهٔ یونس گذاشت و در حالیکه زیر لب می گفت: « هیوا جان من هم عاشق تو بودم » پشت به ما کرد و با چوب دستی مخصوصی که بدست داشت، دوباره راه باریکی از میان جمعیت برای خود گشود و از میان جمع عبور کرد و از چشم ها محو شد نمی دانستم چکار بکنم.

یونس همانطور بی جان روی زمین افتاده بود و دیگر خبری از سرفه هایش نبود. وقتی دستم را روی قلبش تکیه دادم، قلبش نمی زد، انگار که یونس مرا ترک کرده بود و آسمان زندگیم را تیره و تار کرده بود. به نسیم اشاره کردم که به دنبال راسل بدود و مانع رفتن او شود. یونس را به کمک چند جوانی که در مراسم بودند، از زمین کندم و روی بازوانم تکیه دادم، دستی روی صورتش کشیدم و وقتی سردی بدنش را حس کردم و مطمئن شدم که دیگر یونس در این دنیا نیست، یونس، یونس فریاد زدم و به دنیایی که شادی ها را برایم حرام کرده بود، نفرین فرستادم. می گریستم و می گریستم. آری یونس با چشمان راسل بینا شده بود و در حقیقت با چشمان راسل و از پشت پرده آنها مرا می دید. چشمانی که چندین سال در پاریس مرا به نظاره نشسته بود، چشمانی که مال راسل بود و به او تعلق داشت و روزها و شبهای فرانسه را پشت سر گذارده بود. چشمانی که آینهٔ تمام نمای وجود راسل بود و راسل آنها را به یونس هدیه کرده بود و شاید خواسته بود با این کار جبران اشتباهاتش را بکند.

مدت کوتاهی را که یونس قادر به دیدن بود، با چشمان راسل من و تمام خوشی های مان را دیده بود. چه هنگامهٔ تلخی، وقتی بفهمی و درک کنی که همسر و معشوقت با دیدگان دشمنش تو را به نظاره نشسته است. اصلاً قادر به هضم موضوع نبودم. جمع حاضر در سالن همگی مات

و مبهوت سرجایشان برگشته و نشسته و در حال تماشای صحنه ای بودند که هیچگاه انتظارش را نداشتند. مجلس عروسی تبدیل به مجلس عزا شده بود، همگی محزون بودند و برخی ها می گریستند. انگار که تقدیر و سرنوشت من چیزی جز این نبود و دنیای لعنتی شادی و دلخوشی را از من صلب کرده بود. جسد بی جان یونس روی دستانم بود و شوهر قبلی ام نابینا شده بود و دیگر قادر به دیدن نبود. لعنت به این دنیای عوضی که حتی اجازهٔ یک روز زندگی در کنار همدیگر، به من و یونس نداد. عشقی که خاموش شد و هیچ قدرتی دیگر توان بیدار نمودن یونس را نداشت.

صبحدم شده بود و تمامی مهمانان مجلس را ترک کرده بودند. به جز افرادی که ارتباط مستقیم با من و یونس و خویشاوندی درجه یک با ما داشتند، هیچ خبری هم از راسل و نسیم نبود. آمبولانس آمده و جسم بی جان یونس را با خود برده بود، وقتی جسد یونس را در آمبولانس می گذاشتند با خود گفتم: « یونس جان، تو واقعاً به قَسَمت عمل کردی و تا دم مرگ در کنارم بودی، ولی چرا اینقدر زود، خدایا مهلتی که برای نفس کشیدن یونس در کنار من به او دادی، خیلی کم بود، حتی کمتر از پلک زدن. این واقعاً انصاف نبود که به همین زودی او را از من بگیری.» با زانو روی زمین افتاده و دیگر نای برخاستن نداشتم، در حالیکه باران نم نم شروع به باریدن کرده بود، ادامه دادم: « یونس جان، خیلی

دوستت دارم، تو را به خدا سپردم و می دانم که جای تو در بهشت برین است، تو با رفتنت تمام احساس و عاشقانه ترین دقایق و لحظات را از من گرفتی. یونسِ عزیز، دیوانه وار عاشقت بودم و دوستت دارم.» وقتی به خودم آمدم، جسم نیمه جانم را روی تختی در خانه یافتم که دختران طوبی به همراه مادرشان بالای سرم بودند. چشمانم را داخل حدقه چرخاندم و به نورا دختر طوبی نگریستم، نورا گفت:

- هیوا، دایی یونسم را بردند و اکنون او در سردخانه بیمارستان است و منتظرند تا ما که نزدیکترین فامیل او هستیم، جسدش را تحویل بگیریم و برای دفن آماده کنیم

طوبی که از این حرف دخترش در آن حال و روز من بشدت عصبانی شده بود، قدم جلوتر نهاد و کمی دخترش را به کنار هل داد و گفت:

- نورا، عجب دختری هستی، مگر نمی بینی هیوا در چه حالی است که اینگونه سخن می گویی؟

- مادر تو چرا اینقدر طرف هیوا را می گیری؟ اگر هیوا در فرانسه ازدواج نمی کرد این اتفاقات نمی افتاد. من می خواهم...

معطلی حرف نورا را قطع کرد و گفت:

- هیوا جان، تو ببخش، نورا در جریان نیست که چه اتفاقاتی افتاده و تو برای یونس چه فداکاری هایی کردی

- اشکالی نداره، بالاخره من تلاش خودم را کردم، ولی سرنوشت این بود و تقدیرا ما را در کنار هم قبول نداشت

- درست است که من یونس را به اندازه تمام زندگیم دوست داشتم، ولی می دانم که برادر مرحومم نیز بی تقصیر نبوده و در جریان عدم دستیابی شما به یکدیگر نقش پررنگی داشته

- این حرف و حدیث ها را رها کنید و برای شادی روح یونس دعا کنید

واقعاً نمی دانستم چه تصمیمی بگیرم، مثل این بود که در خواب باشم و همه چیز مثل رؤیا برایم جلوه میکرد. اشلی را صدا زدم و گفتم:

- اشلی جان برای طوبی خانوم و دخترانش اتاق آماده کن و آنها را به اتاقهایشان راهنمایی کن تا استراحت کنند

سپس رو به طوبی گفتم:

شما نیز کمی به استراحت بپردازید تا بعداً با هم تصمیم بگیریم و ببینیم چه کار باید بکنیم

و دوباره به اشلی گفتم:

اشلی بعد از اینکه کارت تمام شد، به همراه اوا اینجا برگرد، کار مهمی با تو دارم

چند دقیقه بعد اشلی در حالیکه اِوای بیچاره خسته و کوفته در آغوشش خوابیده بود وارد اتاق شد و گفت: - خانوم آوا را کجا بگذارم؟

- همین جا در کنارم روی تخت بخوابان

و بعد از اینکه از سلامت اوا مطمئن شدم از اشلی خواستم تا تلفن نسیم را برایم بگیرد. او شمارۀ نسیم را از داخل گوشی ام پیدا کرده و آنرا برایم گرفت و گوشی را به من داد. پس از چند بوق آزار دهنده صدایی آمد و گفت:

- هیوا جان سلام، من...

- نسیم جان کجایی؟ از دیشب تا حالا نتونستی ببینی راسل کجا رفته و محل اقامتش رو تو ایران برام پیدا کنی؟

- هیوا، چرا موفق به یافتن محل اقامتش شدم، و الان هم در کنار راسل هستم، ولی...

- ولی چی؟ می تونی گوشی رو به راسل بدی؟

- او قصد صحبت با تو رو نداره و مصمّمه که فردا صبح تهران را به مقصد پاریس ترک خواهد کرد

- گوشیت را روی آیفون بذار تا صدام رو بشنوه

- بگو هرچی میخوای، راسل می شنوه

سپس زبانم را در دهان چرخاندم و به فرانسوی شروع به صحبت کردم: « راسل، نمی دانم چرا قصد برگشتن کرده ای بدون اینکه با من روبرو شوی؟ بهتر این بود که همدیگر را می دیدیم، بعداً برای برگشتن عجله می کردی. می خواهم تو را از نزدیک ببینم، این آخرین درخواست من از توست.» راسل با صدای رنجوری که حاکی از دل شکستگی شدیدش بود جواب داد:

- من هیچ حرفی برای گفتن ندارم، بهتر است همینجا تمام کنیم

- پس اجازه بده من آنجا بیایم و با تو حرف بزنم

- من دوباره تکرار میکنم، هیچ چیزی بین ما وجود ندارد که باعث رودررویی مجدّدمان شود

- چرا هست، اوا می خواهد با پدرش حرف بزند و بی تابی تو را می کند، بگذار چند دقیقه ای در کنار تو باشد

راسل برای این حرف جوابی نداشت و به ناچار پذیرفت که من و اوا برای دیدن او به هتلی که در آن اقامت داشت برویم. آدرس را از نسیم گرفتم و اشلی آنرا روی کاغذ نوشت. از اشلی خواستم تا اوا را زود برای آماده کند و به مهمانان بگوید که برای کاری من و آوا بیرون می رویم و زود بر می گردیم.

پس از یک ساعت و خورده ای، وارد هتل راسل شدیم. سراسیمه به همراه اشلی و اوا از پذیرش هتل خواستم تا راسل و نسیم را به لابی هتل بخواند. مدتی بعد نسیم و پشت سرش راسل از آسانسور هتل نمایان شدند و به طرف ما آمدند. در حالیکی دست راسل در دست نسیم بود، کنار ما نشستند. نسیم در حقیقت نقش چوبدستی راسل نابینا را ایفا می کرد. پس از مدتی سکوت، در حالیکه به چشمان راسل نگاه کردم گفتم:

- راسل، تو چرا این جا آمدی و هدفت از برملا کردن رازی که در دلت بود و هیچکس به جز تو از آن آگاه نبود، چه بود؟ می دانی یونس از شدت هیجانی که به او وارد شد، به تنگی نفس افتاد و قلبش از حرکت ایستاد و هم اکنون در سرخانه بیمارستان است؟

راسل هیچ تصمیمی برای پاسخ دادن به من نداشت، بی درنگ در مورد دخترمان اوا سخن به میان آورد و گفت:

- آوا کجاست، چرا پیشم نمی آید؟ اوا تو اینجایی عزیزم. من پدرت هستم

اوا که از نابینا شدن پدرش و حالت عجیبی که به علت نابینایی اش داشت، متعجب شده بود گفت:

- پدر، من اینجا هستم، کنار اشلی ولی تو چرا اینطوری شده ای، یعنی مرا نمی بینی؟

- نه عزیزم من دیگر هیچ کس را نمی بینم، من چشمهایم را به کسی هدیه دادم

- مگر آدم می تواند چشمهایش را هم هدیه دهد؟

- بله دخترم، من این کار را کردم، به خاطر اینکه خواستم نابینایی را که قادر به دیدن چهرهٔ کسی که دوستش داشت نبود، بینا کنم

از حرف های پر معنای راسل دیوانه شده و دوام نیاوردم و گفتم:

- راسل می دانم که به خاطر من این کار را کردی، به همین دلیل مدیون تو هستم، ولی چرا با فاش کردن کاری که انجام داده بودی، باعث مرگ یونس شدی؟

- من نمی دانستم که یونس با فهمیدن موضوع قلبش خواهد ایستاد و از شنیدن این خبر بسیار ناراحت شدم و به شما تسلیت می گویم، من می خواستم به تو چیزی را بفهمانم که چندین سال از فهم آن عاجز بودی

به فکر فرو رفتم و پاسخ دادم:

- من از درک چه موضوعی عاجز بودم؟

آه عمیقی از ته دل برآورده و گفت:

- از درک این مسئله که چقدر دوستت داشتم و به خاطر حفظ تو در کنارم چه کارها که نکردم

- راسل، من به عشق تو نسبت به خودم آگاه بودم ولی به شدت این عشق پی نبرده بودم

- اکنون هم که پی برده ای خیلی دیر شده است، تو هم یونس را از دست دادی و هم من را

سپس از جایش برخاست و بدون چوبدستی و با لمس محیط پیرامون و رساندن خودش به پذیرش هتل از خدمتکار خواست تا او را به اتاقش ببرد، نسیم که وسط حرف های ما کاملاً ساکت بود برخاست و دست راسل را گرفت و گفت:

- من شما را به اتاقتان می رسانم

در حالیکه نسیم و راسل به طرف آسانسور حرکت می کردند پرسیدم:

- راسل، پس چرا، درست روز عروسی ما این راز را فاش کردی؟

با صدای بلندی گفت:

- خواستم به همۀ اطرافیان و جمعیت حاضر بفهمانم که تو را به خاطر خودت دوست دارم و عاشق و دیوانه تو هستم. من چند روز قبل از عروسی تان به ایران رسیده بودم و منتظر چنین فرصتی بودم. ولی دیگر چه فرقی میکند؟

درب آسانسور بسته شد و دیگر صدای راسل نمی آمد. منتظر نسیم ماندم، پس از دقایقی نسیم پائین آمد و با ما همراه شد و اولین چیزی که گفت این بود:

- هیوا جان به خاطر مرگ یونس تسلیت می گویم

- نسیم، راسل فردا ساعت چند پرواز دارد؟

- ساعتش را نمی دانم ولی بلیطی را که روی میز داخل اتاقش بود دیدم. بلیط برای همین فردا بود

بهمراه یکدیگر دوباره به خانه برگشتیم. هیچ میلی به خوردن غذا نداشتم. ضعف تمام وجودم را گرفته بود و چشمهایم سیاهی می رفت. با اصرار اشلی چند لقمه ای خوردم و به تنهایی در اتاقم به فکر فرو رفتم افکاری که دیوانه ام کرده بود. نمی دانستم به مرگ یونس بیندیشم و برای او عزاداری کنم یا به راسل و کاری که برای یونس کرده بود فکر کنم. حادثۀ غریبی بود، نمی توانستم به خودم بقبولانم که چطور چنین چیزی ممکن است که آدمی به خاطر بینا شدن دشمنش، چشمانش را به او ببخشد، فقط به این دلیل که نابینا، بینا شود و بتواند پس از چندین سال دوری و فراقِ یار و دلدارش، چهره او را ببیند. این دیگر تراژدی نبود و حیله و نیرنگ در آن دخالتی نداشت و فقط کسی می توانست این کار را بکند که دیوانه وار عاشق من باشد و راسل این را به اثبات رسانده بود.

تمامی دقایق و لحظاتی که در فرانسه با راسل داشتیم مثل یک فیلم چند ثانیه ای از جلوی چشمانم گذشت، لحظاتی که راسل در کنارم بود و برایم محبت می کرد و یونس نیز مرا دوست داشت و عاشق بود، ولی شدت عشق یونس با راسل خیلی تفاوت داشت، هر دو دیوانه وار عاشقم بودند ولی نوع عشقشان متفاوت بود. یکی از آنها مُرده بود و دیگری نابینا شده بود و همۀ این بلاهایی که بر سر هردویشان آمده بود، به خاطر من بود. من در طول چند سال اخیر به دنبال یونس بودم و راسل به دنبال عشقبازی با من، من به یونس فکر می کردم و راسل به نگه داشتن من به هر نحو ممکن در کنارش، من دیوانه وار عاشق یونس بودم و راسل جنون آمیز عاشق من، و هر سه به دنبال یک چیز بودیم، « عشق» آری عشق، تنها چیزی بود که می توانستم تمامی اتفاقات را در میان برگ های آن معنا کنم. من به جنون راسل پی نبرده بودم و دوست داشتن او را کاملاً عادی می پنداشتم و فقط به یونس فکر میکردم. یونس هم چون دیوانۀ من بود برای یافتن من آواره این کشور و آن شهر شده بود و پس از پیدا کردن محل زندگی من اسیر جنون راسل شده و در آن زیرزمین زندانی شده بود.

نمی توانستم عشق یونس و راسل را از هم تفکیک کنم و یکی را بر دیگری ترجیح دهم. یونس مدتی را به خاطر من در آن زیرزمین با تحمل رنجهای بسیار بسر برده بود و در نهایت بینایی اش را به خاطر آن

گاز لعنتی از دست داده بود و بدتر اینکه مبتلا به سرطان ریه شده بود، و راسل برای اثبات دوست دوست داشتنش، ابتدا دانیل بیچاره را نفله کرده بود و سپس با ارزش ترین عضو بدنش یعنی چشمانش را به یونس هدیه کرده بود. آنقدر درگیر افکارم بودم که گذر ساعت را نفهمیدم، هوا روشن شده بود و من همانطور به نقطه ای خیره مانده بودم و می اندیشیدم. در آخر به این نتیجه رسیدم که خودخواهی های من علت اصلی تمامی اتفاقات بوده و هیچ کسی در این میان به جز من مقصر اصلی ماجراهای رخ داده و مصیبت های وارد شده نبود.

ساعت ۹:۲۰ صبح بود. چشمانم از شدت خستگی کبود شده بود. اشلی در زد و وارد شد و گفت:

- خانم از بیمارستان تماس گرفته و با طوبی خانم صحبت کردند، طوبی خانم منتظر شما هستند تا...

- همین الان می آیم. برو به آنها اطلاع بده

آبی به صورتم زدم و نزد طوبی و نسیم و دختران طوبی رفتم. صبحانه روی میز بود و من هیچ رغبتی برای صرف صبحانه نداشتم. دختران طوبی با شادی و متانت صبحانه می خوردند، انگار نه انگار که جسد دایی شان در بیمارستان منتظر آنهاست. با خود گفتم: « این ها که دیروز خیلی سنگ دایی شان را به سینه می زدند، حالا چطور شد امروز حتی به فکر مراسم کفن و دفن او نیز نیستند؟ » طوبی که متوجه قضیه شده

بود، گفت: « نورا عزیزم کمی عجله کنید، می خواهیم به بیمارستان برویم.» نورا با لبانی که صبحدم پس از بیدار شدن از خواب عمیق با رژ لب، صورتی شده بود و لب ترکنی براق روی آن کشیده شده بود جواب داد: « ما چند دقیقه بعد آماده ایم.» من و طوبی، بهمراه دخترانش برای تحویل گرفتن جسد یونس به بیمارستان رفتیم. از نسیم خواستم در خانه بماند و استراحت کند، نسیم گفت:

- هیوا جان، من می مانم، ولی در حالیکه مشغول انجام مقدمات دفن یونس مرحوم هستی به راسل هم فکر کن

- نسیم دیوانه شده ای؟ این چه حرفیه که می زنی؟ یونس مرده و من باید به فکر کفن و دفن او باشم

- منظور من این است که...

- نسیم، بمان و مواظب اشلی و اوا باش. من زود بر می گردم. در این مورد بعداً با هم صحبت می کنیم

به بیمارستان رسیدیم و پس از انجام تشریفات خاص اداری و کاغذ بازی بالاخره یونس را تحویل گرفتیم. نتوانستم دوام بیاورم و با نسیم تماس گرفتم که با اشلی و اوا به ما ملحق شوند. پس از کفن کردن جسد، در حالیکه جسم بی جان یونس روی چرخدستی بهشت زهرا بود به سمت قطعه مورد نظر حرکت کردیم. از میان گورهای بسیاری گذر کردیم و

خودمان را به قطعه خریداری شده رساندیم. طوبی و دخترانش مثل ابر بهاری می گریستند، ولی متحیر مانده بودم که چرا قطره ای اشک در چشمان من جمع نمی شد، دریغ از یک قطره. به کارهای یونس فکر می کردم و لحظاتی که در پاریس باهم داشتیم. چه زودگذر بود خوشی هایمان و دلدادگی هایمان، به خاطر رسیدن به یونس چه خطرها که متحمل نشدم. از چه موانعی که گذر نکردم و در چه مشکلاتی که نیفتادم. به خاطر یونس رفتم و به خاطر یونس برگشتم. وقتی ایران را برای رسیدن به نقطهٔ زندگی یونس ترک کردم نمی دانستم او را برای جان دادن به ایران بازخواهم گرداند. همیشه خودم را در کنار او سعادتمند می دیدم و به هر چیزی می اندیشیدم به جز مرگ او، آن هم بدین طریق. آدمهای زیادی در آن قبرستان به خواب ابدی فرو رفته بودند، مثل مادر من که در نزدیکی قطعه ای بود که یونس در آن دفن می شد. اما هر یک به طریقی جان باخته بودند. یکی با مرگ طبیعی و در خانه اش مرده بود، دیگری با تصادف در خیابان، آن یکی با تفنگ یا چاقو در مغازه اش و در نهایت آن دیگری نیز با بیماری در بیمارستان فوت شده بود، اما یونس بیچاره من از فرط هیجان در عروسی اش جانش را از دست داده بود. حضرت عزرائیل در حق خیلی ها لطف می کند، اما مثل اینکه با یونس مرحوم تسویه حساب خاصی داشت و باید جان او را اینگونه و در میان انبوه مهمانان عروسی اش می گرفت.

کارگران بهشت زهرا با بیل هایی که در دست داشتند، اندکی خاک روی جسد یونس ریختند. یونس بیچاره حتی در مورد خاک قبرش هم بدشانس بود و این بداقبالی حتی لحظه مرگ و بعد از مرگ هم با او بود. زیرا خاک قبرش پر بود از سنگریزه و کلوخ هایی که وقتی از بیل رها می شدند و بر جسدش فرو می آمدند، تپ تپ صدا می دادند. خدایا یونس مرد نجیب و معصومی بود، چرا باید در این دنیای لعنتی اینقدر عذاب می کشید و پس از مرگش و حتی داخل گورش از این عذاب رهایی پیدا نمی کرد؟

نسیم که بغلدستم در حالی که دستهایش را در جلو به هم آویخته بود و به کلوخهای داخل خاک قبر نگاه میکرد گفت:

- هیوا، تسلیت می گویم، یونس مرد خوبی بود

- نسیم دست تقدیر یونس را از کانادا به داخل آن زیرزمین تنگ و نمناک کشاند و در نهایت تو را جلوی چشم من سبز کرد که برای تولد اوا هدیه ای بخری که از زیردست یونس بیچاره در آمده بود و باعث پی بردن من به وجود یونس در آن زیرزمین شوی، در آخر هم که...

- حتما می خواهی بگویی باعث مردن یونس شدی،دیوانه نشو، مردن یونس اتفاقی کاملاً تصادفی بود و هیچ ارتباطی به کارهای تو نداشت. عزیزم چرا اینقدر خودت را اذیت میکنی؟ او عاشق تو بود و برای بدست

آوردن تو دست به هر کاری زد و در آخر گرفتار مرگ شد. خدا بیامرزدش

- نسیم، می دانی به چیی فکر میکنم؟

نسیم در حالیکه قطرات ریز عرق را از پیشانی من پاک میکرد، گفت:

- به چی؟

- به اینکه تنها یونس نیست که زیر این خاک دفن می شود. بغیر از یونس، دو چشم زیبای راسل هم بهمراه یونس زیر این خاک دفن می شوند

- عزیزم، می دانم چه حسی داری

- چشمائی که سالهای زیادی در فرانسه عامل ترقی و پیشرفت راسل بودند و در این سالهای اخیر برای نظاره من درون حدقه های راسل بودند، ولی سرنوشتشان این بود که در کالبد یونس چند روزی را به کار خود ادامه دهند و اکنون با جسم بی جان یونس زیر خاک بروند

طوبی چیزی نمی گفت و فقط می گریست، بیچاره آنقدر گریه کرده بود که غده های اشکی چشمانش یارای تولید اشک نبودند و دیگر هیچ قطره ای بیرون نمی ریخت. دستم را روی شانهٔ طوبی فشردم و او را از زمین کندم و گفتم:

- طوبی خانوم، با گریستن عذاب یونس را بیشتر می کنید، بلند شوید تا برای آمرزش گناهان او دعا کنیم، هر چند که می دانم او گناهی به جز دوست داشتن من نداشت

در حالیکه صدایش از میان گلوی خشکیده اش به سختی بیرون می آمد، هق هق کنان جواب داد:

- هیوا جان تو که بهتر میدانی من چقدر عاشق برادرم بودم و..

- آری میدانم، مقصر اصلی مرگ او من بودم، اگر ته دلتان می خواهید عامل مرگ او را پیدا کنید و به او لعن و نفرین بفرستید، باید بگویم قاتل یونس هم اکنون روبرویتان ایستاده و میتوانید هر بلایی که می خواهید بر سر من بیاورید

- هیوا این چه حرفی است که میزنی، تو الان همسر مرحوم هستی

سپس طوبی خودش را در آغوش من انداخت و دوباره شروع به گریستن کرد و ادامه داد:

- من همیشه و در هر جایی که باشم برای سلامتی و موفقیت تو دعا خواهم کرد

- ممنونم طوبی خانوم. اگر اجازه بدهید می خواستم سری هم به مادرم بزنم و با او چند کلمه ای به صحبت بنشینم. شما همینجا باشید، من زودتر بر می گردم

- باشه عزیزم، منتظرم

و وقتی بهمراه نسیم، اشلی و اوا جمع حاضر را ترک کردیم، نورا زیر چشمی نگاهی سرشار از خشم به من انداخت و سپس دوباره سرش را به زیر انداخت و زیر لب چیزی گفت که شبیه فحش های دخترانه بود. پس از چند دقیقه سرخاک مادرم رسیدیم. چشمانم هیچ قصدی برای گریستن نداشتند. نشستم و فاتحه ای به روحش فرستادم و به او گفتم:

-سارا جان سلام، دوباره دخترت آمده و می خواهد چند دقیقه ای با تو اختلاط کند. نمی دانم حوصله اش را داری یا نه، ولی باید بگویم که من یونس را هم از دست دادم. مادر جان پا به هر دریایی که میگذارم خشک می شود و ماهیانش هم جان خود را از دست میدهند. نمی دانم آیا برای مرگ یونس خودم را سرزنش کنم یا نه، ولی من نباید به این زودی او را از دست میدادم. نمی دانم به مجلس عروسی ما آمده بودی یا نه، اگر آنجا بودی باید بدانی که آن مجلس عروسی در آخر تبدیل به مجلس عزا شد

حرفهایم را با مادرم زدم، نسیم هم که از خواندن فاتحه ای برای مادرم تمام شده بود، داشت برای اوا توضیح می داد که این جا قبر مادربزرگش است و اسمش ساراست. اوا در جواب نسیم تنها جمله ای که گفت این بود: « قبر دیگر چیست؟ » نسیم که نمی خواست سؤال اوا را بی جواب بگذارد گفت: « قبر جایی است که آدم برای همیشه در آن می خوابد.»

اوا گفت: « پس چرا گرسنه اش نمی شود؟» نسیم دیگر در پاسخ دادن به این پرسش اوا بازماند و با اشارهٔ من همگی بطرف جمع حرکت کردیم. به آنجا که رسیدیم شاخه های گل روی خاک یونس برق می زد. هوا کم کم داشت تاریک می شد ولی من هنوز روی خاک یونس بودم وبرایش دعا می خواندم و از یونس طلب بخشش می کردم. با اصرار نسیم برخاستم و همه به اتفاق همدیگر به سمت خانه حرکت کردیم، در نصف راه طوبی از ما جدا شد و به همراه دخترانش به خانهٔ نورا رفتند و از من بابت کارهایی که برای دفن برادرش انجام دادم تشکر کرد. به خانه که رسیدیم احساس غریبی به من دست داد. انگار که همهٔ صداهای اطرافت خاموش شده باشند. خانه خیلی بزرگ بود و پر بود از اسباب و اثاثیهٔ نو که قرار بود به همراه یونس در آن زندگی کنیم، ولی دریغ از یک شب ! آری حتی یک شب. ولی با اینکه چند روزی بیشتر من و یونس در آن خانهٔ بزرگ زندگی نکرده بودیم، بازهم خانه رنگ و بوی یونس را داشت و همین موضوع هم باعث شد تا نتوانم خانه را بفروشم. تصمیم داشتم پس از فروش آنجا خانه ای کوچک بخرم و در آنجا با اشلی و آوا به زندگی مان ادامه دهیم.

روی صندلی و جلوی پنجره بزرگی مشرف به حیاط نشسته و به نظارهٔ ستاره ها پرداختم و به فکر فرو رفتم. افکار ناهمگونی در مغزم به جریان در آمده بودند و من قدرت مقابله با آن ها را نداشتم. تمام گذشته ام در

میان این افکار غوطه ور بودند، به این می اندیشیدم که اکنون کیستم و کجای این دنیای لعنتی قرار دارم؟! چه بلایی به سرم آمده و در تهران بزرگ صاحب چه جایگاهی هستم؟ آیا می توانم به زندگی ام در تهران ادامه دهم یا باید به ارومیه برگردم و یا اینکه تصمیم دیگری بگیرم. تفکیک افکار و نتایجی که از ذهنم فوران می کردند خیلی دشوار بود. چند روزی را در آن خانه به زندگی ام با اشلی و آوا و نسیم ادامه دادم. روزها برای قدم زدن با هم بیرون می رفتیم و شبها دوباره همان افکار به سراغم می آمدند. واقعاً نمی توانستم تصمیم بگیرم. شبها تا دیر وقت با نسیم به فکر کردن می پرداختیم و هر چند روز یکبار سر خاک یونس می رفتیم. یک شب در حیاط نشسته بودیم که نسیم گفت:

- هیوا تو دوست و همدم من هستی و من زندگی کاری ام را در فرانسه مدیون محبتهای بی دریغ تو هستم، می خواهم عاقلانه تصمیم بگیری و به دور از احساسات باشی. تو عاشق یونس بودی و برای دستیابی به او هر کاری کردی و در نهایت به او رسیدی، ولی افسوس که دست سرنوشت دوباره او را از تو گرفت، ولی این دفعه جور دیگری او را از تو جدا کرد، طوری که دیگر نمی توانی یونس را در کنارت داشته باشی. تو کسی را هم در ایران نداری، نه پدری، نه مادری و نه حتی فامیلی که به او دل ببندی و در کنارش زندگی کنی، عزیزم تمام زندگی تو در پاریس است. تو به جای ایران، فرانسه را برای خودت ساختی و باید به فرانسه

برگردی. بیشتر از هجده سال است که من به همراه خانواده ام در پاریس زندگی میکنیم ولی در طول این مدت من نتوانسته ام به اندازهٔ تو به موفقیت برسم. عزیزم تو را همهٔ پاریس می شناسند. ولی این جا چی؟ چه کسی به استعداد و زیبایی منحصر به فردی که داری ارزش قائل است؟ همهٔ زندگی تو در فرانسه است، پول، شهرت، مقام، کار، شرکت و مهمتر از همه مردی که برای بدست آوردن شادی تو، چشمانش را هدیه کرد

- نسیم، یعنی تو میگویی من به فرانسه برگردم و دوباره با راسل زندگی کنم؟

- بله منظورم همین است. هیوا جان منطقی باش و در این مورد عاقلانه تصمیم بگیر. راسل چشمانش را از دست داده و نمی تواند لورنس را اداره کند، تو باید به کمک لورنس بشتابی، اوا هم دختر شماست و نیاز به پدرش دارد. بهتر است با هم به فرانسه برگردیم.

- نسیم به نظر تو راسل مرا خواهد پذیرفت؟ من پس از یافتن یونس ازخانه و فرانسه فرار کردم.

- راسل حتماً تو را می پذیرد. چونکه عاشق توست و دیوانه وار دوستت دارد. در مورد فرار تو از فرانسه هم باید بگویم که راسل می دانست که تو و یونس از فرانسه خواهید گریخت، آن روز در هتل به من گفت که هم از جای اختفای شما در خانهٔ سوفی باخبر بود و هم از بیمارستانی که

یونس در آن بستری بود و اگر نمی دانست نمی توانست چشمانش را به یونس اهدا کند.

به فکر عمیقی فرو رفتم. تمام حرفهای نسیم منطقی بود و من هیچ جایگاهی در ایران نداشتم که به آن امیدوار باشم. درست است که پول داشتم، ولی کسی را نداشتم که به او دلبستگی داشته باشم. به نسیم گفتم:

- چند روزی مهلت بده، تا در این مورد فکر کنم

- هیوا جان، میدانم که عاقلانه ترین و بهترین تصمیم را میگیری

روز چهاردهم شهریور بود که تصمیم به برگشتن به فرانسه گرفتم، نسیم از شنیدن این تصمیم من از شدت شادی هورایی کشید و گفت:

- می دانستم با من به فرانسه بر می گردی، تو دختر فهمیده ای هستی، خدایا شکرت

خانه ای را که در تهران برای زندگی با یونس مرحوم خریده بودم تبدیل به یک موسسهٔ خیریه ای بنام « انجمن حمایت از بیماران سرطانی » کردم و مبلغ ده میلیارد تومن هم جهت اداره این مجموعه خیریه اهدا کردم. همهٔ این کارها را به یاد بود یونس انجام دادم و خواستم نام و نشانی از او باقی بماند و وقتی از وزارتخانه برای ایجاد این موسسه مجوز گرفتم تابلوی آنرا به نام یونس ثبت کردم و تمامی اختیارات آنرا به افراد

ذیربط سپردم. وقتی تابلوی سردر آنرا برای نصب بلند می کردند، روی آن حک شده بود: « انجمن حمایت از بیماران سرطانی دکتر یونس فراست » با خود گفتم: « یونس جان ای کاش زنده بودی، دوستت دارم و تا آخر عمر هیچگاه فراموشت نخواهم کرد.

بیست و هشتم شهریور روز پروازمان به فرانسه بود. تمامی تمهیدات لازم را جهت برگشتن انجام داده بودیم، تنها کاری که باید می کردم و خیلی سخت بود، دل کندن از ایران بود، زیرا من و یونس به قصد ماندن در ایران آمده بودیم. با یک تاکسی به سمت فرودگاه امام خمینی حرکت کردیم. داخل ماشین کسی چیزی نمی گفت، همگی ساکت و محو تماشای خیابانهای تهران بودیم. تهران بزرگ با هوای دودآلود، برج میلاد از میان آلودگی شدید هوا سربرافراشته بود و خودنمایی می کرد. به یاد ایفل فلزی افتادم و با خود گفتم: « یونس با آن بیماری سرطانی که در ریه هایش داشت چطور می خواست در این هوای آلوده نفس بکشد؟ دکتر رنالد تأکید کرده بود که در مکانهای آلودهٔ پاریس زندگی نکنیم، اگر می دانست که یونس را به چنین مکانی که دود مثل غبار سراسر شهر را پوشانده، می آورم حتما نگرانی اش بیشتر می شد و ما را از آمدن به اینجا منع می کرد.»

به فرودگاه رسیدیم و پس از انجام مقدمات پرواز سوار بر هواپیمای ایران ایر (Iran Air) شدیم و پس از دقایقی از میان غبار تهران که مانند

کلاهی برسر شهر خودنمایی می کرد، عبور کرده و بر فراز شهر به پرواز درآمدیم. نسیم و اشلی خیلی شاد بودند ولی من هر چقدر می خواستم خودم را قاطی آنها کنم نمی توانستم. بغض گلویم را گرفته بود و دوباره چشمانم اشک می ریخت، تمام قطره های اشکی که در طول مدت پس از مرگ یونس در چشمانم جمع شده بودند و جرأت بیرون ریختن نداشتند، اکنون به هنگام خداحافظی از ایران مثل فواره به بیرون فوران می کردند. هیچ اختیاری نسبت به گریستن نداشتم و بایستی برای از بین رفتن بغض می گریستم و سبک می شدم. « خدانگهدار یونس جان و خدانگهدار ایران»، این تنها جمله ای بود که بر زبان آوردم و سپس به خواب عمیقی فرو رفتم.

در فرودگاه پاریس به زمین نشستیم و در سالن انتظار فرودگاه ایستادیم، به نسیم گفتم:

- نسیم جان اکنون باید چکار کنیم؟

- خوب معلوم است به راسل زنگ می زنی و از او می خوای برای بردن تو به خانه به فرودگاه بیاید.

- یعنی چنین چیزی امکان داره؟ آیا راسل واقعاً با شنیدن خبر برگشتن من خوشحال می شه؟

- یقین دارم که راسل الان منتظرته، زود باش معطل نکن.

تلفنم را از کیفم بیرون کشیدم و به راسل تلفن کردم. دستانم می لرزید و به زحمت شماره اش را از میان شماره های تلفن پیدا کردم. تلفن بوق می خورد و من منتظر پاسخ راسل بودم

- الو بفرمائید، من راسل هستم.

- الو سلام راسل، هیوا هستم، می خواستم ببینم می توانی...

- سلام هیوا، سلام عزیزم، مگر تو در فرانسه هستی؟

- بله راسل من در فرانسه و اکنون در فرودگاه پاریس هستم و منتظر کسی که مرا برای رفتن به خانه ام همراهی کند.

- همان جا کمی منتظر باش من یک ساعت بعد پیشت خواهم بود.

تلفن را قطع کردم و اصلاً انتظار برخوردی به این مهربانی از طرف راسل نداشتم. خیلی ذوق زده شده بودم و وقتی طرز حرف زدن راسل را به نسیم انتقال دادم، گفت:

- عزیزم، من که به تو گفتم راسل مرد عاقل و عاشقی است و هرگز نمی تواند به تو خیانت کند. حالا به حرف من رسیدی؟

- نسیم باید یک ساعت این جا در فرودگاه منتظر باشیم، به نظر تو چی کار کنیم؟

- برای صرف یک غذای خوب به رستوران فرودگاه می رویم.

همه با صدای آرام و تکان سر به نسیم جواب مثبت دادند. سراسر وجودم را دلهره ناشی از عکس العمل بسیار عالی راسل پشت تلفن برداشته بود. به سوی رستوران حرکت کردیم. پس از رسیدن و نشستن پشت میز، گارسون رستوران منو در دست به ما خوش آمد گفت. یک ساعت از لحظه تماس من با راسل گذشته بود ولی هنوز هیچ خبری از راسل نبود کم کم داشتم نگران میشدم. این نگرانی ام را با نسیم در میان گذاشتم، نسیم در پاسخ به من گفت: « هیوا جان، تو تنها موجودی روی زمین هستی که راسل هیچگاه نمیتواند با او بد رفتاری کند. اصلاً نگران نباش. استرس را از خودت دور کن و کمی بیشتر به محبتهای راسل فکر کن.»

- من به تو ایمان دارم نسیم، و حرفهایت را باور دارم. حتما همانطوری که تو گفتی می شود و اتفاق دیگری نخواهد افتاد.

-به این فکر کن که وقتی راسل رسید چگونه او را در آغوش بگیری و عواطف لطیف زنانه ات را به او منتقل کنی. چگونه پاداش کار عجیبی را که برای یونس انجام داده بدهی و چگونه نابینایی او را که تا بحال نبود، به خودت بقبولانی و با راسل به عشقبازی هایت ادامه بدهی؟

پس از دقایقی که با نسیم در حال مشورت بودم، راسل با من تماس گرفت و گفت: « هیوا جان، عزیزم کجایی؟»

- راسل جان، اکنون در رستوران فرودگاه هستم.

- همین الان خودم را به آنجا می رسانم.

از دور مردی را دیدم که به همراه راننده اش و چوبدستی بدست، آشفته حال ولی مشتاق و با تبسمی زیر لب بدنبال محل اتراق من می گشت. در دل با خودم گفتم: «راسل، تو بهترین و پاکترین عشق روی زمین را در دل با خود داری، عشقی که حد و مرز ندارد و تو را تا مرحله نابینایی و جنون برده است. راسل دوستت دارم و می خواهم من نیز به مانند تو باشم.» نسیم به پا خواست و دستش را برای راننده تکان داد. چند دقیقه بعد بی پروا خودم را در آغوش راسل انداختم و وقتی بی قراری او را به علت برگشتن من به پاریس دیدم، گفتم: « راسل عزیز، هیوا دیگر همیشه پیش تو خواهد بود، این را به تو قول میدهم.»

- می دانستم بر می گردی، چه کسانی پیشت هستند؟

- راسل جان، الان نسیم، اشلی و اوا همراه من هستند و همگی از ایران به فرانسه بازگشته ایم.

- یعنی کسی دیگر پیش شما نیست؟

- نه راسل، نیست.

- مطمئن باشم؟

- راسل مطمئن باش که به غیر از افرادی که گفتم، هیچکس این جا نیست.

اوا نیز به تقلید از من به آغوش پدرش پرید و او را غرق بوسه کرد. راننده و همراه راسل کیف های ما را برداشته و با دستور راسل همگی به طرف اتومبیل حرکت کردیم. نمی توانستم بفهمم که راسل از مرگ یونس چقدر ناراحت است و آیا اصلاً ناراحت هست یا نه؟ ولی این را فهمیدم که زیر لب گفت: « او مَرد خوبی بود.» لبخندی به نشانۀ رضایت از حرف راسل بر لبانم جاری شد و به راهمان ادامه دادیم. وقتی به همراه همدیگر وارد حیاط خانه شدیم احساس خوبی داشتم. به گلها و درختان ایستاده نگاه میکردم. همۀ درختها و گیاهان به من خوشامد می گفتند. انگار که آنها نیز از برگشتن من به پاریس خشنود و خرسند بودند و می خواستند بعلت ورود مجدد من به پاریس جشن بگیرند، ولی چون بدلیل ذات مقدسشان پا در زمین فرو کرده بودند و نمی توانستند به طرفم بدوند، تنها کاری که کردند، پخش کردن رایحۀ دلنشین و بوی مست کننده شان بود و با این طریق برایم خیر مقدم گفتند.

کلودیا به طرفم دوید و با چشمانی گشاده و چهره ای سرشار از انرژی مرا در آغوش فشرد و بی اراده گفت:

- خانوم آقای راسل بدون شما هر شب تا صبح در باغ قدم میزدند. باور نمی کنم شما برگشته اید و اکنون رودر روی من ایستاده اید. بفرمائید داخل

نگاهی از روی ترحم به راسل انداختم و در دل با خود گفتم.« اگر من بر نمی گشتم قرار بود تا کی راسل در این حیاط میان درختان و گلهای شب بو قدم بزند؟ شاید هم او می دانست که من بالاخره راهم به اینجا ختم می شود و به همین علت برای آمدنم لحظه شماری می کرد !» چقدر خوب است وقتی کسی اینقدر انتظار آمدنت را بکشد.

وارد خانه شدیم و همان حس هنوز مرا همراهی میکرد. انگار که فرشته ای از جنس عشق روی شانه ام خانه ساخته و قصد جدایی از من ندارد. راسل به طرفم آمد و دستم را در دستش گرفت و گفت:

- عزیزم می خواهم چیزی بگویم و در انتهای حرفهایم سؤالی بکنم

- راسل جان، بهتر است لباسهای سفر را از تن جدا کنیم و راحت جایی بنشینیم و به صحبت بپردازیم من هم حرفهای زیادی با تو دارم.

- باشه چند دقیقه بعد در گوشه سالن منتظر هستم. می خواهم برایت آهنگ « روز بازگشت » را بنوازم.

به سمت اتاق خوابمان به همراه اشلی و اوا حرکت کردیم. نسیم در حال تماشای ما بود و هیچ توجهی به سمت حرکت راسل نداشت و با هم برخورد کردند. راسل چوبدستی اش از دستش رها شد و با زانو به زمین افتاد. نسیم با طمأنینه دخترانه اش گفت:

- ببخشید آقا من متوجه شما نبودم.

- اشکالی ندارد، فقط اگر چوبدستی ام را به من بدهید ممنون می شوم.

نسیم چوبدستی راسل را که روی زمین ولو شده بود برداشته و به راسل داد و گفت: « بفرمائید آقا.»

- متشکرم.

راسل به طرف پیانو حرکت کرد و پشت آن نشست و گفت: « هیوا جان زود بیا منتظرت هستم.»

وقتی وارد اتاق شدم، نسیم نیز همراه ما بود. اتاق پر بود از گل هایی که بر روی تابلو بزرگ آویخته شده بودند و مانع دیده شدن طرح روی تابلو می شدند. از نسیم خواستم گلها را کنار بزند تا ببینم زیر آن چه طرحی پنهان شده است. وقتی گلها کنار رفتند طرح تابلو نمایان شد. من بودم به همراه کارن در حالیکه افسار کارن در دستان من است و دست من روی چهرۀ کارن، هر دو نیمرخ ایستاده و به یکدیگر نگاه می کردیم. جملۀ جالبی نیز زیر تابلو حک شده بود که به فرانسوی نوشته بود: « هر آنچه بخواهی همان می شود، و این است راز زیستن.»

لباس هایم را در آوردم و لباس راحتی به تن کردم. روبروی آینه نشستم و از نسیم خواستم تا دستی به وضع موهایم بکشد. وقتی در آینه به خودم نگاه کردم، یک لحظه تصویر نسیم که پشت سرم مشغول مرتب کردن موهای بلندم بود، تبدیل به تصویر یونس شد. حضور او را وقتی

دستش را به نشانهٔ نوازش بر سرم میکشید احساس کردم. وقتی به پشت چرخیدم تا او را لمس کنم، نسیم گفت: « هیوا چی شده؟ چرا اینطوری به من نگاه میکنی؟» دوباره به سمت آینه برگشتم و گفتم: « نسیم تو کارت را بکن، مثل اینکه خیالاتی شده ام.» پس از چند دقیقه همگی به طرف سالن حرکت کردیم.

آهنگ دلنشین « روز بازگشت » از سالن به گوش می رسید. آهنگ عجیبی که وجودم را سرشار از محبت می کرد و از خود گذشتگی راسل را به خاطر اهدای چشمانش به یونس پررنگتر جلوه می داد. راسل آنقدر روی پیانو کار کرده بود که به آسانی و بدون قوهٔ بینایی اش می نواخت و کلودیا برایش شراب می ریخت. تصمیم گرفتم تا اتمام آهنگ بنشینم و از کنار راسل جدا نشوم. حس خوبی مرا در خود غرق کرده بود. می دانستم که شاید روح یونس نیز در مجلس ما حضور داشته باشد. با خود گفتم: « یونس جان، فکر نکنم تو دیگر مشکلی با راسل داشته باشی و او را دشمن خودت بدانی راسل تمام زندگیگی اش یعنی چشمانش را به تو بخشید. اینطور نیست؟ » نسیم از جایش برخاست و در حالیکه شیشهٔ شراب را در دست داشت گفت:

- می خواهم کمی شراب بنوشم و از این فضای روحانی لذت ببرم، هیوا جان آیا تو مایلی در لذت من شریک باشی؟

نگاهی به نسیم و سپس به اشلی و کلودیا انداختم. اشلی با تکان سر و کلودیا با اشارهٔ چشمانش شرکت من در این سور و شادی را تأیید کردند. گیلاس را درون دستم فشردم و بالا بردم و چشمانم را بستم و گفتم:

- بریز دوست عزیزم، شریک خوبی را برای شادی ات انتخاب کرده ای

- هیوا جان، بخور به سلامتی مردی که اکنون پیشت است و زندگی اش را برای تو می دهد تا تو در کنارش باشی.

با صدای بلندی به فرانسوی گفتم: « منظورت راسل است؟» این را با صدای بلند و به فرانسوی گفتم تا راسل بشنود، در این حین بود که راسل دست از نواختن کشید و به جمع ما پیوست. همگی به میمنت ورود و بازگشت دوباره من به پاریس چند گیلاس شراب نوشیدیم و ساعتی را به شادمانی پرداختیم. تقریباً آفتاب سپتامبر غروب کرده بود و نسیم پس از خداحافظی ما را به مقصد خانه شان ترک کرده بود. من مانده بودم و راسل. اوا خوابیده بود و اشلی و کلودیا هم در آشپزخانه مشغول آماده سازی شام بودند. فرصت خوبی بود که از راسل بخواهم در مورد چیزی که می خواست در موردش با من صحبت کند، بگوید. به آرامی به کنارم خزید و گفت:

- عزیزم تو چقدر یونس را دوست داشتی و به او عشق می ورزیدی؟

سؤال عجیبی بود و جوابش معلوم، گفتم:

- راسل، یونس الان برای من خاطره است، او را دوست داشتم و به خاطرش حاضر به انجام هر کاری بودم. حالا که در میان ما نیست، چرا این سؤال را می پرسی؟

کمی بیشتر خودش را به من نزدیک کرد و ادامه داد:

- هیوا جان، می خواهم عشق را برای تو معنا کنم، ای کتش مرد بودی و حس عجیبی که به هنگام دیدن تو در وجودم زبانه می کشد، دریابی

- نمی دانم چرا میخاهی به من بگویی که نمی توانم عشق تو را نسبت به خودم درک کنم؟

- نه منظورم اصلاً این نیست. می خواهم بگویم که...

در این هنگام بود که اوا گفت: « پدر تو چرا وقتی با مامان حرف می زنی، جای دیگری را نگاه میکنی؟ » اوا از خواب بیدار شده و یواشکی سراغ ما آمده بود و هنوز نمی دانست که پدرش نابینا شده و نمی تواند ببیند. احساس غریبی به سراغم آمد و مثل آب سردی که روی آتش پاشیده باشند، تمام احساسم را به راسل در آن لحظه از یاد بردم. فوراً اوا را در آغوش گرفتم و گفتم:

- عزیزم، با اشلی به اتاقت برو، بعداً در این مورد مفصل با هم حرف خواهیم زد.

سپس اشلی را صدا زدم و از او خواستم شام آوا را بدهد و دوباره او را در اتاقش بخواباند. وقتی اشلی دست اوا را گرفته و به سوی اتاق در حال حرکت بود، راسل گفت:

- آوا دختر عزیزم، پدرت به خاطر اثبات عشقش به مادرت دیگر قادر به دیدن نیست.

- اوا که معنی این جملهٔ راسل را به خوبی متوجه نشده بود، با حالتی شبیه کسی که در حال حل معمایی باشد، با اشلی به طرف اتاقش به راه افتاد.

- راسل، هنوز زود است که در مورد نابینا بودنت با اوا صحبت کنی. من خودم با زبان بچگانه او را در جریان خواهم گذاشت.

- دیر یا زود باید بفهمد

- باید بفهمد نه به طریقی که تو می خواهی با زبان بزرگترها بگویی، بچه شوکه می شود و شاید آسیبی به او برسد، خب می خواستی چه بگویی؟

- می خواستم بگویم که تو شدت عشق مرا در می یابی؟

- راسل اگر ارزش تو را نمی دانستم به این جا نمی آمدم تا در کنارت باشم...

- عزیزم، من پس از آن شبی که تو و دوستانت یونس را از آن دخمه فراری داده بودید، دیوانه شدم و وقتی به خانه برگشتم و با نامهٔ تو روبرو

شدم، فهمیدم که تو عاشق یونس هستی و بی چون و چرا او را در زندگیت می خواهی. چند روزی با خود اندیشیدم و گفتم کاش من جای یونس بودم. یونس برای تو چه کرده که اینقدر عاشقش بودی و سالها در انتظار او و در اندیشه او زندگی می کردی؟ به همین علت در جستجوی راهی برای اثبات حقانیت عشق خودم و برتری ام در مقابل یونس افتادم و چون می دانستم که هر جا باشی به همراه نسیم هستی، آدرس خانهٔ او را یافتم و به دیدنش رفتم و وقتی سراغ شما را از او گرفتم، گفت که در یافتن یونس به شما کمک کرده ولی از وقتی از شما جدا شده از محل اختصاصی شما بی خبر است. با این حال که می دانستم او دختر راستگویی است، ولی باز هم به گفته هایش شک کردم و به فکر تعقیب نسیم افتادم و پس از دو روز بالاخره محل اختفای شما را در حومهٔ شهر و در خانه ای قدیمی یافتم. خواستم وارد خانه شده و با تو حرف بزنم ولی با تعقیب دوباره شما متوجه شدم که یونس در میان شما نیست و در بیمارستان بستری است. وارد تحقیق شدم و خواستم از علت بستری شدن یونس آگاه شوم. دکترش را یافتم و با او وارد مذاکره شدم. درابتدا دکتر رنالد قصد صحبت و دادن اطلاعات به من را نداشت ولی وقتی تمام موضوع و ماجرا را برایش به سادگی و ظرافت توضیح دادم، گفت: « یونس فراست بعلت دو بیماری در بمیارستان بستری است، یکی بدلیل سرطان حاد ریه و دیگری بدلیل نابینایی. عرق سردی تمام وجودم را

فرا گرفت و با خود گفتم: « لعنت به تو ماریانو، من این شخص را دست تو سپردم تا از او به خوبی مراقبت کنی، می کشمت. ولی وقتی به خود آمدم دیدم با انتقام گرفتن از ماریانو فرقی به حال یونس نمی کند و من قادر به اثبات عشقم به تو نخواهم بود.

آنقدر مست بودم که سرم را روی شانه راسل تکیه دادم و گفتم:

- راسل تو واقعاً قصد کشتن ماریانو را داشتی؟

و به حرفهای راسل گوش دادم، طوری صحبت می کرد که انگار نُت های آهنگ پیانو در گوشهایم به حرکت در می آمدند. راسل ادامه داد:

- به اندیشه افتادم و دنبال راهی برای نجات یونس و در عین حال اثبات خودم و در حقیقت برتری ام نسبت به یونس، گشتم. با دکتر رنالد به مذاکره ادامه دادم و با مبلغی که به حسابش واریز کردم او را راضی کردم که با دکتر ولار جراح چشم یونس مرا رودررو کند. او نیز پذیرفت و وقتی به دکتر ولار پیشنهاد یک میلیون یورو پاداش دادم، رضایت داد تا با مخفی نگه داشتن موضوعِ اهدای چشم من به یونس، به جراحی چشمان یونس بپردازد و ماجرای بهبود چشمان او را طوری دیگر برای شما شرح دهد. روز موعود فرا رسید و من در اتاق کناری اتاق جراحی یونس روی تخت بیهوش شدم و وقتی به هوش آمدم، خودم را در طبقه بالای محل ریکاوری یونس یافتم. در این لحظه بود که دنیا برایم تیره و تار شده بود و قادر به دیدن چیزی نبودم و در دلم فقط رؤیای تو را می پروراندم،

وقتی به چشانم که داخل پانسمان محکمی بود، فکر میکردم، حس غریبی سرشار از تیرگی دنیا و عشق به تو به من دست می داد و خودم را از انجام این کار راضی و خشنود می دیدم.

اشک در چشمانم جمع شده بود و پس از خیس کردن گونه هایم به طرف سینهٔ راسل غلتیدم و در آنجا جا خشک کردم. از راسل خواستم حرفهایش را متوقف کند و دیگر ادامه ندهد، زیرا تاب و تحمل شنیدن ادامه ماجرا را نداشتم و در حالت میان مستی و هوشیاری دست در دست یکدیگر در حالیکه قلب هایمان مملو از عشق یکدیگر بود به طرف اتاق خواب به راه افتادیم و وقتی روی تخت دراز کشیدم، به طرز عجیبی علاقه ای نسبت به عشقبازی در من پدید آمد که چیزی جلودارش نبود. صبح شده بود و من در آغوش راسل نفس میکشیدم و این صدای تپش قلب راسل بود که مرا از خواب بیدار کرده بود. شب روحانی و عجیبی بود، شبی که نظیرش را تا به حال در زندگی ام نچشیده بودم.

به عشق پاک و بی چشمداشت راسل ایمان آورده بودم، زیرا توانسته بود با تمام وجودش مرا درک کند و مال خود کند. دوباره محبتهای راسل شروع شده بود و پایانی نداشت، طوریکه حتی برخی اوقات از یاد می بردم که نمی بیند. نوردیدگان راسل از بین رفته بود ولی نوری شدیدتر در دلش روشن شده بود که هیچ موجودی یارای مقابله با آنرا نداشت. همه چیز رنگ و بوی عشق به خود گرفته بود و زندگی از نقطه سر خط

جدیدی آغاز شده بود. خودم را در میان تمام زنان عالم، خوشبخت ترین زن می پنداشتم و یقین داشتم که کمتر رابطه ای مثل رابطه میان من و راسل در این کرهٔ خاکی پیدا می شود.

وارد شرکت شدیم، همان سالن، کریدور و اتاقهایی که قبلاً سالها در آن روزگار گذرانده و کار کرده بودیم. نسیم با همکاری تمامی اعضا و کارمندان شرکت برنامه ای جهت ورود من و راسل به شرکت ترتیب داده بود و ما را به هنگام وارد شدن به آنجا غافلگیر کرد. رقص نور و کاغذ رنگی هایی که با اشارهٔ نسیم در فضای اتاقم به پرواز در آمدند و مرا به اوج لذت زندگی نزدیکتر کردند. اوا نیز همراه ما و توسط اشلی به شرکت آمده بود و همگی دور همدیگر و دور میز کنفرانس، نشستیم.

راسل سر میز، من و آوا و اشلی سمت راست او و نسیم و اعضای اصلی شرکتِ همیشه موفقِ لورنس، در سمت چپ میز. اولین کسی که سکوت را درهم شکست اِوا بود که گفت: «مامان اینجا چه خبر است و این همه شوروشوق برای چیست؟» راسل سراسیمه به سراغ پاسخ دادن به دخترمان رفت و گفت:

- اوای عزیز، ما همه اینجا گرد هم آمده ایم تا به موضوعی بپردازیم که ارزش آن به مراتب بیشتر از کارهایی است که در شرکت انجام می دهیم. موضوعی که در حضور همهٔ حضار محترم به آن خواهم پرداخت و از همهٔ عزیزان و همکاران خواهم خواست که مرا در رسیدن

به پاسخی که مدت زیادی است نمی توانم بدان برسم یاری و کمک نمایند.

راسل می خواست در مورد چه موضوعی حرف به میان آورد و ذهن همه را به آن معطوف کند؟ دوباره سکوت عجیبی بر مجلس حکمفرما شد و تمام حاضرین منتظر ادامهٔ صحبتهای راسل بودند. دستهایش را با آرامش خاصی بالا برد و عینک دودی را از چشمانش جدا کرد و بر روی میز گذاشت و ادامه داد:

- همه عزیزان مستحضرید که من شما را نمی بینم ولی شما مرا می بینید. حتی علت نابینایی مرا هم می دانید

همهٔ جمع حاضر سرشان را به علامت تأیید تکان دادند و برخی ها هم زباناً جواب مثبت دادند. تنها شخصی که اعلام کرد از علت موضوع بی خبر است اوا بود که گفت:

- پدر، من نمی دانم که چرا چشمهایتان دیگر نمی بیند

همگی سرشان را به سمت اِوا چرخاندند و منتظر ادامهٔ صحبتهای راسل ماندند. راسل با تبسمی کوتاه ادامه داد:

- پس خوب گوش کن اوا جان. من چشمهایم را به کسی هدیه دادم تا او که مدتها مثل من کور شده بود، بتواند ببیند. این کار را نیز به دو علت کردم، اول اینکه توانسته باشم قدرت عشقم را به مادرت ثابت کنم

و او را در مسیری صحیح هدایت کنم و دوم اینکه چون او را از دست داده بودم، می خواستم حداقل تا وقتی در کنار کسی دیگر مشغول ادامهٔ زندگی است، فقط چشمان من باشند که او را می بیند. باور نمی کنید، این حس عجیب و ماورایی طوری بود که حتی بعضی اوقات می توانستم با چشمان خودم که در حدقه های یونس می چرخیدند، هیوا را در کنار خودم ببینم.

همهٔ حاضرین از حرف های راسل شگفت زده، هیجانی و احساساتی شده بودند، نسیم اشک می ریخت، دیگر کارمندان ارشد لورنس هم چهره ای ناموزون و حس آلود به خود گرفته بودند و به چیز دیگری بغیر از صحبتهای راسل نمی اندیشیدند. راسل ادامه داد:

- اکنون می خواهم سؤالی از شما بپرسم و می خواهم اگر حرف یا پاسخی قانع کننده دارید به من بگوئید: اگر شما بجای من بودید این کار را میکردید؟

تمامی افراد به فکر فرو رفتند و پس از مدتی کوتاه که در سکوت سپری شد همگی به اتفاق همدیگر پاسخ دادند که آقای راسل کاری که شما انجام دادید خارج از محدوده کارهای طبیعی است و نمی توان در یک لحظه به ارزش آن پی برد و به این سؤال پاسخ داد. همه نظر میدادند و من در سکوت کامل نشسته و مشغول نتیجه گیری های راسل بودم. ناگهان راسل با حالتی شبیه به خشم از جایش برخاست و دستش را

روی میز کوبید و به سر و صدای افراد که در مورد موضوع مطرح شده توسط راسل بحث و جدال می کردند، خاتمه داد و گفت:

- می دانم که هیچکس کاری را که من انجام داده ام را معقول نمیداند و سؤال اصلی من از شما همین است، می توانید علت انجام این کار را کشف کنید؟

- باز هم سکوت برقرار شد و کسی جرأت حرف زدن به خود نداد، فقط محو تماشای سؤالات و پاسخهای جمع حاضر در اتاق بودم و هیچ کلمه ای از دهانم بیرون نمی انداختم. راسل سرجایش نشست و رو به اوا کرد و گفت:

- دخترم تو نیز فکر کن و چیزی بگو، شاید بهترین پاسخ مال تو باشد.

اوا لبانش را به هم فشرد و از حرکات عجیب پدرش متحیر شده و گفت:

- پدر، من تنها جوابی که برای سؤال شما دارم این است که باید به مادرم مراجعه کنید و از مادر بخواهید تا پاسخ دهد.

راسل دوباره در حالیکه کف می زد و از پاسخ اوا به وجد آمده بود، از جایش برخاست و گفت:

- آفرین بر تو دخترم، تو نیز همانند مادرت خواهی شد، زیبا، زیرک، باهوش و مهمتر از همهٔ این ها جذّاب، از همه عزیزان خواهش میکنم به حرفهایی که می زنم به دقت گوش کنید. من پس از انجام این کار و

اهدای عزیزترین و گرانبهاترین عضو بدنم به کسی که همراه هیوا بود، در وجودم جنجالی بوجود آمد و همین سؤال ذهن مرا به خودش مشغول کرد. به همین علت پیش یک روانپزشک مشهور رفتم و از او خواستم تا به این سؤال من پاسخ بدهد. می خواهید بدانید او در این مورد چه پاسخی داد؟

من که دیگر صبرم تمام شده بود گفتم:

- راسل جان اینقدر کِش نده و سریع چیزی را که می خواهی به ما بفهمانی، بگو

همگی در تأیید من سر و صدایی راه انداختند و نسیم گفت:

- آقای راسل، چه میخواهید بگویید؟

راسل ادامه داد:

- آن روانپزشک مرا به شخصی معرفی کرد که در علوم و فنون متافیزیک، هیپنوتیزم، تله پاتی و ارتباطات بین انسانها متبحّر بود و گفت که جواب سؤالم را از او بگیرم. پولی به حساب آن فرد واریز کردم و نزدش رفتم. مردی سالخورده بود که خود را آمریکایی الاصل معرفی کرد و گفت:« من باید فردی را که به خاطر او حاضر به اهدای چشمانت شده ای ببینم.» من دیشب پس از اینکه همسر عزیزم هیوا خوابیده بود او را به منزل فراخواندم و وقتی وارد شد به طرز عجیبی چهره اش برافروخته

شد و گفت:« در این خانه کسی هست که نیروی عجیبی دارد و می توانم آنرا حس کنم » و وقتی هیوای عزیز را که زیر لحاف خوابیده بود و در تاریکی اتاق چشمانش برق می زد، به آن مرد نشان دادم گفت: « آری این همان دختر است » او را به داخل سالن کشاندم و پرسیدم: « تو چه میگویی؟ یعنی چه این همان دختر است؟ مگر تو همسر مرا می شناسی؟ » می دانید چه جوابی داد؟

آب در دهانم خشکیده بود و قادر به صحبت کردن نبودم و سرجایم میخکوب شده بودم. هیچ کسی هیچ صدایی نمی کرد و حتی تکان هم نمی خورد. نسیم حتی پلک هم نمی زد و منتظر ادامهٔ حرفهای راسل بود، راسل قدم زنان خودش را پشت صندلی من رساند و دستانش را روی شانه هایم فشرد و گفت:

- آن متخصص و کارشناس متافیزیک گفت: « این همان دختری است که من از لحظه ورودش به پاریس که چندین سال است از آن تاریخ می گذرد، به وجود او و در این شهر پی برده بودم. او نیرویی خارق العاده در خود دارد که خداوند در وجود او قرار داده است. نیرویی که من قادر به حس آن هستم و می توانم امواجی را که از مغز همسرتان متساطع می شود را ببینم. این دختر یک انسان عادی نیست و کمتر مردی می تواند در مقابل او مقاومت کند. نیرویی که به آن نیروی جذب می گوییم و این نیرو آن هم با توان فوق العاده ای در همسر شما وجود

دارد.» آن مرد در حالی خانه مرا ترک کرد که مات و مبهوت از سخنانش بودم حتی یادم رفت تا از او خداحافظی کنم. در سالن نشستم و به گذشته ها اندیشیدم، به لحظه ای که برای اولین بار با هیوا روبرو شدم و به خاطر او به کارهای عجیبی دست زدم، به لحظه ای فکر کردم که هیوا تازه وارد لورنس شده بود و با ایفای نقش در یک تیزر تبلیغاتی، غوغایی در تلویزیون به پا کرد و توانستیم به خاطر همان تیزر درآمد خوبی کسب کنیم و شرکتهای تولید لوازم بهداشتی و آرایشی به لورنس هجوم آوردند و در نتیجه لورنس پله های ترقی را یکی پس از دیگری در سایه هیوا پیمود و به جایی رسید که اکنون ایستاده است. آری تمام این ها را مدیون نیروی خارق العاده او هستیم. نیرویی بس عظیم که به گفته آن مرد اگر درست بکار گرفته شود، غوغایی به پا می کند که آن سرش ناپیداست. به زندگی با همدیگر فکر کردم، به لحظاتی که به خاطر هیوا و عشقی که نسبت به او در دلم شکل گرفته بود. خودم را قادر به انجام هر کاری می دیدم. آری عزیزان من، من جواب سؤالم را یافته بودم و دیگر گیج نبودم و در مورد دلیل اهدای چشمانم قانع شده بودم. اکنون که در کنار شما ایستاده ام حتی ذره ای از کردهٔ خود پشیمان نیستم و به طبیعت و خالق آن و نیروهایی که در طبیعت و انسانها نهفته است، ایمان آورده ام. من از این پس و برای دومین بار مدیریت شرکت لورنس را به همسرم هیوا واگذار میکنم و با کمال افتخار به عرض همه دوستان

می رسانم که با وجود هیوا در لورنس نگران هیچ پدیده ای غیر عادی نباشید. من نیز در کنار شما و همسرم به کار در این شرکت خواهم پرداخت و شما نیز پس از مدتی پی به نیروی خارق العاده هیوا خواهید بُرد.

حرفهای راسل تمام شده بود و منتظر عکس العمل من و افراد حاضر در اتاق بود. از جایم برخاستم و او را در آغوش گرفتم و چون به وجود چنین نیروهایی ایمان داشتم، گفتم:

- از همهٔ عزیزان عذر می خواهم و از شما می خواهم که به سرکارتان برگردید و مرا به همراه خانواده ام در اتاقم تنها بگذارید.

همه حضار بهت زده جلسه را ترک کرده و سرکارشان برگشتند. ضربان قلبم شدیداً افزایش یافته بود و قادر به ارائه نظر در مورد حرفهای راسل نبودم و نمی دانستم چه بگویم. اوا که کنار اشلی شگفت زده نشسته بود گفت:

- مامان نکنه تو آدم فضایی هستی و از مریخ آمدی؟

همه با صدای بلند خندیدیم و طلسم حاکم بر فضا شکست.

همگی به همراه هم به خانه برگشتیم، از راسل خواستم تا مرا به اصطبل ببرد، زیرا دلم برای کارن خیلی تنگ شده بود. پس از مدتی خودم را کنار کارن دیدم، دماغش را به صورتم چسباند و اظهار علاقه کرد. سوار

شدم و راسل در حالیکه افسار کارن در دستش بود مرا به گوشه ای از محوطۀ باز اسب سواری کشاند و پس از اینکه بوسه ای بر لبانم انداخت گفت:

- هیوا جان ؛ همسر عزیزم، آیا می توانی با آن نیروی خارق العاده ات، چشمان مرا شفا دهی تا دوباره بتوانم تو را ببینم؟

- هیچ کاری غیر ممکن نیست و شاید روزی این اتفاق بیفتد.

پایان